普通高等教育“十一五”国家级规划教材
21 世纪普通高等学校机械基础系列规划教材

模具 CAD 基础

主　编　余世浩　黄尚宇
参　编　余际星　冯　玮　余长林

武汉理工大学出版社

前　言

随着经济全球化步伐的加快，产品更新换代的周期越来越短，全球制造业都面临着市场全球化、产品多样化和制造国际化的挑战，传统的模具设计与制造方式已无法适应产品更新换代和提高质量的要求。模具技术水平的高低，在很大程度上决定着产品的质量、效益和新产品的开发能力。因此，模具CAD/CAE/CAM技术应运而生，它在提高模具设计效率与加工质量、缩短模具生产周期、降低模具生产成本等方面发挥着重要作用。

为满足社会对模具计算机辅助技术应用与开发人才培养的要求，教育部将《模具CAD基础》列为普通高等教育"十一五"国家级规划教材。本书即是按照"十一五"规划的要求，结合作者长期的教学经验和科研实践，并参考最新资料编写而成的。

全书共9章：第1章是概论，介绍模具的分类与应用特点、模具的设计制造方法、模具技术的现状及发展趋势；第2章是模具CAD系统的组成，介绍模具CAD系统的软硬件组成、分类及其特点；第3章是模具CAD中设计数据的处理，介绍数表的程序化、文件化、解析化处理方法，线图的处理方法，用数据库和专用数据处理软件管理设计数据的方法等；第4章是模具CAD中的图形处理技术，介绍计算机图形处理的基础理论、图形变换的原理和常用的图形处理技术；第5章是模具CAD中的几何建模，介绍几何造型的概念、各种造型方法和应用；第6章是逆向工程技术，介绍逆向工程中的数据测量和测量数据的处理技术、三维模型重构的方法和逆向工程软件的应用等；第7章是塑性成形过程数值模拟，介绍有限元法的原理、软件及在冲压成形中的应用；第8章是通用CAD/CAM软件及其在模具设计中的应用，介绍Pro/ENGINEER和UG NX软件的功能及在模具设计中的具体应用；第9章是专用模具CAD/CAM系统，以冲裁模为例，介绍模具CAD/CAM的功能、原理、实现方法及其应用。

本书第1、2、3、7、9章由余世浩编写；第4章由余际星编写；第5章由黄尚宇编写；第6章由余长林编写；第8章由冯玮编写；此外，刘容参加了部分章节的资料收集和编写工作。全书由余世浩统稿。本教材理论教学为40学时，上机实验在课外完成。

由于作者水平有限，不妥之处，恳请读者指正。

编　者

2008.10

目　录

1 概　　论

模具技术水平的高低，在很大程度上决定着产品的质量、效益和新产品的开发能力。随着经济全球化步伐的加快，产品更新换代的周期越来越短，传统的模具设计与制造方法已不能适应产品及时更新换代和提高质量的要求。在这一背景下，模具 CAD/CAE/CAM 技术应运而生，它在提高模具设计效率与加工质量、缩短模具生产周期、降低模具生产成本等方面发挥着重要作用。

本章介绍模具工业在国民经济中的地位和作用、模具的分类及应用特点、模具的设计制造方法、模具 CAD/CAM 的概况及模具技术的发展趋势等。

1.1　模具工业在国民经济中的地位

模具是工业产品生产的主要工艺装备，与冲压、锻造、铸造等金属成形设备以及塑料等非金属材料成型设备相配套作为成形工具，其作用是控制和限制材料(固态或液态)的流动，使之成为所需的形体(产品或零件)。采用模具生产零件，具有生产效率高、产品质量好、材料消耗少、生产成本低等一系列优点，广泛应用于工业生产的各个部门，已成为现代工业生产的重要手段和主要发展方向之一。在汽车、机械、电工、轻工、纺织、航空、航天等工业领域里，模具承担了 60%～90%的产品零件、组件和部件的生产加工，许多新产品的开发和生产都依赖于模具生产。据国际生产技术协会预测，21 世纪机械制造工业零件 75%的粗加工和 50%的精加工都将依靠模具完成。

模具工业是国民经济的基础工业，是国际公认的关键工业。模具生产技术水平的高低是衡量一个国家产品制造水平高低的重要标志，它在很大程度上决定着产品的质量、效益和新产品开发的能力。模具工业既是高新技术产业的一个组成部分，又是高新技术产业化的重要领域。从某种意义上讲，现代工业产品的发展和技术水平的提高，在很大程度上取决于模具工业的发展水平。在日本，模具被誉为“进入富裕社会的源动力”，在德国则冠之为“金属加工业中的帝王”，在罗马尼亚称“模具就是黄金”，美国工业界认为“模具工业是美国工业的基石”。可以断言，随着现代工业生产的迅速发展，模具工业在国民经济发展过程中将会发挥越来越重要的作用。

近几年来，世界模具市场总量为 600～650 亿美元，日、美等工业发达国家的模具工业产值已超过机床工业产值。模具的主要出口国是美国、日本、法国、瑞士等国家，这些国家每年的模具出口量约占本国模具总产量的 1/3。中国模具出口数量极少，但中国模具钳工技术水平高，劳动力成本低，只要配备一些先进的数控制模设备、提高模具加工质量、缩短生产周期、沟通外贸渠道，模具出口就会有很大发展。因此，研究和发展模具技术，提高模具技术水平，对于促进国民经济的发展具有特别重要的意义。

20 世纪 80 年代以来，我国国民经济的高速发展对模具工业提出了越来越高的要求，同时也为模具的发展提供了巨大的动力。此后，中国模具发展十分迅速，模具工业一直以15%左右的增长速度快速发展。如何振兴和发展我国的模具工业，正日益受到人们的重视和关注。模具工业也正在广泛应用现代先进制造技术来加速技术进步。

1.2 模具的分类及应用

模具种类繁多，用途广泛。对模具进行科学合理的分类，有利于系统地研究和开发模具生产技术、制定模具技术标准、提高模具标准化和专业化协作生产水平、提高模具生产效率、缩短模具设计制造周期，促进模具设计制造技术的现代化，充分发挥模具的功能和作用。

1.2.1 模具的分类

总体上讲，模具可分为金属板料成形模具、金属体积成形模具、非金属材料制品成型模具和通用与经济模具等。表1.1列出了模具的种类、使用对象和工艺性质。

表1.1 模具种类和用途

模具类型		模具品种	使用对象和工艺性质
金属板材成形模具	冲模	冲裁模：少、无废料冲模，整修模，光洁冲模，深冲孔模，精冲模等 单工序模：冲孔模，落料模，弯曲模，拉深模，成形模等 复合冲模 级进冲模(含传递模) 汽车覆盖件冲模 硅钢片冲模 硬质合金模具 微型冲件用精密冲模	使用金属(黑色或有色金属)板材，通过冲裁模和精冲模，或根据不同的生产批量、冲件精度，采用单工序模、复合模或级进模等相应的工艺方法，成形加工合格冲件
金属体积成形模具	压铸模	热压室压铸机用压铸模 冷压室压铸机用压铸模 铝合金压铸模 铜合金压铸模 锌合金压铸模 黑色金属压铸模等	金属零件产品，如汽车汽缸体、变速箱等有色金属零件(锌、铝、铜)，通过注入模具型腔的液态金属加压凝固成型
	锻造成形模具	压力机用锻模 摩擦压力机用锻模 平锻机用锻模 滚锻机用锻模 高速锤用锻模 开(闭)式锻模 校正模、压印模、切边模、冲孔模、精锻模、多向锻模、胎模、闭塞锻模等 冷镦模、挤压模 拉丝模等	采用有色、黑色金属的块料或棒料、丝料，经锻、镦、挤、拉等工艺成形加工合格零件、毛坯和丝材
	铸造金属型模	易熔芯用金属型模 低压铸造用金属型模 金属浇注用金属型模等	液态金属或石蜡等易熔材料，经注入模具型腔成为金属零件毛坯、铸造用型芯、工艺品等
	粉末冶金成型模具	成型模具：实体单向、双向手动压模，手动实体浮动压模；机动大截面实体浮动压模，机动极掌单向压模，套类单向、双向、浮动压模 整形模：分手动和机动模，径向模带外台阶套类整形模，带球面件模；无台阶实体件自动整形模，轴套拉杆式半自动整形模，轴套通过式自动整形模，带外台阶与外球面轴套自动整形模等	主要用于铜基、铁基粉末制品的压制成型，包括机械零件、电器元件(如触头等)、磁性零件、工具材料、易热零件、核燃料制件的粉末压制成型

续表 1.1

模具类型		模具品种	使用对象和工艺性质
非金属材料制品成型模具	塑料成型模具	塑料注射模:立式、卧式、角式注射机用模具,无浇道模具;电视机壳、录音机壳、洗衣机桶、汽车保险杠、录像机壳注射模等 压缩模(含压胶模) 挤塑模(含传递模) 挤出模:异型材、管件、薄膜挤出模 发泡模(含低发泡模) 吹(吸)塑模具 塑封模 滚塑模等	使用热塑性或热固性塑料,通过注射、压缩、挤塑、挤出、发泡、吹塑和吸塑等成型加工合格塑件 具有板材成型和体积成型两种成型工艺
	玻璃制品成型模具	注压成型模 吹-吹法成型瓶罐模 压-吹法成型瓶罐模 玻璃器皿成型模具等	用于玻璃瓶、罐、盒、桶,以及工业产品零件的成型加工
	橡胶制品成型模具	压胶模,挤胶模,注射模,橡胶轮胎模(整体和活络模),O型密封圈橡胶模等	汽车轮胎,O型密封圈及其他杂件,与硫化机配套,成型加工合格橡胶零件
	陶瓷模具	压缩模 注射模等	建筑用的陶瓷构件、陶瓷器皿,以及工业生产用的陶瓷零件的成型加工
通用模具与经济模具		组合冲模、薄板冲模、叠层冲模、快换冲模、环氧树脂模、低熔点合金模等	适用于产品试制,多品种、少批量生产

习惯上,模具的具体分类方法还有很多,主要包括:按模具的结构形式可分为冲模中的单工序模、复合模和级进模等,塑料模中的压缩模、注射模、挤出模等;按模具的使用对象可分为电工模具、汽车模具、电视机模具等;按模具的材料可分为硬质合金模具、低熔点合金简易模、钢带模和普通钢板模等;按工艺性质可分为冲模中的冲孔模、落料模、拉深模、弯曲模等,塑料模中的注塑模、吸塑模、吹塑模等。这些分类方法比较直观、方便,但也不尽合理,容易将模具类别和品种混淆,使种类繁多无序。

1.2.2 模具的应用及特点

模具的应用与模具的类别、品种有着密切的关系,并且每类模具都有其特定的用途、使用方法以及与其相配套的加工机床和设备。由于用模具生产产品或零件具有以下优点,因此模具广泛用于现代工业生产各个领域,成为工业产品生产的主要工艺装备。

(1)适应性强

根据不同产品零件的结构、性质、精度和批量以及零件材料性质、供货形式,可采用不同种类、不同结构和档次的模具与之对应。如为适应产品零件的大批量生产,可采用高效率、高精度、高寿命、自动化程度高的模具;为适应产品试制或多品种、小批量的产品零件生产,可采用通用模具,如组合冲模、快换模具以及各种经济模具。

(2)制件互换性好

在模具使用寿命范围内,生产零件的相似性好,可满足互换性要求。

(3)生产效率高、消耗低

采用模具成形加工，产品零件的生产效率高。高速冲压可达1800次/min(由于模具寿命和产品产量等因素限制，常用的冲模也在200～500次/min的范围内)；塑料件注射循环时间可缩短在1～2min内成型，若采用热流道模具，进行连续注射成型，生产效率则更高，可满足塑料件大批量生产要求；采用高效滚锻工艺和滚锻模，进行连杆锻件连续滚锻成型；采用塑料异型材挤出模，进行建筑用门窗异型材挤出成型，其挤出成型速度可达4m/min。因此，采用模具进行成形加工与机械加工相比，不仅生产效率高，而且生产消耗低，可大大节约原材料和人力资源，是进行产品生产的一种优质、高效、低耗的生产技术。

(4)社会效益好

模具是高技术含量的社会产品，其价值和价格主要取决于模具材料、加工、外购件三项直接发生的费用和模具设计与试模等技术费用。后者是模具价值和市场价格的主要组成部分，其中一部分技术价值计入市场价格，而更大一部分价值是使模具用户和产品用户受惠变为社会效益。如电视机模具，其模具费用仅为电视机产品价格的1/5000～1/3000，尽管模具一次性投入较大，但在大批量生产中每台电视机的成本仅占极小一部分，而实际上很高的模具价值为社会拥有，变成了社会财富和社会效益。

1.3 模具的设计与制造

模具的设计与制造经历了从传统手工设计、普通机床加工和钳工修磨到计算机辅助设计与制造的现代模具制造三个阶段。

1.3.1 传统的模具设计与制造

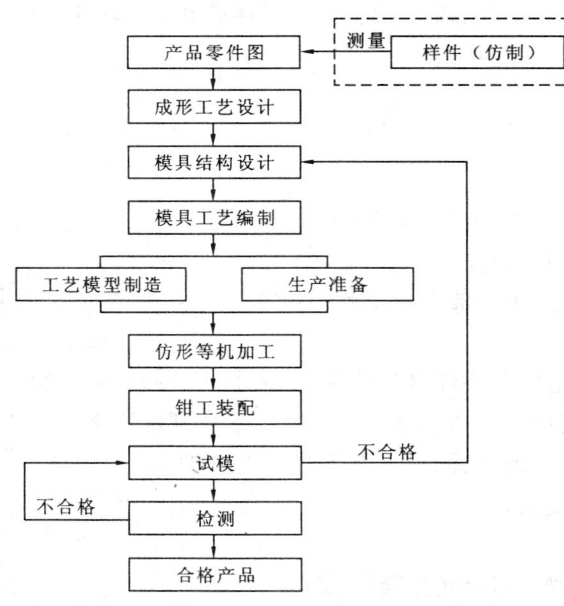

图1.1 传统的模具设计制造流程

传统的模具设计方法是以经验总结为基础，把长期设计实践和理论计算而形成的经验公式、图表、设计手册等作为设计的依据，通过经验或类比等方法进行设计。传统的模具设计与制造过程包括工艺设计、模具设计、模具结构设计、工艺模型制造、零件加工、试模与调试和检验等。对于不同类型的模具，其工艺设计与模具结构设计的内容各不相同，主要的加工方式也有所不同，但设计制造流程大致相同，详细的设计制造过程如图1.1所示。

从流程图中可以看出，传统的模具设计制造过程是一个设计—制造—试模—修改的反复过程。传统的模具设计制造方式有以下特点：

(1)产品信息以二维图样为主，对于复

杂零件，需要辅以样件或模型以表达零件的形状；

(2)进行模具工作零件设计时，需要对产品图进行再设计，如冲模设计中的毛坯展开和刃口设计、注塑模设计中材料收缩率的计算等；

(3)模具设计凭经验进行，往往需要经过多次试模、修模过程，结果难以预测；

(4)模具设计效率低，信息共享程度差；

(5)工艺模型的质量决定着整套模具的加工质量；

(6)仿形加工是大型型腔模具加工的主要方式，模具的研配和调试工作量很大。

1.3.2 模具计算机辅助设计与制造

为解决传统模具设计制造中的问题，在模具设计制造中应用CAD/CAM技术是有效的途径。模具CAD/CAM是指以计算机为主要技术手段来生成和应用各种数字信息和图像信息，进行模具的设计和制造。它是人和计算机相结合，充分发挥各自优势和特点共同进行设计的一种方法。人具有创造性思维、逻辑推理、学习以及直观判断的能力，而计算机具有运算速度快、精度高、信息存储量大、不易忘记与不易出错等特点。首先，由人根据设计目标将设计过程与方法进行综合分析建立模型，编制成可运行的程序；然后，在程序运行过程中计算机发挥其特长完成数值分析、计算、图形处理以及信息管理等任务，而人则运用自己的经验与判断能力来控制整个设计过程。通过人机对话或图形显示的方式让人和计算机之间进行信息交流，互相取长补短，各施所长，从而获得最优的设计结果。

1. 模具CAD/CAM系统的流程

下面以图1.2所示的集成的汽车覆盖件模具CAD/CAM系统为例，说明模具计算机辅助设计与制造的流程。

图1.2中，产品定义分为3类：二维工程图、实物模型和产品电子数模。从系统集成的角度看，以电子数模最为方便。对于主模型和样件，首先在三坐标测量机上进行三维扫描，然后进行几何造型，其几何模型可直接用于NC编程，或直接利用型面数字化点自动编程直接生成NC加工程序。对于二维工程图，则要进行三维造型，然后进行NC编程。几何造型所得的几何模型、产品CAD设计的产品模型，可输入到模具CAD系统，进行冲压工艺、模具型面和模具结构设计，其中三维曲面模型可用于NC工艺编程。生成的NC程序和工艺文件，可通过网络传到车间加工现场，验证模型NC程序或试切后，最后完成覆盖件模具的NC加工，再经装配和检验，形成合格的覆盖件模具成品。

2. 模具CAD系统的要求

模具设计不同于一般机械设计，因为模具的工作部分是根据产品零件的形状设计的，因而需要描述产品的几何模型。根据模具设计制造的特点，模具CAD系统应满足如下要求：

1)模具CAD系统必须具备几何造型功能

有些设计的初始条件是一些参数或性能指标，如材料成形设备提出的要求往往是吨位、行程、封闭高度或其他性能要求等，并不规定设备的形状如何。但是，模具设计则不同，因为模具的工作部分(如成形模、锻模和注射模的型腔)是根据产品零件的形状设计的，所以无论设计什

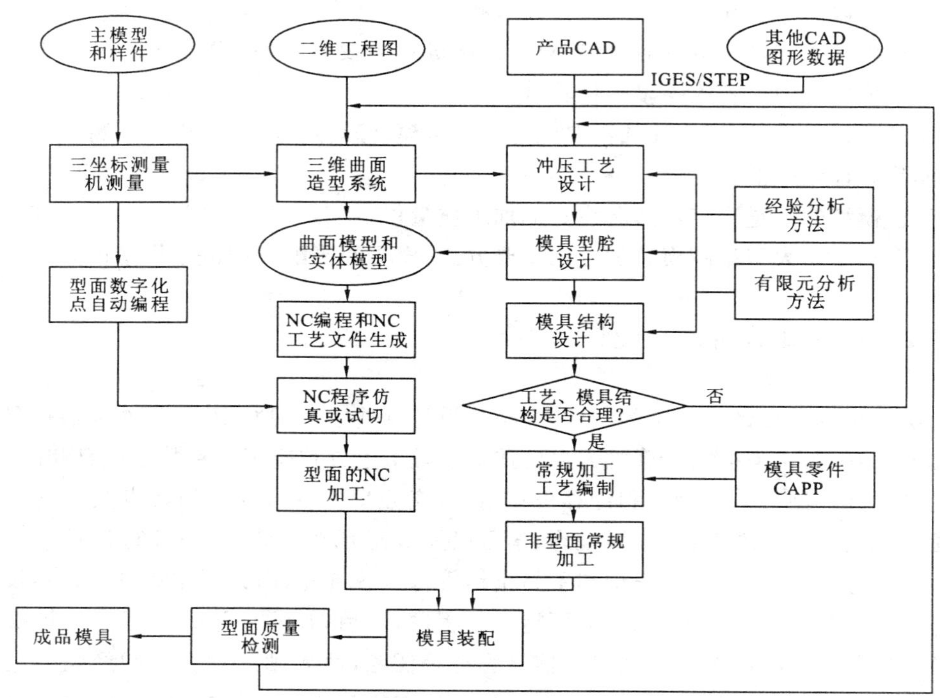

图 1.2 集成的汽车覆盖件模具 CAD/CAM 流程图

么类型的模具,开始阶段必须提供产品零件的几何形状,这就要求模具 CAD 系统需具备描述产品零件几何形状的能力,即几何造型的功能。否则,就无法输入关于产品零件的几何信息,设计程序便无法运行。另外,为了编制 NC 加工程序、计算刀具轨迹,也需要建立模具零件的几何模型。因此,几何造型是模具 CAD 的基础。

2)标准化是模具 CAD 的前提

模具设计一般不具有唯一性,即使对于同一产品零件,不同设计人员设计的模具也不尽相同。因此,在建立模具 CAD 系统时,首先要解决的问题便是标准化问题,包括设计准则的标准化、模具零件和模具结构的标准化。只有实现了模具设计的标准化,模具 CAD 系统才能得以实现。有了标准化的模具结构,在设计模具时可以直接选用典型的模具组合,调用标准模具零件,而工作零件则可根据产品零件的几何模型进行设计。

3)模具设计准则的计算机处理

人工设计模具所依据的设计准则大多是以图线、表格形式给出的。在进行模具 CAD 系统开发时,必须对这些图线、表格进行恰当的处理,将其转变为计算机能够接受和处理的表达形式。模具设计准则的计算机处理是模具 CAD 系统开发的一项基础工作,程序化和解析化是处理图线、表格形式设计准则的基本方法。对于某些定性的设计准则,计算机无法采用,需要深入研究,总结出便于使用的定量的设计准则。有些经验准则难以被程序化或解析化,则需要通过人机交互方式处理。

4)模具 CAD 系统应具有充分的柔性

模具结构随产品的不同而变化,加之模具的几何型面形状复杂、种类繁多,因此,要求模具 CAD 系统具有充分的柔性,即可以根据不同产品的特点和生产条件,灵活地做出选择,方便地修改设计。因此在开发模具CAD系统时,不仅要考虑全面的功能、较高的效率,还应提供充分的柔性。这是实用化的模具CAD系统所应具备的基本条件之一。

3. 模具CAD的优越性

模具CAD/CAM是模具工业技术进步的体现和发展方向,它无论是在提高生产率、改善质量和提高可靠性方面,还是在降低成本、减轻劳动强度和赢得市场竞争方面,都具有传统模具设计制造无法比拟的优越性。归纳起来,模具CAD的优越性主要体现在以下几个方面:

1)提高了模具设计质量

在计算机内存储了大量相关专业的综合信息和技术知识,为模具的设计和工艺的制定提供了科学依据。计算机与设计人员交互作用,有利于发挥人、机各自的特长,使模具设计和制造工艺更加合理。另外,系统还可采用优化设计方法对某些工艺参数和模具结构进行优化,从而提高模具设计质量。

2)提高了模具生产效率

由于成形工艺与模具设计计算以及图样绘制均由计算机自动完成,大大缩短了设计时间,同时由于CAD与CAM的一体化,显著缩短了从设计到制造的周期,提高了模具的生产效率,使产品更新换代加快,大大增强了产品的市场竞争能力。

3)降低了模具生产成本

计算机的高速运算和自动绘图大大节省了劳动力,将技术人员从烦冗的计算、绘图和NC编程工作中解放出来,使其可以从事更多的创造性工作。同时,优化设计带来了原材料的节省(如冲压件毛坯排样优化可使材料利用率提高5%~7%),降低了模具生产成本。

4)增加了模具设计的可靠性

随着塑性成形过程计算机模拟技术的发展和在模具CAD中的应用,可以实现对模具成形质量的预判,模具CAD/CAE/CAM的一体化可以大大减少试模次数和修模时间,提高了模具的可靠性。

1.4 模具CAD/CAM的发展

模具CAD/CAM是计算机技术在模具生产中的综合应用,是模具新技术的重要组成部分和重要发展方向。

1.4.1 国外模具CAD/CAM的发展与应用情况

发达工业国家于20世纪50年代末开始模具CAD/CAM技术的研究,到60年代末,模具CAD技术已日渐成熟;70年代研制出了许多模具CAD/CAM的专门系统,可应用于各种类型的模具设计与制造,并取得了显著的应用效果;80年代,模具CAD/CAM技术已广泛用于冷冲模、锻模、挤压模、注塑模和压铸模的设计与制造;进入90年代后,国外CAD/CAM技术向着更高的阶梯迈进,从软件结构、产品数据管理、面向目标的开发技术、产品建模和智能设计、质量检测等方面都有所突破,为实现并行工程提供了更完善的环境。各类模具CAD/CAM软件的成功开发，使其功能更趋完善，应用也更加广泛。

1. 冷冲模 CAD/CAM

早在20世纪60年代初，国外一些飞机和汽车公司便致力于飞机机身和汽车车身的CAD/CAM研究，CAD/CAM技术也随之引入冲压模具的CAD/CAM，并得到了迅速发展。

1971年，美国Die－comp公司推出PDDC级进模CAD/CAM系统，使设计时间从几个月缩短为1天。福特汽车公司研制的汽车车身拉延模CAD/CAM系统，用三坐标测量机扫描黏土模型作为计算机的输入信息，并可由计算机进行拉延模模拟研究和成本分析等操作。

1977年，捷克金属加工工业研究所研制的AKT系统，用于简单模、复合模和连续冲裁模的设计与制造，使模具生产周期由一个月缩短为8天，成本降低50%。同年，日本在模具CAM方面研制成功了交互式的自动编程系统JAPT，具有较强的功能，能控制10台以上的数控机床。

日本1978年推出的用于级进模的MEL系统和1979年推出的用于冲孔及弯曲模的PENTAX系统，采用了先进的人机交互式设计技术，使设计时间减少为原来的10%。

20世纪80年代后，随着计算机技术的发展，应用模具CAD/CAM技术的厂家大大增加，弯曲成形级进模和汽车覆盖件模具CAD/CAM系统研制成功。

1981年，德国STEPPER公司针对本公司级进模的设计特点，开发了KIWI系统。该系统是在美国HP公司的ME10CAD图形软件基础上开发的，系统针对性强、效率高，但适应性不好。

1982年，日立公司研制成弯曲成形模的CAD/CAM系统。该系统采用人工与计算机设计相结合的批处理方式运行。即由人工完成产品图展开及工序设计与条料排样、凹模布置，然后用类似APT的语言输入计算机，再分别由前处理程序、主处理程序及后处理程序完成毛坯排样与材料利用率的计算、冲压力计算、模具结构设计及输出模具装配图、零件图、线切割纸带等。日本富士通公司也研制成功了级进模CAD系统，该系统用于弯曲级进模设计。整个系统包括产品图形输入、凹模和凸模形状设计、条料排样、模板设计、辅助装置设计、绘制模具图并输出线切割纸带。系统中采用自动设计与交互设计相结合的方法，其中毛坯展开、弯曲回弹、凹模布置的工步排序均为自动处理。

Auto－trol技术公司采用三维几何造型技术，于20世纪80年代末开发出交互式的模具设计系统Die－Design。该系统以交互设计为主，采用三维几何造型技术描述钣金零件，然后将三维产品图展开为二维毛坯形状，再由用户交互进行排样，同时将三维图形技术用于模具设计，从而增强了系统模具结构的表达能力。

汽车覆盖件模具CAD/CAM的研究在世界各大公司均取得成效。其中日本丰田汽车公司于1980年开始采用模具CAD/CAM系统，该系统包括NTDSE和CADETT两个设计软件和加工凸、凹模的TINCA软件，可以完成汽车外形设计、车身结构设计、主模型与冲模加工、夹具加工等，可使覆盖件成形模的设计与加工时间减少50%。美国通用汽车公司、福特汽车公司和英国PSF公司均已成功建立车身覆盖件拉延成形模CAD/CAM系统，特别是福特汽车公司在覆盖件塑性成形模拟方面取得了很大成就，例如应用大应变弹塑性有限元方法，模拟覆盖件的成形过程，并预测其中的压力、应变分布，失稳破裂及回弹的计算等。

20世纪90年代，许多商品化的CAD/CAM系统，如美国的Pro/ENGINEER、UG Ⅱ、

SolidWorks、MDT 等系统在模具行业逐步得到应用。但由于这些 CAD/CAM 系统在开发之初是作为通用机械设计与制造的工具来构思的，为了提高模具设计的效率，美国 PTC 公司在 Pro/ENGINEER 的基础上，开发了钣金零件造型模块 Sheet Metal，UG 公司在 UGⅡ系统上，也开发了类似 Sheet Metal 的模块，但仍缺乏面向冲压成形工艺及模具的专用模块。

目前，许多开发通用 CAD/CAM 软件的公司正在陆续推出能够用于级进模设计与制造的专用软件。如美国 Computer Design 公司开发的级进模 CAD 软件 Striker Systems 是销售较多的商业级进模 CAD/CAM 系统。美国 UG 公司于 2000 年开始与国内华中科技大学合作，在 UGⅡ平台上开发基于三维图形的级进模 CAD/CAM 软件(PDW)，目前已投入使用。

2. 锻模 CAD/CAM

CAD/CAM 技术应用于锻模始于 20 世纪 70 年代。美国贝特尔-哥伦布实验室的 Altan 等首先开发了轴对称锻件锻模 CAD 系统，随后又研究了有限元、切块法、上限法等在塑性模拟中的应用，开发出挤压、轧制、制坯、终锻模 CAD/CAM 系统。用于叶片、螺旋锥齿轮、精锻、机翼轧制、铝型材挤压及预锻成形设计等。系统可模拟整个成形工序的金属流动，这样试验可以通过过程模拟在计算机上进行，其结果在图形终端上显示出来，以指导用户进行方案设计。

前苏联学者捷捷林等用控制论手段和方法，以及应用数学理论（运筹学理论、数理统计等）对锻模过程进行研究和数学描述，不仅能建立设计的客观基础，而且能控制设计过程，以便寻求工艺过程的最优方案，利用计算机实现模锻工艺过程的最优化和自动化。

伯明翰大学的 Bisswas 和 Knight 等针对无孔齿轮、曲轴等复杂锻件开发了包括锻件设计、毛边设计、坯料计算、载荷计算和预锻工步设计内容的程序，并应用专家系统进行预成形设计和模锻型槽布置等。

为了解决三维几何造型问题，伯明翰大学的陈于 1978 年研制成功了 MODCON 系统，此后又经过沃尔沙姆和史密斯等人的改进，使之成为较适合锻模 CAD/CAM 几何构型的系统。此外，在计算机模拟锻造过程方面，小林四郎等人研究发展了刚塑性有限元法，开发了 ALPID 有限元程序包，可以对模具进行描述，并对边界条件自动进行处理和自动产生初始解。此外还可以模拟锻件的二维流动，计算应变、应变速率和应力，并将计算结果以等值线形式显示于图形终端或在绘图机上输出，从而将锻模设计向前推进了一大步。

1987 年美国贝特尔-哥伦布实验室、Shultz 钢铁公司、加利福尼亚大学等联合开发了锻模 CAD/CAM/CAE 系统，包括工程分析、几何图形数据库、锻造材料数据库、工艺过程模拟、终锻模和预锻模设计、经济分析等功能。

轴对称锻件约占锻件总数的 30%，加上轴对称锻件几何形状简单，易于描述和定义，所以开发锻模 CAD/CAM 系统时国内外大多数机构都是从轴对称锻模入手。轴对称锻模 CAD/CAM 系统的主要组成部分包括锻件设计、锻模工艺设计、锻模结构设计和 NC 编程。锻件设计指的是设计冷锻件图和热锻件图，包括选择分模面、补充机加工余量、添加圆角和拔模斜度等。锻模工艺设计决定是否采用预成形工序、怎样采用预成形工序以及如何选择锻压设备的吨位等。

除轴对称锻件外，另一类广泛应用的锻件是长轴类锻件，其成形工序设计和模具结构设计远比轴对称锻模复杂，因此开发长轴类锻模的 CAD/CAM 系统的难度更大、通用性也低。目前，在许多通用商品化 CAD/CAM 软件上二次开发的长轴类锻模的 CAD/CAM 系统，仅限于特定产品和特定场合的应用。

目前，国内外基于对锻模CAD/CAM进行的广泛研究，在锻造工艺过程设计、锻模结构设计和金属流动模拟等方面均取得了显著的成就。锻模CAD/CAM系统的发展方向是成组技术和模具标准化技术的进一步贯彻执行以及CAE技术和人工智能技术的深入应用。

3. 注塑模CAD/CAM

起初注射模CAD技术研究主要集中在塑料在型腔的流动、保压和冷却的分析模拟上。20世纪60年代到70年代中期，英国、美国、加拿大的一些学者研究了塑料熔体在简单型腔(圆盘形、矩形)内的流动情况，建立了熔体一维流动数学模型。此后加拿大MCGill大学的Kamal，M. R教授领导的科研小组系统地研究了塑料在型腔内的流动、保压、冷却的行为和特征，建立了注塑工艺过程计算机模拟的集成化系统MCKAM。美国Cornell大学对注塑模CAE/CAD/CAM进行了深入的研究，先后建立了注塑过程流动、保压、冷却的一维、二维和三维数学模型，开展了塑料熔体流变性能和热性能的实验研究，创立了流道平衡计算的数学模型。此外，德国Aachen大学IKV塑料工程研究所开发出了一系列注塑模设计和工艺模拟的计算机软件。

随着实体造型技术的日趋成熟，现在国外一些著名的商品化三维造型软件都带有独立的注射模设计模块，如美国PTC公司的Pro/ENGINEER、UGS公司的UGⅡ、SDRC公司的I-DEAS，目前这3个CAD/CAM系统在塑料模生产中的应用最为广泛。也有在通用CAD软件上开发注射模设计系统的，如以色列的Cimatron公司，就在Auto CAD软件包上开发了注射模设计系统。此外还有美国CV公司的CADDS系统、法国MATRA公司的EUCLID系统、法国DASSAULT公司的CATIA系统、英国DELCAM公司的DUCT系统、日本造船信息系统株式会社的Space-E系统和日本UNISYS株式会社的CADCEUS系统等也都各具特色，而且拥有各自的用户群。

1.4.2 国内模具CAD的发展情况

国内对模具CAD/CAM研究起步相对较晚，直到20世纪70年代末才开始简单冲裁模CAD/CAM的研究工作，但发展较快。1981年电子工业部下达了“精冲模CAD/CAM”课题，于1984年通过了技术鉴定。1983年机械工业部将“冷冲模CAD/CAM”列为国家“六五”攻关项目，并于1986年通过鉴定。与此同时，有多个单位相继完成了冲裁模CAD/CAM系统、多工位级进模CAD系统等。20世纪90年代中期，开展了级进模CAD/CAM系统的研究和开发，如华中科技大学模具技术国家重点实验室在AutoCAD软件平台上开发的基于特征的级进模CAD/CAM系统HMJC、上海交通大学为瑞士法因托(Finetool)精冲公司成功开发的精密冲裁级进模CAD/CAM系统、西安交通大学开发出的多工位弯曲级进模CAD系统、深圳雅明软件制作室开发的级进模系统CmCAD等。

在汽车覆盖件模CAD/CAM研究中，也取得了许多可喜的成果。如华中科技大学模具技术国家重点实验室最新推出的汽车覆盖件冲压成形快速分析软件FAS-TAMP，基于改进的有限元逆算法和板壳单元，综合考虑了摩擦、压边力和拉深筋等工艺条件，将产品设计、材料选择和工艺设计紧密联系起来，能够快速模拟汽车覆盖件成形后的起皱、破裂和成形不足等缺陷,优化压边力、拉深筋和摩擦等工艺参数,校核压料面和工艺补充面的合理性,提供最优的毛坯形状,从而可以为汽车覆盖件工艺设计和模具设计提供全面的解决方案。

在锻模 CAD/CAM 方面,成功开发了长轴类锻件、饼类锻件和复杂锻件的锻模 CAD/CAM 系统及辊锻模 CAD/CAM 系统等。

在注塑模 CAD/CAM 方面,也已取得了很大发展,主要研究成果有:华中科技大学 1988 年实现了注射模 CAD/CAE/CAM,近年来还在华中软件公司的三维参数化造型系统 Inter-Solid 的基础上开发了三维注射模设计系统。合肥工业大学开发了注射模二维系统 IPMCAD 和三维系统 IPMCAD3.0;随后以 Auto CAD 和 MDT 为环境,进一步采用参数化特征模型、特征建模技术和装配模型技术,研制出注射模 CAD 三维参数化系统 IPMCAD4.0。此外,还有上海交通大学开发的集成化注射模智能 CAD 系统、浙江大学开发的精密注射模 CAD/CAM 系统、郑州工业大学的 Z-MOLD 等系统。

"十五"期间,我国在模具制造信息化方面取得了一些成就,例如,复杂模具设计与制造装备开发与应用示范,开发了汽车覆盖件拉延模的智能化设计与精密制造技术,并在汽车行业中得到应用;开发了大型覆盖件复杂模块化模具设计数据库、模块化模具设计专家系统、基于 CAE 的冲压工艺分析系统;开发了模具制造系统与装备,并实现了与其他相关技术与装备的系统集成;开发了具有自主版权实用化和商品化的注塑成型过程计算机模拟仿真软件,实现了与 CAD/CAM 系统的无缝拼接;研究开发了工程塑料精密注射成型模具智能化设计技术和塑料注射成型三维模拟仿真系统,并在国内 60 多家模具企业和高校中推广使用。

"十一五"国家科技支撑计划"先进近净成形与模具制造技术"重点项目正式启动以来,通过在精密铸造、精密塑性成形、精密连接等领域的深入研究,为我国装备制造业提高生产效率、节能减排作出了突出贡献。

尽管如此,与国外先进水平相比,我国的模具 CAD/CAM 技术还存在较大差距。虽然我国模具 CAD/CAM 研究取得的成果不少,但真正形成商品的不多,更难以形成产业。我国的模具 CAD/CAM 应继续开展产品特征建模方法的研究,以满足后续工艺设计与模具设计的需要;继续研究专家系统技术在模具设计中的应用,开展基于知识工程(KBE)技术的研究,逐步提高模具 CAD/CAM 系统的智能程度;开发面向并行设计的模具 CAD/CAM 集成系统,发展塑性成形过程的计算机模拟技术,并形成模具 CAD/CAE/CAM 集成系统,以提高模具设计的可靠性。

1.4.3 模具技术的发展趋势

根据模具技术的现状、需求和发展分析,未来的模具工业和模具技术的发展方向将主要集中在以下几个方面。

1. CAD/CAE/CAM 技术的广泛应用

实践证明,模具 CAD/CAE/CAM 技术是当代最先进、最合理的模具生产方式。从 CAD/CAE/CAM 一体化的角度分析,发展趋势是集成化、三维化、智能化和网络化,其中心思想是让用户在统一的环境中实现 CAD/CAE/CAM 协同作业,充分发挥各单元的优势和功能。

集成化要求模具软件的功能模块比较齐全,同时各功能模块采用同一数据模型,以实现信息的综合管理与共享，从而支持模具设计、制造、装配、检验、测试及生产管理的全过程，达到实现最佳效益的目的；模具设计、分析、制造的三维化要求模具软件以立体的、直观的感觉来设计模具，所采用的三维数字模型能方便地用于产品结构的CAE分析，模具可制造性评价和数控加工、成形过程模拟及信息的管理与共享；模具软件应用网络化的发展趋势是使CAD/CAE/CAM技术跨地区、跨企业、跨院所在整个行业中推广，进行技术资源的重新整合，实现虚拟设计和敏捷制造。

2. 发展大型、精密、高效、长寿命的模具

由于成形零件日趋大型化以及高效率生产所要求的一模多腔（如塑封模已达到一模几百腔），模具日趋大型化；而随着零件微型化和模具结构发展的要求（如多工位级进模工位数的增加、其步距精度的提高），模具精度已由原来的5μm提高到2～3μm，今后有些模具加工精度公差更是要求在1μm以下。多工位级进模和多功能模具是重点发展的精密模具品种，对于这类模具应该采用高刚度精密导向、定位、卸料以及防振结构，选择高耐磨、耐黏附的模具材料和高精度送料机构；高效模具主要是提高成形机床一次行程生产的制品质量，如大量采用多工位级进模和多排多工位级进模，发展具有多种功能的模具，不仅能完成各种冲压加工，而且还可以完成叠装、铆接等功能，直接生产成批组件；长寿命模具对于高效率生产是必要的，主要从模具结构、模具材料、热处理和表面热处理技术、加工设备和加工技术等众多影响因素考虑。

3. 模具检测、加工设备向精密、高效和多功能方向发展

模具正向着精密、复杂、大型的方向发展，必然要求模具检测设备的精密、高效。随着三坐标测量机、扫描仪、便携式扫描仪、激光跟踪仪等先进测量仪器的应用，现代检测技术正向高速度、高精度、高适应性、数字化、自动化方向发展，并不断融入模具生产中。

现代模具加工技术的主要特点是：从过去劳动密集、主要依靠钳工技巧，发展到更多依靠各种高效自动化机床加工（70%～80%的零件是依靠加工保证精度并直接装配）；从一般的车、铣、刨、磨机床加工，发展到用各种数控机床和加工中心进行模具零件的加工；从一般的机械加工方法，发展到采用机电结合的数控电火花成型、数控电火花线切割以及各种特殊加工技术相结合。

铣削加工是型腔模具加工的重要手段。高速铣削具有工件温升低、切削力小、加工平稳、加工质量好、加工效率高（为普通铣削加工的5～10倍）及可加工硬材料（加工材料的硬度可达60HRC）等诸多优点，是高精度型腔模具的重要加工手段。国外近年来发展的高速铣削加工，主轴转速可达到40000～100000转/min，快速进给速度达到30～40m/min，换刀时间可提高到1～3s，大幅度提高了加工效率，并可获得$Ra \leqslant 10\mu m$的加工表面粗糙度，形状精度可达10μm。高速铣削加工技术的发展，为模具加工的发展，特别是汽车、家电行业中大型腔模具制造注入了新的活力。

随着各种新技术的迅速发展，国外已出现了模具自动加工系统，这也是我国长远发展的目标。模具自动加工系统应有如下特征：多台机床合理组合，配有随行定位夹具或定位盘，有完整的机具、刀具数控库，有完整的数控柔性同步系统，有质量监测控制系统。

4. 推广应用快速经济制模技术

目前，工业生产中有70%左右的产品为多品种、小批量生产。一方面制品使用周期缩短，品种更新速度加快，另一方面制品的花样变化频繁，均要求模具的生产周期越短越好。因此，开发适应这种生产方式的快速经济模具技术将越来越引起人们的重视，并成为重要的发展方向。这种生产方式要求模具在满足工件精度和模具寿命前提下，不仅能降低制造成本、缩短生产周期，而且要更换方便快捷。该类模具通常采用低熔点合金、铝合金、锌基合金、铍铜合金甚至塑料材料制作模具。国外还研制了一种增强塑料来制造注塑模的型腔和型芯，其主要成分为塑料中添加碳纤维和专用填料，其导热性接近铝，而耐磨性比铝好，成本仅相当铝模的一半，制模周期为3～4周。这种模具除不适用于添加玻璃纤维的塑料成型外，能生产数万件注塑零件，已广泛应用于医药、计算机等行业。

快速原型制造(Rapid Prototyping Manufacturing,RPM)技术是集精密机械制造、计算机技术、NC技术、激光技术和材料科学于一体的新技术。RPM技术可直接或间接用于模具制造，具有技术先进、成本较低、设计制造周期短、精度适中等特点，从模具的概念设计到制造完成仅为传统加工方法所需时间的1/3和成本的1/4左右，是快速经济制模技术重要发展方向之一。

5. 提高模具标准化水平和模具标准件使用率

使用模具标准件不但能缩短模具制造周期，而且能提高模具质量和降低模具制造成本。因此，提高模具标准化水平和广泛使用模具标准件是模具技术的又一发展方向。为此，首先要制定统一、科学的国家标准，进一步增加规格、品种，并严格按标准组织生产；其次要逐步形成规模化生产，提高标准件质量、降低成本；再次是要发展和完善联销网，保证供货迅速，为客户提供交货期短、精度高、生产工艺性好、使用寿命长、价格低的优质模具标准件。

专业化生产方式是现代工业生产的重要特征之一，而标准化是实现模具专业化生产的基本前提，也是系统地提高整个模具行业生产技术水平和经济效益的重要手段，亦是提高社会效益的重要方向。目前，工业技术领先国家的模具专业化程度已达到75%以上。美、日两国的模具厂，其中80%是10人以下，90%是20人以下的“小而专”的企业，一个模具厂只生产一种模具。这种小型专业企业易于管理，反应灵活，容易提高质量和效益。

6. 开发优质模具材料和先进表面处理技术

模具材料是模具工业的基础，当前，国外模具材料系列日趋完善与细化，系列化程度已越来越高。我国是世界第一产钢大国，开发的高级优质模具钢品种虽然不少，但推广应用不足。已纳入国家标准的有6Cr4W3Mo2VNb、7Cr7Mo2V2Si、7Cr-SiMnMoV、6CrNiMnSiMoV和8Cr2Mn-WMoVS等，每年所需的约70万吨模具钢还要有相当一部分需要进口。为了扭转这种局面，应根据模具对使用性能的新要求，通过调整材料成分或借助先进的工艺方法和工艺手段，不断开发具有特殊使用性能的新型模具材料，完善和提高现有模具材料性能，开发新型模具材料。

模具材料总的选择原则是：制件生产批量小的模具，用廉价、易熔材料，如铸铁、球铁、铝、预硬钢以及含有增强填料的塑料等；制件生产批量大的模具，多采用高耐磨材料，如各种合金工具钢、高速钢、硬质合金等。

模具表面处理技术对模具的制造精度、模具的强度、模具的工作寿命、模具的制造成本等有着直接的影响。稀土表面工程技术和纳米表面工程技术的出现进一步推动着模具制造的表面工程技术的发展，其主要趋势是：由渗入单一元素向多元素共渗、复合渗（如TD法）发展；由一般扩散向CVD、PVD、PCVD、离子渗入、离子注入等方向发展；镀膜膜层多样化（主要有TiC、TiN、TiCN、TiAlN、CrN、Cr7C3、W2C等）同时处理手段由大气热处理向真空热处理发展。另外，激光强化、辉光离子氮化技术及电镀（刷镀）防腐强化等技术也日益受到重视。

模具表面的质量对模具使用寿命、制件外观质量等方面均有较大的影响。我国目前仍以手工研磨抛光为主，不仅效率低，且工人劳动强度大，质量不稳定，上述弊端制约了我国模具加工向更高层次发展。因此，研究抛光的自动化、智能化是模具抛光的发展趋势（日本已研制了数控研磨机，可实现三维曲面模具研磨抛光的自动化、智能化）。另外，由于模具型腔形状复杂，任何一种研磨抛光方法都有一定局限性。应发展特种研磨与抛光，如挤压衍磨、电化学抛光、超声波抛光以及复合抛光工艺与装备，以提高模具的表面质量。

7. 模具新工艺、新理念和新模式

在成形工艺方面，主要有冲压模具多功能复合化、超塑性成形、精密塑性成形技术、塑料模气体辅助注射技术及热流道技术、高压注射成形技术等。另一方面，随着先进制造技术的不断发展和模具行业整体水平的提高，在模具行业出现了一些新的设计、生产、管理理念与模式。具体主要有：适应模具单件生产特点的柔性制造技术；创造最佳管理和效益的团队精神，精益生产；提高快速应变能力的并行工程、虚拟制造及全球敏捷制造、网络制造等新的生产哲理；广泛采用标准件、通用件的分工协作生产模式；适应可持续发展和环保要求的绿色设计与制造等。

复习思考题

1. 简述模具工业在国民经济中的地位和作用。
2. 简述模具的分类方法及其应用范围。
3. 比较传统的模具制造与模具CAM的流程，并说明采用模具CAD/CAM的优越性。
4. 简述模具CAD/CAM的发展状况，列举你所熟悉的CAD/CAE/CAM技术在模具制造中的具体应用。
5. 简述模具技术的发展概况和发展趋势。

2 模具CAD系统的组成

模具CAD系统由硬件和软件组成，从广义上来讲，人也是组成系统必不可少的部分。模具CAD系统是以计算机硬件为基础，以系统软件和支撑软件为主体，以应用软件为核心组成的面向模具设计问题的信息处理系统。

本章将介绍模具CAD系统的硬件、软件组成及各组成部分的作用、功能和性能，并讨论模具CAD系统的分类方法及各类系统的应用特点及适用范围。

2.1 模具CAD系统的硬件组成

硬件是模具CAD系统运行的物质基础，主要由计算机主机、输入/输出设备、存储设备以及计算机网络等部分组成。图2.1所示为模具CAD系统的基本硬件配置图。

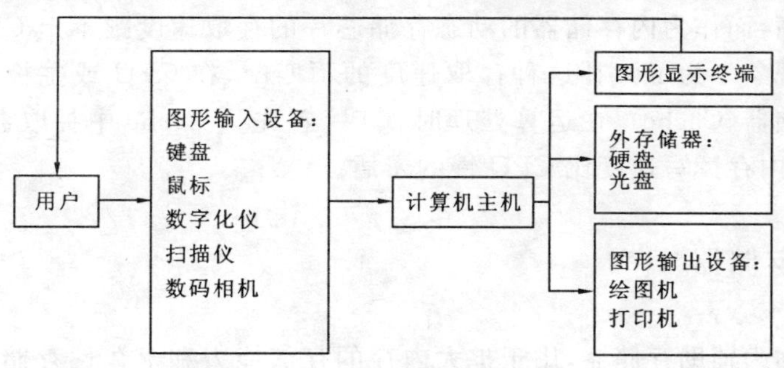

图2.1 模具CAD系统的硬件配置

2.1.1 主机

计算机主机是计算机系统的核心，也是模具CAD系统的中枢，它的作用是控制和指挥整个系统，并执行算术运算和逻辑判断等任务。主机由运算器、内存储器和控制器组成，运算器和控制器集成在一块芯片上，合称中央处理机(Central Processing Unit,CPU)。

1. 中央处理机

中央处理机(CPU)的性能决定着计算机的数据处理能力、运算精度和运行速度。其中，运算器执行算术运算、逻辑运算以及比较运算，其任务是对设计信息进行加工和处理；控制器是计算机的指挥和控制中心，负责解释指令并适时向机器的相关部分发出信号，控制计算机各部分的动作及工作顺序。

字长和时钟频率是衡量计算机性能的主要指标。字长指计算机一次能同时处理数据的位数，如16位(2个字节)、32位和64位等。通常字长越多，计算机处理速度越快、计算精度越高。时钟频率是指计算机通过电子钟高速发出的有规律的脉冲，单位一般用MHz表示，即每秒执行上百万条指令。时钟频率越高，完成一条指令所需的时间越短，处理速度越快。

随着计算机硬件技术的发展，CPU的性能在不断提升。例如，CPU数据总线的位数已从16位发展到了32位、64位和128位；CPU的主频从以MHz为单位发展到以GHz为单位(如Pentium Dual Core 2.0GHz的时钟频率为2.0GHz)。高性能的计算机为模具CAD系统的开发与应用提供了良好的条件和广阔的发展空间。

2. 内存储器

内存储器，又称主存储器，是存放指令和数据的记忆装置。根据存储信息的方式，内存储器可分为随机存储器(Random Access Memory，RAM)和只读存储器(Read Only Memory，ROM)。RAM可以任意、不按顺序进行读写，用于存储CPU当前正在处理的部分程序和数据，包括运算步骤、原始数据和运行结果等，断电后其中的数据将丢失；ROM用来存储一些重要的常用信息(例如，计算机启动程序、输入/输出程序等)，通常由生产厂家以特殊方式写入，其中的信息在断电后仍然被保存。

足够的内存容量和内存读写速度是发挥CPU性能的重要条件。随着高速CPU的出现，处理速度大大提高，而作为内存储器的动态存储芯片的存取速度跟不上CPU的节拍，两者之间产生了“等待”现象。为了弥补这种存取速度的不匹配，在CPU或主板上分布加入了小容量的高速缓冲存储器(Cache)，在运算处理时，CPU首先从Cache中提取数据，这样就提高了读写速度，缓解了内存读写速度比CPU慢的矛盾。

2.1.2 外存储器

外存储器又称为辅助存储器，用于扩大内存的存储能力和永久性存储。外存储器主要用来存储需要永久保存或暂时不用的程序、数据、图形文件和其他信息。采用虚拟内存管理技术，外存储器还可以扩大逻辑工作内存容量。在模具CAD系统作业时，由操作系统根据指令将其从外存储器中调入内存，或将内存的数据输出至外存存放。常用的外存储器可以是磁带、磁盘和光盘。其中，磁带为顺序存储，存取速度慢，用于不需经常随机存取的场合。

1. 磁盘

常用的磁盘有软盘和硬盘等。其中，软盘因存储容量小、易损坏等缺陷已被淘汰。硬盘采用随机存储的方式，是计算机系统最主要的外存储设备。一个完整的硬盘存储器由驱动器、控制器和盘片3部分组成，通过控制器和驱动器对盘片进行读写操作，从而实现了数据的存取。为实现硬盘存储器的大容量，硬盘含有多个盘片，其控制器也有多个读写磁头。

衡量硬盘工作质量的主要技术参数是硬盘的存储容量、读写速度以及传输数据的速度。硬盘存取速度是指主机从硬盘读写数据的平均存取时间，它受硬盘转速、寻道时间、外部传输速率以及硬盘驱动器内部机械结构等因素影响。为提高硬盘存取速度，常采用高速缓冲存储器技术。硬盘通过控制器与CPU连接，对于不同的硬盘控制器及其接口，数据传输速度相差很大，在微机上常用的接口有以下两种类型。

1)IDE 接口

IDE(Intelligent Drive Electronics)接口是微机常用的标准接口，既可以控制硬盘驱动器，也可控制软盘驱动器。IDE 技术分为普通型 IDE 和增强型 EIDE(Enhanced IDE)两种标准，后者在硬盘速度、容量等方面性能更强。

2)SCSI 接口

SCSI(Small Computer System Interface)是 1986 年推出的小型机和外部设备接口标准，是一种系统级的接口，可以同时接到各种不同设备的任何一种上，其数据传输速度比 IDE 快。此外，SCSI 还能减轻 CPU 的负担，提高高档微机的灵活性。

随着硬件技术的发展，硬盘的容量越来越大，转速也越来越快。与此同时，硬盘自身附带缓存的技术也在不断进步。此外，近年来移动存储设备(如移动硬盘和 U 盘等)发展得很快，因其体积小、容量大、即插即用、读取速度较快、存储安全而被广泛使用。

2. 光盘

光盘是利用激光进行读写的一种大容量存储媒介。光盘存储器可分为只读型光盘(CD-ROM)、只写一次型光盘(WORM)和可擦写型光盘 3 种。光盘读写速度快，且成本低廉，应用非常广泛。由于其读写过程没有接触，也没有退磁现象，信息保存时间长，常用于保存信息庞大的数据、资料、技术手册等。目前，常用单片光盘可存储几百兆字节，而 DVD 格式的光盘容量更大。

2.1.3 输入/输出设备

输入是将各种外部数据转换成计算机能识别和接受的电子脉冲信号，实现这种功能的装置称为输入设备，泛指用于向计算机输入信息的设备。输出设备是将计算机中的信息展示给用户的设备。输入/输出设备可分为图形输入设备、图形显示设备和图形输出设备。

图形输入设备的发展方向是从 2D 发展为 3D。

1. 图形输入设备

常用的图形输入设备包括鼠标、键盘、图形扫描仪和数码照相机等。

1)键盘

键盘是最常用的数据和字符输入设备，上面设有字符键、功能键及控制键等。键盘有 101 键盘、102 键盘和 104 键盘等多种，但其基本键位及其操作相同。字符键用来输入数据和程序；功能键用来输入一条命令或执行一个程序，操作系统和各应用软件对各功能键均有相应的定义。在模具 CAD 系统中键盘和其他输入设备配合使用可实现人机对话，或修改、编辑文字和图形。计算机工作中通过不断地扫描键盘各节点的状态来判断按键的状态，并据此进行相应的任务处理。

2)鼠标

鼠标是常用的光标控制设备，用来控制屏幕上光标的位置，可以很方便地完成定位、拾取和选择功能。在模具 CAD 系统中，有大量的鼠标操作，除基本的菜单选择、光标定位、实体捕捉、拖动等基本功能外，还可以实现其他的功能。例如，多数鼠标的中键做成滚轮形式，利用滚轮的滚动可实现对图形的缩放操作。

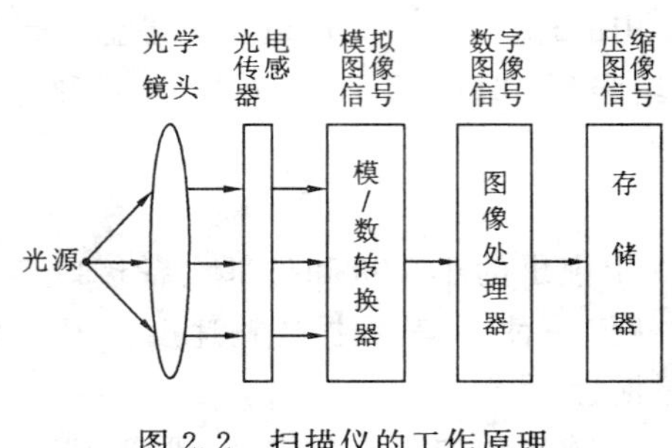

图 2.2 扫描仪的工作原理

3)图形扫描仪

图形扫描仪是一种能将图纸及文件快速输入到计算机的高速输入设备，其工作原理如图 2.2 所示。扫描仪的基本组成部件是光源、光学透镜、感光元件，还有一个或多个模/数转换电路。扫描图像时，光源照射到图像上反射回来，穿过透镜到达感光元件(成行排列的电耦合器)，电耦合器把光信号转换成模拟信号(即电压)，同时量化出像素的灰暗程度，接着模/数转换电路再把模拟信号转换成数字信号进行保存。

在 CAD 系统中，常用的扫描仪输出的是矢量化图形，即扫描仪扫描图纸时，得到一个光栅文件，接着进行矢量化处理，输出一种格式紧凑的二进制矢量文件。对于不同的 CAD 系统，还需对上述二进制矢量文件进行格式转换，才能变为特定的 CAD 系统可接受的图形文件格式，这一过程如图 2.3 所示。

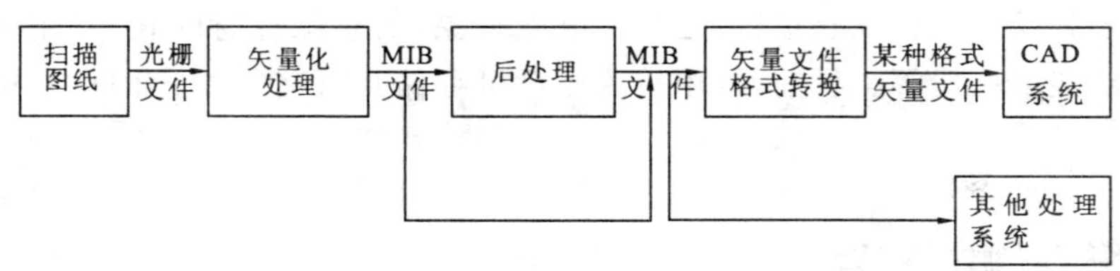

图 2.3 图形扫描输入系统

4)数码相机

随着数码技术和数码设备的发展，数码照相机逐渐成为一种方便快捷的图形输入设备。数码照相机的成像原理与传统照相机相似，但数码相机使用的感光材料和影像信息载体与传统相机完全不同。数码相机用一种光电转换器件(主要有 CCD 和 CMOS)来感光、滤光并将光信号转化为电信号。拍摄时，根据设定的分辨率和格式得到图形文件，直接存储在其自身的存储装备(磁盘、Flash 卡、PCMAIC 卡等)中，并可通过电缆线将其输入计算机，再利用相应的软件进行编辑和处理。

此外，语音输入是目前正在研究的图形方法。这种方法将人类的声音通过话筒变成模拟信号，再将模拟信号通过调制变成数字信号。语音输入的难点在于如何理解、识别声音，因此，目前的水平仍处于定量词汇、定人语音识别的程度。如果能利用人的自然语言通过输入图形特性参数及其属性参数实现图形输入，将是一种效率很高的图形输入方法。

2. 图形显示设备

图形显示是模具 CAD 系统的一项基本功能，在系统运行中有大量的图形、图像需要进行处理，因此，对图形显示设备要求相对较高。为实现高质量的图形、图像处理和满足显示需要，一般还要配置高性能的显示控制适配器(也称显卡或图形卡)。目前，图形显示器采用的显示器件有：标准阴极射线管(Cathode Ray Tube，CRT)、液晶显示(Liquid Crystal Display,

LCD)、激光显示和等离子显示等。

1)图形显示器

目前常用的图形显示器是阴极射线管显示器和液晶显示器。阴极射线管是一种电真空显示器件,它利用电磁场产生高速的、经过聚焦的电子束,通过磁场和电场的调整,偏转到屏幕的不同位置轰击屏幕表面的荧光材料而产生可见图形,其原理如图2.4所示。CRT的技术指标是分辨率和显示速度。一个CRT在水平和垂直方向能识别出的最大点数称为分辨率,也可理解为所能识别的光点间的最小距离,光点亦称为像素(Picture Element,PE)。高分辨率的图形显示器分辨率可达4096×4096。衡量CRT显示速度的指标一般用每秒钟显示矢量线段的条数来表示。显示速度取决于偏转系统的速度、CRT矢量发生器的速度和计算机发送显示命令的速度。为使观察图形时不出现闪烁,图形屏幕的刷新速度应不小于30帧/s。

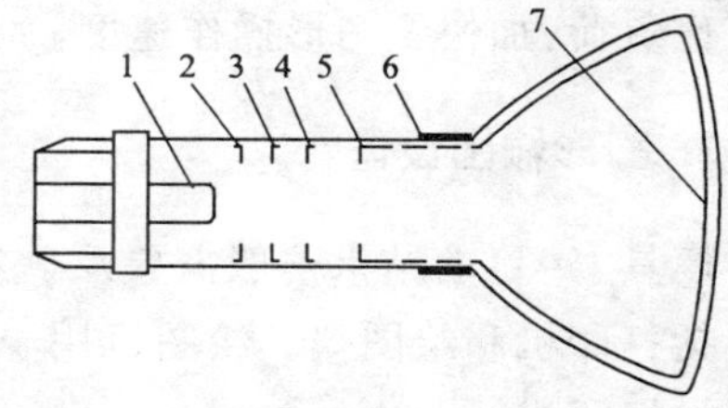

图2.4 CRT显示器

1—阴极;2—控制极;3—屏蔽极;4—第一阳极;5—第二阳极;6—偏转线圈;7—荧光屏

液晶显示器是利用液晶的光电效应实现显示的。分子具有方向性的液体称为“液态晶体”,简称“液晶”。液晶是奥地利植物学家Reinitzer于1888年发现的,它是一种介于固体与液体之间,具有规则性分子排列的有机化合物。一般最常用的液晶形态为向列型液晶,分子形状为细长棒形,长宽为1~10nm。液晶的物理特性是:当通电时导通,分子排列变得有秩序,使光线容易通过;不通电时分子排列混乱,阻止光线通过。

从液晶显示器的结构来看,无论是笔记本电脑还是桌面系统,LCD由两块平板构成,厚约1mm,其上列有细槽,两个平板上的细槽互相垂直,其间由包含有液晶(LC)材料的5μm均匀间隔隔开。液晶分子顺着细槽方向排列,若一个平板细槽的分子南北向排列,则另一平板细槽的分子东西向排列,而位于两个平板之间的分子被强迫进入一种90°扭转状态。由于光线顺着分子的排列方向传播,所以光线经过液晶时也被扭转90°。但当液晶上加一个电压时,分子便会重新垂直排列,使光线能够直射出去。液晶层中的水晶液滴都被包含在细小的单元格结构中,一个或多个单元格构成屏幕上的一个像素,在电源ON/OFF下产生明暗的区别,依此原理控制每个像素,构成所需图像。

对于笔记本电脑或者桌面型LCD显示器,需要采用更加复杂的彩色显示器,因此要求具备专门处理彩色显示的色彩过滤层。通常,在彩色LCD面板中,每一个像素都由3个液晶单元格构成,其中每一个单元格前面都分别有红色、绿色或蓝色的过滤器。这样,通过不同单元格的光线就可以在屏幕上显示出不同的颜色。

液晶显示器的技术参数包括可视角度、点距、色彩度、对比值、亮度值和响应时间等。现在,几乎所有的应用于笔记本或桌面系统的LCD都使用薄膜晶体管(TFT)激活液晶层中的单元格。TFT LCD技术能够显示更加清晰、明亮的图像。

2)图形显示卡

显示器上显示的图文画面是由显示适配器(显卡)发出的控制和显示信号决定的。早期的显示适配器只是起到了CPU与显示器之间的接口作用,现在图形适配器的作用不仅仅局限于此,它还起到处理图形数据、加速图形显示等的作用。图形显示的核心部分是图形加速芯片,它固化了一定数量的最常用基本图形程序,包括控制硬件光标、光栅操作、位块传输、画线、手绘多边形及多边形填充等。芯片从图形设备接口接受指令，并把它们转变成一幅图画，然后将数据写到存储器中，以红、绿、蓝数据格式传递给显示器。图形加速芯片大大减轻了CPU的工作负荷，加快了图形操作速度。

3. 图形输出设备

模具CAD的结果一般需要反映在图纸上，这一工作由输出设备完成。图形输出设备主要包括打印机和绘图仪。绘图机用于输出大幅图形，打印机用于输出技术文档和小幅面图形。

1)打印机

打印机是计算机系统最常用的输出设备。常用的打印机有点阵打印机、喷墨打印机和激光打印机等几种。点阵打印机通过针头接触色带击打纸面形成墨点来实现图形的输出，针头动作由专门电路控制，打印结果是由墨点的点阵构成的，难以满足CAD图形输出要求。喷墨打印机是利用从若干个精细喷嘴射出的各种原色的墨水滴，附着在图纸上实现浓淡不一的图像。激光打印机集合了光、机、电等技术，是非击打式的页式打印机，其噪音低、分辨率高、打印速度快。激光和喷墨打印机常用于小幅面图形和文档的输出。

2)绘图仪

绘图仪按其形成图形的原理不同，可分为喷墨、激光、静电和笔式绘图仪。在模具CAD中最常用的是笔式绘图仪和喷墨绘图仪。与打印机相比，绘图仪可以有选择地绘制图形，使用更加灵活，输出的图幅也较大。

在笔式绘图仪上，电脉冲通过驱动电机与传动机构使画笔移动。每一个电脉冲使画笔移动的距离称为步距，或称脉冲当量。步距愈小，画出的图形越精细，一般国产绘图仪步距为0.00625～0.1mm，国外高精度的绘图仪步距可达0.001mm。通常0.1mm的步距可以满足一般图形的绘制要求，0.005mm的步距可以使人的肉眼觉察不出阶梯状的波动，而0.00625mm的步距可满足一般精密绘图的要求。

笔式绘图仪又分为滚筒式和平板式绘图仪两种。滚筒式绘图仪由两个电动机分别带动绘图纸和绘图笔运动，工作原理如图2.5所示。这类绘图仪构造简单、价格便宜，但速度和精度不是太高。平板式绘图仪的结构如图2.6所示，它采用两轴同时驱动的单向脉冲电动机，质量轻，兼作笔架，与定子间采用空气轴承，速度可达120m/min，且精度高、维修方便，缺点是价格

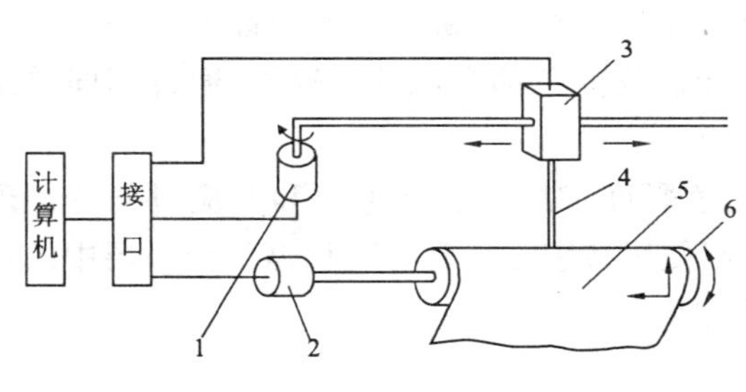

图2.5 滚筒式绘图仪原理图

1、2—驱动电机；3—笔架；4—笔；5—图纸；6—滚筒

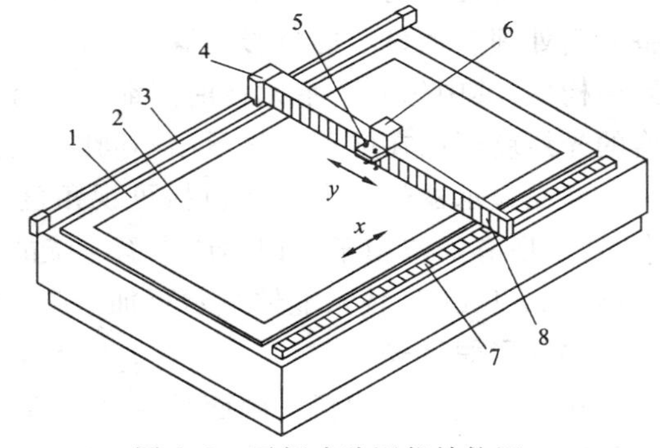

图2.6 平板式绘图仪结构图

1—台面；2—图纸；3—导轨；4—x向驱动电机；5—笔架；6—y向驱动电机；7、8—齿条

较高。

随着喷墨和激光打印技术的发展，喷墨式绘图仪的性价比不断提高，近年来有逐渐取代笔式绘图仪、占据主流市场的趋势。

2.1.4 计算机网络硬件

经过近半个世纪的发展，模具CAD系统已从单机系统逐渐发展到网络化阶段。因此，无论是设计、信息共享还是辅助制造都要涉及计算机网络。计算机网络是指用通信线路和通信设备将分散在不同地点、具有独立功能的计算机相互连接组成一个计算机群。计算机网络硬件通常包括服务器、网络适配器（网卡）、传输媒体、计算机终端和网间连接器等。其中，网卡起着计算机与传输媒体之间的物理连接和数据交换的功能；传输媒体负责数据的传输和交换；服务器用于运行网络操作系统并进行监控；网间连接器将不同形式的网络连接在一起。

2.2 模具CAD系统的软件组成

除必要的硬件设备外，模具CAD系统还必须配备相应的软件。没有软件的支撑，硬件便不能发挥作用。软件一般指计算机运行所需的各种程序、数据及相关的文档。模具CAD系统的软件根据其功能可分为系统软件(System Software)、支撑软件(Support Software)和应用软件(Application Software)3个层次。图2.7表示了这些软件间的层次关系。

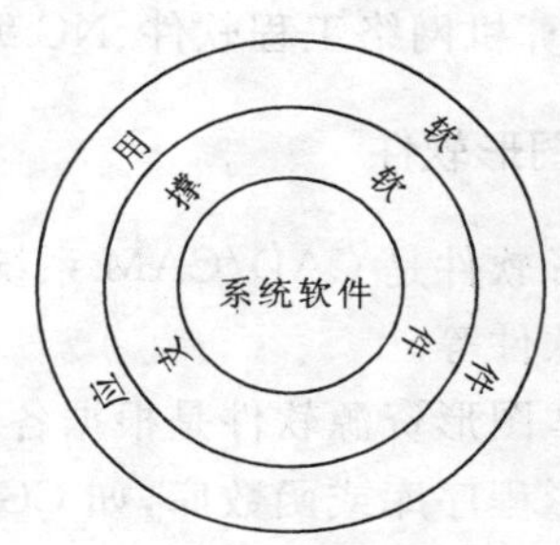

图2.7 模具CAD系统的软件组成

2.2.1 系统软件

系统软件是使用、管理、控制计算机运行的操作系统及语言处理程序等的集合。系统软件不仅为用户使用计算机提供了一个友好的交互界面，并尽可能使计算系统中的各种资源得到充分而合理的应用，而且系统软件还是支撑软件和应用软件运行的基础。系统软件主要包括操作系统、编译系统等。

1. 操作系统

操作系统是系统软件的核心，也是用户和计算机之间的接口。操作系统主要承担对计算机的管理工作，其主要功能包括文件管理（建立、存储、删除、检索文件）、外部设备管理（管理计算机的输入、输出等外部硬件设备）、内存分配管理、作业管理和中断管理等。

目前，操作系统的种类较多，在工作站上主要采用UNIX、WindowsNT/2000/XP等，在微机上主要采用Windows系列操作系统。

2. 编译系统

程序设计需要使用计算机语言，计算机语言分为机器语言、汇编语言和高级语言3种。其中，机器语言是计算机可以直接执行的语言，汇编语言必须由汇编程序(Assembler)编译成机器语言，高级语言也必须用编译程序(Compiler)编译成机器语言，才能由计算机识别和执行。因此，编译系统的作用是将用汇编语言、高级语言编写的程序翻译成计算机能够直接执行的机器指令。目前，国内外广泛应用的高级语言，如FORTRAN、PASCAL、Visual C++、Visual Basic等均有各自的编译系统。有了编译系统，用户就可以用接近人类自然语言和数学语言的方式编写程序，而翻译成机器指令的工作则由编译系统去完成。

2.2.2 支撑软件

支撑软件是在系统软件基础上开发的、满足CAD用户某些共同需求的通用软件或工具软件。支撑软件通常是已经商品化的软件，一般由专门的软件公司开发。在开发模具CAD系统时，要根据使用要求来选配支撑软件，形成相应的开发环境，从而进行高效、优质和低成本的开发。支撑软件主要包括图形处理软件、工程分析与计算软件、模拟仿真软件、数据库管理系统、计算机网络工程软件、NC编程软件等。

1. 图形软件

图形软件是CAD/CAM系统中最基础、最重要的支撑软件，具体包括基本图形资源软件和绘图软件等。

基本图形资源软件是根据各种图形标准和规范实现的软件包，大多是供各种应用程序调用的图形程序库或函数库，如CGI、GKS、PHIGS、OpenGL(Open Graphics Library)等。这类图形资源软件通常与设备无关，支撑软件和应用软件开发人员可以直接调用，使软件的可移植性得到极大提高。

绘图软件主要解决零部件的详细设计问题，最后输出符合工程要求的零件图和装配图。绘图软件具有基本图形元素(点、线、圆等)绘制、图形变换(缩放、平移、旋转等)、编辑(增、删、改等)、存储和显示控制、人机交互以及输入/输出设备驱动等功能。例如，常用于模具图绘制的AutoCAD系列软件，国内自主开发的高华CAD、开目CAD等。

2. 几何建模软件

几何造型软件用于构造三维物体的几何模型，是CAD系统的关键性支撑软件。尤其是在模具CAD系统中，模具的工作部分是根据产品的形状和尺寸设计的，要实现模具CAD首先必须完成产品零件的几何造型，建立产品零件的几何模型。几何模型的构造是计算、分析、绘图、加工的基础，后续的一切处理和操作皆在此模型的基础上进行。

目前广泛使用的I-DEAS、Pro/ENGINEER、Unigraphics(简称UG)等软件都提供了完善的几何建模功能。

3. 工程分析和计算软件

在CAD作业中，经常需要进行各种工程分析和计算，需要相关软件支撑，主要包括以下几部分：

1)常用数学方法程序库

常用数学方法程序库用于解决各类数学问题，如提供解微分方程、线性方程组、数值积分、有限差分、曲线(面)拟合等的计算机程序。

2)有限元分析软件

有限元理论和方法在工程设计中应用十分广泛。有限元分析在材料成形模拟中发挥着重要作用，如冲压成形分析，注塑和压铸流动分析、冷却分析、翘曲分析、收缩分析，焊接成形分析等，对成形工艺和模具设计进行预测，提高设计的可靠性。常见的有限元分析软件有SAP、NASTRAN、ANSYS、ABAQUS、DANFROM等。不同的软件有不同的特点和应用范围，应根据问题的性质正确选用。

3)优化设计软件

优化设计软件综合了各种优化算法，能为选择最优方案、取得最优解、求解数学模型提供强有力的数学工具软件。在模具CAD中也有诸如模具设计方案优化、排样优化一类的优化设计问题，需要选用合适的方法和软件。

4)模拟仿真软件

在产品设计时，需要实时、并行地模拟产品生产，以预测产品的性能、产品的制造过程和产品的可制造性。我们把这类问题归结为仿真，例如运动仿真、成形仿真和加工仿真等。运动仿真用于大型装配的运动模拟和干涉检验；成形仿真主要用于钣金零件成形过程模拟及其成形缺陷分析与预测；加工仿真主要用于设计表面的数控加工模拟，以检验过切、少切及加工精度。例如，机械系统动力学自动分析软件ADAMS就属于这一类支撑软件。

4. 数据库管理系统

在模具CAD系统工作中，有大量需要存储和经常使用的数据信息，数据的管理和共享在系统中占有很重要的地位。数据库管理系统(Data Base Management System，简称DBMS)是在操作系统的基础上建立的操纵和管理数据库的软件，该系统除了保证数据资源共享、信息保密、数据安全之外，还能尽量减小数据库内的数据冗余。用户需通过数据库管理系统使用数据库，因而它是用户和数据库之间的接口。目前广泛应用的商用数据库管理系统均属于关系型数据库，主要用于非图形数据的管理，例如INGRES、PB、ORACLE、SYBASE、FOXPRO等关系型数据库管理系统。CAD/CAM涉及大量的图形信息，需要工程数据库的支持，但这类软件尚不够成熟。

5. 网络工程软件

基于网络的微机-工作站CAD系统是CAD的主要使用环境之一。因此，网络工程软件是不可缺少的支撑软件。网络工程软件包括服务器操作系统、文件服务器软件、通信软件等。应用这些软件可进行网络文件系统管理、存储管理、任务调度、用户间通信、软硬件共享等工作。

2.2.3 应用软件

应用软件是用户为解决某一类实际应用问题而自行开发或委托开发的程序系统。它是在系统软件和支撑软件的基础上，用高级语言编程或基于某种支撑软件设计和开发的，既可为一个用户使用，也可为多个用户使用的软件。通常，应用软件的开发是针对特定领域的某一类特定问题来进行的，例如，冲模 CAD 软件、注塑模 CAD 软件等。当前，几乎所有的通用 CAD 软件都提供相应的二次开发工具，如 AutoCAD 内置的 VisualLisp 开发语言，支持面向对象设计的 Activex 接口；UG 的应用程序开发工具 UG/Open API 等，用户能方便地根据自身需求，基于通用 CAD/CAM 软件开发专门的应用软件。

需要说明的是，进行模具CAD 系统开发时，并非要自行开发上述所有 3 类软件，对于系统软件和支撑软件主要是正确选择、有效运用，对于应用软件则是需要精心组织、设计和编制的。

2.3 模具 CAD 系统的类型

CAD 系统通常按系统的硬件组成、工作方式和功能的不同进行分类，各类 CAD 系统均有其各自的特点和适用范围。

2.3.1 按硬件组成分类

按硬件组成和计算机技术的发展历程，CAD 系统可分为主机系统、小型机系统、工作站系统、微机系统和基于网络的微机-工作站系统等 5 种。

1. 主机系统

主机系统又称大型主机系统，这类系统以一台大(中)型计算机为中心，采用分时操作系统集中支持数十个，甚至上百个 CAD 终端运行。主机系统具有高速、大容量的内存和外存，可配置高精度、高速度、大幅面的图形输入/输出设备，用于运行规模较大的支撑软件或大型应用软件，可以将设计、分析、计算、图形处理等结合起来进行复杂的CAD 工作。

主机系统具有强大的应用处理功能，主要用于支持复杂的工程设计和科学计算。但其初始投资较大，一旦主机出现故障会影响所有用户，而且随着同时使用终端的用户增加或计算工作量的加大，多用户争夺资源的问题愈显突出，最终影响系统的响应速度。目前已不再采用。

2. 小型机系统

小型机系统又称小型机成套系统，出现于 20 世纪 70 年代后期。它以 32 位超级小型机为主机，通常带有几个到几十个终端。小型机是由从事 CAD 技术开发的公司专门为用户配置的计算机系统。

小型机系统具有很强的针对性，适于中等规模企业的应用要求。但小型机系统针对性过强，应用范围受到较大限制，用户难于进一步开发。目前，此类系统大多已被淘汰。

3. 工作站系统

工作站是为满足用户在工程和图形图像处理上的专业需求，克服原有大型计算机、小型计算机由于其系统庞大、不能适应工程和图形处理中灵活多变的缺点而研制的专用计算机。工作站具有强大的科学计算、丰富的图形处理、灵活的窗口及网络管理功能，通过网络可以共享系统资源。

工作站有便于逐步投资、逐步发展等优点，因此大多高端的CAD支撑软件和应用软件都以工作站为运行平台。随着工作站本身性能的发展，向上越来越多地覆盖中、小型机乃至大型机、巨型机的应用领域，向下则可与个人计算机争夺巨大的低端市场。

4. 微机系统

微机CAD系统以64位超级微机为主机，并配有高分辨率图形显示系统、大幅面绘图仪、高容量硬盘等CAD必备硬件。基于微机的CAD系统主要用于绘制二维工程图和进行一些简单的三维设计。随着微机运算和图形处理性能的迅速提高，许多过去只能在工作站上运行的高端CAD/CAM软件（如CATIA、Unigraphics、Pro/ENGINEER、I-DEAS等）均已移植到微机上，使微机系统不仅具有较强的计算分析能力，而且还可满足三维图形处理的要求，但微机系统在总体运算和图形处理性能上与工作站仍有相当的差距（尽管随着微机性能的迅速提高，二者的差距正在日益缩小）。

微机CAD系统具有丰富的商品化的支撑软件和应用软件，其原始投资少、见效快、成本低、具有良好的可扩充性。因此，这类系统受到中小型企业和个人用户的普遍欢迎，成为国内外中小企业开展CAD工作的主要形式，将在今后相当长的时期内与工作站互为补充。

5. 基于网络的微机-工作站系统

独立的微机CAD系统和在一定范围内联网的工作站CAD系统，其作业的分散性和各自独立或孤岛式的工作方式使设计信息无法进行充分交流，也无法使各种作业协调一致地进行。由于并行工程的要求和现代网络技术的迅速发展，基于网络的微机-工作站系统可以使分散在同一单位不同部门、不同地点的微机及工作站共享软硬件资源，充分和准确地交流设计信息，协调各种作业，完成并行工程。

应用计算机技术和网络通信技术，可将分布于各处的各类计算机以网络的形式连接起来。采用局域网（Local Area Network，LAN）可将一座大楼、一个工厂、一所学校范围的计算机联网；而通过万维网（World Wide Web，WWW）则可将多个局域网连接起来，并可访问分布在世界各地的本部门或本公司的各个设计小组与设计人员，以沟通设计信息。

2.3.2 按工作方式分类

CAD系统按其工作方式可分为检索型、自动型、交互型和智能型CAD系统4大类。

1. 检索型CAD系统

检索型系统是将已定型的产品资料（图样、技术文件等）存入计算机，并设计检索程序而形成的系统。在系统工作时，由用户输入设计初始参数，选择标准产品图样及有关数据，再由系统检索调用系统中的标准程序库及图形库，并计算相应的参数和绘制图形。这种系统适用于产品定型之后标准化、系列化的设计。由于该类系统在设计过程中不提供人工干预功能，故不适用于新产品的开发。

2. 自动型CAD系统

自动型系统是根据设计任务要求将待解决的问题建立数学模型，并将其目标函数的求解过程编制程序形成的系统。系统运行时，根据输入的参数自动调用相关程序和数据库进行数学模型求解，并可根据求解结果对数学模型进行修改，直至满意为止。该类系统适用于能够用数学模型描述的设计问题。

3. 交互型CAD系统

交互型系统是利用输入、输出设备，通过人机对话方式工作的系统。交互式CAD系统的工作过程是一个设计、分析、计算、显示、修改和不断反复的过程。在系统工作过程中，人机交互共同进行设计，充分发挥人的创造性和计算机的优越性，可取得最佳设计效果。交互型系统是现代CAD应用系统的主要类型，尤其适合于新产品的设计、开发工作。

4. 智能型CAD系统

在实际设计过程中，除数值计算、分析、绘图等工作外，往往存在很多诸如方案构思、最佳方案选择、结构设计优化、设计评价、决策等内容，这是一般CAD系统在进行产品或工程的设计中所不能实现的。智能型CAD系统就是将人工智能技术应用于上述问题的求解而形成的CAD系统。

人工智能让计算机拥有人类的智能，在遇到问题时能像人类一样进行思考和解决问题，但实际上人的创造性思维在很大程度上是计算机很难实现的。就某一领域来讲，实现人工智能的目的主要是要让计算机通过利用计算机中存储的该领域知识，按照一定的方式进行推理，力争达到人类专家解决这一问题的水平，这一类系统称为专家系统。

智能型CAD系统主要由知识库、推理机、实时系统、知识获取系统和人机接口等组成，还包括各种先进技术的综合运用。用户只需要输入设计对象的概念、用途、性能等信息，利用系统提供的推理、决策、计算和数据处理等各种机制，即可完成产品或工程的详细设计。

建立智能型CAD系统时，首先要收集该领域内专家的知识和经验，用合适的方式表达知识，建立知识库；其次是设置推理机，在求解问题时，模仿人类专家进行思维与决策；最后是建立实时系统，将系统的运行状态、推理过程提供给使用者。另外，还需建立知识获取系统，使系统具有学习功能，不断更新知识，使之适应设计要求和环境的变化。

2.3.3 按功能分类

按CAD/CAM系统的功能及适应范围可分为通用系统和专用系统两类。通用的CAD/CAM系统功能全面，适用范围广。例如，CATIA、I-DEAS、Pro/ENGINEER和UG等系统均属此类。这类CAD/CAM系统通常包括造型（线框、曲面和实体造型）模块、绘图模块、装配与零件设计模块、有限元分析模块、数据交换与传输模块和NC加工模块。专用的CAD/CAM系统指的是那些为特定用途开发的系统。这类系统通常只能适用于一定的专业领域，或用于解决某一类问题。例如，冲裁模CAD/CAM系统和注塑模CAD/CAM系统等皆属此类。

复习思考题

1. 模具CAD系统的硬件基本配置应该包括哪些内容？
2. 模具CAD系统软件包括哪几个层次？试举例说明。
3. 简述CAD系统中硬件和软件的作用。
4. 试述CAD系统的分类方法及各类系统的特点。

3 模具CAD中设计数据的处理

进行模具设计时，需要参考模具设计手册、标准、规范等技术资料。在传统的设计中，这些信息的获取是由人工查询方式实现的，而在模具CAD中，这一工作应由计算机自动完成。然而，模具设计资料大多是以数表、线图等形式给出的，并不能直接为计算机接收和处理，要实现模具CAD就必须对这些信息进行处理，以便计算机识别、存储和使用。因此，设计数据的计算机处理是模具CAD的一项重要技术内容，也是模具CAD系统开发的一项基础工作。

本章主要介绍设计数据常用的计算机处理方法，包括数表的程序化处理、数表的文件化处理、数表的数据库管理、数表的解析化处理、线图的计算机处理方法以及通用数据处理软件的应用等，并介绍各种处理方法的计算机编程及其实现方法。

3.1 数表的程序化处理

数表的程序化处理是指用数组表示数表中数据相互关系的一种方法，以便计算机调用和处理。该方法的特点是用一维、二维或多维数组分别存放一维、二维或多维数表，使各自变量与因变量的下标一一对应，直接编写在程序中。程序执行时，将输入的欲查自变量的值转换成因变量数组的下标值，再由该下标得到对应的因变量值，并参与后续的计算和处理。

3.1.1 一维数表的程序化处理

一维数表的形式最为简单，表3.1所列的金属板材冲裁搭边值就是一维数表。从该表容易看出，数表中只有一个自变量（材料厚度 t）和一个因变量（搭边值 a）。不过在表3.1中，自变量材料厚度是以区间表示的，而搭边值又是材料厚度的函数。

表3.1 金属板材冲裁的搭边值 单位：mm

	a a	a a	a	a
材料厚度 t	≤1.2	1.2～3.0	>3.0
搭边值 a	1.2	1.0t	0.8t

一维数表,常采用一维数组存放。程序化的步骤是先定义一个数组变量,在程序中为其赋值,然后按某种方式查询。对于表3.1的程序化处理,首先应定义搭边值数组 a,再根据材料厚度 t 确定搭边值数组的下标值 i,然后由搭边值数组的下标确定搭边值。可用以下C语言程序实现表3.1所列数据的程序化处理。

```
#include "stdio.h"
void main(void)
  { float t; int i;
    float a[3]; //定义一维数组(搭边值)
    printf("\n 请输入材料厚度(mm):"); // 屏幕提示用户输入材料厚度
    scanf("%f",&t);
    a[0]=1.2; a[1]=1.0*t; a[2]=0.8*t;
    if (t<=1.2)
    i=0;
    else if(t>3.0)
    i=2;
    else
    i=1;
  printf("所选材料对应搭边值为:%4.2f (mm)\n",a[i]); //显示查询结果
}
```

运行上述程序,根据提示输入材料厚度 t,程序将材料厚度转换成对应搭边值数组 a 的下标 i,得到并输出材料厚度对应的搭边值 $a[i]$。例如,程序运行时,输入材料厚度 $t=1.5$,则程序运行后输出:

所选材料对应搭边值为:1.5(mm)

这样,程序就可以利用该搭边值进行排样设计和其他计算工作。

3.1.2 二维及多维数表的程序化处理

二维数表和多维数表的程序化处理与一维数表程序化处理的思路一样,不同的是多维数表的自变量和因变量的数目较多,查询的流程相对复杂一些。

图3.1为凹模的孔口型式,表3.2为凹模孔口参数表。从表3.2中可以看出,对于一个自变量(材料厚度)有3个因变量(h、α 和 β)。在程序化处理时,我们可以定义一个用于存放自变

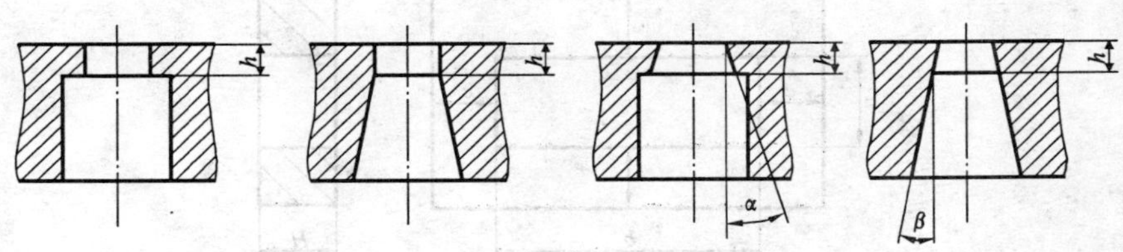

图3.1 凹模孔口型式

量的一维数组以及一个用于存放因变量的二维数组并初始化赋值，依然可以通过下标引用的方式实现查询。表3.2的程序处理可用如下C语言程序实现。

表3.2 凹模孔口参数表

材料厚度(mm)	h(mm)	α(°)	β(°)
≤0.5	5.0	0.25	2.0
0.5～1.0	6.0	0.25	2.0
1.0～2.5	7.0	0.25	2.0
2.5～6.0	8.0	0.50	3.0
>6.0	10.0	0.50	3.0

```
#include "stdio.h"
void main(void)
{float ah[5][3]={5.0,0.25,2.0,6.0,0.25,2.0,7.0,0.25,2.0,8.0,0.50,3.0,10.0,0.50,3.0};
  float thick[4]={0.5,1.0,2.5,6.0};
  int i; float t,h,alpha,beta;
  printf("\nPlease input the hight of material: t=");
  scanf("%f",&t);
  for (i=0;i<4;i++)
     if(t<=thick[i]) break;
  h=ah[i][0];alpha=ah[i][1];beta=ah[i][2];
  printf("h=%5.2f alpha=%5.2f beta=%5.2f\n",h,alpha,beta);
}
```

运行该程序，输入材料厚度t，即可查找相应的凹模孔口参数h、α、β。例如，输入材料厚度为3.0时，则程序运行后输出：

h= 8.00   alpha= 0.50   beta= 3.00

对于多维数表，可用多维数组存放和处理，也可以将其分解成若干个一维或二维数组来进行存储，从而简化编程和操作，提高处理效率。图3.2所示为凹模外形尺寸的计算示意图，计算凹模的长和宽分别为冲压件外形尺寸加上最小凹模壁厚c的二倍，而凹模最小壁厚c和凹模高度H又由冲裁件最大外形尺寸b和冲裁件厚度t确定，如表3.3所列。分析得知，表3.3

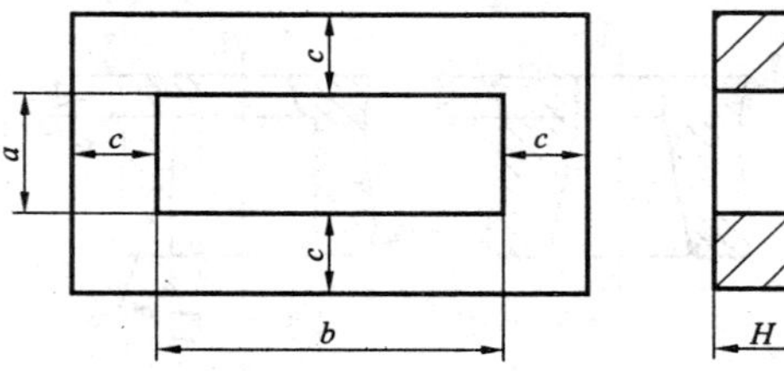

图3.2 凹模外形尺寸计算示意图

表 3.3 凹模的最小壁厚与高度 (单位:mm)

	≤0.8		0.8～1.5		1.5～3.0		3.0～5.0		5.0～8.0		8.0～12.0	
	c	H	c	H	c	H	c	H	c	H	c	H
＜75	26	20	30	22	34	25	40	28	47	30	55	35
75～150	32	22	36	25	40	28	46	32	55	35	65	40
150～200	38	25	42	28	46	32	52	36	60	40	75	45
＞200	44	28	48	30	52	35	60	40	68	45	85	50

为多维数表。进行程序化处理时,可以定义一个数组 $cH[6][4][2]$存放凹模最小壁厚和凹模高度数据,其中第 1 个下标为冲裁件最大外形尺寸 b 的分组,第 2 个下标是冲裁件厚度 t 的分组,第 3 个下标表示凹模最小壁厚 c 和凹模高度 H。使用时,根据冲裁件最大外形尺寸 b 和冲裁件厚度 t 两个自变量的值进行下标引用,查出所需结果(模最小壁厚 c 和凹模高度 H)。例如,当冲裁件最大外形尺寸 $b=165$、冲裁件厚度 $t=1.8$ 时,可以得到第1、2两个下标值2和2,引用 cH 数组中元素 $cH[2][2][0]$、$cH[2][2][1]$,即为该条件下的凹模最小壁厚 $c=46$ 和凹模高度 $H=32$。

需要注意的是,以数组方式存放数表,在程序运行时,数组要占用内存中一片连续内存空间。如果数据量太大,数组会占用大量的连续内存空间,可能影响整个程序的性能。另外,用数组存放数表进行程序化处理要将数表数据直接编写在程序中,因此,除了修改程序之外无法进行数据的修改和更新,同时也会因不能实现数据的共享而造成数据的重复输入。因此,以数组方式进行程序化处理只适于数据量较小、使用比较频繁、不需经常进行修改和共享数据的处理。

3.2 数表的文件化处理

对于数据量很大或需要共享的数表,采用程序化处理显然是不合适的。一方面在程序运行时需占用大量的内存空间,降低处理效率;另一方面,对于多个程序共用的数表,需要在多个程序中都定义同样的数组,造成数据存储冗余。在这种情况下,最好的方法是将数据与程序分离,采用文件化处理方法,以提高处理效率、实现数据共享、方便更新维护。数表的文件化处理是将设计数据以一定的格式存放在数据文件中,当程序需要应用其中数据时,使用文件操作语句打开该文件,将相关数据读入内存,再做相关的处理。

3.2.1 数据文件的建立

数据文件可以是文本类型的数据文件,也可以是数据库文件。对于前者,要注意其存储和使用的格式,即数据文件采用什么格式存储,使用时程序就按什么格式进行读取。通常这种数据文件存储时都要以某种方式将数据分隔。例如,两个数据之间都加上一个空格符、回车符、制表符或者“;”等,使程序能够准确地找到所需的数据项。

数据文件的扩展名一般用“. dat”或者“. txt”。数据文件格可通过多种途径建立。例如，可以使用 Windows 的记事本等文本编辑工具来编辑，也可以使用高级语言编制程序生成，或者从其他数据文件类型转化而来。

1. 用文本编辑软件建立

首先打开文本编辑软件，然后按照一定的格式输入表中数据，再对输入的数据进行检查并保存。图 3.3 所示为用记事本建立表 3.2 所列数据的数据文件实例，按照每一行 3 个数据(h、α、β)，每行中两个数据之间用空格间隔的格式输入，保存为“aomo. dat”文件。

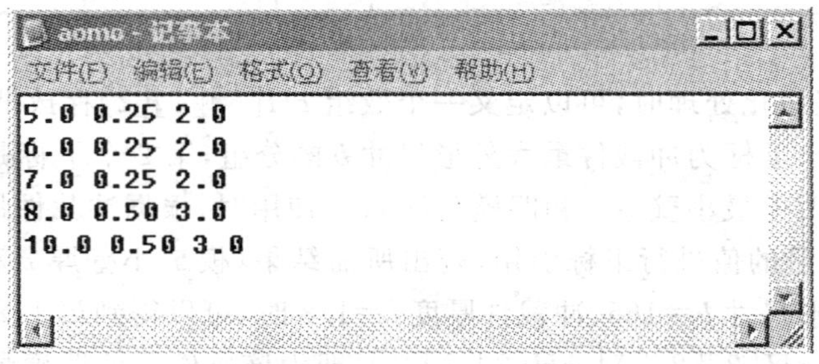

图 3.3 用记事本编辑的数据文件

2. 用程序设计语言生成

各种程序设计语言都具备文件操作功能。例如，C 语言可利用 fopen()函数、fscanf()和 fprintf()语句实现文件的建立、读取和存储等操作。这种建立数据文件的方式主要应用于将 CAD 系统的运行结果输出到数据文件保存。这些函数和语句的应用将在 3.2.2 节“数据文件的使用”部分具体介绍。

3. 从其他类型文件转化

数据文件也可以通过其他类型文件转化得到，例如可以通过数据库文件导出或生成。本章 3.3 节将介绍 Visual FoxPro 关系数据库的建立及生成数据文件的方法。另外，Microsoft Office 软件中的 Access 也是一个关系数据库系统，利用该系统建立的数据库也能导出各种格式的文本文件(*. txt、*. csv、*. tab、*. asc 等)。

3.2.2 数据文件的使用

下面以 C 语言为例，说明数据文件的操作及应用。

1. 数据文件的打开与关闭

在对文件进行操作之前应该首先“打开”文件，而使用完毕后应“关闭”文件。C 语言用 fopen()函数打开文件，fopen()函数的格式及调用方式为

FILE * fp；

fp=fopen(文件名，使用文件方式)；

打开文件语句有三个作用：一是打开的文件名，即准备访问的文件名字；二是使用文件的方式（“读”或“写”等）；三是用一个指针变量指向被打开的文件。

例如：

```
fp=fopen("aomo.dat","w");
```

该语句表示打开文件名为 aomo.dat 的文件，使用文件的方式为“写”（w 代表 write），fopen()函数带回指向 aomo.dat 文件的指针并赋给 fp，即建立 fp 和文件 aomo.dat 的联系，或者说 fp 指向 aomo.dat 文件。

在使用完一个文件后应该关闭它，以防止误操作。C 语言用 fclose()函数来关闭文件，其调用格式一般为：

```
fclose (fp);
```

执行该语句，通过 fp 将该文件关闭，即 fp 不再指向该文件。fclose()函数带回一个值，当顺利地执行了关闭操作，返回值为 0；否则返回 EOF(−1)。

2. 数据文件的读与写

文件的读写方式较多，不同的读写内容需要不同的读写语句。下面以有格式读写为例，说明读与写语句的格式。

文件格式化读写用 fscanf()和 fprintf()语句，它们的调用方式为

fprintf (文件指针，格式字符串，输出表列)；

fscanf (文件指针，格式字符串，输入表列)；

例如：

```
fprintf (fp, "%d,%6.2f",i,t);
```

以上语句的作用是将整型量 i 和实型量 t 的值按%d 和%6.2f 的格式输出到 fp 指向的文件上。而

```
fscanf(fp,"%d,%f",&i,&t);
```

则是从磁盘文件（fp 指向的文件）中读入一个整型量赋给变量 i（存入地址 i），读入一个实型量赋给 t（存入地址 t）。

3. 文件操作举例

用 C 语言编写对 aomo.dat 文件进行操作程序，其实现对表 3.2 所列数据的查询功能。

```
#include "stdio.h"
void main(void)
{float ah[5][3];
 float thick[4]={0.5,1.0,2.5,6.0};
 int i,j; float t,h,alpha,beta;
 FILE *fp;
 fp=fopen("aomo.dat","r");
 for (i=0;i<=4;i++)
 for (j=0;j<=2;j++)
   fscanf(fp,"%f",&ah[i][j]);
```

```
printf("\nPlease input the thick of material: t=");
scanf("%f",&t);
for (i=0;i<4;i++)
if(t<=thick[i]) break;
h=ah[i][0];alpha=ah[i][1];beta=ah[i][2];
printf("h=%5.2f alpha=%5.2f beta=%5.2f\n",h,alpha,beta);
    }
```

数表文件化处理方法适用于数据量较大和多个程序共用数表的处理，但其使用也存在一些不足。例如数据文件中数据对程序缺乏适应性，数据与应用程序相互依赖，如果为了某种用途数据格式需要修改时，应用程序也不得不做相应的修改。为克服文件化处理存在的缺陷，可应用数据库管理系统对数表进行管理。

3.3 数表的数据库管理

数据库管理系统(Data Base Management System，DBMS)是在文件管理系统的基础上发展起来的一种数据管理技术。数据库是相互关联的数据的集合，它能以最小冗余为多种应用服务。数据库中的数据存储独立于应用程序，应用程序能够共享数据库中的资源。因此，对于模具CAD系统中量大或共享的数据，采用数据库管理系统处理更为合理。

数据库中的数据是有结构的，这种结构反映了事物和事物之间的联系，这种联系可归纳为4种数据模型，即层次模型、网状模型、关系模型和面向对象模型。按照数据库管理系统采用的数据模型，数据库可分为层次数据库、网状数据库、关系数据库和面向对象数据库。其中，关系数据库具有结构简单又能处理复杂关系的特点，适宜对表格(关系)的处理。本节以Visual FoxPro关系数据库为例，介绍数据库的建立、操作、使用方法及与高级语言程序间的数据交换，其次简要介绍工程数据库的概念。

3.3.1 数据库管理系统的应用

1. 数据库的建立

建立数据库文件分两个步骤进行。第一步是定义数据库结构(相当于手工制表中的一张空白二维表)；第二步是输入数据库记录(即将具体的数据填入此空白的表格内)，形成一个完整的数据库文件。

下面以图3.4所示的冷冲模滑动导向模座后侧导柱下模座的标准数据库建立为例(表3.4为其部分标准数据)，说明数据库的建立方法和步骤。

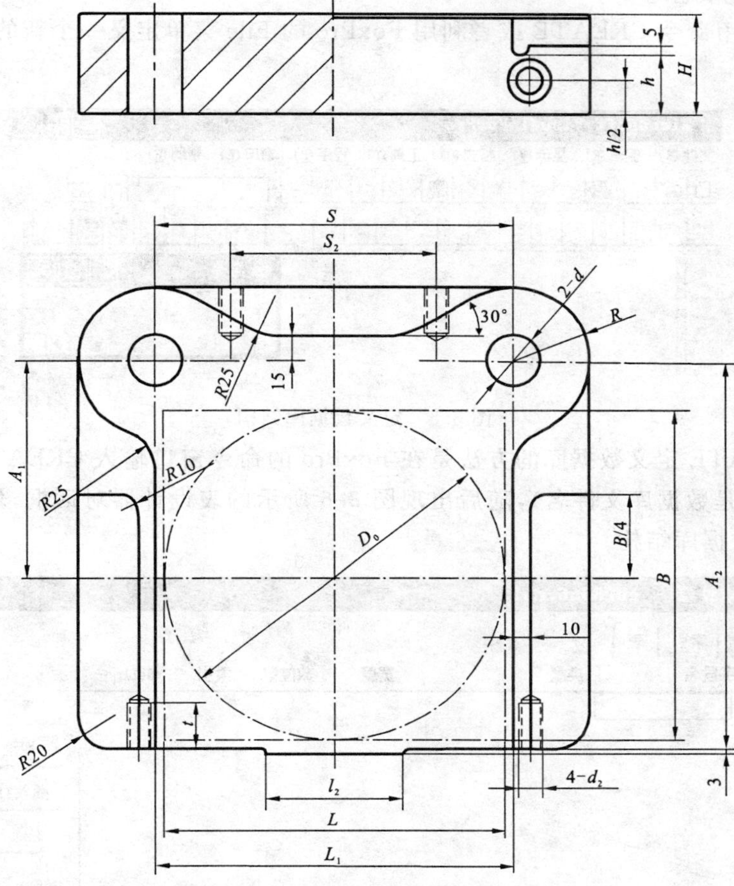

图 3.4 冷冲模滑动导向模座后侧导柱下模座

表 3.4 冷冲模滑动导向模座后侧导柱下模座参数表

L	B	D_0	H	h	L_1	S	A_1	A_2	R	l_2	d	d_2	t	S_2
160	125	—	40	35	170	170	85	150	38	80	25	—	—	—
160	125	—	50	35	170	170	85	150	38	80	25	—	—	—
200	125	—	40	35	210	210	85	150	38	80	25	—	—	—
200	125	—	50	35	210	210	85	150	38	80	25	—	—	—
250	125	—	45	35	260	250	85	150	42	100	28	—	—	—
250	125	—	55	35	260	250	85	150	42	100	28	—	—	—
160	160	160	45	35	170	170	110	195	42	80	28	—	—	—
160	160	160	55	35	170	170	110	195	42	80	28	—	—	—
200	160	—	45	35	210	210	110	195	42	80	28	—	—	—
200	160	—	55	35	210	210	110	195	42	80	28	—	—	—
250	160	—	50	40	260	250	110	195	45	100	32	14	28	150
200	160	—	60	40	260	250	110	195	45	100	32	14	28	150
200	200	200	50	40	210	210	130	235	45	80	32	14	28	120
200	200	200	60	40	210	210	130	235	45	80	32	14	28	120

1)定义数据库结构

建库时,可用命令 CREATE 或者利用 FoxPro 的 File 菜单定义一个新的数据库结构,如图 3.5 所示。

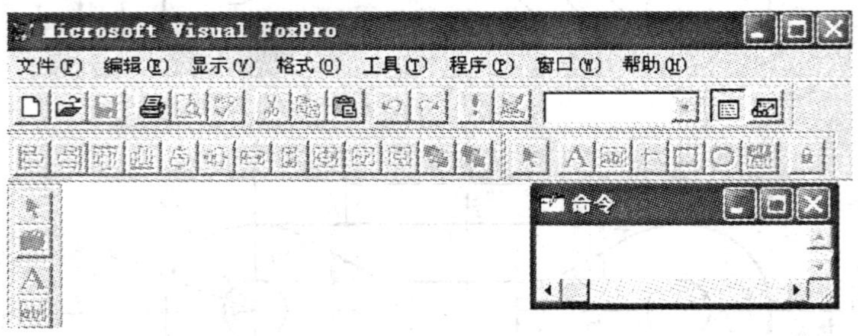

图 3.5 定义数据库结构

利用 CREATE 定义数据库的方法是在 FoxPro 的命令窗口输入 CREATE GB28556,并回车(GB28556 是数据库文件名),随后出现图 3.6 所示的表设计器对话框,然后在该对话框中定义和设计数据库结构。

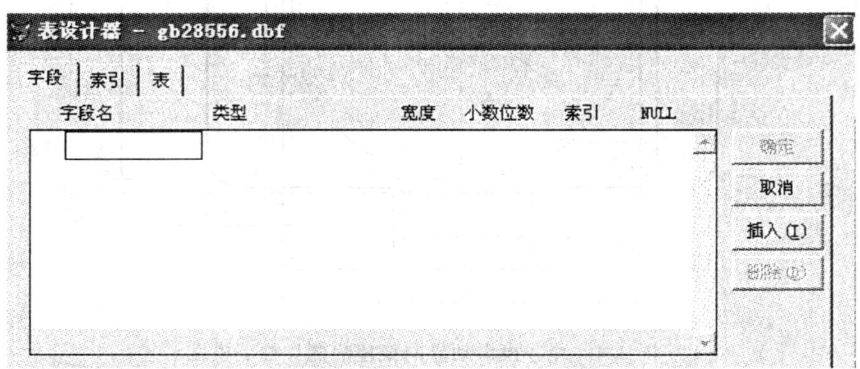

图 3.6 表设计器对话框

库结构定义即对组成数据库的每一个字段(即数表中的一列)进行详细定义。冷冲模滑动导向模座后侧导柱下模座零件有 15 个参数,相应的数据库也要定义 15 个字段,定义时需要对每个字段的名称、类型、宽度和小数位数等进行定义。图 3.7 所示为定义的 GB28556 数据库

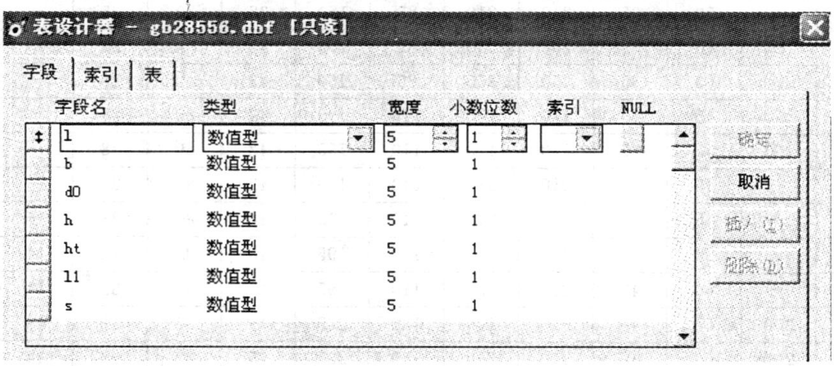

表设计器 - gb28556.dbf [只读]

字段 | 索引 | 表

字段名	类型	宽度	小数位数	索引	NULL
l	数值型	5	1		
b	数值型	5	1		
d0	数值型	5	1		
h	数值型	5	1		
ht	数值型	5	1		
l1	数值型	5	1		
s	数值型	5	1		

确定 取消 插入(I) 删除(D)

图 3.7 冷冲模滑动导向模座后侧导柱下模座数据库结构

的结构。

2)数据库记录的输入

数据库记录输入的常用方式有3种:一种是立即输入方式,即在定义完数据库结构进行保存时,系统会询问“是否打算现在输入记录?”,用“Y”回答,即进入数据输入状态(注意,这种方式仅在定义新数据库结构时出现);第二种方式是追加方式,即用追加命令APPEND追加记录;第三种方式是使用浏览方式增加记录,即用BROWSE命令添加记录。

在第一、二种方式中,用户可逐个字段填写,填完一条记录,屏幕自动显示下一条记录的结构,再输入下一条记录数据,直到将标准中数据全部输完为止,这一过程如图3.8所示。第三种方式的交互界面如图3.9所示,在“view”菜单下,选择“Append mode”,即可添加记录。

Gb28556

L	160.0
B	125.0
D0	0.0
H	40.0
Ht	35.0
L1	170.0
S	170.0
A1	85.0
A2	150.0
R	38.0
Lt2	80.0
Dr7	25.0
Dt2	0.0
T	0.0
S2	0.0

图3.8 添加数据库记录

Gb28556

L	B	D0	H	Ht	L1	S	A1	A2	R	Lt2	Dr7	Dt2	T	S2
160.0	125.0	0.0	40.0	35.0	170.0	170.0	85.0	150.0	38.0	80.0	25.0	0.0	0.0	0.0
160.0	125.0	0.0	50.0	35.0	170.0	170.0	85.0	150.0	38.0	80.0	25.0	0.0	0.0	0.0
200.0	125.0	0.0	40.0	35.0	210.0	210.0	85.0	150.0	38.0	80.0	25.0	0.0	0.0	0.0
200.0	125.0	0.0	50.0	35.0	210.0	210.0	85.0	150.0	38.0	80.0	25.0	0.0	0.0	0.0
250.0	125.0	0.0	45.0	35.0	260.0	250.0	85.0	150.0	42.0	100.0	28.0	0.0	0.0	0.0
250.0	125.0	0.0	55.0	35.0	260.0	250.0	85.0	150.0	42.0	100.0	28.0	0.0	0.0	0.0
160.0	160.0	160.0	45.0	35.0	170.0	170.0	110.0	195.0	42.0	80.0	28.0	0.0	0.0	0.0
160.0	160.0	160.0	55.0	35.0	170.0	170.0	110.0	195.0	42.0	80.0	28.0	0.0	0.0	0.0
200.0	160.0	0.0	45.0	35.0	210.0	210.0	110.0	195.0	42.0	80.0	28.0	0.0	0.0	0.0
200.0	160.0	0.0	55.0	35.0	210.0	210.0	110.0	195.0	42.0	80.0	28.0	0.0	0.0	0.0
250.0	160.0	0.0	50.0	40.0	260.0	250.0	110.0	195.0	45.0	100.0	32.0	14.0	28.0	150.0
250.0	160.0	0.0	60.0	40.0	260.0	250.0	110.0	195.0	45.0	100.0	32.0	14.0	28.0	150.0
200.0	200.0	200.0	50.0	40.0	210.0	210.0	130.0	235.0	45.0	80.0	32.0	14.0	28.0	120.0
200.0	200.0	200.0	60.0	40.0	210.0	210.0	130.0	235.0	45.0	80.0	32.0	14.0	28.0	120.0

图3.9 浏览数据库记录

数据输入完毕,按“Ctrl+W”键将数据存盘,冷冲模滑动导向模座后侧导柱下模座零件数据库即建成,返回到命令状态。用“QUIT”命令退出数据库管理系统,重新回到操作系统的控制下。

2. 数据库操作

在 FoxPro 数据库语言中，对数据库的操作是通过命令实现的。命令相当于高级语言中的语句，但其对数据的管理能力更强。FoxPro 的操作命令的一般格式为(操作命令格式中"[ ]"表示可选项，"＜＞"表示必选项)：

命令动词[＜范围＞][＜表达式＞][FOR＜条件＞][WHILE＜条件＞]

其中：

(1)范围是指被操作记录的范围。若没有指明范围，则默认值为 ALL，即对数据库中的所有记录进行操作。

(2)表达式可以是一个或多个由逗号分隔开的表达式，用于指明对规定范围内记录的指定字段进行操作。

(3)FOR＜条件＞，通知 FoxPro 命令仅对满足条件的记录进行操作。

(4)WHILE＜条件＞。在数据库文件中，从当前记录开始，按记录顺序从上向下进行比较、处理，直到不满足条件为止。

FoxPro 命令可以对已经建立的数据库进行各种操作，主要操作如下：

1)打开与关闭数据库(USE)

在 FoxPro 数据库系统中，数据库文件在使用前必须先打开，才能将其调入内存。而在数据库使用完毕后，应关闭数据库。USE 命令用于打开和关闭数据库，其一般格式为：

USE [＜文件名＞]

该命令用于关闭当前工作区已打开的数据库文件，并打开用户给定＜文件名＞的数据库文件，若未指定＜文件名＞的扩展名，则默认为扩展名为.DBF。若 USE 命令后的＜文件名＞缺省，则关闭当前工作区的数据库。

2)显示命令(LIST)

LIST 命令用于显示数据库文件记录或者显示数据库文件的结构，其格式为

LIST　　&& 显示当前数据库的全部记录；
LIST STRUCTURE　　&& 显示当前数据库的结构；
LIST FOR ＜条件＞　　&& 显示当前数据库中满足条件的记录。

与 LIST 命令功能类似的命令还有 DISPLAY 命令，其不同在于显示格式和显示记录的范围。

3)编辑记录(EDIT/BROWSE)

对已建立的数据库记录进行编辑和修改，可使用命令 EDIT 或 BROWSE。两编辑命令仅在字段的显示方式上有所不同，二者的显示方式分别如图 3.8、图 3.9 所示。

4)删除记录(DELETE、RECALL、PACK、ZAP)

删除数据库记录的命令有：

DELETE[FOR＜条件＞]　&& 在满足条件的记录上作删除标记(并非物理删除)；
RECALL[FOR＜条件＞]　&& 恢复满足条件的数据库记录(去掉删除标记)；
PACK　&& 将已作删除标记的记录物理删除(不可恢复)；
ZAP　&& 删除数据库的所有记录(数据库结构仍然存在)。

5)修改库结构(MODIFY STRUCTURE)

当需要对数据库结构进行修改时,使用命令:

MODIFY STRUCTURE

执行该命令后,将显示打开数据库的结构,如图 3.7 所示,用户即可对该数据库结构进行修改。

6)数据库记录的定位

将数据库指针定位在某条记录上,以便对记录进行操作。可用以下命令定位数据库指针:

GOTO n

该命令将数据库指针定位在第 n 条记录上。如果将数据库指针定位在满足某条件的记录上可用命令

LOCATE [＜范围＞][FOR＜条件＞][WHILE＜条件＞]

当查找到第一条满足条件的记录时,就结束查找,并将指针指向该记录。如果继续查找满足条件的记录,可用 CONTINUE 命令。

FoxPro 还有许多其他操作命令,具体可参阅 FoxPro 使用手册。

3. 命令文件的编制

FoxPro 不仅提供了单命令工作方式,还允许用户编写程序执行预定的操作,即将 FoxPro 提供的命令、函数和程序控制语句组成有序的集合(源程序),并以文件的形式存放。程序设计功能为用 FoxPro 系统进行数据管理和开发各自所需的数据库应用程序提供了条件。

1)命令文件的编辑

用 FoxPro 编写的源程序称为命令文件,其扩展名为.PRG,命令文件可用任何一种编辑软件建立和修改。FoxPro 数据库亦自带有编辑器,可用下述命令进入编辑状态:

MODIFY COMMAND ＜文件名＞

编辑时,可采用全屏幕编辑(图 3.10),编辑完成后按“Ctrl＋W”键存盘。

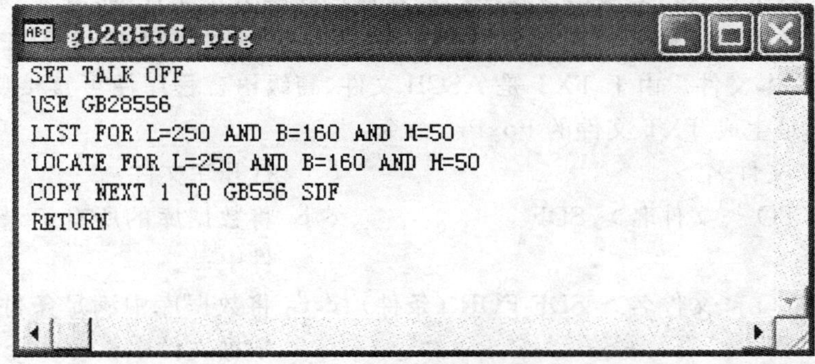

图 3.10　命令文件编辑窗口

2)命令程序的调试与运行

命令程序可用 FoxPro 的 Program 菜单下的“Do...”调用,也可在命令窗口用下述命令执行:

DO ＜文件名＞

执行过程中,若有语法错误,系统会指出错误的类型,并停止程序的运行。在改正错误后,

重新运行进行调试。

3)应用举例

编写命令文件，显示冷冲模滑动导向模座后侧导柱下模座零件数据库 GB28556 中 L=250(字段名为 L)、B=160、H=50 的数据库记录，并将其生成数据文件 GB28556. TXT。

首先在命令窗口输入 MODIFY COMMAND GB28556，进入编辑状态，在编辑器中输入图 3.10 所示的命令，并保存。然后执行 GB28556. PRG 文件，屏幕上将显示字段 L=250、B=160、H=50 的记录，并将其生成数据文件 GB28556. TXT，保存在磁盘上，为绘制模座图时调用。

4. 数据库与高级语言间的信息传递及调用

虽然数据库管理系统有很强的数据处理能力，但与高级语言相比，在处理大量复杂的计算问题上略显逊色。在模具 CAD 中通常既要完成对大量数据的收集和分析，又要对这些数据进行各种运算，考虑到数据库与高级语言各自的特点，应能将两者结合起来，以便可发挥各自的优势，因此，需要解决数据库与高级语言间的信息传递和调用问题。

1)数据库调用高级语言程序

数据库程序可以与高级语言程序组合，构成一个整体。组合的关键在于数据库对高级语言的调用以及调用后的返回。数据库管理系统中设置了一个功能很强的 RUN 命令，实现数据库系统对高级语言程序的调用，调用形式为：

RUN ＜命令或程序名＞

其中，“命令”可以是系统的内部命令，也可以是其外部命令，被调用的高级语言程序是经过编译的 EXE 或 COM 文件，它们以外部文件的形式存储，执行 RUN 命令时，将其调入内存并从入口开始运行，运行结束后，将控制返还给数据库管理系统。

2)数据库与高级语言程序间数据的交换

(1)数据库送数据给高级语言

将数据库的数据传送给高级语言程序一般是通过间接方法实现的，首先利用数据库系统的有关命令或操作把数据输入到扩展名为 DBF 的数据库文件中，再通过 COPY 命令生成扩展名为 TXT 的文本文件。由于 TXT 是 ASCII 文件，高级语言程序便可直接使用 TXT 文件中的数据。以下是生成 TXT 文件的 FoxPro 命令：

```
USE <文件名>                          && 打开库文件；
COPY TO <文件名> SDF                  && 将数据库的所有记录拷贝到数据文件中；
COPY TO <文件名> SDF FOR (条件)       && 将数据库中满足条件的记录拷贝到数据文件中；
COPY NEXT n TO <文件名> SDF           && 将数据库当前记录开始的 n 条记录拷贝到数据文件中。
```

(2)高级语言向数据库送数据

其方法亦是通过高级语言生成的 TXT 文件实现的，先由高级语言程序生成 TXT 文件，再用数据库的追加命令 APPEND 把 TXT 文件中的数据追加到数据库文件中。操作命令如下：

USE <文件名> && 打开库文件；

APPEND FROM <文件名> SDF && 从文本文件中追加数据到数据库末尾。

需要注意，库文件的结构必须与文本文件结构相同，否则会出现数据传递混乱。

数据库与高级语言程序数据传递过程如图3.11所示。

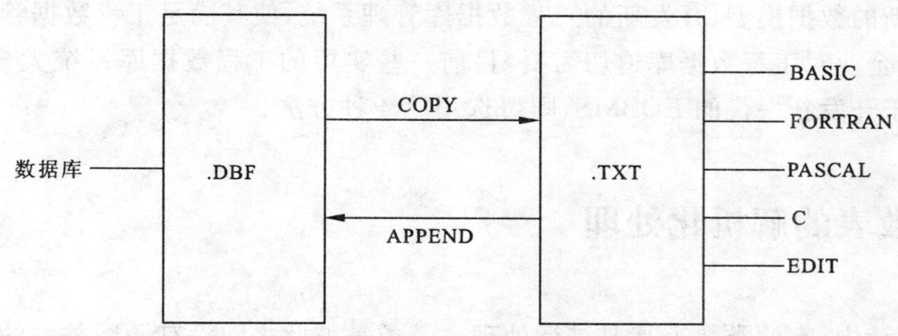

图3.11 数据库与高级语言间的数据传递

3.3.2 工程数据库管理系统简介

关系数据库管理系统是一种商用数据管理系统，其功能非常完善。但商用数据库管理系统的数据类型比较简单，且基本上是静态数据模式，而工程数据关系复杂，属动态模式，商用数据库系统并不能完全适应工程数据管理的需求。例如，模具CAD/CAM系统涉及图形、非图形等大量数据。图形数据中既有绘制工程图的二维数据，又有造型所需的三维数据。非图形数据中，一部分是标准数据(如设计规范、标准数据、材料性能等)，另一部分是管理信息(如产品性能、用户需求、工艺规范和生产计划等)。模具数控加工所用的NC代码也是一种非图形的数据，而且是一种非结构化的数据。因此，有必要针对工程应用的特点，开发工程数据库管理系统(Engineering Data Base Management System，EDBMS)。工程数据库是满足工程设计、制造、生产管理和经营决策支持环境的数据库系统。工程数据库系统包括工程数据库、工程数据库管理系统和工程数据库的终端用户。对工程数据库系统的性能要求有如下几条：

(1)支持复杂的数据类型，反映复杂的数据结构。设计过程中实体之间的关系是复杂多样的，因此，要求EDBMS既能支持过程性的设计信息，也能支持描述性的设计信息。

(2)支持反复建立、评价、修改并完善模型的设计过程，满足数值及数据结构经常变动的需要。

(3)支持多用户的工作环境，并保证在这种环境下各类数据语义的一致性。如机械设计包含机、电、液、控制等方面的技术，各类专业人员都可以按自己的观点理解同一数据结构并进行不同的应用。因此，必须提供描述与处理一般DBMS更强的语义约束，以维护数据语义的一致性。

(4)具有良好的用户界面，支持交互作业，设计者可以交互方式对工程数据库进行操作、检索；同时，应保证系统具有快速的、适时性的响应，以满足设计者对数据库的使用和对数据及数据结构修改的需要。

目前，由于工程数据库的特殊要求，而面向事务处理的商用数据库管理系统缺乏必要的支持手段，人们一般通过下述途径满足对工程数据库提出的上述要求：

(1)在现有商用事务DBMS的外层增加一层软件,弥补商用事务DBMS用于工程环境的不足;

(2)增加现有DBMS的功能,满足工程数据管理的要求;

(3)建立专用的文件管理器,把现有的DBMS作为一项应用;

(4)研究新的数据模型,开发新的工程数据库管理系统,使其满足工程数据管理的要求。

为了满足企业对工程数据库迫切需要,目前一些实用的工程数据库系统大多采用前3种方法构成;对于开发新一代的EDBMS,则可选用第4种方法。

3.4 数表的解析化处理

在模具设计中,有两类数表需要进行处理。一类是彼此之间没有函数关系的离散量,如模具设计手册中模具材料的机械性能、物理性能等,查询时所需的是表中所列的数据,对其采用程序化处理即可;另一类数表的数据之间存在一定的函数关系,只是为了使用方便才以表格形式列出,查询时所需数据并非一定是数表中的离散值,而可能是数表中两节点之间的函数值。对于后一类数表,需要采用解析化方法处理。数表解析化处理通常采用函数插值和数据拟合两种方法。

3.4.1 函数插值

插值的基本思想是在插值点附近选取若干个合适的节点,利用这些节点构造一个函数(插值函数)$g(x)$,使$g(x)$通过选取的节点,在插值点确定的区间上近似用$g(x)$代替原来的函数$f(x)$,即插值点的函数值用所构造的插值函数的对应值代替。下面分别介绍一元函数插值和二元函数插值的原理与方法。

1. 一元函数插值

从几何意义上讲,一元函数插值是在平面内选定若干个节点,构造一段曲线(或直线),用该曲线(或直线)近似地表示由选定点所确定区间上原来的曲线$f(x)$,从而得到插值后的函数值。根据选取插值函数形式的不同,一元函数插值可分为线性插值、抛物线插值和拉格朗日插值。

1)线性插值

线性插值是用通过所选的两个节点构造一个线性函数$g(x)$来代替原来的函数$f(x)$,亦称为两点插值。设有一个用数表表示的函数$f(x)$,数表中自变量和对应因变量的值分别为x_1、x_2、L、x_n和y_1、y_2、L、y_n,求自变量为x时的函数值,即在点(x,y)处线性插值。其步骤如下:

从数表中在插值点的附近选取两个相邻的自变量x_i、x_{i+1}(对应的函数值分别为y_i、y_{i+1}),并满足条件

$$x_i < x < x_{i+1} \tag{3-1}$$

用过(x_i,y_i)和(x_{i+1},y_{i+1})两点的直线$g(x)$代替原来的函数$f(x)$,则插值点的函数值y

为

$$y = \frac{y_{i+1} - y_i}{x_{i+1} - x_i}(x - x_i) + y_i$$

或写成

$$y = \frac{x - x_{i+1}}{x_i - x_{i+1}} y_i + \frac{x - x_i}{x_{i+1} - x_i} y_{i+1} \tag{3-2}$$

插值的几何意义如图 3.12 所示，从图 3.12(a)中可以看出，用直线 $g(x)$代替原有曲线 $f(x)$存在一定误差 Δy。误差的大小与插值区间有关，区间越小，误差越小，当插值区间足够小时，线性插值的精度可以满足使用要求。为了减小误差，除减小插值区间外，还可以用提高插值阶数的方法来提高插值精度，如图 3.12(b)所示的抛物线插值。

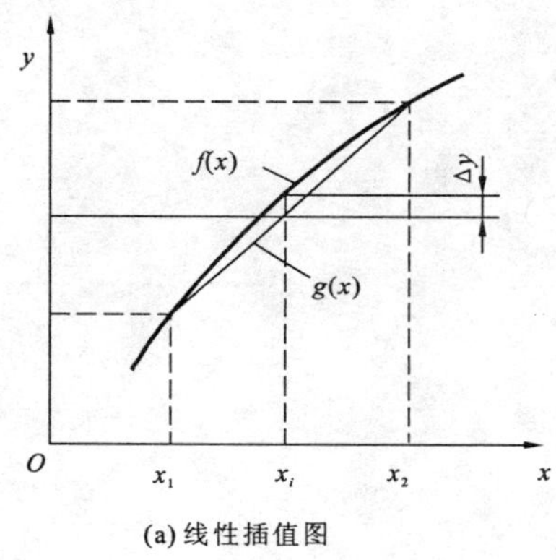

(a) 线性插值图

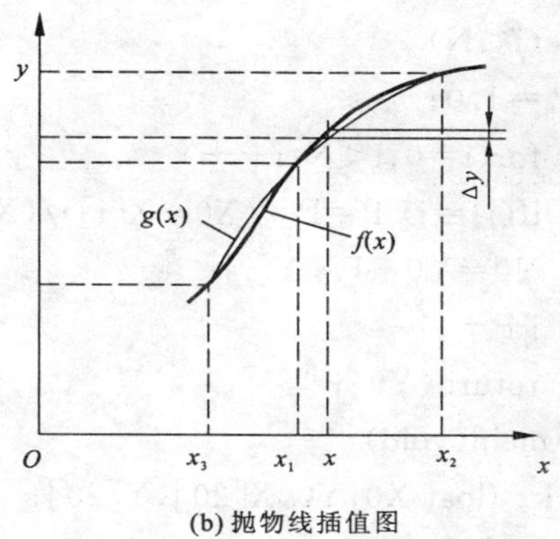

(b) 抛物线插值图

图 3.12 插值曲线图

2)抛物线插值

抛物线插值用通过 3 个节点构造的抛物线 $g(x)$来代替原来的函数 $f(x)$，也称 3 点插值，如图 3.12(b)所示。设插值点为(x,y)，抛物线插值步骤如下：

从已知数表中，在插值点 x 的左右选取两个相邻节点(x_i, y_i)、(x_{i+1}, y_{i+1})，分别记为(x_1, y_1)和(x_2, y_2)，并满足条件

$$x_1 < x < x_2$$

比较$(x - x_i)$和$(x_{i+1} - x)$的大小，取差值较小者作为取点的延伸方向，从表格中选取第三点。例如，当$(x - x_i) < (x_{i+1} - x)$时，取 x_i 方向作为取点延伸方向，即取(x_{i-1}, y_{i-1})为第三点(x_3, y_3)；反之，取(x_{i+2}, y_{i+2})为第三点(x_3, y_3)。

将所选 3 点代入抛物线方程，得到插值点的函数值

$$y = \frac{(x - x_2)(x - x_3)}{(x_1 - x_2)(x_1 - x_3)} y_1 + \frac{(x - x_1)(x - x_3)}{(x_2 - x_1)(x_2 - x_3)} y_2 + \frac{(x - x_1)(x - x_2)}{(x_3 - x_1)(x_3 - x_2)} y_3 \tag{3-3}$$

3)拉格朗日插值

拉格朗日插值用来求 n 个节点的 $n-1$ 次插值多项式，它是线性插值和抛物线插值的推广，也称多次插值。拉格朗日插值用下式表示：

$$g(x) = \sum_{k=1}^{n} \frac{(x - x_1)(x - x_2)\cdots(x - x_{k-1})(x - x_{k+1})\cdots(x - x_n)}{(x_k - x_1)(x_k - x_2)\cdots(x_k - x_{k-1})(x_k - x_{k+1})\cdots(x_k - x_n)} y_k$$

$$= \sum_{k=1}^{n} \left(\prod_{j=1, j \neq k}^{n} \frac{x - x_j}{x_k - x_j} \right) y_k \tag{3-4}$$

式中，$\prod$ 表示累乘，$\prod\limits_{j=1, j \neq k}^{n}$ 表示累乘遍取从 1 到 n 除 $j \neq k$ 以外的全部整数值。该式在逻辑结构上为双重循环，内循环为累乘，外循环为累加。上式可用如下 C 语言程序进行插值处理。

```
#include "stdio.h"
int N;
float lg(X,Y,X0,Y0)
float X[20],Y[20];float X0,Y0;
{int j=0,i; double P;
Y0=0.0;
while(j<N)
  {P =1.0;
    for(i=0;i<N;i++)
    if(j!=i) P=P*(X0-X[i])/(X[j]-X[i]);
    Y0=Y0+P*Y[j];
    j++;}
    return(Y0); }
void main(void)
{int k; float X0,Y0,X[20],Y[20];
printf("Please input N:\n");
scanf("%d",&N);
printf("Please input X[N],Y[N]:\n");
for(k=0;k<N;k++)
scanf("%f,%f",&X[k],&Y[k]);
printf("Please input X0:\n");
scanf("%f",&X0);
Y0=lg(X,Y,X0,Y0);
printf("G(x)=%f\n",Y0);
}
```

程序中变量的意义如下：

X[N]——节点自变量数组；

Y[N]——节点函数值数组；

X0——插值点自变量；

Y0——插值点函数值；

N——节点数。

一般来说，适当提高插值阶数可以提高插值精度，但并非阶数越高，精度就越高，而且阶次提高会带来计算量的大幅度增加。因此，在实际插值中，若发现二、三阶插值精度不够理想时，便采用分段插值，即将插值区间分为若干段，在每个分段上进行低阶插值。应用低阶插值的关键是尽量在插值点附近挑选插值节点，以减小误差。同时，采用分段插值时，还应注意分段处的连续性和可导性，以满足光滑曲线(面)的设计要求。

2. 二元函数插值

从几何意义上讲，二元函数插值是在三维空间内选定若干个节点，构造一个曲面 $g(x,y)$，再用 $g(x,y)$ 近似地表示由选定点所确定区间上原有曲面 $f(x,y)$，从而确定插值点的函数值。

1)直线-直线插值

直线-直线插值的原理如图 3.13 所示。选择插值点 k 所在的区域 $abdc$，a、b、c、d 对应的函数值为 A、B、C 和 D。以直线 AB 和直线 CD 为导线，作平行于 yOz 平面运动的直线母线(如 EF)，直线母线的运动即构成曲面 $g(x,y)$，用该曲面在选定的区域内代替原有的曲面 $f(x,y)$，便可得到插值点的函数值。

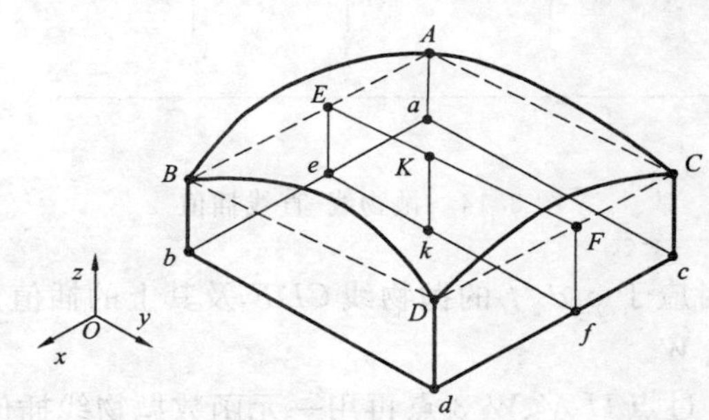

图 3.13 直线-直线插值

设插值点为 $k(x_k,y_k,z_k)$，其插值步骤如下：

根据插值点 k，确定周围 4 个点 a、b、c、d，并满足以下关系：

$$\left.\begin{aligned} &x_a = x_c, \qquad x_b = x_d; \\ &y_a = y_b, \qquad y_c = y_d; \\ &x_a < x_k < x_b,\ y_a < y_k < y_c \end{aligned}\right\} \tag{3-5}$$

找出对应 a、b、c、d 在原曲面上的点 A、B、C、D，过点 A、B 用一元函数线性插值求得 E 点，过点 C、D 用一元函数线性插值求得 F 点。

过点 E、F 再次用一元函数线性插值求得 K 点，该点的 z_k 值即为对应于插值点的函数值。

2)抛物线-直线插值

将图 3.13 中的导线 AB 改为抛物线，即可实现抛物线-直线插值。图 3.14 为抛物线-直线插值在 xOy 平面上的投影图。

设插值点为 $k(x_k,y_k,z_k)$，其插值步骤如下：

根据插值点 k，找出周围 4 个点 a、b、c、d，并根据一元函数抛物线插值中的取点方法增加 e 和 f 两个点，于是得到 a、b、c、d、e、f 共 6 个点。

找出对应 a、b、c、d、e、f 在原曲面上的对应点 A、B、C、D、E、F，过点 A、B、E 用一元函数抛物线插值求得 U 点，再用同样的方法求得 V 点。

过点 U、V 再次用一元函数线性插值求得 K 点，该点的 z_k 值即为对应于插值点的函数值。

3)抛物线-抛物线插值

将图 3.14 中的导线 AC 改为抛物线，即可实现抛物线-抛物线插值。如图 3.15 所示，设插值点为 $k(x_k,y_k,z_k)$，其插值步骤如下：

根据插值点 k，找出周围 4 个点 a、b、c、d，并根据一元函数抛物线插值中的取点方法扩大为 9 个点，即增加 e、f、r、s、t 共 5 个点。

分别求三条抛物线导线及其插值点，即对应于点 a、b、e 的抛物线 ABE 及其上的插值点

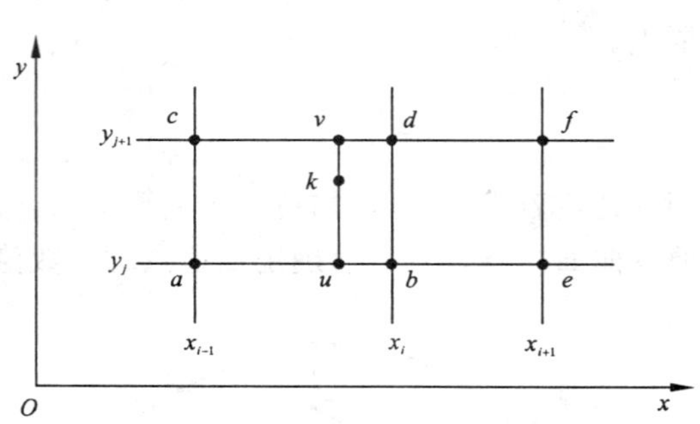

图 3.14　抛物线-直线插值

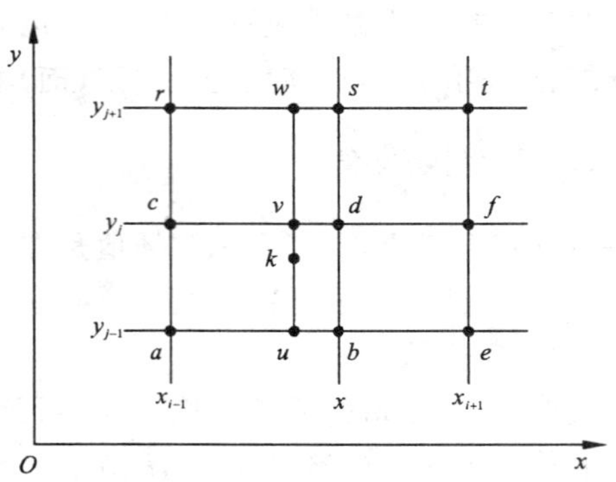

图 3.15　抛物线-抛物线插值

U；对应于 c、d、f 的抛物线 CDF 及其上的插值点 V；对应于 r、s、t 的抛物线 RST 及其上的插值点 W。

过点 U、V、W 3 点再用一元函数抛物线插值求得 K 点，用该点的函数值替代对应插值点的函数值。

上述二元函数插值过程表明，二元函数插值是通过多次一元函数插值的方法来实现的。

3.4.2　曲线拟合

函数插值的方法在应用中存在两个主要缺点：一是插值函数在几何上是用严格通过所选节点的曲线 $g(x)$ 或曲面 $g(x,y)$，而在工程数据中很多数据是通过实(试)验得到的，实验数据总带有误差，而且个别数据误差甚至较大，用插值方法建立的函数关系式必然保留了原有误差；二是严格通过所有节点的函数是一个次数很高的多项式，求解比较困难，用分段插值虽然可降低插值阶数，但分段后分段曲线的连接点若不能保证曲线的光滑连接，这在模具型面设计中是不允许的。

因此，在模具 CAD 中常采用拟合的方法进行解析化处理，用拟合得到的曲线并不是严格通过所选节点，而是尽可能反映所给数据点的变化趋势。最小二乘法是工程设计中最常用曲线拟合方法，下面以最小二乘法为例，介绍曲线拟合的原理及其应用。

1. 最小二乘法的原理

设由数表中 n 个节点值构造了函数 $y^*=g(x)$，用数表中自变量 x_i 的值代入可以求出其函数值 $g(x_i)$，用 y_i^* 表示，即

$$y_i^* = g(x_i) \quad i=1,2,\cdots,n \tag{3-6}$$

在各节点处所构造函数的值与原函数的值存在误差($y_i-y_i^*$)，这里称其为残差。最小二乘法要求保证所构造出来的函数残差的平方和 Q 最小，即

$$Q=\sum_{i=1}^{n}(y_i-y_i^*)^2 \tag{3-7}$$

为最小。

式中，y_i 为数表中的函数值；y_i^* 为构造函数值。

利用最小二乘法，可以拟合不同形式的曲线。拟合曲线的函数类型通常是初等函数，如线性方程、多项式、对数方程、指数方程等。传统的方法是先将各数据点绘制在坐标纸上，然后根据数据的分布形态确定所采用的函数类型。利用最小二乘法的目的在于确定拟合曲线的待定系数，从而得到拟合函数。

2. 用最小二乘法拟合线性方程

设拟合的线性方程为 $y^*=ax+b$，其残差平方和 Q 为

$$Q=\sum_{i=1}^{n}(y_i-y_i^*)^2=\sum_{i=1}^{n}(y_i-ax_i-b)^2 \tag{3-8}$$

分别令 Q 对 a 和 b 的偏导数为 0，得

$$\begin{cases}\dfrac{\partial Q}{\partial a}=-2\sum\limits_{i=1}^{n}(y_i-ax_i-b)x_i=0\\ \dfrac{\partial Q}{\partial b}=-2\sum\limits_{i=1}^{n}(y_i-ax_i-b)=0\end{cases} \tag{3-9}$$

解式(3-9)确定的方程组，得到待定系数 a 和 b，即

$$\begin{cases}a=\dfrac{n\sum\limits_{i=1}^{n}x_iy_i-\sum\limits_{i=1}^{n}x_i\sum\limits_{i=1}^{n}y_i}{n\sum\limits_{i=1}^{n}x_i^2-\left(\sum\limits_{i=1}^{n}x_i\right)^2}\\ b=\dfrac{\sum\limits_{i=1}^{n}y_i\sum\limits_{i=1}^{n}x_i^2-\sum\limits_{i=1}^{n}x_iy_i\sum\limits_{i=1}^{n}x_i}{n\sum\limits_{i=1}^{n}x_i^2-\left(\sum\limits_{i=1}^{n}x_i\right)^2}\end{cases} \tag{3-10}$$

将式(3-10)代入线性方程组 $y^*=ax+b$，即得到所拟合的直线方程。

3. 用最小二乘法拟合多项式

设数表中的一组数据 (x_i,y_i)，$i=1,2,\cdots,n$，可以用一个 m 次多项式 $g(x)$ 拟合(其中 $n\gg m$)，即

$$g(x)=a_1+a_2x+a_3x^2+\cdots+a_{m+1}x^m=\sum_{j=1}^{m+1}a_jx^{j-1} \tag{3-11}$$

根据最小二乘法原理，所构造的函数 $g(x)$ 应保证残差的平方和最小，这样就可以求出多项式中的待定系数。设残差平方和为 Q

$$Q=\sum_{i=1}^{n}[g(x_i)-y_i]^2=\sum_{i=1}^{n}\left[\sum_{j=1}^{m+1}a_jx_i^{j-1}-y_i\right]^2 \tag{3-12}$$

令

$$\frac{\partial Q}{\partial a_k}=0\quad(k=1,2,\cdots,m+1)$$

得

$$\frac{\partial Q}{\partial a_k}=2\left[\sum_{j=1}^{m+1}a_j\sum_{i=1}^{n}x_i^{j+k-2}-\sum_{i=1}^{n}y_ix_i^{k-1}\right]=0\quad(k=1,2,\cdots,m+1) \tag{3-13}$$

再令

$$\begin{cases} s_l = \sum_{i=1}^{n} x_i^{l-1} \\ t_k = \sum_{i=1}^{n} y_i x_i^{k-1} \end{cases} \tag{3-14}$$

式中，$l=j+k-1$。

则有

$$\frac{\partial Q}{\partial a_k} = 2\left[\sum_{j=1}^{m+1} a_j s_{j+k-1} - t_k\right] = 0 \tag{3-15}$$

所以

$$\sum_{j=1}^{m+1} a_j s_{j+k-1} - t_k = 0 \tag{3-16}$$

即

$$\begin{cases} s_1 a_1 + s_2 a_2 + s_3 a_3 + \cdots + s_{m+1} a_{m+1} = t_1 \\ s_2 a_1 + s_3 a_2 + s_4 a_3 + \cdots + s_{m+2} a_{m+1} = t_2 \\ s_3 a_1 + s_4 a_2 + s_5 a_3 + \cdots + s_{m+3} a_{m+1} = t_3 \\ \vdots \\ s_{m+1} a_1 + s_{m+2} a_2 + s_{m+3} a_3 + \cdots + s_{2m+1} a_{m+1} = t_{m+1} \end{cases} \tag{3-17}$$

式(3-17)中，s_i 的值求解如下：

$$\begin{cases} s_1 = \sum_{i=1}^{n} x_i^0 = 1+1+\cdots+1 = n \\ s_2 = \sum_{i=1}^{n} x_i^1 = x_1 + x_2 + \cdots + x_n \\ s_3 = \sum_{i=1}^{n} x_i^2 = x_1^2 + x_2^2 + \cdots + x_n^2 \\ \vdots \\ s_{2m+1} = \sum_{i=1}^{n} x_i^{2m} = x_1^{2m} + x_2^{2m} + \cdots + x_n^{2m} \end{cases} \tag{3-18}$$

式(3-17)中，t_i 的值求解如下：

$$\begin{cases} t_1 = \sum_{i=1}^{n} y_i = y_1 + y_2 + \cdots + y_n \\ t_2 = \sum_{i=1}^{n} y_i x_i = y_1 x_1 + y_2 x_2 + \cdots + y_n x_n \\ t_3 = \sum_{i=1}^{n} y_i x_i^2 = y_1 x_1^2 + y_2 x_2^2 + \cdots + y_n x_n^2 \\ \vdots \\ t_{m+1} = \sum_{i=1}^{n} y_i x_i^m = y_1 x_1^m + y_2 x_2^m + \cdots + y_n x_n^m \end{cases} \tag{3-19}$$

解式(3-17)确定的方程组,即可求得多项式 $g(x)$ 的各系数 a_j($j=1,2,\cdots,m+1$)。方程组的具体解法可参考有关资料或借用通用的标准计算机程序。

3.5 线图的计算机处理

在模具设计中,有一些设计数据是以线图形式给出的,鲜明、直观地反映出设计数据的变化趋势。然而线图本身并不能直接被计算机引用,需找到线图的解析表达式或将线图转换成相应的数据信息,存储在计算机中,供设计时调用。线图计算机处理的方法主要有以下两种:

(1)找到线图的原始公式,将公式编写在程序中直接由计算得到因变量的值。这种方法是最精确的解析化方法,但并非所有的线图都有解析式表达,即便有也不一定能找到,因此这种方法的应用受到一定限制。

(2)将线图离散化为数表,再用前述的数表处理方法进行处理。

对于第2种处理方法,可分为两个步骤:其一是将线图转换成相应的数表(离散化),其二是利用前述数表程序化、文件化、解析化等方法进行处理。

图3.16所示为设计模具中引用线图数据的实例。在设计模具时,常常需要用橡皮压边或卸料,橡皮的特性就是用线图(曲线)表示的。图3.16(a)中的 a、c 为矩形,b 为圆筒形,d 为圆柱形橡皮压缩量与单位压力的关系。图3.16(b)所示为15号钢实心件正挤压时单位面积上的挤压力与变形程度的关系。

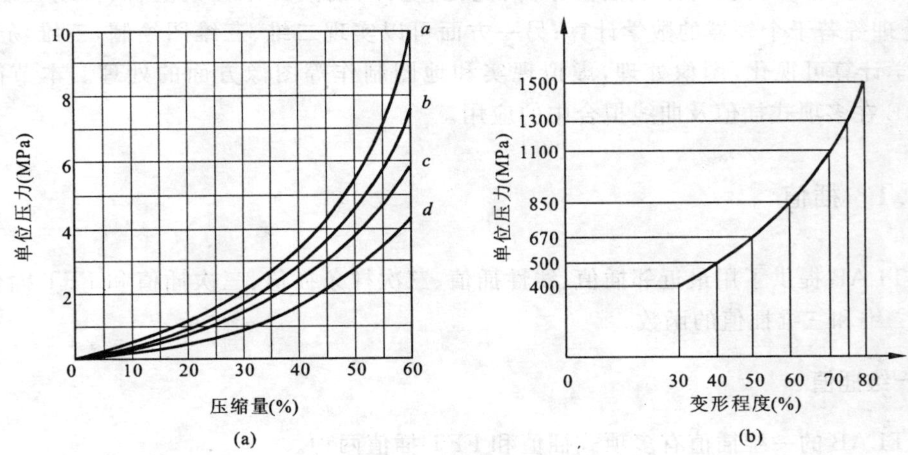

图3.16 线图处理实例

(a)橡皮压缩量和单位压力之间的关系;(b)挤压力与变形程度的关系

为将线图转换成数表,首先由给出线图确定自变量的取值,然后在曲线上找到对应的因变量,形成一组节点,并将这些点列成一张二维表。自变量的取值随曲线的形状而异,选取的基本原则是使各点的函数值不致相差太大,函数值变化快的地方,节点区间可取小些,反之可取大一些,以提高插值或拟合精度。表3.5所列为圆筒形橡皮压缩量与单位压力的关系数据,表3.6为15号钢实心件正挤压时单位面积上的挤压力与变形程度的关系数据。

表 3.5 橡皮压缩量与单位压力之间的关系

橡皮压缩量(%)	10	15	20	25	30	35
单位压力(MPa)	0.26	0.50	0.70	1.06	1.52	2.10

表 3.6 15 号钢实心件正挤压时单位面积上的挤压力与变形程度的关系

变形量(%)	30	40	50	60	70	75	80
单位压力(MPa)	400	500	670	850	1100	1300	1500

数表建立后，便可用上述数表处理方法，将所得到的数表根据需要进行相应的处理。

3.6 通用数据处理软件

根据前述函数插值、数据拟合的原理和方法，可编制程序实现对设计数据的处理。除此之外，实际应用中还可以直接利用已有工具软件进行工程设计数据处理。目前可直接用于进行数据处理的商业软件较多，其中 MathWorks 公司开发的 MATLAB 是较为流行的通用数据处理软件。

MATLAB 是一种交互式、面向对象的程序设计语言，具有强大的矩阵运算和数据可视化能力。MATLAB 一方面可用于数值分析、优化、统计、偏微分方程数值解、自动控制模拟、数字信号处理等若干个领域的数学计算；另一方面可以实现二维、三维图绘制，三维场景创建和渲染，科学计算可视化，图像处理，虚拟现实和地图制作等图像方面的处理。本节简要介绍 MATLAB 在多项式插值及曲线拟合中的应用。

3.6.1 插值

MATLAB 提供了用最近邻插值、线性插值、三次样条插值、三次插值和 FFT 插值方法进行一维、二维和三维插值的函数。

1. 一维插值

MATLAB 的一维插值有多项式插值和 FFT 插值两种。

1)多项式插值

MATLAB 用 interp1()函数进行一维多项式插值，该函数调用的语法格式为

```
yi=interp1(x,y,xi,method)
```

其中，x、y 和 xi 均为矢量。x 和 y 为给定的长度相同的矢量，y 是函数值矢量，x 是与 y 对应的自变量的矢量；xi 矢量包含用于插值的点；method 是一个可选的字符串，用于指定插值方法，插值方法包括：

最近邻插值(method='nearest')。该方法将插值点的值设置为已知数据点中距离最近点的值。

线性插值(method='linear')。该方法用线性函数拟合每对数据点,并返回 xi 处的相关函数值。

三次样条插值(method='spline')。该方法用三次样条函数拟合每对数据点,用 spline 函数在插值点处进行三次样条插值。

三次插值(method='pchip'或'cubic')。该方法用 pchip 函数对矢量 x 和 y 进行分段三次 Hermite 插值。

这几种插值方法在速度、内存占用和平滑性等方面有所差别,使用时应根据需要进行选择:

(1)最近邻插值是最快的方法,但利用它得到的结果平滑性最差。

(2)线性插值比最近邻插值占用的内存大,运行时间略长。与最邻近法不同,它生成的结果是连续的,但在顶点处有坡度变化。

(3)三次样条插值的运行时间最长,内存消耗比三次插值略少。它生成的结果平滑性最好。但是,如果输入的数据很不均匀,可能会得到意想不到的结果。

(4)三次插值需要最多的内存,运行时间比最近邻法和线性插值的时间长。但使用此法时,插值数据及其导数都是连续的。

以下是一维线性插值实例,指令如下:

```
x=[-2 1 5 10 20];
y=[1 9 11 20 24];
xi=3;
yi=interp1(x,y,xi, 'linear')
```

执行结果为:yi=10。

2)基于 FFT 的插值

基于 FFT 方法进行一维插值的函数是 interpft(),其调用形式为:

```
y=interpft(x,n)
```

其中,x 是一个包含周期函数值的矢量这些值在等间隔的点上采集;n 是样本容量。

2. 二维插值

二维插值用于图像处理和数据可视化处理,MATLAB 用函数 interp2()进行二维插值。该函数调用的一般形式为:

```
ZI=interp2(X,Y,Z,XI,YI,method)
```

其中,Z 是一个矩形数组,包含二维函数的值;X 和 Y 为大小相同的数组,包含相对于 Z 的给定值。XI 和 YI 为包含插值点数据的矩阵,method 表示插值方法,为可选参数。

MATLAB 提供了三种不同的插值方法进行二维插值:

(1)最近邻插值(method='nearest')。该方法用分段常数曲面拟合数据,插值点的值是最近点的值。

(2)双线性插值(method='linear')。该方法用双线性曲面拟合数据点,插值点的值是 4 个最近点的值的组合。该方法是分段双线性的,比双三次插值法快,并且内存消耗少。

(3)双三次插值(method='cubic')。该方法用双三次曲面拟合数据点,插值点的值是 16 个最近点的值的组合。该方法是分段三次的,结果的平滑性比前两种好。

3. 多维插值

MATLAB 提供了三维数据插值函数 interp3()、多维数据插值函数 interpn()和多维数据网格化函数 ndgrid()等,用于多维数据的插值。

1)三维数据插值

函数 interp3()用于三维插值,计算三维样本 V 中数据点之间的值。interp3()函数的调用格式为:

```
VI=interp3(X,Y,Z,V,XI,YI,ZI,method)
```

其中,X、Y 和 Z 矩阵指定数据点,它们的值由 V 给定;矩阵 V 包含与 X、Y 和 Z 对应的值;XI、YI 和 ZI 为 interp3()函数对 V 中数据进行插值的点。

对于三维数据,有 3 种不同的插值方法:

最近邻插值(method='nearest'),该方法选择最近点的值;

线性插值(method='linear'),该方法基于最近的 8 个点进行分段线性插值;

三次插值(method='cubic'),该方法基于最近的 64 个点进行分段三次插值。

2)多维数据插值

MATLAB 用 interpn()函数进行更高维数据的插值,该函数的调用形式如下

```
VI=interpn(X1,X2,X3,…,V,Y1,Y2,Y3,…,method)
```

高维数据插值,同样有最近邻插值、线性插值和三次插值 3 种方法。

3.6.2 曲线拟合

曲线拟合是指利用两个或两个以上变量的离散点,用平滑曲线来拟合它们之间的关系。根据曲线拟合的方法不同,有参数拟合和非参数拟合之分。参数拟合曲线不通过所有点,采用最小二乘法;非参数拟合曲线通过所有点,采用插值法。MATLAB 提供了多种函数和工具来进行曲线拟合。下面仅简单介绍 MATLAB 的参数拟合。

MATLAB 用 polfit()函数计算数据集的多项式在最小二乘法意义上的系数,调用形式为

```
p=polfit(x,y,n)
```

x、y 是包含要拟合的 x 和 y 数据的矢量,表示已知的自变量取值及其对应的函数值;n 是返回多项式的阶数。

例如,对数据

```
x=[1 2 3 4 5];
y=[5.5 43.1 128 290.7 498.4];
```

进行三次多项式拟合

```
p=polfit(x,y,3)
```

执行后返回矢量 p 为多项式的系数,其高次项在前,低次项在后。结果为

```
p=[-0.1917   31.5821   -60.3262   35.3400]
```

最后拟合的函数(公式)为

$$y=-0.1917x^3+31.5821x^2-60.3262x+35.3400$$

复习思考题

1. 简述工程设计数据的计算机处理方法、特点及其适应范围。

2. 试实现表3.7的程序化处理(用数组存放)。

表3.7 齿轮传动工况系数 K_A

原动机载荷特性	工作机械载荷特性		
	平稳	中等冲击	较大冲击
平稳	1.00	1.25	1.75
轻度冲击	1.25	1.50	2.00或更大
中等冲击	1.50	1.75	2.25或更大

3. 分别用线性插值和抛物线插值求表3.8中当 $x=2.3$ 处的函数值 y。

表3.8 习题3数据表

x	3.2	2.7	2.1	1.7	1.4	1.3
y	2.2	2.1	1.9	1.6	1.3	1.1

4. 简述最小二乘法的原理,并用最小二乘法对表3.9中的数据进行线性拟合。

表3.9 习题4数据表

x	−3	−2	−1	0	1	2	3
y	5	3	2	0	−1	−3	−5

5. 建立表3.4所列冷冲模滑动导向模座后侧导柱下模座标准数据库,并编程检索 $L=200$、$B=125$ 和 $H=40$ 时的标准数据。

4 模具CAD中的图形处理

在模具CAD中，需要用图形描述设计过程和表示设计结果，并在计算机屏幕上显示和进行相关处理。例如，将模具图(或图形的某一部分)平移到某一位置，或将图形绕某点或某轴旋转一定角度，或改变图形的大小及形状，或对已有图形进行裁剪，或利用已有图形生成新的图形等，这些都属于计算机图形处理的范畴。计算机图形处理是模具CAD的重要任务和基本功能，学习和掌握计算机图形处理技术也是开发和应用模具CAD系统所必备的基本知识。

本章介绍计算机图形处理技术中的基础理论、方法及常用的图形处理技术，重点是二维和三维图形的几何变换及其复合变换方法。

4.1 图形处理的数学基础

计算机图形处理的数学基础是几何学和代数学，而线性代数与解析几何又是其中最基本的数学方法，本节主要介绍与图形处理相关的数学基础。

4.1.1 矢量

1. 点和矢量

图形是由点、线等基本元素构成的。点是在某个坐标系下用坐标值指定的位置，该位置用点到坐标原点之间的距离表示。矢量是指某几何空间中两点之间的一条有向线段，它具有大小和方向两个特征：矢量的大小由线段长度来表征，其方向则由线段起点到终点的顺序表示。

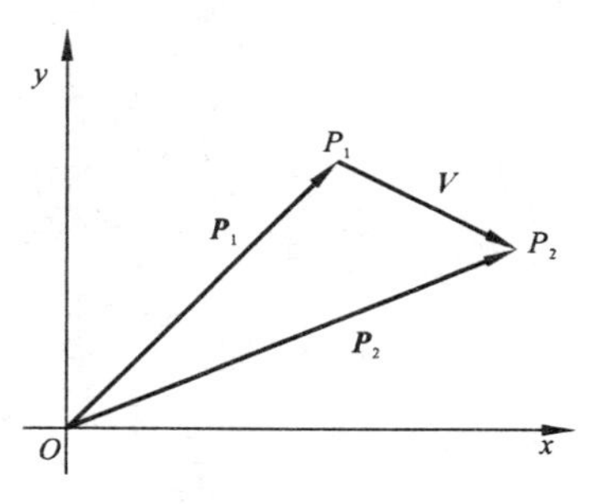

图 4.1 二维矢量 **V** 的表示

点也可以用矢量表示。设 P 为几何空间中的一点，矢量 $\boldsymbol{P}$ 是坐标原点 O 为起点、P 点为终点的有向线段。广义上讲，空间任一矢量，都可以用空间两点或其他矢量定义。例如，二维矢量 $\boldsymbol{V}$ 可由矢量 $\boldsymbol{P}_1$ 和 $\boldsymbol{P}_2$ 定义($\boldsymbol{V}=\boldsymbol{P}_1-\boldsymbol{P}_2$)，也可由 P_1 和 P_2 两点定义，如图 4.1 所示。

2. 矢量运算

点是构成图形的基本元素，用矢量表示。在计算机图形处理中，离不开矢量运算。设有 2 个三维矢量 $\boldsymbol{\alpha}_1(x_1,y_1,z_1)$ 和 $\boldsymbol{\alpha}_2(x_2,y_2,z_2)$，可用矩阵表示为

$$\boldsymbol{\alpha} =_1[x_1 \quad y_1 \quad z_1]^{\mathrm{T}} \text{ 和 } \boldsymbol{\alpha} =_2[x_2 \quad y_2 \quad z_2]^{\mathrm{T}}$$

矢量存在下列运算规则：

1)矢量之和

两个矢量的和是其相应分量分别求和的结果，即

$$\boldsymbol{\alpha}_1+\boldsymbol{\alpha}_2=\begin{bmatrix}x_1\\y_1\\z_1\end{bmatrix}+\begin{bmatrix}x_2\\y_2\\z_2\end{bmatrix}=\begin{bmatrix}x_1+x_2\\y_1+y_2\\z_1+z_2\end{bmatrix}\tag{4-1}$$

2)矢量数乘

数与矢量相乘是该数分别与矢量各分量相乘的结果，即

$$k\boldsymbol{\alpha}_1=k\begin{bmatrix}x_1\\y_1\\z_1\end{bmatrix}=\begin{bmatrix}kx_1\\ky_1\\kz_1\end{bmatrix}\tag{4-2}$$

式中，k 为常数。

3)矢量点积

两个矢量的点积是其对应分量相乘，然后再求和的结果，即

$$\boldsymbol{\alpha}_1\cdot\boldsymbol{\alpha}_2=x_1x_2+y_1y_2+z_1z_2\tag{4-3}$$

矢量的点积不再是矢量。

4)矢量叉积

矢量叉积是三维矢量特有的运算，其几何意义是求与已知两矢量垂直的矢量，即

$$\boldsymbol{\alpha}_1\times\boldsymbol{\alpha}_2=\begin{vmatrix}i&j&k\\x_1&y_1&z_1\\x_2&y_2&z_2\end{vmatrix}=\begin{bmatrix}y_1z_2-y_2z_1\\x_2z_1-x_1z_2\\x_1y_2-x_2y_1\end{bmatrix}\tag{4-4}$$

新矢量方向与两已知矢量垂直，即 $\boldsymbol{\alpha}_1\times\boldsymbol{\alpha}_2\perp\boldsymbol{\alpha}_1,\boldsymbol{\alpha}_1\times\boldsymbol{\alpha}_2\perp\boldsymbol{\alpha}_2$。

5)矢量的模

矢量的模即矢量的长度(大小)，用下式计算

$$\|\boldsymbol{\alpha}_1\|=\sqrt{x_1^2+y_1^2+z_1^2}\tag{4-5}$$

4.1.2 矩阵运算

矩阵(Matrix)是研究图形变换的重要数学工具。通常，一个 m 行 n 列的矩阵可以写成

$$\boldsymbol{A}=\begin{bmatrix}a_{11}&a_{12}&\cdots&a_{1n}\\a_{21}&a_{22}&\cdots&a_{2n}\\\vdots&\vdots&\vdots&\vdots\\a_{m1}&a_{m2}&\cdots&a_{mn}\end{bmatrix}\tag{4-6}$$

该矩阵是由 $m\times n$ 个数按一定位置排列的一个整体，简称为 $m\times n$ 阶矩阵。其中：$a_{i1},a_{i2},a_{i3},\cdots,a_{in}$ 叫做矩阵 $\boldsymbol{A}$ 的第 i 行；$a_{1j},a_{2j},a_{3j},\cdots,a_{mj}$ 叫做矩阵 $\boldsymbol{A}$ 的第 j 列；a_{ij} 称为矩阵 $\boldsymbol{A}$ 的第 i 行第 j 列元素。如果 $m=n$，则称 $\boldsymbol{A}$ 为 n 阶矩阵或 n 阶方阵；当 $m=1$ 时，称 $\boldsymbol{A}$ 为行矩阵；当 $n=1$ 时，称 $\boldsymbol{A}$ 称为列矩阵。

行矩阵或列矩阵可以用来表示几何空间中一个点的矢量。点是构成图形的最基本的要

素，点的集合所构成的矩阵可表示某一个图形，例如

$$A^3 = \begin{bmatrix} P_1 \\ P_2 \\ \vdots \\ P_n \end{bmatrix} = \begin{bmatrix} x_1 & y_1 & z_1 \\ x_2 & y_2 & z_2 \\ \vdots & \vdots & \vdots \\ x_n & y_n & z_n \end{bmatrix} \tag{4-7}$$

1. 矩阵的加法

设有 2 个 $m\times n$ 阶矩阵 $\boldsymbol{A}=[a_{ij}]$、$\boldsymbol{B}=[b_{ij}]$($i=1,2,\cdots,m;j=1,2,\cdots,n$)，$\boldsymbol{A}$ 与 $\boldsymbol{B}$ 的加法运算记为 $\boldsymbol{A}+\boldsymbol{B}$。$\boldsymbol{A}+\boldsymbol{B}$ 定义为 $\boldsymbol{A}$ 与 $\boldsymbol{B}$ 两矩阵对应元素的和

$$\boldsymbol{A}+\boldsymbol{B} = \begin{bmatrix} a_{11}+b_{11} & a_{12}+b_{12} & \cdots & a_{1n}+b_{1n} \\ a_{21}+b_{21} & a_{22}+b_{22} & \cdots & a_{2n}+b_{2n} \\ \vdots & \vdots & \vdots & \vdots \\ a_{m1}+b_{m1} & a_{m2}+b_{m2} & \cdots & a_{mn}+b_{mn} \end{bmatrix} \tag{4-8}$$

只有两个矩阵的行和列对应相等时才能进行加法运算。矩阵加法运算满足交换律与结合律。

2. 矩阵数乘

数 k 与矩阵 $\boldsymbol{A}$ 数乘定义为数 k 与矩阵 $\boldsymbol{A}$ 的各元素相乘，记为 $k\boldsymbol{A}$ 或 $\boldsymbol{A}k$。

$$k\boldsymbol{A} = \begin{bmatrix} ka_{11} & ka_{12} & \cdots & ka_{1n} \\ ka_{21} & ka_{22} & \cdots & ka_{2n} \\ \vdots & \vdots & \vdots & \vdots \\ ka_{m1} & ka_{m2} & \cdots & ka_{mn} \end{bmatrix} \tag{4-9}$$

矩阵的数乘满足结合律与分配律。

3. 矩阵的乘法运算

当前一个矩阵 $\boldsymbol{A}$ 的列数与后一个矩阵 $\boldsymbol{B}$ 的行数相等时，两矩阵可以进行乘法运算。设 $\boldsymbol{A}=[a_{ij}]$为 $m\times n$ 阶矩阵，记为 $\boldsymbol{A}_{m\times n}$；$\boldsymbol{B}=[b_{ij}]$为 $n\times p$ 阶矩阵，记为 $\boldsymbol{B}_{n\times p}$，则两矩阵的乘积 $\boldsymbol{C}=[c_{ij}]$为 $m\times p$ 阶矩阵，即

$$\boldsymbol{A}_{m\times n}\boldsymbol{B}_{n\times p} = \boldsymbol{C}_{m\times p} = [c_{ij}] = \left[\sum_{l=1}^{n} a_{il}b_{lj}\right] \tag{4-10}$$

矩阵 $\boldsymbol{C}$ 中的任一元素 $c_{ij} = \sum_{l=1}^{n} a_{il}b_{lj}$ 。

例如：设矩阵 $\boldsymbol{A}=[a_{ij}]_{2\times 3}$，矩阵 $\boldsymbol{B}=[b_{ij}]_{3\times 2}$，则两个矩阵的乘积为

$$\boldsymbol{C} = \boldsymbol{AB} = \begin{bmatrix} a_{11} & a_{12} & a_{13} \\ a_{21} & a_{22} & a_{23} \end{bmatrix} \begin{bmatrix} b_{11} & b_{12} \\ b_{21} & b_{22} \\ b_{31} & b_{32} \end{bmatrix}$$

$$= \begin{bmatrix} a_{11}b_{11}+a_{12}b_{21}+a_{13}b_{31} & a_{11}b_{12}+a_{12}b_{22}+a_{13}b_{32} \\ a_{21}b_{11}+a_{22}b_{21}+a_{23}b_{31} & a_{21}b_{12}+a_{22}b_{22}+a_{23}b_{32} \end{bmatrix}$$

矩阵的乘法运算不满足交换律(这一点在图形变换中应特别注意),但满足结合律和分配律。

4. 单位矩阵

若一个 n 阶方阵主对角线元素全为1,其余各元素均为0,则称该矩阵为单位矩阵,记为 $\boldsymbol{I}$,即

$$\boldsymbol{I}=\begin{bmatrix}1 & 0 & \cdots & 0\\ 0 & 1 & \cdots & 0\\ \vdots & \vdots & \vdots & \vdots\\ 0 & 0 & \cdots & 1\end{bmatrix} \tag{4-11}$$

5. 逆矩阵

设 $\boldsymbol{A}$ 为某 n 阶矩阵,若存在另一 n 阶矩阵 $\boldsymbol{B}$,使得

$$\boldsymbol{AB}=\boldsymbol{BA}=\boldsymbol{I} \tag{4-12}$$

则称 $\boldsymbol{B}$ 为 $\boldsymbol{A}$ 的逆矩阵(简称逆)。$\boldsymbol{A}$ 的逆矩阵具有唯一性,记为 $\boldsymbol{A}^{-1}$。

6. 转置矩阵

将 $m\times n$ 阶矩阵 $\boldsymbol{A}$ 的行与列互换后得到一个 $n\times m$ 阶矩阵,称为 $\boldsymbol{A}$ 的转置矩阵,记为 $\boldsymbol{A}^{\mathrm{T}}$,即

$$\boldsymbol{A}^{\mathrm{T}}=\begin{bmatrix}a_{11} & a_{12} & \cdots & a_{1n}\\ a_{21} & a_{22} & \cdots & a_{2n}\\ \vdots & \vdots & \vdots & \vdots\\ a_{m1} & a_{m2} & \cdots & a_{mn}\end{bmatrix}^{\mathrm{T}}=\begin{bmatrix}a_{11} & a_{21} & \cdots & a_{m1}\\ a_{12} & a_{22} & \cdots & a_{m2}\\ \vdots & \vdots & \vdots & \vdots\\ a_{1n} & a_{2n} & \cdots & a_{mn}\end{bmatrix} \tag{4-13}$$

4.2 二维图形变换

在计算机图形处理中,常常需要对已生成的图形进行平移、放大或缩小、旋转等操作,以生成新的图形信息,我们称之为几何变换(Geometric Transformation)。由于点是构成几何形体的最基本元素,因此,通过对构成几何图形的特征点集的几何变换,再利用几何图形的"不变性",即可实现整个图形的变换。

4.2.1 二维点的几何变换

将平面上任意点 $P(x,y)$ 变换到一个新的位置 $P_1(x_1,y_1)$,其数学表达式为

$$\begin{cases}x_1=ax+cy\\ y_1=bx+dy\end{cases} \tag{4-14}$$

用矩阵表示有

$$[x_1 \quad y_1] = [x \quad y]\begin{bmatrix} a & b \\ c & d \end{bmatrix} = [ax + cy \quad bx + dy] \tag{4-15}$$

式中，$\begin{bmatrix} a & b \\ c & d \end{bmatrix}$称为变换矩阵，矩阵中各元素的取值不同，对应的变换亦不相同。

1. 比例变换

图形沿 x 和 y 方向产生放大或缩小的变换称为比例变换(Scaling)。比例变换矩阵为

$$\boldsymbol{T}_s = \begin{bmatrix} a & 0 \\ 0 & d \end{bmatrix} \tag{4-16}$$

点的坐标矩阵乘以变换矩阵便得到变换后的点。例如，点 $P(x,y)$的比例变换为

$$[x_1 \quad y_1] = [x \quad y]\begin{bmatrix} a & 0 \\ 0 & d \end{bmatrix} = [ax \quad dy] \tag{4-17}$$

式中，a、d 分别为沿 x、y 方向的比例因子，且 a、d 均大于 0。经比例变换，点 $P(x,y)$变换至 $P_1(x_1,y_1)$，亦即 $P_1(ax,dy)$。

如果 $a=d=1$，变换为恒等变换，变换后点的位置不变；

如果 $a=d\neq 1$，变换为等比变换，其中，$a=d>1$ 时为比例放大，$a=d<1$ 时为比例缩小；

如果 $a\neq d$，图形沿 x 和 y 方向产生不等比变换，图形将产生畸变。

2. 对称变换

对称变换又称为镜像变换(Mirror)或反射变换(Reflection)。设变换前点的坐标为(x,y)，变换后的坐标为(x_1,y_1)，可有如下对称变换。

1)关于坐标轴的对称变换

当 $x_1=x$、$y_1=-y$ 时，为对 x 轴的对称变换。变换矩阵为

$$\boldsymbol{T}_{m,x} = \begin{bmatrix} 1 & 0 \\ 0 & -1 \end{bmatrix} \tag{4-18}$$

同理，可以得到关于 y 轴的对称变换矩阵

$$\boldsymbol{T}_{m,y} = \begin{bmatrix} -1 & 0 \\ 0 & 1 \end{bmatrix} \tag{4-19}$$

2)关于直线 $y=x$ 的对称变换

当 $x_1=y$、$y_1=x$ 时，为对直线 $y=x$ 的对称变换。变换矩阵为

$$\boldsymbol{T}_{m,y=x} = \begin{bmatrix} 0 & 1 \\ 1 & 0 \end{bmatrix} \tag{4-20}$$

3)关于坐标原点的对称变换

当 $x_1=-x$、$y_1=-y$ 时，为对坐标原点的对称变换。变换矩阵为

$$\boldsymbol{T}_{m,o} = \begin{bmatrix} -1 & 0 \\ 0 & -1 \end{bmatrix} \tag{4-21}$$

3. 旋转变换

这里只讨论相对坐标原点的旋转变换(Rotation)，并规定旋转角度逆时针为正、顺时针为

负。将点 $P(x,y)$ 绕坐标原点旋转 θ 后到达点 $P_1(x_1,y_1)$，其数学表达式为

$$\begin{cases} x_1 = x\cos\theta - y\sin\theta \\ y_1 = x\sin\theta + y\cos\theta \end{cases} \tag{4-22}$$

由式(4－22)得到绕坐标原点的旋转变换矩阵

$$\boldsymbol{T}_r = \begin{bmatrix} \cos\theta & \sin\theta \\ -\sin\theta & \cos\theta \end{bmatrix} \tag{4-23}$$

4. 平移变换

将任意点 $P(x,y)$ 平移到一个新的位置 $P_1(x_1,y_1)$，称为点的平移变换(Translation)。平移变换满足以下关系

$$\begin{cases} x_1 = x + t_x \\ y_1 = y + t_y \end{cases} \tag{4-24}$$

式中，t_x 和 t_y 分别为点 P 沿 x 轴和 y 轴方向的平移量。其变换公式为

$$[x_1 \quad y_1] = [x \quad y] + [t_x \quad t_y] = [x + t_x \quad y + t_y] \tag{4-25}$$

比较上述 4 种变换可以发现，比例、对称和旋转变换可通过点的坐标矩阵与变换矩阵的乘法运算实现，但平移变换是坐标矩阵与变换矩阵相加实现的。为方便计算机统一处理，使图形几何变换表达为图形顶点集合矩阵与某一变换矩阵相乘的问题，在图形变换中需要引入点的齐次坐标(规范化齐次坐标)表示方法。

4.2.2 规范化齐次坐标

齐次坐标(Homogeneous Coordinate)是用 $n+1$ 维矢量表示 n 维矢量的一种表示方法。例如，向量 $(x_1,x_2,x_3,\cdots,x_n)$ 用齐次坐标表示为 $(wx_1,wx_2,wx_3,\cdots,wx_n,w)$。在二维坐标系中，点 $P(x,y)$ 的坐标矩阵 $[x \quad y]$ 用齐次坐标表示为 $[wx \quad wy \quad w]$。类似的，在三维空间中，点 $P(x,y,z)$ 的坐标矩阵 $[x \quad y \quad z]$ 用齐次坐标表示为 $[wx \quad wy \quad wz \quad w]$。

在齐次坐标中，w 为一标量，可取任意实数，因此，点的齐次坐标表示不是唯一的。若 A 点的齐次坐标为 P，B 点齐次坐标为 Q，当 $P=kQ$(k 为常数)时，实际上 P 和 Q 是同一个点。例如，齐次坐标 $[12 \quad 9 \quad 3]$、$[-24 \quad -18 \quad -6]$ 和 $[4 \quad 3 \quad 1]$ 都可以表示二维坐标点(4,3)。

为简单起见，常令 $w=1$，即采用规范化齐次坐标。此时，二维点 (x,y) 的齐次坐标表示为 $(x,y,1)$。在几何上，就是把发生在三维空间的变换限制在 $w=1$ 的平面内。

采用齐次坐标，可以将图形变换中的各种变换用统一方法进行处理，即图形变换可以表示为图形顶点集合的规范化齐次坐标矩阵与某一变换矩阵相乘的形式。

4.2.3 齐次坐标下的二维图形变换

采用齐次坐标技术，可用一个统一的 3×3 矩阵描述包括平移在内的全部二维图形变换，变换矩阵为

$$\boldsymbol{T} = \begin{bmatrix} a & b & p \\ c & d & q \\ m & n & s \end{bmatrix} \tag{4-26}$$

1. 平移变换

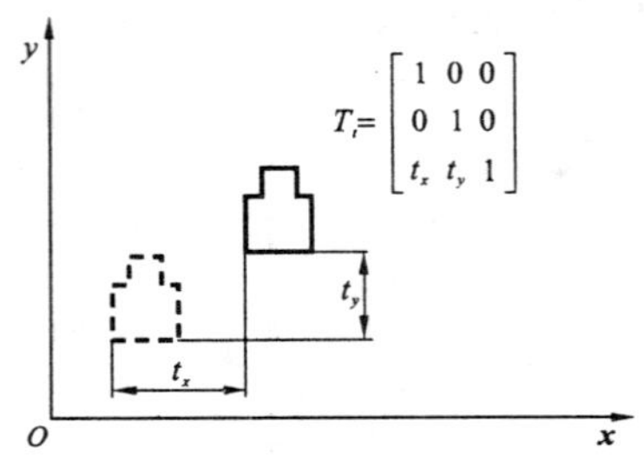

图 4.2 图形的平移变换

平移变换仅使图形从某一位置平移到另一个位置，图形自身形状和方位无变化。平移变换矩阵为

$$T_t = \begin{bmatrix} 1 & 0 & 0 \\ 0 & 1 & 0 \\ t_x & t_y & 1 \end{bmatrix} \tag{4-27}$$

利用组成图形特征点(图形顶点集合)的坐标矩阵与其相乘，便可得到与之对应的平移变换后的图形，如图 4.2 所示。图中虚线表示变换前的图形，实线表示变换后的结果(下同)。

2. 以原点为中心的旋转变换

该变换以坐标原点为中心，将图形逆时针旋转 θ 角，如图 4.3 所示。变换矩阵为

$$T_r = \begin{bmatrix} \cos\theta & \sin\theta & 0 \\ -\sin\theta & \cos\theta & 0 \\ 0 & 0 & 1 \end{bmatrix} \tag{4-28}$$

3. 以原点为中心的比例变换

该变换以坐标原点为中心，将图形沿 x 轴方向、y 轴方向相对于原点分别放大(或缩小) s_x、s_y 倍，如图 4.4 所示。变换矩阵为

$$T_s = \begin{bmatrix} s_x & 0 & 0 \\ 0 & s_y & 0 \\ 0 & 0 & 1 \end{bmatrix} \tag{4-29}$$

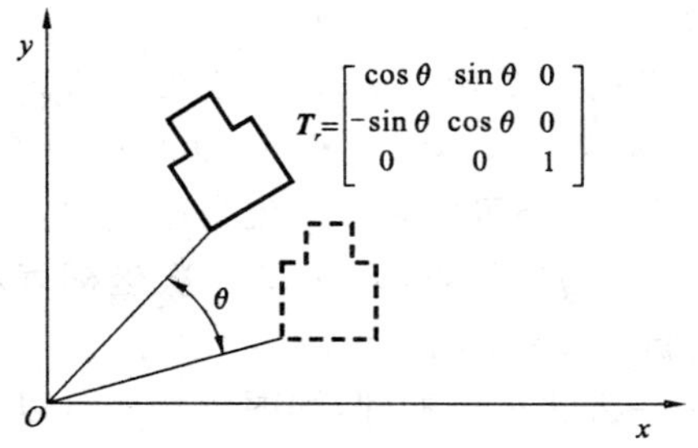

图 4.3 以原点为中心的旋转变换

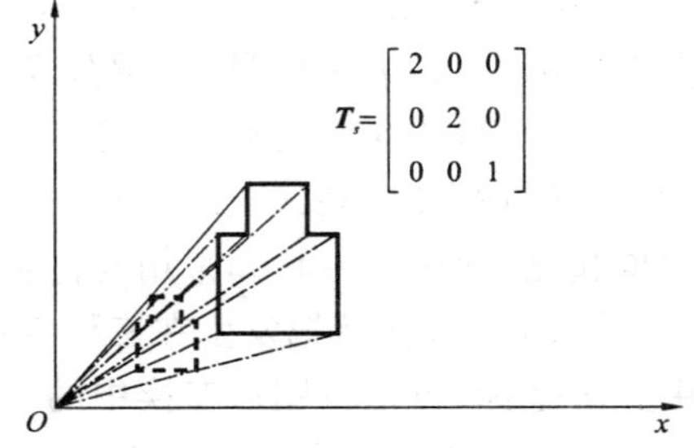

图 4.4 以原点为中心的比例变换

4. 错切变换

错切(Shear)使图形沿某一坐标轴方向的坐标保持不变，而沿另一坐标轴方向的坐标呈线性变化。二维图形错切齐次变换矩阵的一般形式为

$$T_{sh} = \begin{bmatrix} 1 & b & 0 \\ c & 1 & 0 \\ 0 & 0 & 1 \end{bmatrix} \tag{4-30}$$

当 $b=0$、$c\neq 0$ 时，图形各点的 x 坐标沿 x 轴错切移动 cy，而 y 坐标保持不变，如图 4.5(a)所示；当 $b\neq 0$、$c=0$ 时，图形各点的 y 坐标沿 y 轴错切移动 bx 距离，x 坐标保持不变，如图 4.5(b)所示。

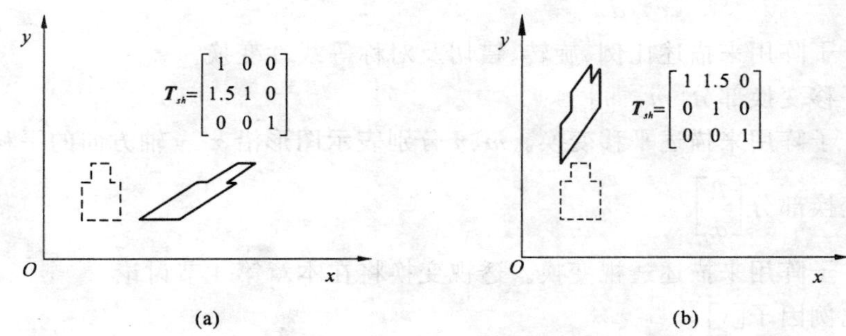

图 4.5 图形的错切变换

(a)沿 x 轴的错切变换；(b)沿 y 轴的错切变换

5. 对称变换

对称变换是将图形相对某轴或某点进行反射得到的结果，如表 4.1 所示。对称变换矩阵的一般形式与相对于原点的比例变换矩阵形式一样。

$$\boldsymbol{T}_m=\begin{bmatrix}a & 0 & 0\\0 & d & 0\\0 & 0 & 1\end{bmatrix} \tag{4-31}$$

当 $a=1$、$d=-1$ 时，相对于 x 轴作对称变换；

当 $a=-1$、$d=1$ 时，相对于 y 轴作对称变换；

当 $a=-1$、$d=-1$ 时，相对于坐标原点作对称变换。

表 4.1 图形的对称变换

变换名称	对 x 轴的对称变换	对 y 轴的对称变换	对原点的对称变换	绕通过原点的 $\frac{\pi}{4}$ 角直线	绕通过原点的 $-\frac{\pi}{4}$ 角直线
变换矩阵	$\begin{bmatrix}1 & 0 & 0\\0 & -1 & 0\\0 & 0 & 1\end{bmatrix}$	$\begin{bmatrix}-1 & 0 & 0\\0 & 1 & 0\\0 & 0 & 1\end{bmatrix}$	$\begin{bmatrix}-1 & 0 & 0\\0 & -1 & 0\\0 & 0 & 1\end{bmatrix}$	$\begin{bmatrix}0 & 1 & 0\\1 & 0 & 0\\0 & 0 & 1\end{bmatrix}$	$\begin{bmatrix}0 & -1 & 0\\-1 & 0 & 0\\0 & 0 & 1\end{bmatrix}$
变换示例					

二维图形的几何变换用式(4-26)变换矩阵描述。由上述讨论可知，从功能上，可将该变换矩阵划分为4部分：

(1)二维线性变换部分$\begin{bmatrix} a & b \\ c & d \end{bmatrix}$

这个2×2子阵用来描述比例、旋转、错切及对称等线性变换。

(2)二维平移变换部分$[m \quad n]$

这个1×2子阵用来描述平移变换。m、n分别表示图形沿x、y轴方向的平移量。

(3)透视变换部分$\begin{bmatrix} p \\ q \end{bmatrix}$

这个2×1子阵用来描述透视变换。透视变换将在本章第4节讨论。

(4)整体比例因子$[s]$

用于产生整体比例变换效果。当$0<s<1$时，图形缩小；当$s>1$时，图形放大；当$s<0$时，图形相对原点作对称的比例变换。

4.2.4 二维复合变换

上述各种变换是二维图形变换的基本形式，然而在图形变换中，一般不以单一的基本变换形式出现，大多需要将基本变换组合才能达到变换目的，我们称其为复合变换(Composition Transformation)。复合变换的原理是矩阵乘法的结合律，假设已知点P经过$\boldsymbol{T}_1$、$\boldsymbol{T}_2$、$\boldsymbol{T}_3$ 3个几何变换，变换到新的位置P_1，则

$$P_1 = ((P\boldsymbol{T}_1)\boldsymbol{T}_2)\boldsymbol{T}_3$$

运用矩阵乘法的结合律，上式可转化为

$$P_1 = P(\boldsymbol{T}_1\boldsymbol{T}_2\boldsymbol{T}_3)$$

于是，得到此组合变换的复合变换矩阵为

$$\boldsymbol{T}_c = \boldsymbol{T}_1\boldsymbol{T}_2\boldsymbol{T}_3$$

1. 以任意点为中心的旋转变换

图形绕任意点$P_r(x_r, y_r)$旋转θ角的变换可按以下步骤进行：

(1)将坐标系平移，使新坐标原点与点$P_r(x_r, y_r)$重合，这一过程的变换矩阵为：

$$\boldsymbol{T}_1 = \begin{bmatrix} 1 & 0 & 0 \\ 0 & 1 & 0 \\ -x_r & -y_r & 1 \end{bmatrix}$$

注意，此处为坐标系平移，图形的平移和坐标系平移方向正好相反，故在平移量前加了负号。

(2)图形绕新坐标系原点旋转θ角，变换矩阵为

$$\boldsymbol{T}_2 = \begin{bmatrix} \cos\theta & \sin\theta & 0 \\ -\sin\theta & \cos\theta & 0 \\ 0 & 0 & 1 \end{bmatrix}$$

(3)将新坐标平移回初始位置，变换矩阵为

$$T_3=\begin{bmatrix}1 & 0 & 0\\ 0 & 1 & 0\\ x_r & y_r & 1\end{bmatrix}$$

上述 3 个基本变换的复合，即为以 $P_r(x_r, y_r)$ 点为中心的旋转变换，变换矩阵为

$$T_{r(x_r, y_r, \theta)}=T_1T_2T_3=\begin{bmatrix}1 & 0 & 0\\ 0 & 1 & 0\\ -x_r & -y_r & 1\end{bmatrix}\begin{bmatrix}\cos\theta & \sin\theta & 0\\ -\sin\theta & \cos\theta & 0\\ 0 & 0 & 1\end{bmatrix}\begin{bmatrix}1 & 0 & 0\\ 0 & 1 & 0\\ x_r & y_r & 1\end{bmatrix}$$

$$=\begin{bmatrix}\cos\theta & \sin\theta & 0\\ -\sin\theta & \cos\theta & 0\\ x_r(1-\cos\theta)+y_r\sin\theta & y_r(1-\cos\theta)-x_r\sin\theta & 1\end{bmatrix} \tag{4-32}$$

变换过程及结果如图 4.6 所示。

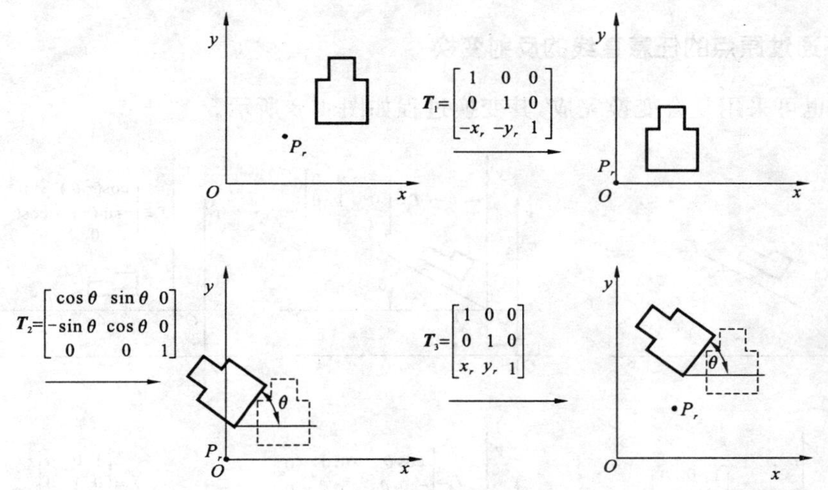

图 4.6 绕平面上任意点 P_r 的旋转变换

2. 相对平面上任意点的比例变换

同理，相对平面上任意点 $P_r(x_r, y_r)$ 的比例变换可看成是将坐标系平移至点 $P_r(x_r, y_r)$、相对新坐标系原点作比例变换和将坐标系平移恢复原位 3 个基本变换的复合。相对于 $P_r(x_r, y_r)$ 的比例变换矩阵为

$$T_{s(x_r, y_r, s_x, s_y)}=\begin{bmatrix}1 & 0 & 0\\ 0 & 1 & 0\\ -x_r & -y_r & 1\end{bmatrix}\begin{bmatrix}s_x & 0 & 0\\ 0 & s_y & 0\\ 0 & 0 & 1\end{bmatrix}\begin{bmatrix}1 & 0 & 0\\ 0 & 1 & 0\\ x_r & y_r & 1\end{bmatrix}$$

$$=\begin{bmatrix}s_x & 0 & 0\\ 0 & s_y & 0\\ x_r(1-s_x) & y_r(1-s_y) & 1\end{bmatrix} \tag{4-33}$$

变换过程及结果如图 4.7 所示。

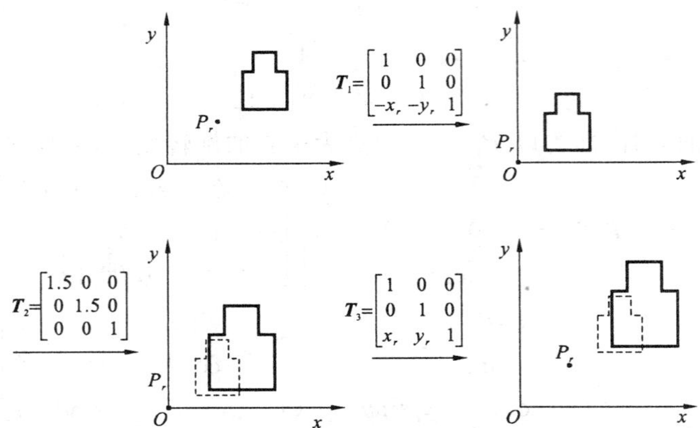

图 4.7 相对任意点 P_r 的比例变换

3. 对不通过原点的任意直线的反射变换

该变换也可采用复合变换完成，其变换过程如图 4.8 所示。

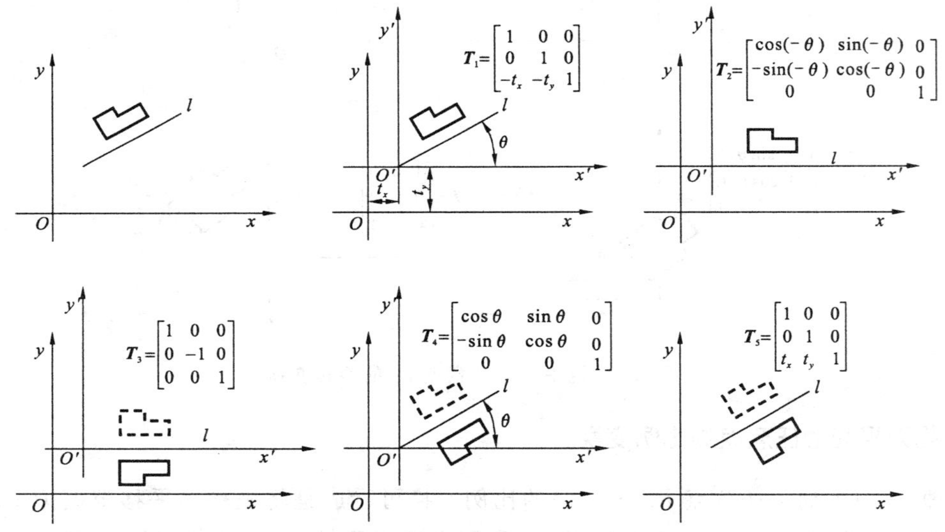

图 4.8 对不通过原点任意直线的反射变换

(1)平移坐标系，使任意直线 l 通过新坐标原点，变换矩阵为 $\boldsymbol{T}_1$；

(2)旋转直线 l，使其与新坐标轴重合，变换矩阵为 $\boldsymbol{T}_2$；

(3)对 x 轴(与直线 l 重合)做反射变换，变换矩阵为 $\boldsymbol{T}_3$；

(4)旋转直线 l，恢复原倾角方位，变换矩阵为 $\boldsymbol{T}_4$；

(5)平移坐标系，使任意直线 l 返回原始位置，变换矩阵为 $\boldsymbol{T}_5$。

上述 5 次变换复合，即完成对不通过原点任意直线的反射变换，变化矩阵为

$$\boldsymbol{T} = \boldsymbol{T}_1\boldsymbol{T}_2\boldsymbol{T}_3\boldsymbol{T}_4\boldsymbol{T}_5$$

由于矩阵乘法不满足交换律，因此复合变换时矩阵相乘应按变换顺序进行，先变换的矩阵位于连乘式的左端，后变换的矩阵位于连乘式的右端，不能随意交换位置。但当图形变换满足

表 4.2 所示的条件时，$\boldsymbol{T}_1$、$\boldsymbol{T}_2$ 的顺序是可以交换的。

表 4.2 $\boldsymbol{T}_1$、$\boldsymbol{T}_2$ 可交换顺序的条件

$\boldsymbol{T}_1$	$\boldsymbol{T}_2$	说明
平移变换	平移变换	两个平移变换复合，其顺序可以互换
比例变换	比例变换	两个比例变换复合，其顺序可以互换
旋转变换	旋转变换	两个旋转变换复合，其顺序可以互换
等比变换($s_x=s_y$)	旋转变换	等比变换与旋转变换复合时，顺序可以互换

另外，根据矩阵运算性质，复合变换还具有如下有用性质：

(1)平移、旋转变换具有可加性，即

$$\begin{bmatrix}1 & 0 & 0\\0 & 1 & 0\\t_{x1} & t_{y1} & 1\end{bmatrix}\begin{bmatrix}1 & 0 & 0\\0 & 1 & 0\\t_{x2} & t_{y2} & 1\end{bmatrix}=\begin{bmatrix}1 & 0 & 0\\0 & 1 & 0\\t_{x1}+t_{x2} & t_{y1}+t_{y2} & 1\end{bmatrix}$$

亦即

$$\boldsymbol{T}_{t(t_{x1},t_{y1})}\boldsymbol{T}_{t(t_{x2},t_{y2})}=\boldsymbol{T}_{t(t_{x1}+t_{x2},t_{y1}+t_{y2})} \tag{4-34}$$

$$\begin{bmatrix}\cos\theta_1 & \sin\theta_1 & 0\\-\sin\theta_1 & \cos\theta_1 & 0\\0 & 0 & 1\end{bmatrix}\begin{bmatrix}\cos\theta_2 & \sin\theta_2 & 0\\-\sin\theta_2 & \cos\theta_2 & 0\\0 & 0 & 1\end{bmatrix}=\begin{bmatrix}\cos(\theta_1+\theta_2) & \sin(\theta_1+\theta_2) & 0\\-\sin(\theta_1+\theta_2) & \cos(\theta_1+\theta_2) & 0\\0 & 0 & 1\end{bmatrix}$$

亦即

$$T_{r(\theta_1)}T_{r(\theta_2)}=T_{r(\theta_1+\theta_2)} \tag{4-35}$$

(2)比例变换具有可乘性，即

$$\begin{bmatrix}s_{x1} & 0 & 0\\0 & s_{y1} & 0\\0 & 0 & 1\end{bmatrix}\begin{bmatrix}s_{x2} & 0 & 0\\0 & s_{y2} & 0\\0 & 0 & 1\end{bmatrix}=\begin{bmatrix}s_{x1}s_{x2} & 0 & 0\\0 & s_{y1}s_{y2} & 0\\0 & 0 & 1\end{bmatrix}$$

亦即

$$\boldsymbol{T}_{s(s_{x1},s_{y1})}\boldsymbol{T}_{s(s_{x2},s_{y2})}=\boldsymbol{T}_{t(s_{x1}s_{x2},s_{y1}s_{y2})} \tag{4-36}$$

4. 复合变换举例

如图 4.9 所示，在 xOy 坐标系中，四边形 $ABCD$ 4 个顶点的坐标分别为 $A(2,2)$、$B(3,3)$、$C(3,5)$和 $D(2,4)$。以点 $P(1,2)$为中心，以 $s_x=s_y=2$ 为比例因子，作四边形 $ABCD$ 的比例变换。

进行图形变换时，先将图形特征点坐标用齐次坐标矩阵表示；然后分析变换的组成(复合)，并写出变换矩阵；再作坐标矩阵与复合变换矩阵的乘法运算，得到图形变换后的特征点；最后，利用几何图形的“不变性”，得到变换后的图形。

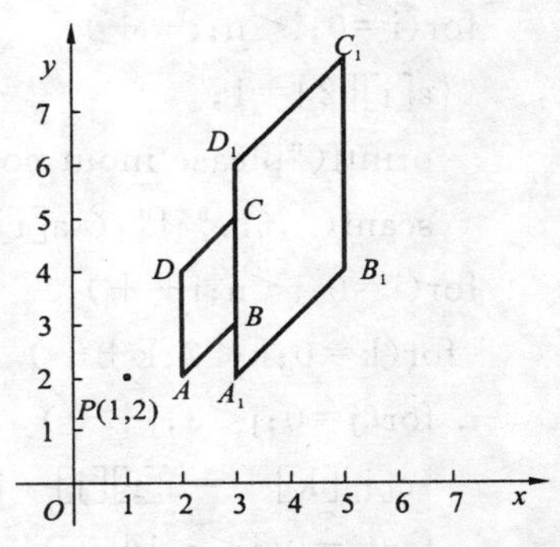

图 4.9 二维图形变换举例

(1)四边形 $ABCD$ 4 个顶点的齐次坐标矩阵为

$$\begin{bmatrix} x_A & y_A & 1 \\ x_B & y_B & 1 \\ x_C & y_C & 1 \\ x_D & x_D & 1 \end{bmatrix} = \begin{bmatrix} 2 & 2 & 1 \\ 3 & 3 & 1 \\ 3 & 5 & 1 \\ 2 & 4 & 1 \end{bmatrix}$$

(2)相对任意点的比例变换矩阵为

$$\begin{bmatrix} s_x & 0 & 0 \\ 0 & s_y & 0 \\ x_r(1-s_x) & y_r(1-s_y) & 1 \end{bmatrix} = \begin{bmatrix} 2 & 0 & 0 \\ 0 & 2 & 0 \\ 1(1-2) & 2(1-2) & 1 \end{bmatrix} = \begin{bmatrix} 2 & 0 & 0 \\ 0 & 2 & 0 \\ -1 & -2 & 1 \end{bmatrix}$$

(3)图形变换为

$$\begin{bmatrix} 2 & 2 & 1 \\ 3 & 3 & 1 \\ 3 & 5 & 1 \\ 2 & 4 & 1 \end{bmatrix} \begin{bmatrix} 2 & 0 & 0 \\ 0 & 2 & 0 \\ -1 & -2 & 1 \end{bmatrix} = \begin{bmatrix} 3 & 2 & 1 \\ 5 & 4 & 1 \\ 5 & 8 & 1 \\ 3 & 6 & 1 \end{bmatrix}$$

变换结果如图4.9所示。实现该例变换的C语言程序如下：

```
#include<stdio.h>
main()
{
 int i,j,n,k; float x0,y0,sx,sy; float a[20][3],b[3][3],c[20][3]={{0,0,0}};
 printf("please input the basic point(x0,y0):\n");      /*指定基点*/
 scanf("%f,%f",&x0,&y0);
 printf("please input scales(sx,sy)\n");              /*指定比例*/
 scanf("%f,%f",&sx,&sy);
 b[0][0]=sx;   b[1][1]=sy;                           /*变换矩阵初始化*/
 b[2][0]=x0*(1-sx); b[2][1]=y0*(1-sy);
 b[2][2]=1; b[0][1]=b[0][2]=b[1][0]=b[1][2]=0;
 printf("please input number of points:\n");/*指定要变换点的个数,不超过20个
*/
 scanf("%d",&n);
 for(i=0;i<n;i++)
  {a[i][2]=1;
   printf("please input coordination of point(xi,yi): %d\n",i+1);
   scanf("%f,%f",&a[i][0],&a[i][1]);  }
 for(i=0;i<n;i++)                                     /*矩阵相乘*/
  for(k=0;k<2;k++)
   for(j=0;j<3;j++)
    c[i][k]+=a[i][j]*b[j][k];
   for(i=0;i<n;i++)
   { printf("point %d after transform is: ",i+1);        /*输出结果*/
```

```
    for(k=0;k<2;k++)
    printf("%f ",c[i][k]);
    printf("\n");     }
}
```

4.3 三维图形变换

从数学方法上看,三维图形变换是二维图形变换的扩展,基本原理和方法相同。在三维图形变换中仍采用齐次坐标来表示三维空间点的坐标和变换矩阵,三维图形变换矩阵采用4×4阶矩阵表示。

$$\boldsymbol{T}=\begin{bmatrix} a & b & c & p \\ d & e & f & q \\ h & i & j & r \\ l & m & n & s \end{bmatrix} \tag{4-37}$$

4.3.1 三维图形的基本变换

三维图形的基本几何变换包括平移变换、比例变换、对称变换和相对于坐标轴的旋转变换等。

1. 平移变换

设形体在空间3条坐标轴方向上分别平移了 t_x、t_y 和 t_z 距离,则其平移变换矩阵为

$$\boldsymbol{T}_t=\begin{bmatrix} 1 & 0 & 0 & 0 \\ 0 & 1 & 0 & 0 \\ 0 & 0 & 1 & 0 \\ t_x & t_y & t_z & 1 \end{bmatrix} \tag{4-38}$$

2. 相对于坐标原点的比例变换

设形体沿3根坐标轴方向变换的比例因子分别为 s_x、s_y 和 s_z,则相对于坐标原点的比例变换矩阵为

$$T_s=\begin{bmatrix} s_x & 0 & 0 & 0 \\ 0 & s_y & 0 & 0 \\ 0 & 0 & s_z & 0 \\ 0 & 0 & 0 & 1 \end{bmatrix} \tag{4-39}$$

当 $s_x=s_y=s_z$ 时,称为全比例变换。

3. 对称变换

表4.3所列为关于3个坐标面的对称变换的变换矩阵、示例及变换说明。

表 4.3 相对坐标面的对称变换

变换名称	对 xOy 平面的对称变换	对 xOz 平面的对称变换	对 yOz 平面的对称变换
变换矩阵	$\begin{bmatrix}1&0&0&0\\0&1&0&0\\0&0&-1&0\\0&0&0&1\end{bmatrix}$	$\begin{bmatrix}1&0&0&0\\0&-1&0&0\\0&0&1&0\\0&0&0&1\end{bmatrix}$	$\begin{bmatrix}-1&0&0&0\\0&1&0&0\\0&0&1&0\\0&0&0&1\end{bmatrix}$
变换示例			
变换说明	变换后 x、y 坐标不变，而 z 坐标的符号相反	变换后 x、z 坐标不变，而 y 坐标的符号相反	变换后 y、z 坐标不变，而 x 坐标的符号相反

4. 相对坐标轴的旋转变换

三维空间的形体一般用右手坐标系描述。采用右手坐标系时，旋转正方向规定为从旋转轴的正端向坐标原点看时的逆时针方向，如图 4.10 所示。当形体不动，坐标系旋转时，则方向相反。而采用左手坐标系时，旋转角度的正方向与上述规定相反。

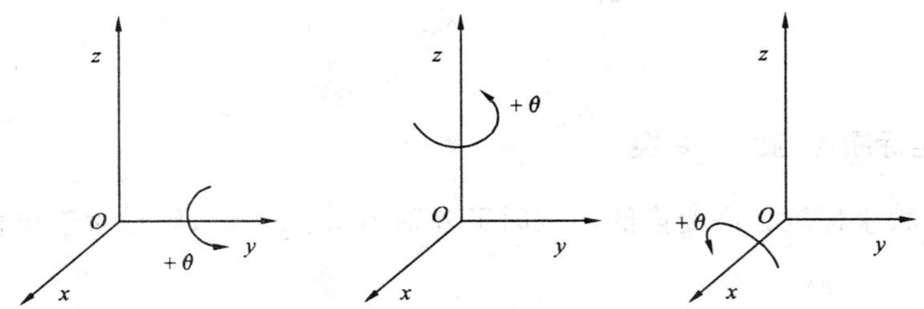

图 4.10 右手坐标系旋转正方向之规定

下面引用数学中有关变换的结果，直接写出绕坐标轴的旋转变换矩阵。

(1)绕 x 轴的旋转变换矩阵

$$T_{r,x}=\begin{bmatrix}1&0&0&0\\0&\cos\theta&\sin\theta&0\\0&-\sin\theta&\cos\theta&0\\0&0&0&1\end{bmatrix}\qquad(4-40)$$

(2)绕 y 轴的旋转变换矩阵

$$\boldsymbol{T}_{r,y}=\begin{bmatrix}\cos\theta & 0 & -\sin\theta & 0\\ 0 & 1 & 0 & 0\\ \sin\theta & 0 & \cos\theta & 0\\ 0 & 0 & 0 & 1\end{bmatrix} \tag{4-41}$$

(3)绕 z 轴的旋转变换矩阵

$$\boldsymbol{T}_{r,z}=\begin{bmatrix}\cos\theta & \sin\theta & 0 & 0\\ -\sin\theta & \cos\theta & 0 & 0\\ 0 & 0 & 1 & 0\\ 0 & 0 & 0 & 1\end{bmatrix} \tag{4-42}$$

5. 错切变换

与二维错切变换功能相似,三维错切变换使形体产生沿某些特定方向的切变。在齐次坐标4×4错切变换矩阵 $\boldsymbol{T}_{sh}$ 中,主对角线元素均为1,第4行与第4列中其他元素为零,三维错切变换矩阵的一般形式为

$$\boldsymbol{T}_{sh}=\begin{bmatrix}1 & r_{xy} & r_{xz} & 0\\ r_{yx} & 1 & r_{yz} & 0\\ r_{zx} & r_{zy} & 1 & 0\\ 0 & 0 & 0 & 1\end{bmatrix} \tag{4-43}$$

式中,r_{ij} 诸元素的取值将决定三维形体错切变换的形式。表4.4为 r_{ij} 取不同值时对六面体错切变换的结果。

表4.4 空间图形的错切变换

变换名称	变换矩阵	变换示例	说明
沿 y 轴关于 x 轴的错切变换	$\begin{bmatrix}1 & r_{xy} & 0 & 0\\ 0 & 1 & 0 & 0\\ 0 & 0 & 1 & 0\\ 0 & 0 & 0 & 1\end{bmatrix}$	z O x y	错切面脱离 x 轴,且沿 y 轴移动 $r_{xy}x$ 距离
沿 z 轴关于 x 轴的错切变换	$\begin{bmatrix}1 & 0 & r_{xz} & 0\\ 0 & 1 & 0 & 0\\ 0 & 0 & 1 & 0\\ 0 & 0 & 0 & 1\end{bmatrix}$	z O x y	错切面脱离 x 轴,且沿 z 轴移动 $r_{xz}x$ 距离

续表 4.4

变换名称	变换矩阵	变换示例	说明
沿 x 轴关于 y 轴的错切变换	$\begin{bmatrix} 1 & 0 & 0 & 0 \\ r_{yx} & 1 & 0 & 0 \\ 0 & 0 & 1 & 0 \\ 0 & 0 & 0 & 1 \end{bmatrix}$	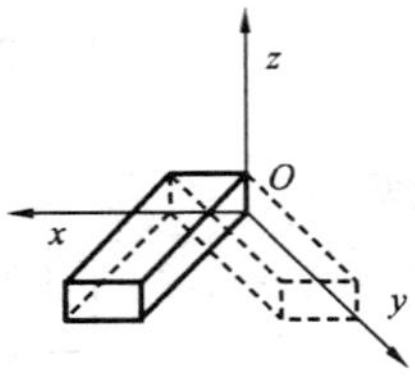	错切面脱离 y 轴，且沿 x 轴移动 $r_{yx}y$ 距离
沿 z 轴关于 y 轴的错切变换	$\begin{bmatrix} 1 & 0 & 0 & 0 \\ 0 & 1 & r_{yz} & 0 \\ 0 & 0 & 1 & 0 \\ 0 & 0 & 0 & 1 \end{bmatrix}$	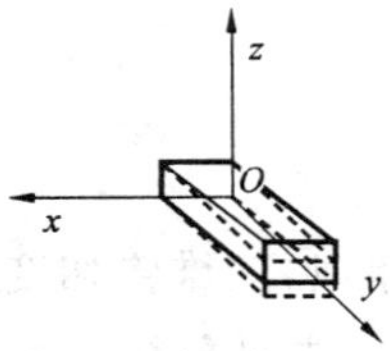	错切面脱离 y 轴，且沿 z 轴移动 $r_{yz}y$ 距离
沿 x 轴关于 z 轴的错切变换	$\begin{bmatrix} 1 & 0 & 0 & 0 \\ 0 & 1 & 0 & 0 \\ r_{zx} & 0 & 1 & 0 \\ 0 & 0 & 0 & 1 \end{bmatrix}$	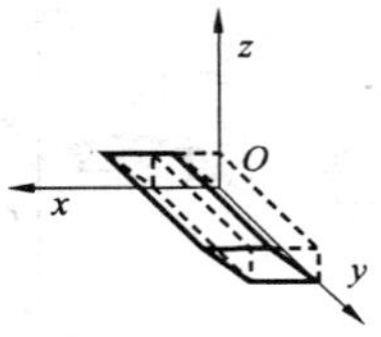	错切面脱离 z 轴，且沿 x 轴移动 $r_{zx}z$ 距离
沿 y 轴关于 z 轴的错切变换	$\begin{bmatrix} 1 & 0 & 0 & 0 \\ 0 & 1 & 0 & 0 \\ 0 & r_{zy} & 1 & 0 \\ 0 & 0 & 0 & 1 \end{bmatrix}$	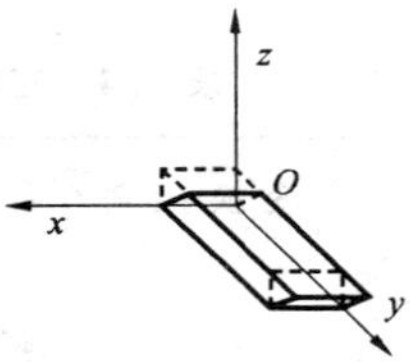	错切面脱离 z 轴，且沿 y 轴移动 $r_{zy}z$ 距离

三维空间中的一般几何变换矩阵用式(4－37)描述，类似二维变换矩阵式(4－26)，可将式(4－37)的矩阵按功能划分为4个子矩阵，每个子阵对应的变换功能与二维变换中的子阵相似。

4.3.2 三维图形的复合变换

1. 相对空间任意点的比例变换

式(4－39)所表示的比例变换矩阵是以坐标原点为参照的。若形体以任意点 $P_r(x_r, y_r, z_r)$ 为参照进行比例变换，则需用复合变换完成，其实现步骤如下：

(1)将坐标系平移($\boldsymbol{T}_{-t}$)，使坐标原点与参照点 P_r 重合；

(2)以 P_r 点为中心进行比例变换($\boldsymbol{T}_s$)；

(3)平移坐标系(T_t),返回原位置,完成图形变换,由此得到相对空间任意点 $P_r(x_r,y_r,z_r)$ 的比例变换矩阵。

$$T=T_{-t}T_sT_t=\begin{bmatrix}1&0&0&0\\0&1&0&0\\0&0&1&0\\-x_r&-y_r&-z_r&1\end{bmatrix}\begin{bmatrix}s_x&0&0&0\\0&s_y&0&0\\0&0&s_z&0\\0&0&0&1\end{bmatrix}\begin{bmatrix}1&0&0&0\\0&1&0&0\\0&0&1&0\\x_r&y_r&z_r&1\end{bmatrix}$$

$$=\begin{bmatrix}s_x&0&0&0\\0&s_y&0&0\\0&0&s_z&0\\x_r(1-s_x)&y_r(1-s_y)&z_r(1-s_z)&1\end{bmatrix}\qquad(4-44)$$

2. 绕过坐标原点任意轴的旋转变换

如图 4.11(a)所示,求过原点任意轴 OA 旋转 θ 角的三维旋转变换矩阵。

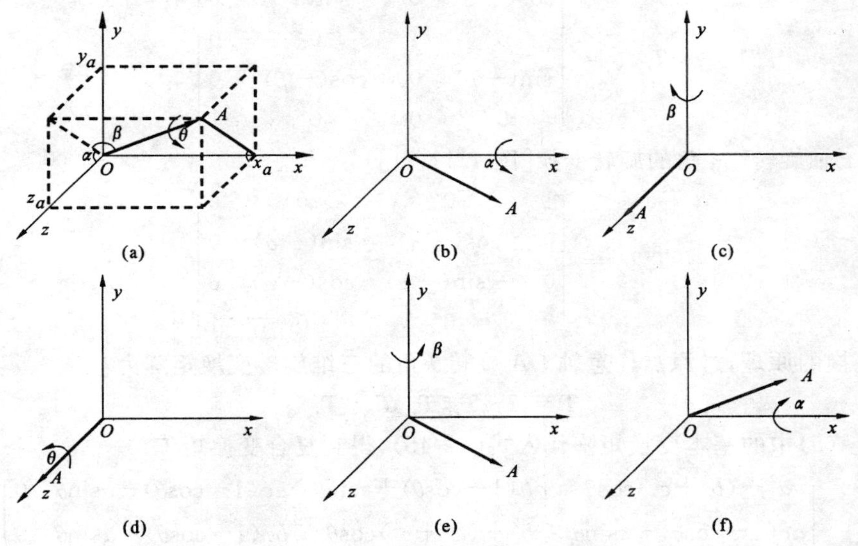

图 4.11 绕过原点任意轴旋转 θ 角的旋转变换

变换步骤为:依次绕 x 轴和 y 轴旋转 α 角和 β 角,使 OA 与 z 轴重合;再绕 z 轴旋转 θ 角;最后绕 y 轴和 x 轴反向旋转 β 角和 α 角使 OA 回到原来位置。这些基本变换构成的复合变换与所求的变换是等价的。各步骤变换矩阵如下:

(1)绕 x 轴旋转 α 角的旋转变换[图 4.11(b)]

$$T_{r,x}=\begin{bmatrix}1&0&0&0\\0&\cos\alpha&\sin\alpha&0\\0&-\sin\alpha&\cos\alpha&0\\0&0&0&1\end{bmatrix}$$

式中,$\cos\alpha=\dfrac{z_a}{\sqrt{y_a^2+z_a^2}}$,$\sin\alpha=\dfrac{y_a}{\sqrt{y_a^2+z_a^2}}$。

(2)绕 y 轴旋转 β 角的旋转变换[图 4.11(c)]

$$T_{r,y}=\begin{bmatrix}\cos\beta & 0 & -\sin\beta & 0\\ 0 & 1 & 0 & 0\\ \sin\beta & 0 & \cos\beta & 0\\ 0 & 0 & 0 & 1\end{bmatrix}$$

式中，$\cos\beta=\dfrac{\sqrt{y_a^2+z_a^2}}{\sqrt{x_a^2+y_a^2+z_a^2}}$，$\sin\beta=\dfrac{x_a}{\sqrt{x_a^2+y_a^2+z_a^2}}$，$\beta$ 取负号。

(3)绕 z 轴旋转 θ 角的旋转变换[图 4.11(d)]

$$T_{r,z}=\begin{bmatrix}\cos\theta & \sin\theta & 0 & 0\\ -\sin\theta & \cos\theta & 0 & 0\\ 0 & 0 & 1 & 0\\ 0 & 0 & 0 & 1\end{bmatrix}$$

(4)绕 y 轴旋转 $-\beta$ 角的旋转变换[图 4.11(e)]

$$T_{r,-y}=\begin{bmatrix}\cos(-\beta) & 0 & -\sin(-\beta) & 0\\ 0 & 1 & 0 & 0\\ \sin(-\beta) & 0 & \cos(-\beta) & 0\\ 0 & 0 & 0 & 1\end{bmatrix}$$

(5)绕 x 轴旋转 $-\alpha$ 角的旋转变换[图 4.11(f)]

$$T_{r,-x}=\begin{bmatrix}1 & 0 & 0 & 0\\ 0 & \cos(-\alpha) & \sin(-\alpha) & 0\\ 0 & -\sin(-\alpha) & \cos(-\alpha) & 0\\ 0 & 0 & 0 & 1\end{bmatrix}$$

根据复合变换的原理，过原点任意轴 OA 旋转 θ 角的三维旋转变换矩阵为

$$T=T_{r,x}T_{r,y}T_{r,z}T_{r,-y}T_{r,-x} \tag{4-45}$$

将上述(1)～(5)中的基本变换矩阵代入式(4-45)，得到复合变换矩阵

$$T=\begin{bmatrix}a^2+(b^2+c^2)\cos\theta & ab(1-\cos\theta)+c\sin\theta & ac(1-\cos\theta)-b\sin\theta & 0\\ ab(1-\cos\theta)-c\sin\theta & b^2+(a^2+c^2)\cos\theta & bc(1-\cos\theta)+a\sin\theta & 0\\ ac(1-\cos\theta)+b\sin\theta & bc(1-\cos\theta)-a\sin\theta & c^2+(a^2+b^2)\cos\theta & 0\\ 0 & 0 & 0 & 1\end{bmatrix} \tag{4-46}$$

式中，$a=\dfrac{x_a}{\sqrt{x_a^2+y_a^2+z_a^2}}$，$b=\dfrac{y_a}{\sqrt{x_a^2+y_a^2+z_a^2}}$，$c=\dfrac{z_a}{\sqrt{x_a^2+y_a^2+z_a^2}}$。

4.4 投影变换

由于计算机的图形显示设备只能用二维图像表示三维物体，为将三维物体在二维图形显示设备上输出，需要用投影来降低维数而得到平面图形，便于显示和处理。

4.4.1 投影变换的原理及分类

投影(Projection)是用一组假想光线将空间形体投射到投影面上而得到的平面图形，将三维物体变换成二维图形表示的过程称为投影变换。如图4.12所示，从投影中心到物体上某点的连线(或延长线)与一平面的交点，就是该点在这个平面上的投影点，这根连线称为投影线，这个平面称为投影面。一个物体的所有投影点的集合就是它在此投影面上的二维投影图形，简称投影。

从几何学原理上讲，空间中的一条线段在投影面上的投影仍是一条线段，其端点就是原线段端点的投影，投影线段的长度取决于该线段与投影面的夹角和距离。在图4.12中的水平面A上有一个正方形$abcd$，其在投影面上的投影为$a_1b_1c_1d_1$。由投影可以看出：物体与视点的距离和物体与投影面夹角的大小，会改变物体的某些性质。例如ab和dc原是等长的，但投影$a_1b_1 > d_1c_1$；ad和bc原来虽然平行，但在投影中这种平行关系不再保持，a_1d_1和b_1c_1交于其延长线上的一点(称为灭点)。

一个物体的二维投影与投影中心及投影面的几何位置密切相关。通常，投影中心到投影面的距离有限，形成视觉上有立体透视效果的投影，即透视投影(Perspective)。改变投影面与坐标轴的相对位置，可生成不同的透视投影图。如果投影中心与物体距离相对于物体足够大时，投影将失去通常的透视投影效果，而演变成平行投影。投影变换的分类如图4.13所示。

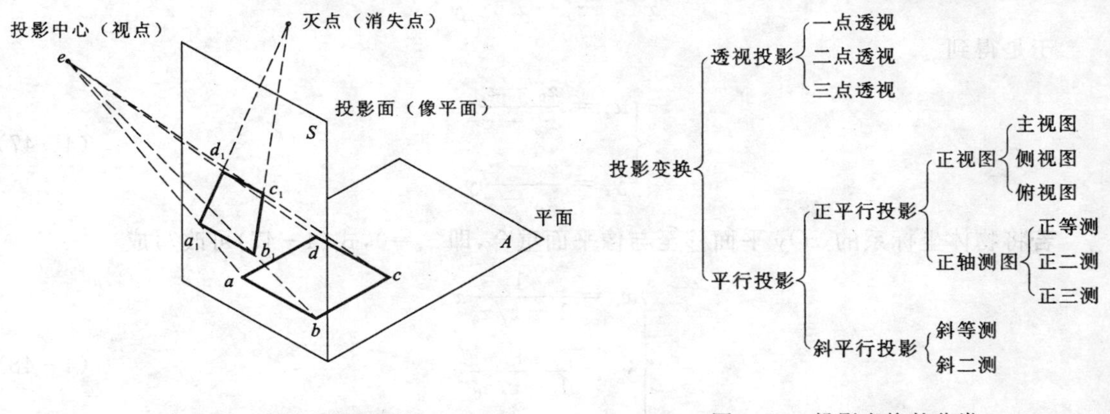

图4.12 投影变换的原理

图4.13 投影变换的分类

4.4.2 透视投影变换

透视投影是将投影面置于投影中心(视点)和投影对象(物体)之间，观察并得到物体在投影面上的投影。在透视投影变换中，物体上沿某方向互相平行的一组棱线由于位置和角度关系，在透视图中不再保持平行(如图4.12所示)，它们的透视延长后相交一点(即灭点)。若该组平行线与坐标轴平行，则称主灭点。三维空间最多有3个主灭点，因此，透视投影按主灭点的个数分为一点透视(平行透视)、二点透视(成角透视)和三点透视(斜透视)。

1. 一点透视

如果投影面与一根坐标轴正交，而与另外两根平行，则产生一点透视投影变换。如前所述，在式(4-37)表示的变换矩阵中，第4列的前3个元素 p、q、r 产生透视变换，若其中两个元素为零，则为一点透视。

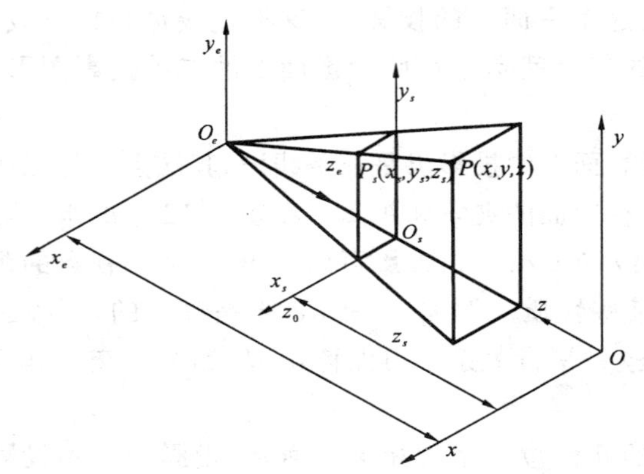

图4.14 物体坐标系与视点坐标系的关系

透视变换用“视点坐标系”(Eye Coordinates System)描述物体。视点坐标系以视点为原点，视线方向为 z 轴，视线的右手方向为 x 轴，视线的上方为 y 轴，实际上视点坐标系是一个左手坐标系。物体坐标系亦称世界坐标系，它是一个右手坐标系，其与透视变换的视点坐标系的关系如图4.14所示。

在图4.14中，$x_sO_sy_s$ 坐标面为投影面(像平面)。物体坐标系中的一点 $P(x,y,z)$(称之为像源)通过透视变换可在像平面上得到一点 $P_s(x_s,y_s,z_s)$(称其为像点)。由图中所示的相似关系，可建立如下等式

$$\frac{x_s}{x}=\frac{z_0-z_s}{z_0-z}=\frac{y_s}{y}$$

于是得到

$$\begin{cases}x_s=\dfrac{z_0-z_s}{z_0-z}x\\[2ex] y_s=\dfrac{z_0-z_s}{z_0-z}y\end{cases} \tag{4-47}$$

若将物体坐标系的 xOy 平面移至与像平面重合，即 $z_s=0$，式(4-47)可改写成

$$\begin{cases}x_s=\dfrac{1}{1-z/z_0}x\\[2ex] y_s=\dfrac{1}{1-z/z_0}y\\[2ex] z_s=0\end{cases} \tag{4-48}$$

像点(x_s,y_s,z_s)用齐次坐标矩阵可以表示为$\begin{bmatrix}\dfrac{x}{1-z/z_0} & \dfrac{y}{1-z/z_0} & 0 & 1\end{bmatrix}$，将其各分量同乘以$(1-z/z_0)$，得到一点透视变换矩阵

$$\boldsymbol{T}_{e,z}=\begin{bmatrix}1&0&0&0\\0&1&0&0\\0&0&0&-1/z_0\\0&0&0&1\end{bmatrix} \tag{4-49}$$

若令 $r=-1/z_0$，则可写成主灭点在 z 轴上 $z=1/r$ 处，投影面为 xOy 平面的一点透视投影变换为

$$[x_s \quad y_s \quad z_s \quad 1] = [x \quad y \quad z \quad 1]\begin{bmatrix}1&0&0&0\\0&1&0&0\\0&0&1&r\\0&0&0&1\end{bmatrix}\begin{bmatrix}1&0&0&0\\0&1&0&0\\0&0&0&0\\0&0&0&1\end{bmatrix}$$

$$= \left[\frac{x}{1+zr} \quad \frac{y}{1+zr} \quad 0 \quad 1\right] \tag{4-50}$$

此时，与 x、y 轴平行的线段透视投影后平行于 x_s、y_s 轴。

与此类似，如果主灭点在 y 轴上 $y=1/q$ 处，投影面为 xOz 平面，则对应的一点透视投影变换矩阵为

$$\boldsymbol{T}_{e,y} = \begin{bmatrix}1&0&0&0\\0&1&0&q\\0&0&1&0\\0&0&0&1\end{bmatrix}\begin{bmatrix}1&0&0&0\\0&0&0&0\\0&0&1&0\\0&0&0&1\end{bmatrix} \tag{4-51}$$

而主灭点在 x 轴上 $x=1/p$ 处，投影面为 yOz 平面的一点透视投影变换矩阵为

$$\boldsymbol{T}_{e,x} = \begin{bmatrix}1&0&0&p\\0&1&0&0\\0&0&1&0\\0&0&0&1\end{bmatrix}\begin{bmatrix}0&0&0&0\\0&1&0&0\\0&0&1&0\\0&0&0&1\end{bmatrix} \tag{4-52}$$

式(4-51)和式(4-52)中，q、p 分别为主灭点在 y 轴和 x 轴上与投影距离的倒数。由式(4-51)经变换所形成的长方体的一点透视投影如图 4.15 所示。

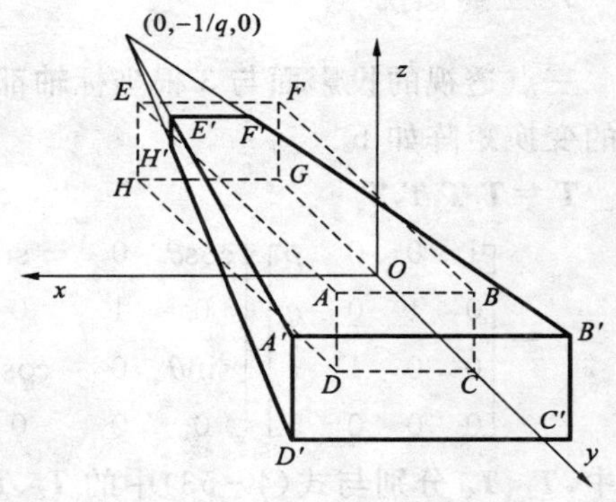

图 4.15 一点透视投影

2. 二点透视

若投影面与两根坐标轴相交，且与另一根坐标轴平行，则产生二点透视投影变换。在三维变换矩阵第 4 列的 3×1 子阵中，如果有两个非零元素，即得到二点透视。也就是在三维空间中设置两个主灭点对物体进行投影，从而获得物体在投影平面上的投影。

若一主灭点在 x 轴上 $x=1/p$ 处，另一主灭点在 z 轴上 $z=1/r$ 处，则投影面为 xOy 平面的二点透视投影变换矩阵如下

$$\boldsymbol{T} = \boldsymbol{T}_1\boldsymbol{T}_2\boldsymbol{T}_3 = \begin{bmatrix}1&0&0&p\\0&1&0&0\\0&0&1&r\\0&0&0&1\end{bmatrix}\begin{bmatrix}\cos\theta&0&-\sin\theta&0\\0&1&0&0\\\sin\theta&0&\cos\theta&0\\0&0&0&1\end{bmatrix}\begin{bmatrix}1&0&0&0\\0&1&0&0\\0&0&0&0\\0&0&0&1\end{bmatrix} \tag{4-53}$$

式中，$\boldsymbol{T}_2$ 为物体绕 y 轴旋转变换矩阵，它使物体的 y 轴平行投影面，使其坐标面与投影面成 θ 角。如一单位立方体取 $p=-0.25$，$r=-0.15$，$\theta=30°$，经式(4-53)变换后，其位置矢量为

$$\begin{matrix}A\\B\\C\\D\\E\\F\\G\\H\end{matrix}\begin{bmatrix}0&-1&0&1\\0&-1&1&1\\0&-2&1&1\\0&-2&0&1\\1&-1&0&1\\1&-1&1&1\\1&-2&1&1\\1&-2&0&1\end{bmatrix}\begin{bmatrix}0.87&0&0&-0.25\\0&1&0&0\\-0.5&0&0&-0.15\\0&0&0&1\end{bmatrix}=\begin{bmatrix}0&-1&0&1\\-0.59&-1.18&0&1\\-0.59&-2.36&0&1\\0&-2&0&1\\1.15&-1.33&0&1\\0.61&-1.67&0&1\\0.61&-3.33&0&1\\1.15&-2.67&0&1\end{bmatrix}\begin{matrix}A'\\B'\\C'\\D'\\E'\\F'\\G'\\H'\end{matrix}$$

所形成的二点透视图如图 4.16 所示。

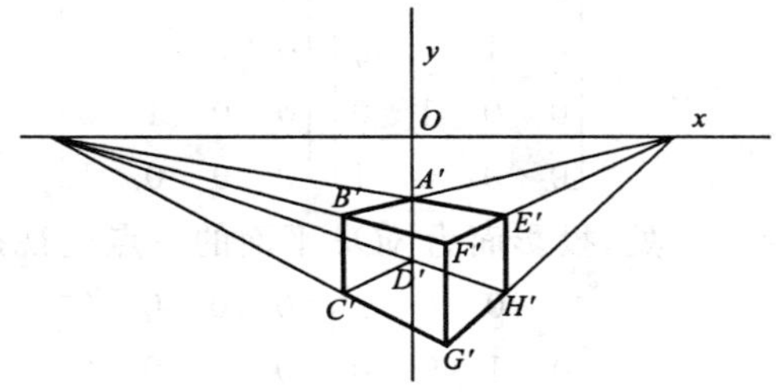

图 4.16 单位立方体的二点透视

3. 三点透视

三点透视的投影面与 3 根坐标轴都相交，其几何变换矩阵的第 4 列元素 p、q、r 均不为零，总的变换矩阵如下

$$\boldsymbol{T}=\boldsymbol{T}_1\boldsymbol{T}_2\boldsymbol{T}_3\boldsymbol{T}_4$$

$$=\begin{bmatrix}1&0&0&p\\0&1&0&q\\0&0&1&r\\0&0&0&1\end{bmatrix}\begin{bmatrix}\cos\theta&0&-\sin\theta&0\\0&1&0&0\\\sin\theta&0&\cos\theta&0\\0&0&0&1\end{bmatrix}\begin{bmatrix}1&0&0&0\\0&\cos\varphi&\sin\varphi&0\\0&-\sin\varphi&\cos\varphi&0\\0&0&0&1\end{bmatrix}\begin{bmatrix}1&0&0&0\\0&1&0&0\\0&0&0&0\\0&0&0&1\end{bmatrix}\qquad(4-54)$$

式中，$\boldsymbol{T}_2$、$\boldsymbol{T}_4$ 分别与式(4-53)中的 $\boldsymbol{T}_2$、$\boldsymbol{T}_3$ 相同，$\boldsymbol{T}_3$ 为绕 x 轴旋转变换矩阵。令 $p=-0.25$，$q=-0.2$，$r=-0.15$，$\theta=-30°$，$\varphi=-30°$，上述立方体经式(4-54)变换后，其位置矢量为

$$\begin{matrix}A\\B\\C\\D\\E\\F\\G\\H\end{matrix}\begin{bmatrix}0&-1&0&1\\0&-1&1&1\\0&-2&1&1\\0&-2&0&1\\1&-1&0&1\\1&-1&1&1\\1&-2&1&1\\1&-2&0&1\end{bmatrix}\begin{bmatrix}0.87&0.25&0&-0.25\\0&0.87&0&-0.2\\-0.5&0.43&0&-0.15\\0&0&0&1\end{bmatrix}=\begin{bmatrix}0&-0.7&0&1\\-0.5&-0.4&0&1\\-0.4&-1.0&0&1\\0&-1.2&0&1\\0.9&-0.7&0&1\\0.5&-0.2&0&1\\0.4&-1.1&0&1\\0.8&-1.3&0&1\end{bmatrix}\begin{matrix}A'\\B'\\C'\\D'\\E'\\F'\\G'\\H'\end{matrix}$$

所形成的三点透视图如图 4.17 所示。

4.4.3 平行投影

当投影中心设在无穷远时,透视投影变换就演变为平行投影(Parallel Projection),各投影线互相平行,各平行线的投影仍保持平行,亦不存在灭点。平行投影图中,各坐标轴尺寸有固定的比例关系,便于从图形上直接测算其大小,适合于绘制工程施工图和零件加工图或装配图。平行投影根据投影方向与投影平面的夹角分为正平行投影和斜平行投影。投影方向垂直于投影平面得到的投影称为正平行投影,否则称为斜平行投影。

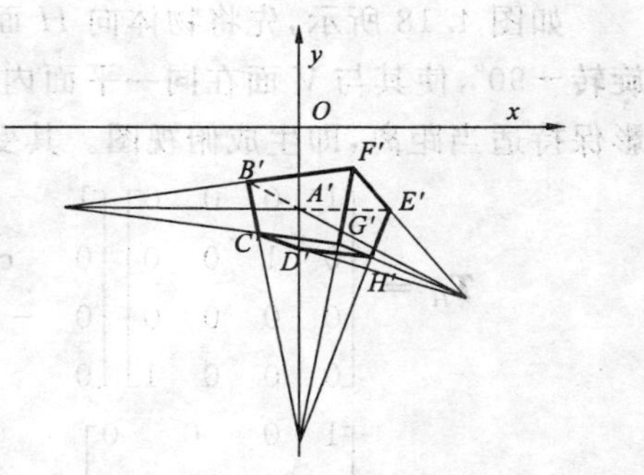

图 4.17 单位立方体的三点透视

1. 正平行投影

根据投影面与坐标轴的夹角,正平行投影(Orthographic Projection)可分为正视图和正轴测图。当投影面与某坐标轴垂直时,所得到正平行投影称为正视图。通常机械制图中的主视图、侧视图和俯视图均为正视图。当投影面不垂直于任一坐标轴时,所得到投影图称为正轴测图。

1)三视图变换

正视图能精确表达物体的某个侧面尺寸,但仅从一个视图很难想象出该物体的三维形状,将多个视图结合在一起,则能综合表达物体的空间形状。下面讨论三视图的投影变换,物体与 3 个投影平面(H、V 和 W)相对位置关系如图 4.18 所示。

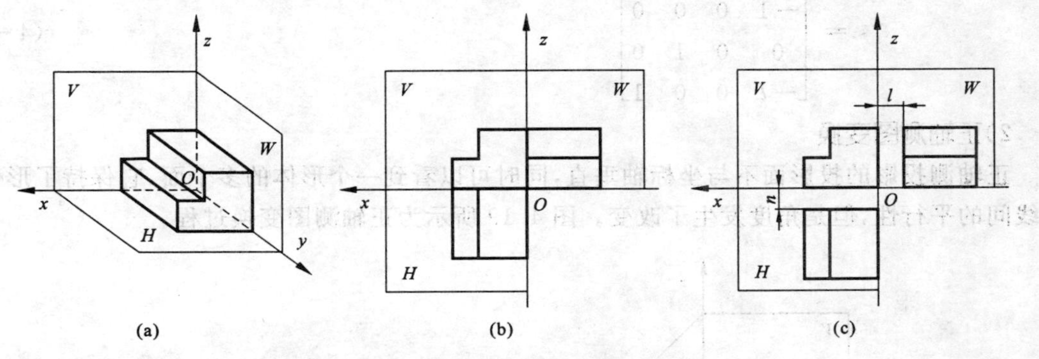

图 4.18 三视图的投影变换

(a)3 个投影面的位置关系;(b)3 个投影面的展开;(c)视图的平移

(1)主视图变换矩阵

三维空间点的齐次坐标是$(x,y,z,1)$,若 $y=0$,显然就是该点在 V 面上的投影。因此,令变换矩阵的第二列元素全为零,即得到物体对 V 面投影的变换矩阵(亦即主视图变换矩阵)

$$\boldsymbol{T}_V=\begin{bmatrix}1&0&0&0\\0&0&0&0\\0&0&1&0\\0&0&0&1\end{bmatrix} \tag{4-55}$$

(2)俯视图变换矩阵

如图 4.18 所示,先将物体向 H 面投影(即令 $z=0$),得到水平投影;再将水平投影绕 x 轴旋转 $-90°$,使其与 V 面在同一平面内;然后沿 z 轴方向平移一段距离 $-n(n>0)$,使 V、H 投影保持适当距离,即生成俯视图。其变换矩阵为

$$\boldsymbol{T}_H=\begin{bmatrix}1&0&0&0\\0&1&0&0\\0&0&0&0\\0&0&0&1\end{bmatrix}\begin{bmatrix}1&0&0&0\\0&\cos(-90°)&\sin(-90°)&0\\0&-\sin(-90°)&\cos(-90°)&0\\0&0&0&1\end{bmatrix}\begin{bmatrix}1&0&0&0\\0&1&0&0\\0&0&1&0\\0&0&-n&1\end{bmatrix}$$

$$=\begin{bmatrix}1&0&0&0\\0&0&-1&0\\0&0&0&0\\0&0&-n&1\end{bmatrix}\tag{4-56}$$

(3)左视图变换矩阵

先将物体向 W 面投影(即令 $x=0$),得到侧面投影;再将侧面投影绕 z 轴旋转 $90°$,使其与 V 面处在同一平面内;然后沿 x 轴方向平移一段距离 $-l(l>0)$,使 V、W 投影保持适当距离,即生成左视图。其变换矩阵为

$$\boldsymbol{T}_W=\begin{bmatrix}0&0&0&0\\0&1&0&0\\0&0&1&0\\0&0&0&1\end{bmatrix}\begin{bmatrix}\cos90°&\sin90°&0&0\\-\sin90°&\cos90°&0&0\\0&0&1&0\\0&0&0&1\end{bmatrix}\begin{bmatrix}1&0&0&0\\0&1&0&0\\0&0&1&0\\-l&0&0&1\end{bmatrix}$$

$$=\begin{bmatrix}0&0&0&0\\-1&0&0&0\\0&0&1&0\\-l&0&0&1\end{bmatrix}\tag{4-57}$$

2)正轴测图变换

正轴测投影的投影面不与坐标轴垂直,同时可以看到一个形体的多个面,它保持了形体平行线间的平行性,但是角度发生了改变。图 4.19 所示为正轴测图变换过程。

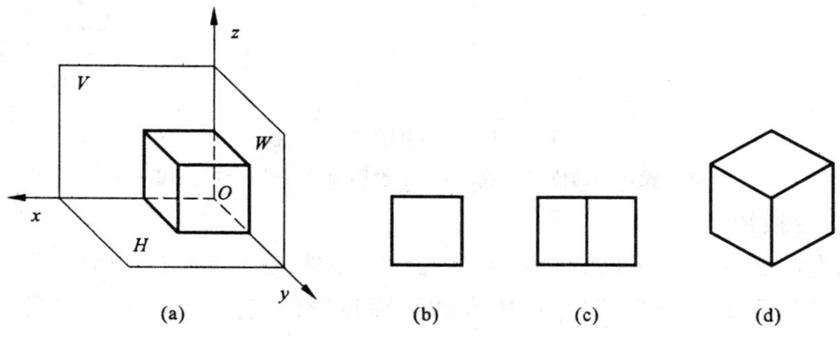

图 4.19 轴测图的生成

若将图 4.19(a)所示的立方体直接向 V 面投影,得到图 4.19(b);若将立方体绕 z 轴旋转 θ 角,再向 V 面投影,则得到图 4.19(c);若将立方体绕 z 轴旋转 θ 角,再绕 x 轴旋转 $-\varphi(\varphi>0)$

角，然后向 V 面投影，则得到图 4.19(d)，即得到立方体的正轴测投影图。因此，正轴测图的变换矩阵如下

$$T=\begin{bmatrix}\cos\theta & \sin\theta & 0 & 0\\ -\sin\theta & \cos\theta & 0 & 0\\ 0 & 0 & 1 & 0\\ 0 & 0 & 0 & 1\end{bmatrix}\begin{bmatrix}1 & 0 & 0 & 0\\ 0 & \cos\varphi & -\sin\varphi & 0\\ 0 & \sin\varphi & \cos\varphi & 0\\ 0 & 0 & 0 & 1\end{bmatrix}\begin{bmatrix}1 & 0 & 0 & 0\\ 0 & 0 & 0 & 0\\ 0 & 0 & 1 & 0\\ 0 & 0 & 0 & 1\end{bmatrix}$$

$$=\begin{bmatrix}\cos\theta & 0 & -\sin\theta\cos\varphi & 0\\ -\sin\theta & 0 & -\cos\theta\sin\varphi & 0\\ 0 & 0 & \cos\varphi & 0\\ 0 & 0 & 0 & 1\end{bmatrix} \tag{4-58}$$

在式(4-58)中，只要给 θ、φ 不同值，就可以得到不同的正轴测投影图。

(1)正等测投影变换

按国家标准规定，以 $\theta=45°$、$\varphi=35.2644°$代入式(4-58)，得到正等测投影变换矩阵

$$T=\begin{bmatrix}0.707 & 0 & -0.408 & 0\\ 0.707 & 0 & -0.408 & 0\\ 0 & 0 & 0.817 & 0\\ 0 & 0 & 0 & 1\end{bmatrix} \tag{4-59}$$

(2)正二测投影变换

按国家标准规定，以 $\theta=20.7°$、$\varphi=19.47°$代入式(4-58)，得到正二测投影变换矩阵

$$T=\begin{bmatrix}0.9354 & 0 & -0.1178 & 0\\ 0.3535 & 0 & -0.3117 & 0\\ 0 & 0 & 0.9428 & 0\\ 0 & 0 & 0 & 1\end{bmatrix} \tag{4-60}$$

2. 斜平行投影

投影方向不垂直于投影面的平行投影称斜平行投影(Obligue Projection)。斜平行投影有斜等测和斜二测两种形式。

斜等测投影的二根轴垂直且投影不缩短，第三根轴与水平线倾斜，也不缩短，投影线与投影面的夹角为 30°～45°，如图 4.20(a)所示。斜二测投影的二根轴垂直且投影不缩短，其垂直

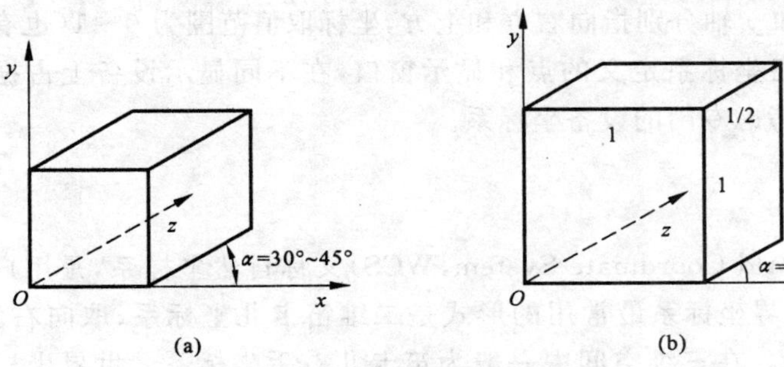

图 4.20 斜平行投影

(a)斜等测投影；(b)斜二测投影

于投影平面的轴向变形系数为1/2，得到的图形有真实感，如图4.20(b)所示。

4.5 图形裁剪

为了将整体视图中的局部图形显示于屏幕的指定位置，或者将局部图形从整体图形中准确地分离出来，对其进行处理，需要利用窗口技术和图形裁剪技术。

4.5.1 图形处理中常用的坐标系

图形信息是在一定的坐标系下对图形进行定义的。计算机在进行图形处理的不同阶段需要采用不同的坐标系，以方便操作和提高处理效率。

1. 设备坐标系

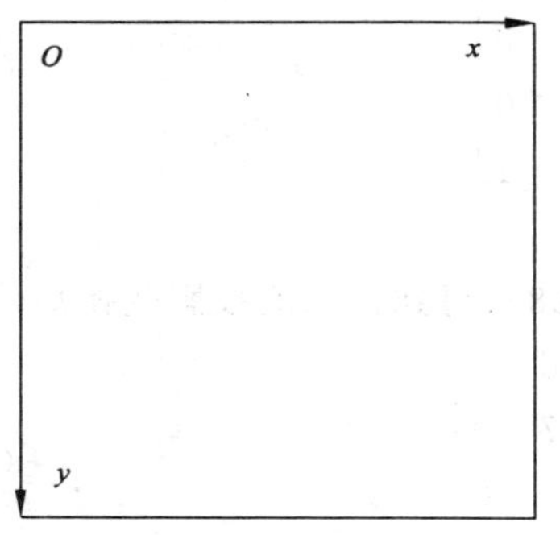

图4.21 设备坐标系

显示器等图形输出设备都带有自己的坐标系，称为设备坐标系(Device Coordinate System，DCS)，用于在图形显示设备上定义图形或窗口位置。设备坐标系是一个二维坐标系，一般由水平方向的x轴和垂直方向的y轴组成，坐标原点通常位于屏幕的左上角(也可以任意选择)，基本单位为像素，采用整数坐标，坐标范围由设备的分辨率决定，一般是有限的，如图4.21所示。

由于显示设备的分辨率和坐标原点位置的不同，因此即便是相同的图形信息，在不同显示设备上显示出的图形也是不相同的。

2. 规格化设备坐标系

规格化设备坐标系(Normalized Device Coordinate System，NDCS)是为了避免设备坐标系与显示设备的相关性而设置的一种虚拟设备坐标系。规格化设备坐标系的坐标原点设置在显示器左下角，x轴和y轴分别指向右方和上方，坐标取值范围为0～1(也有少数取－1～1)。因此，采用规格化设备坐标系定义的点和显示窗口，在不同显示设备上占据的位置与设备无关，编写程序时不用考虑专门的设备坐标系。

3. 世界坐标系

世界坐标系(World Coordinate System，WCS)又称自然坐标系，是用户定义自己的图形时采用的坐标系。世界坐标系最常用的形式是二维笛卡儿坐标系，取向右为x轴的正方向，向上为y轴的正方向。在三维空间中一般为笛卡儿右手坐标系。世界坐标系的坐标单位为实数，范围从负无穷到正无穷。从理论上讲，世界坐标系是无限的。

进行实际图形处理时，应先将世界坐标系转换成对应的规格化设备坐标系，然后将规格化设备坐标系映射到具体的设备坐标系上去。在这个处理过程中,前者与具体设备无关,后者与具体设备相关。

4.5.2 窗口与视区

用户观察图形和进行图形操作都需要用到"窗口"和"视区"。在计算机图形学中,窗口(Window)被定义为在世界坐标系中指定显示内容的矩形区域,只有在该区域内的图形才能够在设备坐标系下显示输出,窗口外的内容被裁剪掉。视区(Viewport)定义为在设备坐标系(一般为显示设备的显示屏幕)中指定的一个用来显示窗口内容的矩形区域。视区可以指定到显示屏幕上的任何位置,也可以定义多个视区。通过视区,可以把窗口内容进行放大或缩小。窗口和视区的大小通过确定矩形区域左下角和右上角的坐标来定义。

因为窗口和视区是在两个不同坐标系下定义的,因此要将世界坐标系下的窗口内的图形在设备坐标系下的视区中显示,必须把世界坐标系中定义的坐标值转化为设备坐标系下的坐标值。这种变换称为窗口到视区的变换,简称"窗视变换(Window - Viewport Transformation)"。

下面通过图 4.22 说明窗视变换。设世界坐标系中开一窗口,其左下角和右上角点坐标分别为$(x_{w\min},y_{w\min})$和$(x_{w\max},y_{w\max})$,显示屏幕上视区左下角和右上角点坐标分别为$(x_{v\min},y_{v\min})$和$(x_{v\max},y_{v\max})$。窗口中的点P_w与视区中的点P_v为同一观察点P,两点相对位置不变,观察点P的坐标在窗口和视区必须满足以下比例关系:

$$\begin{cases}\dfrac{x_w-x_{w\min}}{x_{w\max}-x_{w\min}}=\dfrac{x_v-x_{v\min}}{x_{v\max}-x_{v\min}}\\[2ex]\dfrac{y_w-y_{w\min}}{y_{w\max}-y_{w\min}}=\dfrac{y_v-y_{v\min}}{y_{v\max}-y_{v\min}}\end{cases}\tag{4-61}$$

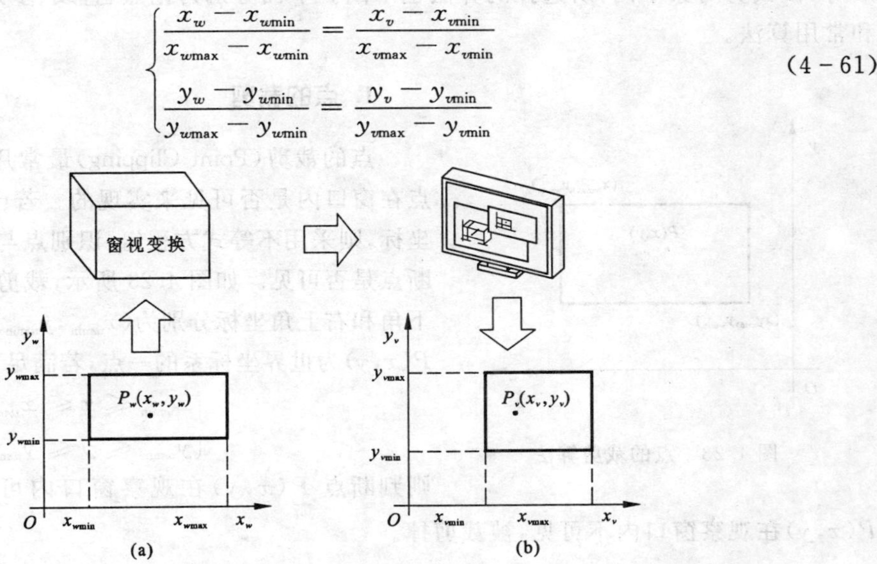

图 4.22 窗视变换

(a)世界坐标系的窗口;(b)设备坐标系的视区

由式(4-61)可得到观察点P在视区中的坐标

$$\begin{cases}x_v=x_{v\min}+(x_w-x_{w\min})s_x\\y_v=y_{v\min}+(y_w-y_{w\min})s_y\end{cases}\tag{4-62}$$

式中，s_x、s_y为缩放因子(也是窗视变换中的比例系数)，取值为

$$\begin{cases} s_x = \dfrac{x_{vmax} - x_{vmin}}{x_{wmax} - x_{wmin}} \\ s_y = \dfrac{y_{vmax} - y_{vmin}}{y_{wmax} - y_{wmin}} \end{cases} \tag{4-63}$$

式(4-62)为窗视变换公式，用矩阵表示为

$$[x_v \quad y_v \quad 1] = [x_w \quad y_w \quad 1] \begin{bmatrix} \dfrac{(x_w - x_{wmin})}{x_w} s_x & 0 & 0 \\ 0 & \dfrac{(y_w - y_{wmin})}{y_w} s_y & 0 \\ x_{vmin} & y_{vmin} & 1 \end{bmatrix} \tag{4-64}$$

式(4-64)等号右侧的第二个矩阵即为窗视变换矩阵。

4.5.3 二维图形裁剪

用户观察图形，不仅需要将窗口内的图形经过变换后输出到视区显示，而且还要对窗口之外的图形进行裁剪。图形裁剪(Maps Clipping)需要对窗口内外的图形进行正确的识别，裁剪掉窗口外的图形部分，保留窗口内的图形部分。图形裁剪技术的核心是窗口边界与被裁剪对象的求交算法。在二维图形裁剪中，窗口通常是矩形，被裁剪对象常常是点、线段、字符和多边形等，被裁剪对象不同，所选择的算法也不同。下面分别讨论点、直线、多边形裁剪的基本原理和常用算法。

1. 点的裁剪

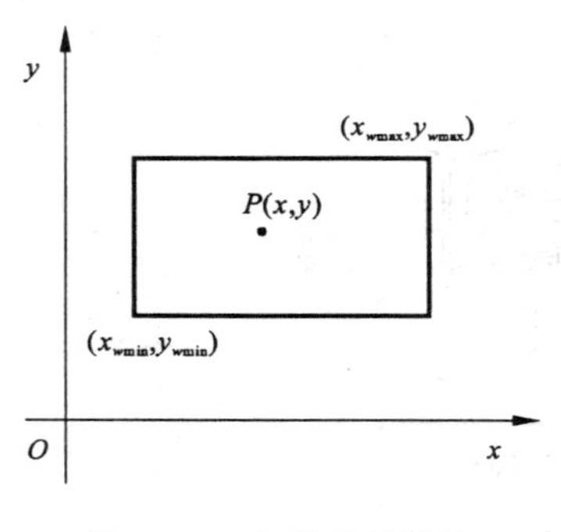

图 4.23 点的裁剪算法

点的裁剪(Point Clipping)最常用的算法是通过判断点在窗口内是否可见来实现的。若已知窗口坐标和点的坐标，则采用不等式方程组，识别点与窗口的相对位置，判断点是否可见。如图 4.23 所示，裁剪窗口为一矩形，其左下角和右上角坐标分别为(x_{wmin}，y_{wmin})和(x_{wmax}，y_{wmax})。设$P(x,y)$为世界坐标系的一点，若满足下列条件

$$\begin{cases} x_{wmin} \leqslant x \leqslant x_{wmax} \\ y_{wmin} \leqslant y \leqslant y_{wmax} \end{cases} \tag{4-65}$$

则判断点$P(x,y)$在观察窗口内可见；若不满足，则点$P(x,y)$在观察窗口内不可见，被裁剪掉。

2. 直线的裁剪(Line Clipping)

首先要对一直线段是否位于裁剪窗口之内进行判断，然后找出直线段与窗口的交点，裁剪掉窗口之外的线段部分。直线与窗口的相对位置有 4 种形式，如图 4.24(a)所示。①线段完全位于窗口之内(如 P_1P_2)；②线段一端在窗口之内，另一端在窗口之外(如 P_3P_4)；③线段两端在窗口之外，但该线段中部落在窗口之内(如 P_5P_6)；④线段完全落在窗口之外(如 P_7P_8)。

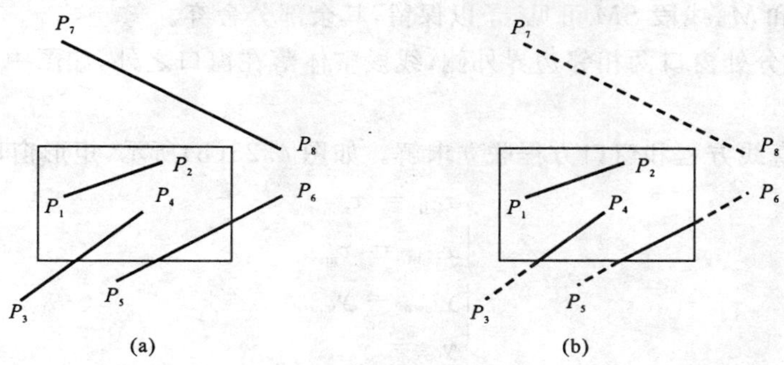

图 4.24 直线段与窗口的相对位置

(a)裁剪前直线与窗口相对位置;(b)裁剪后的直线与窗口(虚线为不可见)

将上述 4 种形式用平面几何理论进行归纳,可以获得以下结论:对于矩形窗口(或凸多边形窗口),任何直线至多只会有一段在窗口之内,换言之,在此窗口范围内,一条直线永远不会产生两条或多条可见线段。以该结论为识别基准,可以判断线段为可见(如 P_1P_2)、部分可见(如 P_3P_4、P_5P_6)或不可见(如 P_7P_8),然后,输出可见线段端点(或交点)坐标,并显示此线段,如图 4.24(b)所示。

直线裁剪算法效率的高低主要取决于能否快速识别和计算线段与窗口的交点。直线裁剪可采用直接求交算法和 Cohen - Sutherland 算法。

1)直接求交算法

直接求交算法是根据直线两个端点的坐标来判断该线段相对于窗口的位置关系,并找出直线上可见线段端点的方法。直接求交算法判别线段相对于窗口的位置分为以下 5 种情况,如图 4.25(a)所示。

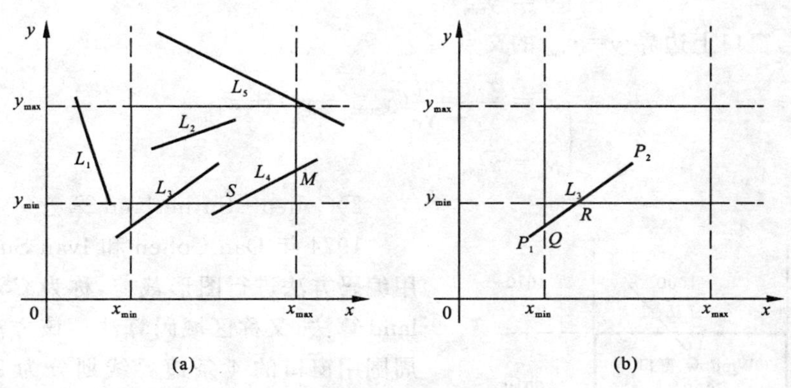

图 4.25 直线裁剪的直接求交算法

(a)直线相对于窗口的位置;(b)线段 L_3 与边界的交点 Q 和 R

(1)线段两端点均在窗口外同侧位置,如图中的 L_1 所示,判断 L_1 全部落在窗口之外,为不可见,予以舍弃。

(2)线段完全落入窗口之内,如图中的 L_2 所示。L_2 为可见线段,予以保留。

(3)线段一端落入窗口内,另一端在窗口之外,如图中的 L_3 所示。计算 L_3 与窗口的交点,保留交点至窗口内端点之间的连线,舍弃其余部分。

(4)线段两端在窗口之外,但线段中部部分落在窗口之内,如图中的 L_4 所示。计算 L_4 与

窗口的两交点 S 和 M，线段 SM 可见，予以保留，其余部分舍弃。

(5)线段两端分处窗口两相邻边界外侧，线段整体落在窗口之外，如图中 L_5 所示。该线段不可见，予以舍弃。

计算交点由直线方程和窗口方程联立求解。如图 4.25(b)所示，矩形窗口边界方程为

$$\begin{cases} x_{left} = x_{min} \\ x_{right} = x_{max} \\ y_{down} = y_{min} \\ y_{up} = y_{max} \end{cases} \tag{4-66}$$

直线方程可由直线端点坐标获得，设直线段两端点为 $P_1(x_1, y_1)$ 和 $P_2(x_2, y_2)$，若直线与窗口相交，则由边界方程组(4-66)求交点。

左交点(与窗口左边界 $x=x_{min}$ 的交点)：

$$\begin{cases} x = x_{min} \\ y = \dfrac{y_2 - y_1}{x_2 - x_1}(x_{min} - x_1) + y_1 \end{cases} \tag{4-67a}$$

右交点(与窗口右边界 $x=x_{max}$ 的交点)：

$$\begin{cases} x = x_{max} \\ y = \dfrac{y_2 - y_1}{x_2 - x_1}(x_{max} - x_1) + y_1 \end{cases} \tag{4-67b}$$

下交点(与窗口下边界 $y=y_{min}$ 的交点)：

$$\begin{cases} x = \dfrac{x_2 - x_1}{y_2 - y_1}(y_{min} - y_1) + x_1 \\ y = y_{min} \end{cases} \tag{4-67c}$$

上交点(与窗口上边界 $y=y_{max}$ 的交点)：

$$\begin{cases} x = \dfrac{x_2 - x_1}{y_2 - y_1}(y_{max} - y_1) + x_1 \\ y = y_{max} \end{cases} \tag{4-67d}$$

2)Cohen - Sutherland 算法

1974 年 Dan Cohen 和 Ivan Sutherland 提出用编码方法进行图形裁剪，称为 Cohen - Sutherland 算法，又称区域码算法。该方法将窗口及其周围用窗口的 4 条边界线划分为 9 个区域(Region)，每一个区域分别用一个 4 位区域码表示，如图 4.26 所示。区域码由 4 个码位组成，如图 4.27 所示，从右至左分别为码位 1、码位 2、码位 3 和码位 4，各码位只赋值“1”和“0”。窗口内区域码码位赋值为“0000”，窗口外各区域码码位赋值“1”和“0”的意义如下：

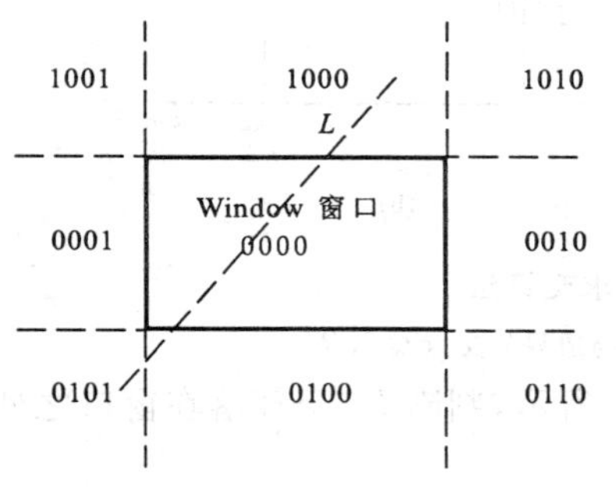

图 4.26 Cohen - Sutherland 算法的区域码

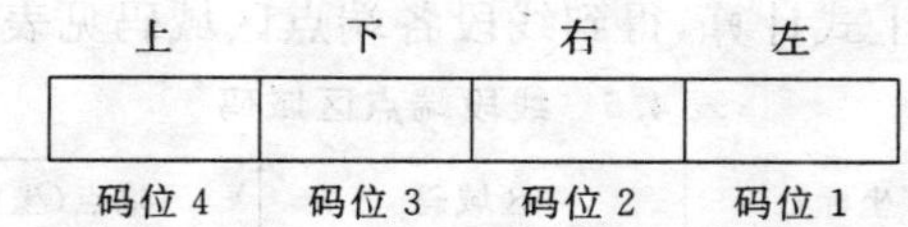

图 4.27　Cohen - Sutherland 算法区域码的编码规则

码位 1:线段 L 端点处在窗口左边界的左侧时为"1",否则为"0";

码位 2:线段 L 端点处在窗口右边界的右侧时为"1",否则为"0";

码位 3:线段 L 端点处在窗口下边界的下侧时为"1",否则为"0";

码位 4:线段 L 端点处在窗口上边界的上侧时为"1",否则为"0"。

Cohen - Sutherland 算法判断如下:

(1)给线段端点赋予区域代码值。由线段端点坐标值和窗口边界方程式(4-66),计算端点坐标与窗口坐标之差值,再按计算差值的正负性赋予端点区域代码"1"或"0"。

例如,已知线段 L 一端点 $P_1(x_1,y_1)$,则

当 $x_1<x_{min}$,码位 1 赋"1",否则赋"0";若 $x_1>x_{max}$,码位 2 赋"1",否则赋"0"。

当 $y_1<y_{min}$,码位 3 赋"1",否则赋"0";若 $y_1>y_{max}$,码位 4 赋"1",否则赋"0"。

(2)根据端点区域码,快速识别线段与窗口相对位置:

①如果线段 L 两端点区域码均为 0000,表明该线段处于窗口之内,线段全部可见。

②若线段 L 两端点区域码的相同码位为"1",则表明该线段处于窗口之外,完全不可见。

③若线段两端点区域码的相同码位值不同,且不全为"0",表明该线段与窗口(或延长线)有交点。计算交点区域码,如果交点位于延长线上,予以舍弃;若交点位于窗口上,则予以保留。求交点坐标时按式(4-67)计算。

Cohen - Sutherland 直线裁剪的算法举例:

例题[4.1]　如图 4.28 所示,观察坐标系中矩形裁剪窗口右上角点坐标 $R(2,6)$,左下角点坐标 $L(-3,1)$,求图中各线段端点区域码。

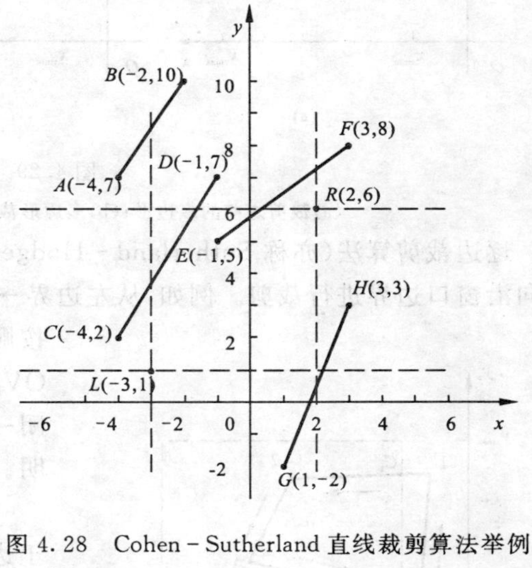

解:

由窗口坐标得到左边界 $x_{min}=-3$,右边界 $x_{max}=2$,下边界 $y_{min}=1$,上边界 $y_{max}=6$。

设 sign(X)表示线段端点坐标与窗口坐标之差值的正负性符号,线段端点区域码为:

码位(1)$=\text{sign}(x_{min}-x)=\text{sign}(-3-x)$

码位(2)$=\text{sign}(x-x_{max})=\text{sign}(x-2)$

码位(3)$=\text{sign}(y_{min}-y)=\text{sign}(1-y)$

码位(4)$=\text{sign}(y-y_{max})=\text{sign}(y-6)$

图 4.28　Cohen - Sutherland 直线裁剪算法举例

根据区域码码位赋值规定,码位

$$(n)=\begin{cases}1 & \text{sign}(X)>0\\ 0 & \text{sign}(X)\leqslant 0\end{cases}\quad (n=1,2,3,4)$$

将线段各端点坐标代入上式计算，得到线段各端点区域码见表 4.5。

表 4.5 线段端点区域码

线段	端点(坐标)	区域码	端点(坐标)	区域码
AB	$A(-4,7)$	1001	$B(-2,10)$	1000
CD	$C(-4,2)$	0001	$D(-1,7)$	1000
EF	$E(-1,5)$	0000	$F(3,8)$	1010
GH	$G(1,-2)$	0100	$H(3,3)$	0010

3. 多边形裁剪

多边形裁剪(Polygon Clipping)与直线裁剪原理基本相同。但是，多边形裁剪后必须使可见线段与窗口边界封闭，构成一个新的多边形，这是多边形裁剪算法所要解决的重要问题。多边形裁剪过程如图 4.29 所示，图 4.29(a)是裁剪前的多边形，图 4.29(b)是裁剪后可见部分线段，图 4.29(c)表明可见线段与窗口部分边界连接，构成封闭图形。下面介绍多边形裁剪的“逐边裁剪算法”。

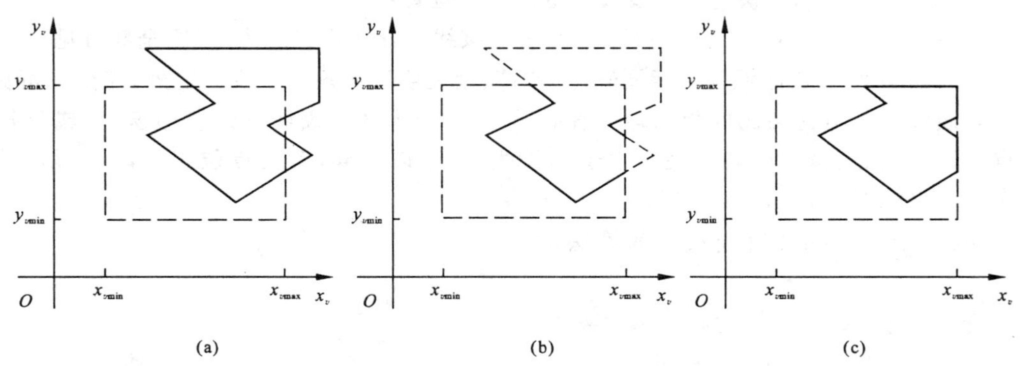

图 4.29 多边形裁剪

(a)裁剪之前的多边形；(b)多边形裁剪的剩余线段；(c)多边形裁剪后的图形

逐边裁剪算法(亦称 Sutherland - Hodgeman 算法)要求在裁剪中，按顺时针(或逆时针)方向沿窗口边界进行裁剪。例如，从左边界→上边界→右边界→下边界进行。裁剪时，把交点按顺序记录到输出顶点表(Output Vertex List, OVL)中，作为封闭多边形的新顶点。裁剪一段，封闭一段。下面以图 4.30 所示图形裁剪为例进行说明。

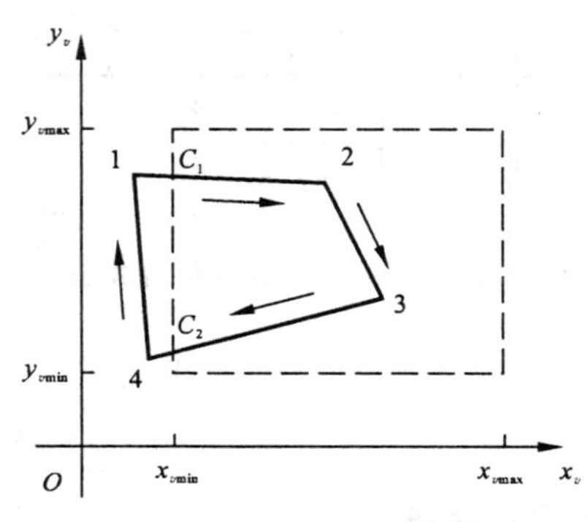

图 4.30 逐边裁剪算法举例

(1)若多边形某线段始点 1 在边界外，末点 2 位于边界内，如图 4.30 所示，裁剪后应将线段与窗口交点 C_1 和 2 两点信息记录到 OVL 表中；

(2)如果线段两端点都位于窗口边界内，则只记录末点信息到 OVL 表中；

(3)如果始点在边界内，末点位于边界外，只将交点信息加入到 OVL 表中；

(4)如果线段两端点均位于边界外，则 OVL 表中不加入信息。

表 4.6 为图 4.30 的输出顶点表(OVL)，多边形 12341 经过裁剪，在 OVL 记录中存储了新顶点 C_1、2、3 和 C_2 4 个点，连接这 4 个点，得新多边形 $C_1 23 C_2 C_1$。

表 4.6 逐边裁剪的 OVL 表

线段	线段端点位置		OVL 记录	
	始点	末点		
12	1(－)	2(＋)	C_1	2
23	2(＋)	3(＋)	3	/
34	3(＋)	4(－)	C_2	/
41	4(－)	1(－)	/	/

注：(＋)表示边界内，(－)表示边界外。

对于如图 4.30 所示的凸多边形，用逐边裁剪算法可获得正确结果。但对于如图 4.31 所示的凹多边形，会在两个图形之间多出一条连线。

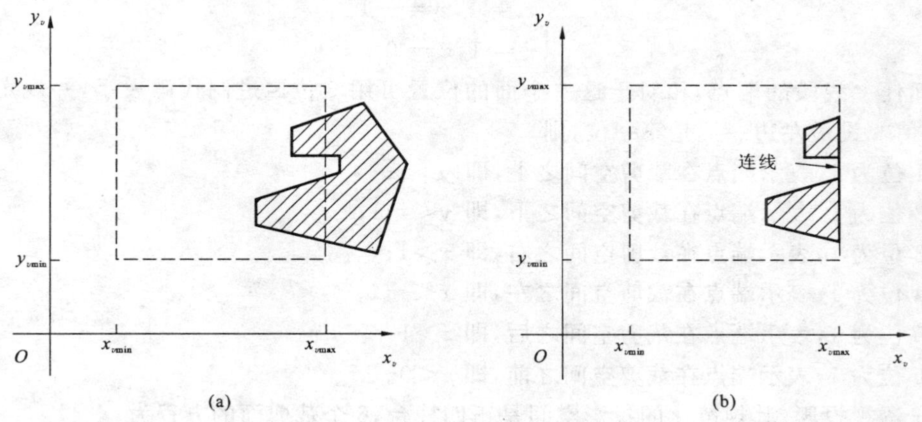

图 4.31 凹多边形的裁剪

(a)中间凹进的多边形；(b)裁剪后的图形和连线

产生连线的原因是算法对 OVL 表中的记录点进行处理时，总是将最后记录点与最先记录点连接。为了正确地裁剪凹多边形，可将凹多边形分割成两个或多个凸多边形，再采用逐边裁剪算法处理。

4.5.4 三维图形裁剪

三维裁剪要在规范化投影空间进行，即先将三维裁剪空间映射到三维规范化投影空间，然后再进行裁剪。透视投影的规范化投影空间为四棱台，平行投影的规范化投影空间为四棱柱，如图 4.32 所示。

三维裁剪有多种方法，本节介绍一种常用的三维编码裁剪法，它是二维裁剪法的推广。该方法是将空间直线的端点相对于裁剪空间的 6 个面的位置转换为二进制代码，然后通过逻辑判断，去除裁剪空间以外的部分，保留裁剪空间以内的部分。

对于平行投影，其规范化的投影空间是正四棱柱，6 个裁剪面的方程为

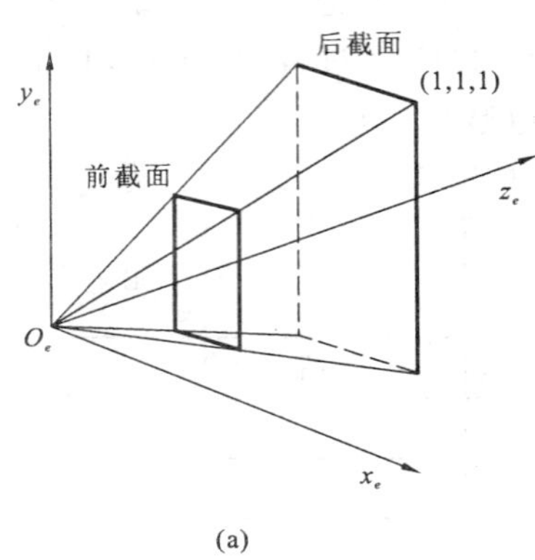

(a)

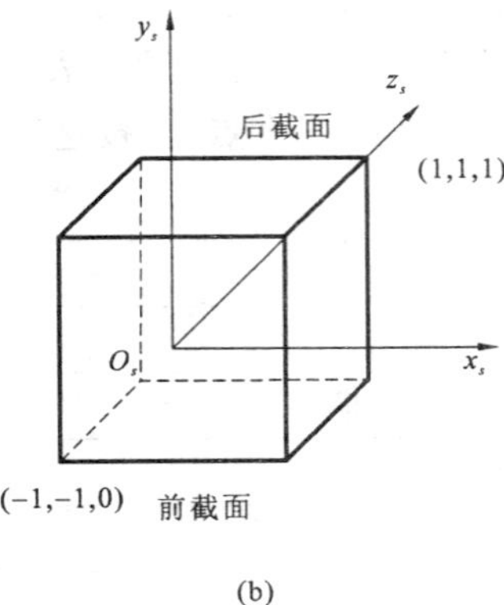

(b)

图 4.32 规范化投影空间

(a)透视投影的规范化投影空间;(b)平行投影的规范化投影空间

$$\begin{cases} y = 1, y = -1 \\ x = 1, x = -1 \\ z = 1, z = 0 \end{cases} \tag{4-68}$$

空间任一线段的端点,相对于这6个面的位置可用6位二进制代码表示,并规定第1～6位的"1"值。设最左边一位是第一位,则

第1位为1,表示端点在裁剪空间之上,即 $y>1$;

第2位为1,表示端点在裁剪空间之下,即 $y<-1$;

第3位为1,表示端点在裁剪空间之右,即 $x>1$;

第4位为1,表示端点在裁剪空间之左,即 $x<-1$;

第5位为1,表示端点在裁剪空间之后,即 $z>1$;

第6位为1,表示端点在裁剪空间之前,即 $z<0$。

对于透视投影,其规范化的投影空间是正四棱台,6个裁剪面的方程为

$$\begin{cases} y = z, y = -z \\ x = z, x = -z \\ z = 1, z = f \end{cases} \tag{4-69}$$

同样的,空间线段端点相对于这6个面的位置也要用6位二进制代码表示,并规定第1～6位的"1"值,分别对应于裁剪空间之上、下、右、左、后、前,即 $y>z$、$y<-z$、$x>z$、$x<-z$、$z>1$、$z<f$。

与二维编码裁剪法类似,若线段的两端点的6位二进制编码全为0,则该线段完全落在裁剪空间之内,应全部保留;若6位代码全为1,则该线段完全落在裁剪空间之外,应全部舍去;否则,该线段必定与某个裁剪面相交,需要计算线段与裁剪空间6个面的交点,并用求出的交点对线段进行分割,进一步再求出交点的6位二进制编码。重复上述判断,直到各分段被保留或被舍去。

空间线段与裁剪面求交运算,可用方程求解。设空间直线 L 的两端点坐标分别为 $P_1(x_1, y_1, z_1)$ 和 $P_2(x_2, y_2, z_2)$,空间中任一平面 Q 的方程为 $ax+by+cz+d=0$,则 L 与 Q 之交点应满足条件

$$\begin{cases} x = x_1 + pt \\ y = y_1 + qt \\ z = z_1 + rt \\ ax + by + cz + d = 0 \end{cases} \tag{4-70}$$

式中，$p=x_2-x_1$，$q=y_2-y_1$，$r=z_2-z_1$。

由式(4-70)可解得

$$t = -\frac{ax_1 + by_1 + cz_1 + d}{ap + bq + cr} \tag{4-71}$$

式(4-71)中，若 $ap+bq+cr=0$，则说明直线 L 在平面 Q 上或与平面 Q 平行。若 $t\in[0,1]$，则将 t 代入式(4-70)的前 3 个等式，可求出线段 L 与平面 Q 的交点。否则，说明交点不在线段上，交点无效。

对于平行投影，平面 Q 分别是式(4-68)中的某一个。对于透视投影，平面 Q 分别是式(4-69)中的某一个。它们都是经过规范化处理的简单的平面方程，在计算 t 时相对简单一些。同时，对于这些简单方程，在生成线段端点的 6 位二进制代码时，只用 6 个简单的比较即可。

复习思考题

1. 简述齐次坐标变换的意义和作用。

2. 已知三角形各顶点坐标为(10,10)、(10,30)和(30,15)，试分别对其进行下列变换，写出变换矩阵，并画出图形：

(1)先沿 x 轴平移 20，沿 y 轴平移 15；再绕原点旋转 90°。

(2)先绕原点旋转 90°；再沿 x 轴平移 20，沿 y 轴平移 15。

3. 试用高级程序语言编程，实现图形绕平面上任意一点的比例变换。完成程序编制并上机实现。

4. 试推导出平面上任意点相对于直线 $y=ax+b$ 的对称变换矩阵。

5. 写出图 4.33 所示的 $\triangle ABC$ 变换至 $\triangle A_1B_1C_1$ 的过程及齐次变换矩阵。

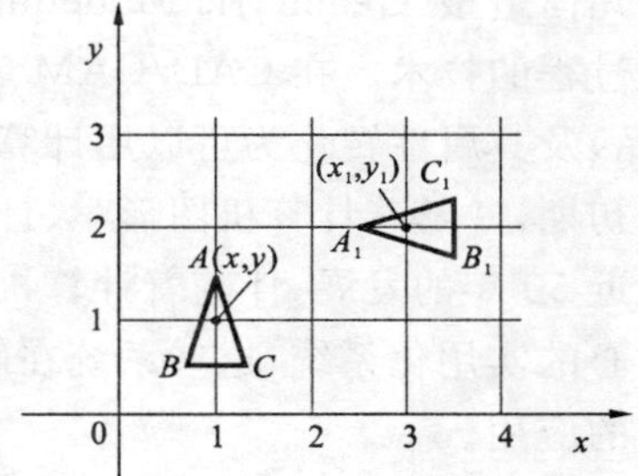

图 4.33 习题 5 图

6. 在齐次坐标中，写出下列三维变换的变换矩阵：

(1)图形关于原点的对称变换；

(2)图形关于 $z=3$ 平面的对称变换；

(3)点(5,2,−2)保持固定，图形 x 向放大 2 倍，y 向放大 3 倍；

(4)图形绕过点(0,0,1)和(−2,−2,−2)的直线旋转 45°。

7. 何谓投影变换？写出投影变换的种类及其各自的特点。

8. 已知单位立方体的一个顶点位于坐标原点，与之相对的顶点为 $A(1,1,1)$，若 OA 为投影方向，投影面垂直于 OA。这是何种投影？请写出投影变换矩阵。

9. 已知矩形裁剪窗口右上角坐标为(6,4)，左下角坐标为(2,2)，线段 L 两端点坐标为 $A(3,3)$ 和 $B(7,5)$，求线段 L 两端点区域码。

5 模具CAD中的几何建模

所谓几何建模，是指用计算机能够理解的方式对三维几何实体进行确切的数学定义，再以一定的数据结构形式对所定义的几何实体加以描述，从而在计算机内部构造一个几何实体的模型。现代模具设计，特别是大型复杂模具设计，多采用CAD/CAE/CAPP/CAM一体化(集成化)技术。在模具CAD中，一般通过3种方式来建立产品(或零件)的几何模型：一是产品的二维工程图，通过三维曲面造型获得曲面和实体模型；二是实物模型，通过三坐标测量或激光扫描并结合曲面造型系统重构产品的几何模型；三是产品的电子数据，通过中性文件交换接口转换获得产品几何模型。在获得产品几何模型后，便可进行初步的工艺分析和模具型面、模具结构设计；然后根据初步设计方案建立分析模型，用相应的CAE软件模拟分析成型过程，并根据分析结果对工艺方案和模具结构进行修改、优化或评价；在获得优化或可行的设计方案后，再制定相应的模具加工工艺、编制型面数控加工程序并对加工过程进行仿真或试切；最后进行模具零件加工、装配及工艺调试，生产出合格产品。由此可见，几何建模是产品数字化(信息化)的源头，它为产品设计、成形工艺分析和模具设计、数控加工与仿真，以及生产过程管理等后续工作提供了有关产品的信息描述，是模具CAD/CAE/CAPP/CAM的基础和前提。

本章介绍模具CAD中的几何建模原理与方法，包括线框造型、实体造型、特征造型和自由曲线曲面造型等。

5.1 几何造型概述

几何造型(Geometric Modeling)是用计算机及其图形系统描述物体形状、模拟物体动态处理过程的技术。在CAD/CAM中，几何造型占有非常重要的地位，它将现实世界中的物体(产品)及其属性转化为可以用计算机所能接受的信息(数字模型)。几何造型始于20世纪60年代初期，并随着计算机图形学、计算机辅助设计和制造技术的迅速发展开始得到工程应用。经过近50年的发展，伴随着计算机硬件性能的大幅度提高，目前已经出现了许多以几何造型为核心的实用化系统，这些系统在航空航天、汽车、造船、机械、建筑和电子等行业得到了极为广泛的应用。

5.1.1 几何造型的概念

几何造型是所有描述物体形状及其他几何特征方法的总称，它是研究如何用计算机描述表达真实物体几何形状的技术。几何造型涵盖计算几何领域，并从这一领域拓展到更新的实体造型领域，它是几何学与计算机的完美结合。

造型所要完成的就是把现实物体模型化，然后将模型存储为能够被计算机识别的信息。具体到 CAD/CAM 领域，由于现实物体具有复杂的形状特性及各种属性，因此要建构完全真实环境下的物体模型是非常困难的，也是不可能实现的。为了能够利用计算机对物体进行表述，便构造了物体的一个替身。这个替身模型作为现实物体在计算机中的表示，比现实物体要简单得多，同时具有在设计、制造过程中所需要的全部信息。

如图 5.1 所示，几何造型可以概括为这样的几步：首先是对现实物体进行抽象化，得到一个抽象的模型；然后将这种模型以一定的算法或者符号进行表示，形成信息模型；最后对信息模型具体化，使其转化为计算机所能够识别的离散数字。此外，建构真实世界中还没有的概念模型，也是几何造型的组成部分。

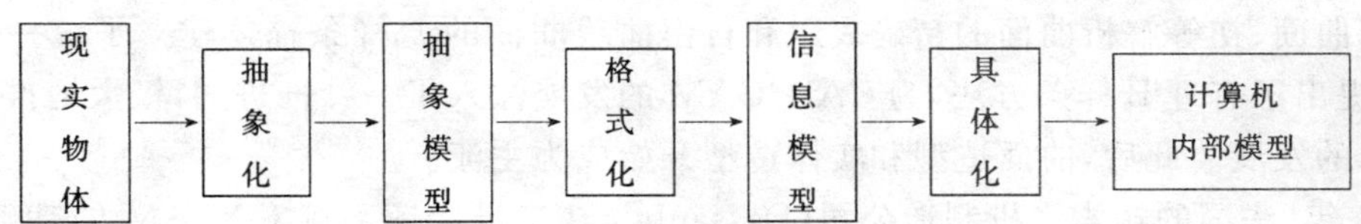

图 5.1 几何造型过程

我们知道，现实中的物体是多种多样的，且是三维连续的，而计算机所能够识别的信息是一维的、离散的，二者之间不能直接匹配。为了用计算机表示现实物体，需用一种数据模型来表达、存储和描述其几何形状及相关属性。数据模型包括数据、数据结构和算法 3 个部分。几何造型所要研究的就是现实物体的抽象模型在计算机内部的表示方法、过程及所采用的数据结构和算法。

5.1.2 几何造型的发展历程

1963 年，麻省理工学院(MIT)的 Ivan E. Sutherland 完成了题为“Sketchpad：一个人机图形通信系统”博士论文，标志着一个全新研究领域的诞生；同时，Sketchpad 因为其交互性成为当时最具创新意义的 CAD 软件，并被第一个商业化。

此后，一系列的造型系统相继诞生，如 20 世纪 60 年代中期 IBM 为通用汽车(GM)开发的 DAC(Design Automated by Computer)系统、1966 年麦道公司(McDonnell - Douglas)发布的 CADD 系统、1967 年福特(Ford)发布的 PDGS 系统以及洛克希德飞机公司(Lockheed)发布的 CADAM 系统等。

上述造型系统都是简单的线框式造型系统，只能表达基本的几何信息，不能有效表达几何数据间的拓扑关系。由于缺乏形体的表面信息，CAM 及 CAE 功能均无法实现。在这种情况下，曲面造型系统应运而生。

美国波音(Boeing)飞机公司的佛格森(Ferguson)于 1963 年用三次参数样条来描述飞机外形，通过三次 Hermite 插值逐段构造二阶连续且光滑拼接的参数曲线，用四角点的位置矢量和切矢信息构造了佛格森双三次曲面片。

1964 年，MIT 的 Steven A. Coons 教授提出了被后人称为超限插值的新思想，通过插值四条任意的边界曲线来构造曲面。1971 年，法国雷诺(Renault)汽车公司的贝塞尔(Bezier)发表了一种用控制多边形定义曲线和曲面设计方法。同期，法国雪铁龙(Citroen)汽车公司的德卡斯特里奥(de Castelijau)也独立地研究出与Bezier类似的方法。这种方法不仅简单易用，而且漂亮地解决了整体形状的控制问题，把曲线曲面设计方法向前推进了一大步，为曲面造型的进一步发展奠定了坚实的基础。

1972年，德布尔(de Boor)给出了B样条的标准计算方法。1973年，戈登(Gorden)和里森费尔德(Riesenfeld)将B样条理论用于形状描述，提出了B样条曲线和曲面。这种方法继承了Bezier方法的优点，克服了Bezier方法的不足，既成功地解决了局部修改与控制问题，又轻而易举地实现了曲线段之间的光滑拼接，从而使自由曲线曲面形状的描述得到较好解决。

1975年，美国锡拉丘兹大学(Syracuse University)的佛斯普里尔(Versprill)在卡斯特里奥(Castelijau)、孔斯(Coons)、里森费尔德(Riesenfeld)、贝塞尔(Bezier)等人研究的基础上，为圆锥曲线曲面、初等解析曲面的精确表示和自由曲线曲面的B样条描述建立了统一的数学形式，从而提出了有理B样条方法，为CAD/CAM的发展注入了一针推进剂，极大地推动了几何造型技术的发展。此后，曲面造型和实体造型开始成为主流。

1978年，法国的达索飞机制造公司(Dassault)，在二维绘图系统CADAM的基础上，开发出以表面模型为特点的自由曲面建模方法，推出了三维曲面造型系统CATIA。它的出现，标志着计算机辅助设计技术从单纯模仿工程三视图的模式中解放出来，首次实现了产品零件主要信息的计算机完整描述，使得CAM技术的开发有了现实的基础。曲面造型系统CATIA为人类带来了第一次CAD技术革命，改变了以往只能借助油泥模型来近似表达曲面的落后工作方式。

曲面造型相对于线框造型有着无可比拟的优势，它解决了CAM的问题。但由于表面模型技术只能表达形体的表面信息，难以准确表达零件的其他特性，如质量、重心、惯性矩等，对CAE十分不利，最大的问题在于分析的前处理特别困难。在这种情况下，1979年美国国家航空及宇航局(NASA)资助SDRC公司所开发了I-DEAS系统，这是世界上第一个完全基于实体造型技术的大型CAD/CAE软件。由于实体造型技术能够精确表达零件的全部属性，在理论上有助于统一CAD、CAE、CAM的模型表达，给设计带来了极大方便，一时间各大软件纷纷仿效。但是由于当时计算机硬件发展的限制，实体造型的计算及显示非常缓慢，应用于实际生产时，效率非常低下，因此没有普及。直到10年后，计算机硬件的极大发展和实体造型本身所具有的先进性，才为众多CAD系统所采用。

同一时期存在的几何造型系统还有通用电气(GE)公司开发的CALMA系统；美国波音(Boeing)公司支持开发的CV系统；美国麦道(MD)公司开发的UG系统；大众汽车公司开发的SURF系统；福特汽车公司开发的PDGS系统；雷诺汽车公司开发的EUCLID系统等。

20世纪80年代后期，皮格尔(Piegl)和蒂勒(Tiller)将有理B样条拓展为非均匀有理B样条(NURBS)方法，其突出优点是：可以精确地表示二次规则曲线曲面，从而能用统一的数学形式表示规则曲面与自由曲面，而其他非有理方法无法做到这一点；具有可影响曲线曲面形状的权因子，使形状更易于控制和实现；NURBS方法是非有理B样条方法在四维空间的直接推广，多数非有理B样条曲线曲面的性质及相应算法也适用于NURBS曲线曲面，便于继承和发展。由于NURBS方法的这些突出优点，国际标准化组织(ISO)于1991年颁布了关于工业产品数据交换的STEP国际标准，将NURBS方法作为定义工业产品几何形状的唯一数学描述方法，从而使NURBS方法成为曲面造型技术最重要的基础。

20世纪80年代以后，相继产生了自由形变造型、偏微分方程造型、细分法造型、人工网络造型等一系列的新造型技术，但在业界取得重大影响的是参数化造型技术和变量化造型技术。参数化技术是参数技术公司(PTC)在20世纪80年代中期所提出来的，并在此基础上开发了Pro/ENGINEER系统。变量化技术是20世纪90年代SDRC公司首先提出来的，它是比参数化技术更加先进的实体造型技术。随后，SDRC公司在此技术的基础上将其软件全部重新改写，于1993年推出全新体系结构的I-DEAS Master Series软件系统。

特征造型是CAD建模方法的一个新里程碑，它是在CAD/CAM技术的发展和应用达到一定水平，希望进一步提高生产组织集成化和自动化程度的背景下孕育成长起来的。过去的CAD技术从二维绘图起步，经历了三维线框、曲面和实体造型的发展阶段，都是着眼于完善产品的几何描述能力，而特征造型则是着眼于更好地表达产品完整的功能和生产管理信息，为建立产品的集成信息模型服务。

特征(Feature)在这里作为一个专业术语，兼有形状和功能两种属性，它包括产品的特定几何形状、拓扑关系、典型功能、绘图表示方法、制造技术和公差要求等。特征造型技术使产品的设计工作在更高的层次上进行，设计人员的操作对象不再是原始的线条和体素，而是产品的功能要素。特征的引用直接体现了设计意图，使建立的产品模型更容易为人所理解，也便于组织生产，为开发新一代的基于统一产品信息模型的CAD/CAPP/CAM集成系统创造了前提条件。

5.2 几何造型方法

随着几何学、计算机软硬件、计算机图形学的发展，几何造型技术也得到了不断发展，造型方法也更加先进。本节依次介绍线框造型、曲面造型和实体造型。

5.2.1 线框造型

线框模型是计算机图形学和CAD/CAM领域最早用来表示物体的模型，计算机绘图是这种模型的一个重要应用。线框模型是利用基本的线素来定义设计目标的棱线部分，进而构成立体框架图。这种方法所生成的模型由一系列的顶点、直线、圆弧和自由曲线构成，用于描述产品的轮廓外形。

1. 线框模型及其数据结构

线框模型用顶点和棱边表示物体，就好像用“铁丝”做一个“骨架模型”来代表物体一样。如图5.2所示的立方体，便是通过定义8个顶点($V_1 \sim V_8$)和12条棱边($e_1 \sim e_{12}$)来表示。

物体的外形轮廓和几何位置由组成该物体的顶点的坐标及棱线与顶点的关系确定。如上述立方体中，若给出了其8个顶点$V_1, V_2, \cdots, V_8$的坐标，再给出如图5.3所示的棱边与顶点的关系，则该立方体的形状和位置就被确定了。其中，$V_i=(x_i, y_i, z_i)$，$e_i=(V_i, V_j)$，x_i、y_i、z_i是三维坐标分量。

线框模型在计算机内存储的数据结构共有两个表，其一为顶点表，记录各点坐标值，如表5.1所示；其二为棱线表，记录每条棱线所连接的两顶点，如表5.2所示。三维物体可以用它

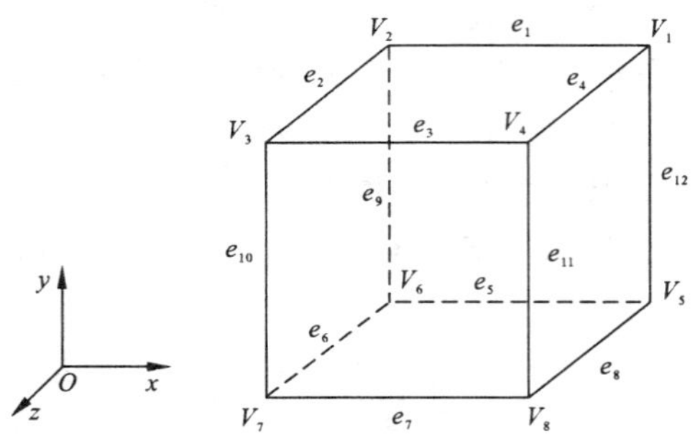

图 5.2　立方体的线框模型

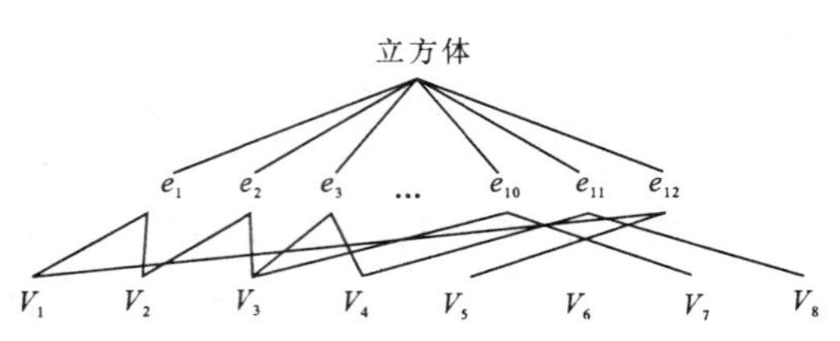

图 5.3　立方体棱边和顶点的关系

的全部顶点及边的集合来描述。

表 5.1　线框模型的顶点表

顶点	坐标值		
	x_i	y_i	z_i
V_1	1	1	1
V_2	0	1	1
⋮	⋮	⋮	⋮
V_7	0	0	0
V_8	1	0	0

表 5.2　线框模型的棱线表

棱线	顶点号	
e_1	1	2
e_2	2	3
e_3	3	4
⋮	⋮	⋮
e_{10}	3	7
e_{11}	4	8
e_{12}	1	5

2. 线框模型的特点及存在的问题

线框模型是 CAD/CAM 中广泛应用的一种模型，直到今天，几乎所有的 CAD 造型系统都将线框建模作为基本建模工具，因为它是其他建模方式的基础。线框模型的数据结构简单，数据量小，建构方便，而且运算量不大，操作容易。但是，它还是存在着一些无法克服的弊端：

1)线框模型经常是多义性的

一个线框模型可能被解释成为多个有效的几何实体。如图 5.4(a)所示的线框模型就是一个多义性模型，图 5.4(b)和图 5.4(c)所示即为其中的两种解释。该模型甚至还有其他的解释，如前表面可以理解为凸也可以理解为凹，后表面亦然。

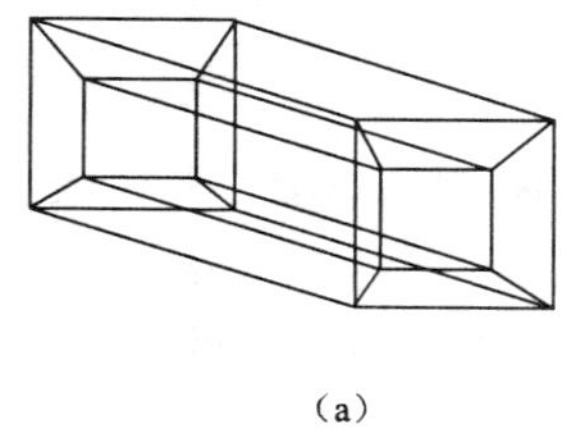

(a)

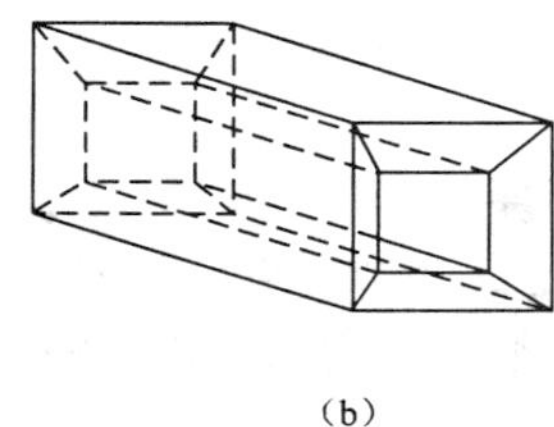

(b)

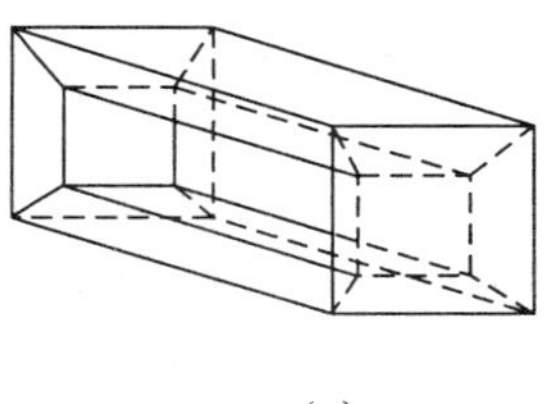

(c)

图 5.4　线框模型的多义性

(a)线框模型；(b)前后通孔；(c)左右通孔

2)拓扑关系缺乏有效性

虽然通过定义点和棱边可以确定物体的线框模型，但由于没有定义有效的拓扑关系，这样，所构造的模型可能不是一个有效的物体，实际中可能无法制造或者根本不存在，是一个无意义的模型。图5.5所示的模型就是一个典型的例子，隐含面相互贯穿，不可能解释为可实现的实体。

3)框模型的信息不完整

图5.6所示为线框模型信息不完整的例子。因为信息不完整，所以无法实现结构体的消隐处理，即无法经过渲染得到具有真实感的产品图像。线框模型由于没有面和体的拓扑信息，所以除了与顶点和棱线有关的物性以外，物体的面积、体积、重量、惯性矩等其他的物性参数，线框模型都无法表达，更谈不上计算处理了。

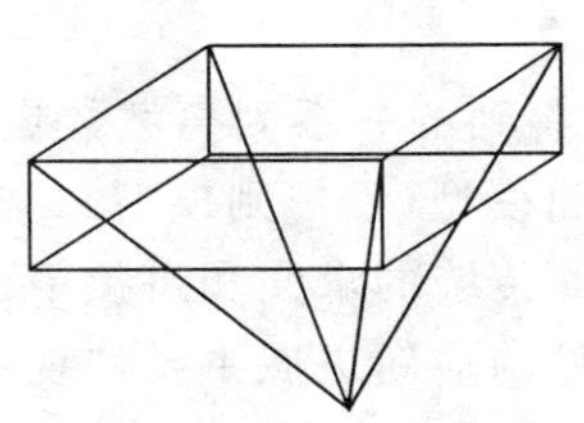

图5.5 无意义的线框模型图

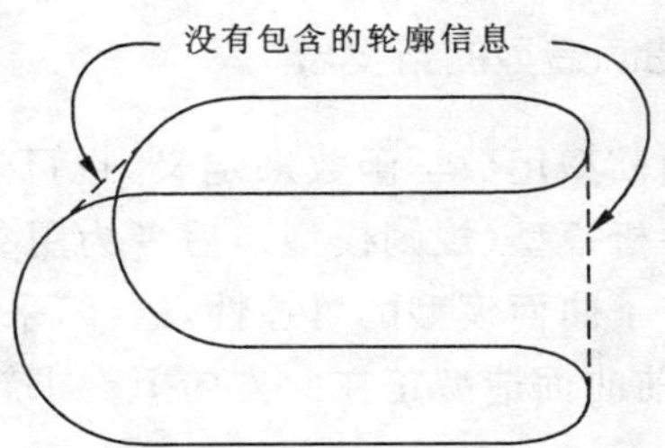

图5.6 缺少轮廓信息的线框模型

5.2.2 曲面造型

曲面造型在线框造型的基础上增加了面的信息，利用平面和曲面来表示形体，而用环来定义面的边界。它给物体提供了更多的几何信息，扩大了线框造型的应用范围，能够满足曲面求交、线面消隐、明暗色彩处理、数控加工等需要。由曲面造型所构造的模型称为曲面模型。曲面模型的出现，使利用计算机完整描述产品零件的主要信息成为可能，从而为CAM技术的开发提供了现实的基础，它是计算机辅助设计与制造融为一体的开端。

1. 曲面造型概述

曲面造型是在线框造型基础上发展起来的，在计算机内部，曲面模型的数据结构仍为表结构，除了给出边线和顶点信息外，还给出了构成三维实体的各个组成面的信息，即增加了面表。图5.7所示为立方体的曲面模型，它比线框模型多了一个面表(表5.3)。

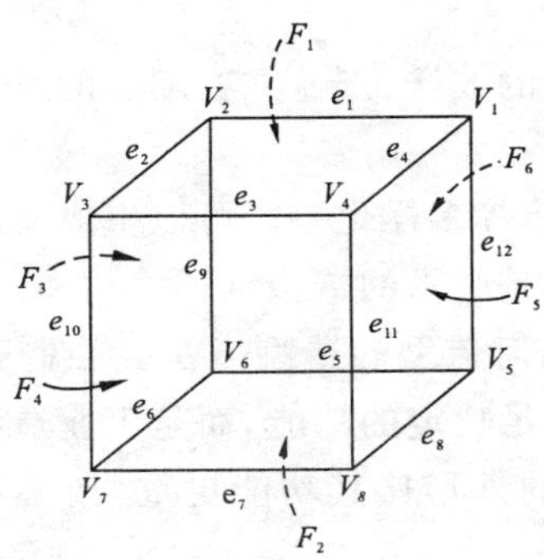

图5.7 立方体的曲面模型

表5.3 曲面模型的面表

面	棱线
1	1,2,3,4
2	5,6,7,8
3	2,6,9,10
4	3,10,7,11
5	4,11,8,12
6	1,9,5,12

曲面造型有两种方法，一是由曲线构造曲面；二是由曲面派生曲面。曲线通过拉伸、旋转、扫描所得到的曲面属于第一种。也可通过其他方式用曲线来构造曲面：如用一系列曲线来构成网格曲面；由一系列有序点拟合构成拟合曲面；由一条封闭的平面曲线构成平面轮廓面；由两曲线构成的直纹面等。通过曲面派生的方法得到的典型曲面有：倒圆角曲面、偏移曲面、混合曲面、延伸曲面、裁剪曲面和拓扑连接曲面等。

曲面模型可分为规则曲面模型（如平面、圆柱面和圆锥面等）和不规则曲面模型。不规则曲面模型有 Bezier 曲面、B 样条曲面、孔斯曲面、NURBS 曲面等。有关曲面模型的构造方法，将在下一节详细介绍。

2. 曲面造型的新发展

曲面模型用数学函数来定义，也可通过用户输入或采集到的一系列离散数据点来描述。前者为解析模型（规则模型），后者为用参数表示的自由曲面模型（不规则模型）。参数曲面的特性决定了曲面模型的可控性，这样，采用曲面偏移、剖分等传统的求交和拼接手段便可重构曲面，目前曲面造型正在此方向上寻求新的突破。曲面造型的最新进展主要体现在以下两方面：

（1）曲面变形、曲面重建、曲面简化、曲面转换和曲面等距性等新的曲面造型方法逐渐成为研究热点。传统的曲面造型方法中对曲面的操作主要集中在利用控制点来改变曲面的局部形状或者调整参数曲线来控制曲面，而曲面变形是在更高层次上直接调整曲面的技术；曲面重建是利用曲面上的采样信息来恢复曲面原形；曲面简化是从三维重建后的离散曲面中去除冗余信息而又能保证曲面准确度的造型方法；曲面转换是同一张曲面可以表示为不同形式的工业应用；曲面等距性的研究对模型的加工具有重要意义。

（2）与传统的连续造型相比，以网格细分（Subdivision）为特征的离散造型有了更大的应用。传统的曲面造型在对复杂特征的表示上存在着一定的问题，虽然这些复杂特征可以通过多次的曲面修剪来得到，但是会出现两个问题：一是修剪处会存在误差，而且多次修剪代价不菲；二是修剪处难以保持光滑。通过网格细分法来进行曲面造型可以利用网格的不断细分使其连接处达到无缝光滑，从而解决上述问题。

制造技术的发展对曲面造型提出了更高的要求。可以预见，未来的曲面造型系统会向着提供更多样化、更易交互和控制的方向发展。

3. 曲面造型的特点

曲面造型起源于汽车、飞机、船舶、叶轮等复杂零件的放样工艺，并在随后的发展中形成了自身的理论体系，它具有以下特点：

（1）曲面造型方法丰富，利用曲面的求交、拼合、重建等多样化手段可以生成所需的不规则曲面，这对于设计各种美术产品和人体工程学产品来说是必需的造型利器。

（2）曲面造型现在仍然是唯一的一种可进行交互几何造型的造型方法。在制造业飞速发展的今天，产品的设计已经不同于以往的仅仅局限于满足特定的功能，而是工业造型与功能并重，甚至造型比功能更重要。在任何情况下，要使产品的外形比其功能更重要，交互造型对设计师来说都是绝不可少的。

（3）曲面模型中，只有一张张面的信息，物体究竟存在于表面的哪一侧，并没有给出明确的定义，因此无法计算和分析物体的整体性质，如物体的表面积、体积、重心等，也不能将这个物体作为一个整体去考察它与其他物体相互关联的性质，如是否相交等。这就限制了曲面模型在工程分析中的应用，所以曲面模型无法进行CAE操作，无法对曲面模型进行干涉等物性检查。

5.2.3 实体造型

曲面模型无法表征物体与表面之间的关系，而且对物性计算、有限元分析等操作也无能为力。为解决这些问题，人们提出了实体模型。实体模型是在曲面模型的基础上，明确定义了实体存在于表面的哪一侧，并增加了点与实体之间的关系，从而克服了线框造型和曲面造型的局限性。

与曲面造型系统相比，实体造型系统通常仅牵扯到实体这一单一的形体，使用方便，仅需使用3个基本命令——布尔相加、相减和相交，即可对实体进行操作。

实体模型是几何造型中最高级的模型。实体造型的方法有分解表示法、构造表示法和边界表示法。

1. 分解表示法

一个复杂的实体模型可以按照某种规则近似分解为一系列的简单形体，这些简单形体可以直接描述（如立方体等），从而利用这些简单形体的集合来近似表达一个复杂形体。显然，采用这种方法时，空间划分越细（即简单形体越小），则近似程度越好。这种方法的优点是简单，容易通过形体的交、差、并等计算得到最终的实体；缺点是数据的存储量太大，物体的边界面没有显示的解析表达式，不便于运算。

典型的分解模型及其用于存储实体的数据结构有三维像素表示法、八叉树法和体元素表示法。下面以八叉树为例，简单介绍分解表示法的具体过程。

八叉树表示形体的过程是：定义一个能够包容所表示物体的立方体，该立方体的3条棱边与所建立的坐标系平行。把立方体分解成为八个子立方体，并对子立方体进行编号（0，1，2，…，7）。与此对应，在计算机内开辟一个三维数组。对体内空间全部被物体占据的小立方体，在对应的存储空间中标识为“1”；对小立方体区域内不出现物体的，在对应的存储空间中标识为“0”；对不符合上述两条的小立方体，在对应的存储空间中标识为“－1”。对标识为“－1”的区域作进一步的分解，再一次分为八个子立方体。重复上述过程，直到最后一棵八叉树的节点上都是“0”和“1”为止。图5.8为八叉树表示形体的一个实例。

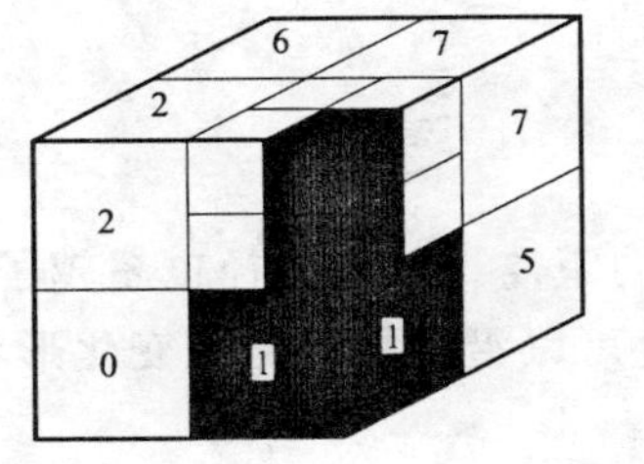

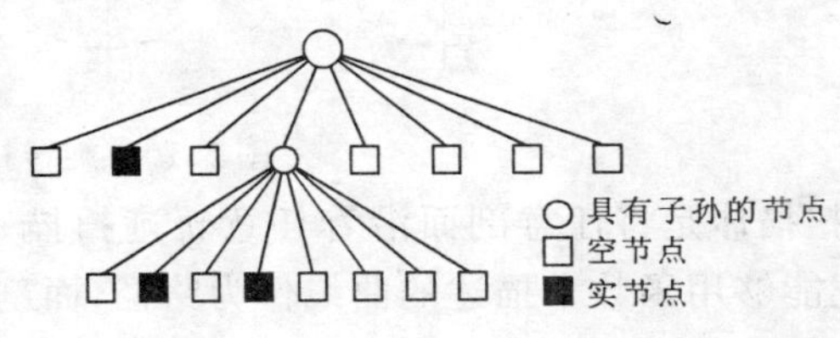

图5.8 八叉树表示形体的实例

八叉树的表示精度取决于空间分辨率，而且只能近似地表示空间物体，占用的存储空间较大，进行几何变换时计算量也较大，而且不容易获得形体的边界信息。但是该表示法数据结构简单，对复杂形状的实体表达也很有效，且不受物体具体形状的影响；对形体执行交、并、差运算时，只需同时遍历参加集合运算的两形体相应的八叉树，无须进行复杂的求交运算，简化了形体的集合运算。八叉树的结构特点使得物体的显示变得更容易。

2. 构造表示法

构造表示法是按照生成过程来定义形体的方法，构造表示包括扫描表示和构造实体几何表示两种。

1)扫描表示

扫描表示(Sweep Representation)也称为推移表示，是一种基于图元(如一个点、一条线或一个面)沿某一路径(轨迹)运动而产生特定几何体的方法。由此可见，扫描表示造型需要两个要素，即被移动的形体和形体运动的路径。如果是变截面的扫描，还要给出截面变化规律。通过扫描所得到的物体称为扫描体。

按照扫描体不同的扫描路径和扫描方式，可将扫描体分为3种类型，即平移扫描体、旋转扫描体和广义扫描体。

平移扫描体如图5.9所示，这一类扫描体是将图元沿着一个矢量方向(线性路径)扫描指定的距离所得到的形体，也称为拉伸体。

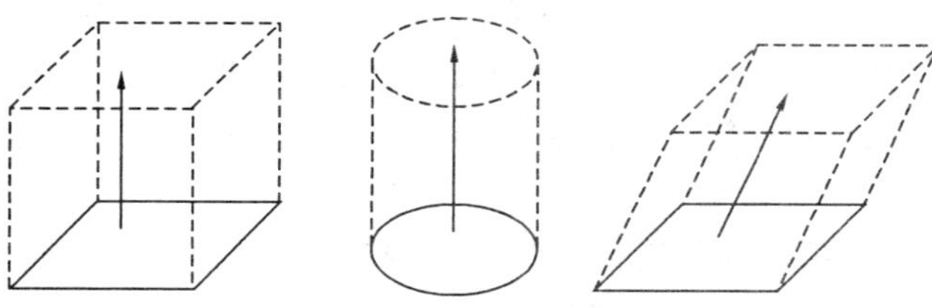

图5.9 平移扫描体

旋转扫描体如图5.10所示，这一类扫描体是将图元绕着某一给定的旋转轴旋转指定的角度(如360°)所得到的形体，也称为旋转体或回转体。

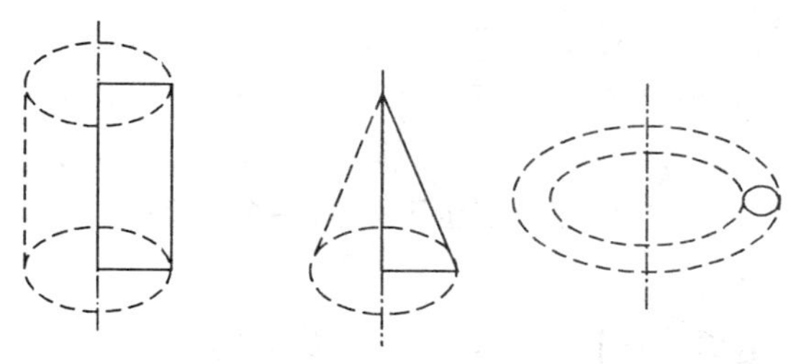

图5.10 旋转扫描体

广义扫描体是将任意剖面沿着任意轨迹扫描一定的距离。扫描路径也超越了直线和圆弧，可以把能够用函数来描述的曲线作为路径，而剖面也可以沿着扫描路径变化形状和大小，图5.11所示的形体我们称为广义扫描体。

2)构造实体几何表示

构造实体几何(Constructive Solid Geometry,CSG)表示是通过对体素定义运算而得到新形体的一种表示方法,其运算为变换或正则集合运算并、交、差。常用的体素有长方体、立方体、圆柱、圆锥、圆台、环和球等,也可以是半空间,在一些功能比较强大的造型系统中,还可以通过扫描表示产生一些实体,然后将这些实体作为 CSG 表示的体素使用。

利用这些简单的体素通过一定的集合操作就可以得到复杂的物体。具体的创建步骤是:首先选择用于构造实体所需的初始体素集,以便在以后的构造过程中从中选择体素;其次在初始体素集中选择两个体素,按一定的相对位置关系放置在空间某处,并对这两个体素进行运算(交、差、并);接下来再次在初始体素集中选择一个体素与第二步所生成的新形体来组合运算,继续构造新形体,直至形成最后所需的实体为止。

实体造型的过程就是一个体素拼合或者说是一个集合运算的过程。这个过程可以利用一棵有序二叉树——CSG 树来表示。CSG 树的叶子节点为基本体素或形体变换参数,而非叶子节点为正则几何运算节点或形体的几何变换操作,这种运算或变换只对其紧接着的子树起作用。树根表示当前物体,每棵子树表示其下两个节点组合及变换的结果。

图 5.12 给出了一个 CSG 树表示的实例。叶子节点是构造实体的基本体素(圆柱),中间节点为正则集合运算(图中为并运算)。最后物体由 3 个基本体素即两个长方体和一个圆柱体经过两次正则布尔运算得到。

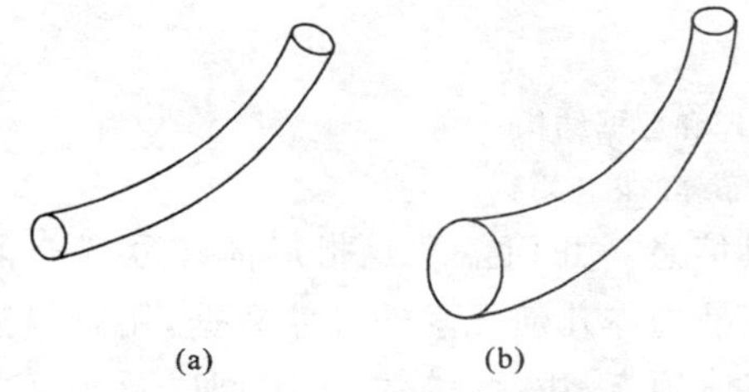

图 5.11　广义扫描体

(a)等截面扫描;(b)变截面扫描

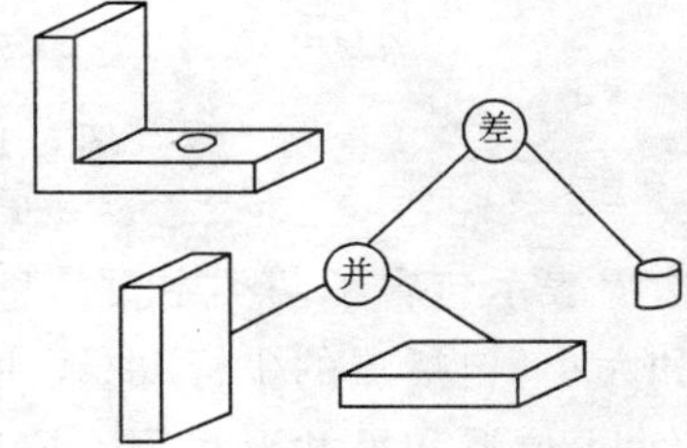

图 5.12　构造实体几何表示

CSG 树是无二义性的,但不是唯一的,它的定义域取决于其所用体素以及所允许的几何变换和正则集合运算算子。若体素是正则集,则只要体素叶子是合法的,正则集的性质就保证了任何 CSG 树都是合法的正则集。

CSG 表示具有数据结构简单、数据量小、形体的形状容易修改、内部数据的管理比较容易等优点。但 CSG 表示法的缺点也很明显,譬如对形体的表示受体素的种类和对体素操作的种类的限制。也就是说,CSG 方法表示形体的覆盖域有较大的局限性;对形体的局部操作不易实现,例如,不能对基本体素的交线倒圆角;由于形体的边界几何元素(点、边、面)隐含地表示在 CSG 中,故显示与绘制 CSG 表示的形体需要较长的时间。

CSG 表示法存储的实体信息不是最终实体的详细信息,而是构成实体的体素的信息,所以对实体的操作中所需要的信息需要通过计算才能获得,而大量的数学运算会延长显示与绘制 CSG 表示的形体的时间。

3. 边界表示

1)边界表示法的原理

边界表示也称为BR表示或者BRep表示，它是几何造型中最成熟、无二义性的表示方法，也是CAD/CAM中广泛使用的表示方法。边界表示是以物体边界为基础，定义和描述几何形体的方法。这种表示方法将实体的组成以面的集合来记录，而每个面又由它所在的曲面的定义加上其边界来表示，面的边界是边的并集，边又由点表示，点通过3个坐标值来定义和记录。

图5.13所示为一边界表示实例。形体由面F_1～F_8组成，这些面由一组边E_1～E_{18}来表示，而这些边又是点P_1～P_{12}的集合。

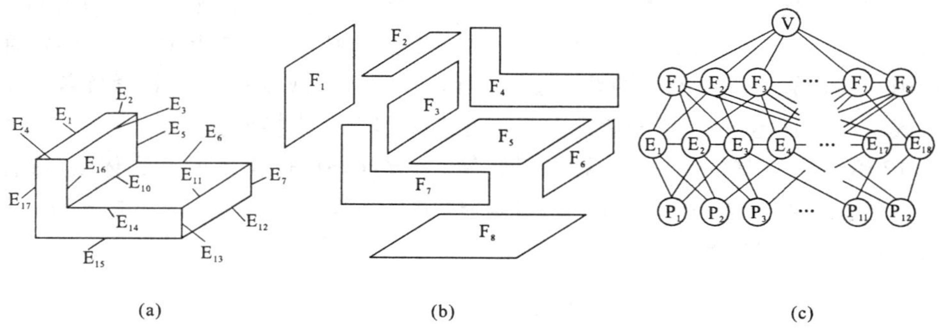

图5.13 边界表示法的原理和数据结构

(a)形体；(b)组成形体的面；(c)形体的拓扑关系

边界表示包含了两类主要信息：几何信息和拓扑信息。几何信息是指形体在欧式空间的位置和大小，包括点的坐标、曲线曲面的方程等，主要是物体几何元素的尺寸数据，用来描述物体的大小、位置和尺寸形状等。拓扑信息是指几何实体顶点、边、面的数目、类型以及相互之间的关系，主要用来描述几何元素之间的连接关系。

在边界表示法中，边界表示按照图5.14所示的“体—面—环—边—点”的层次，详细记录了构成形体的所有几何元素的几何信息及其相互连接的拓扑关系。在进行各种运算和操作中，就可以直接取得这些信息。

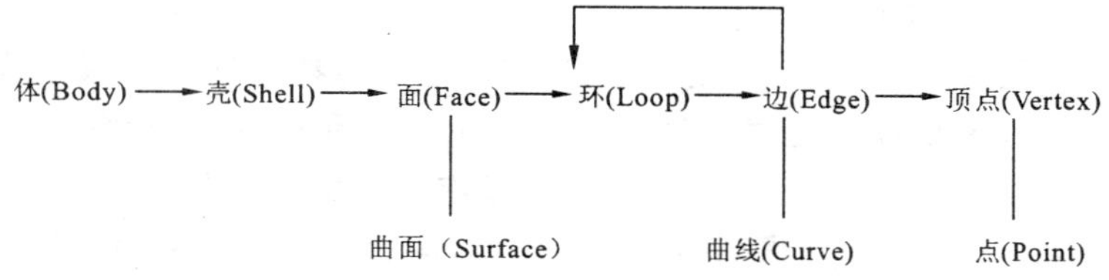

图5.14 边界表示法的层次结构

边界表示法的优点在于其含有较多的点、边、面及其相互关系的信息，绝大多数有关几何体结构的运算可以通过这些数据实现。将这些数据信息进行结构化表示，在图形绘制和显示时不需要复杂的布尔运算，易于表示复杂的形体，很方便与二维绘图软件和曲面建模软件进行衔接。边界表示法的缺点是数据量大，而且还包含有冗余信息。

2)边界表示的基本实体

边界模型是由形体的几何信息和拓扑信息组成的,表达形体的基本实体(Entity)包括:

(1)顶点(Vertex)

点是几何造型中最基本的元素,自由曲线、曲面甚至三维形体都可以用有序的点集进行表示。顶点是边的端点,顶点的位置用(几何)点(Point)来表示。一维空间的点用一元组$\{t\}$表示;二维空间的点用二元组(x,y)或$[x(t),y(t)]$表示;三维空间中的点用三元组(x,y,z)或$[x(t),y(t),z(t)]$表示。n维空间中的点在齐次坐标下用$n+1$维向量表示。用计算机存储、管理、输出形体的实质就是对点集及其连接关系的处理。

(2)边(Edge)

边是两个邻面(对正则形体)或多个邻面(对非正则形体)的交集,边有方向,它由起始顶点和终止顶点来界定。边的形状由边的几何信息来表示,可以是直线或曲线,曲线边可用一系列控制点或型值点来描述,也可用显式、隐式或参数方程来描述。

(3)环(Loop)

环是由有序、有向边(直线段或曲线段)组成的封闭边界。环中的边不能相交,相邻两条边共享一个端点。环有方向、内外之分,外环边通常按逆时针方向排序,内环边通常按顺时针方向排序。

(4)面(Face)

面由一个外环和若干个内环(含0个)来表示,内环完全在外环之内。根据环的定义,在面上沿环的方向前进,左侧总在面内,右侧总在面外。面有方向性,一般用其外法矢方向作为该面的正向。若一个面的外法矢向外,称为正向面;反之,则称为反向面。面的形状由面的几何信息来表示,可以是平面或曲面,平面用平面方程来描述;曲面(特别是自由曲面)多用控制多边形或型值点来描述,也可用曲面方程(隐式、显式或参数形式)来描述。

(5)体(Body)

体是面的并集,是由封闭表面围成的空间,也是欧式几何空间R^3中非空、有界的封闭子集。正则几何造型系统要求体是正则的。非正则形体的造型技术将线框、表面和实体模型统一起来,可以存取维数不一致的几何元素,并可对维数不一致的几何元素进行求交分类,从而扩大了几何造型的形体覆盖域。

3)边界表示的数据结构

边界表示的数据结构中,有半边数据结构、翼边数据结构和辐射边数据结构等。下面以使用较多的翼边数据结构为例来说明边界表示的数据是如何组织的。翼边数据结构是美国斯坦福大学的B. G. Baumgart在1972年作为多面体的表示模式提出来的。它是以边为核心来组织数据的一种结构,用指针记录每一边的两个邻面(即左外环和右外环)、两个顶点(即起点和终点)和两个邻边(即左上边和右上边或左下边和右下边),如图5.15所示。用这种数据结构表示多面体是完备的,但不能表示带有精确曲面边界的实体。

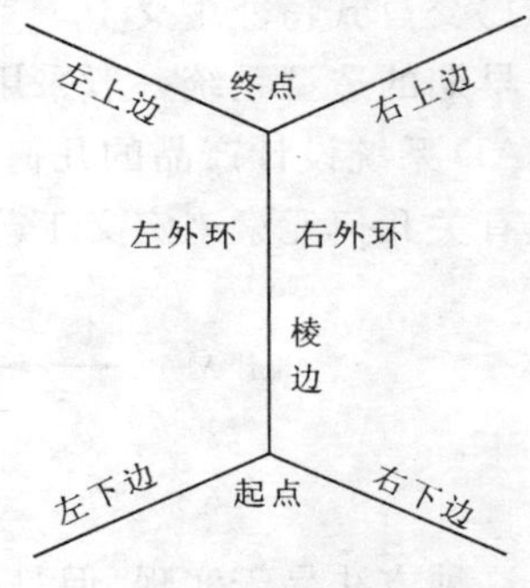

图5.15 翼边数据结构

5.2.4 特征造型

特征造型又称基于特征的造型，它以实体造型为基础。特征造型所提供的操作对象是特征，而不是点、线、面和基本体素这些低层次上的建模图元，所以特征造型是一种高层次上的几何抽象和语义描述，它能够为设计人员提供一种快速建模的能力。关于特征，目前尚无完整确切的定义，比较一致的意见认为：特征是固有属性，与设计、制造活动有关，并含有工程意义的基本几何实体或信息的集合。

1. 特征的分类

特征从不同的应用角度出发，可以有不同的分类标准，一般来说，特征从功能上可以分为几何形状特征、材料特征、精度特征、工艺特征、管理特征5大类。

(1)几何形状特征：与零件几何形状、尺寸相关的信息集合，包括功能形状、加工工艺形状、装配辅助形状。它是产品或零件最主要的外在特征，能基本勾勒出产品的外形及空间几何拓扑关系。

(2)材料特征：关于产品或零件材料成分及具体工程条件要求的信息集合，如材料性能、热处理、硬度值等。材料特征是产品的基本的物性特征。

(3)精度特征：零件几何形状、尺寸许可变动量的信息集合。精度特征包括：几何公差、尺寸公差与表面粗糙度。其中几何公差又可细分为形状公差和位置公差；尺寸公差又可细分为定位尺寸公差和定形尺寸公差。

(4)工艺特征：产品或零件性能参数和工艺要求的信息集合，如传递的扭矩和功率等。工艺特征概括了产品或零件应满足的技术需求及后续的具体加工工艺。

(5)管理特征：有关零件管理的信息集合，包括标题栏、零件材料、未注粗糙度等信息。

2. 特征造型系统实现模式

从实现模式上，特征造型大致分三类：交互式特征定义(Interactive Feature Definition)、特征自动识别(Automatic Feature Recognition)和特征设计(Design by Features)。

1)交互式特征定义

早期的造型系统一般采用交互式特征定义来支持系统的特征信息。设计人员先利用现有的CAD系统设计产品的几何模型，然后由工艺人员利用特征定义系统，通过人-机交互方式选取有关几何元素来定义工艺所需的特征，这一过程如图5.16所示。

图5.16 交互式特征定义

这种方法易于实现，但是交互操作烦琐、效率比较低，而且特征信息与几何模型没有关联，零件形状改变时，定义在其上的特征要重新定义。

2)特征自动识别

首先由设计人员进行几何造型，然后通过特征自动识别系统从几何模型中识别或抽取特征。特征识别分为加工区域识别和特征识别两种。在很多情况下,特征是为数控加工提供信息的,无须识别出具体的特征,只要明确了加工区域即可。加工区域识别出模型边界的里外信息后,就可方便地生成数控加工的走刀路线。特征识别与加工区域识别不同,它是通过搜索、匹配几何模型和特征识别系统特征库中的类特征来标识特征的。特征识别过程如图5.17所示。

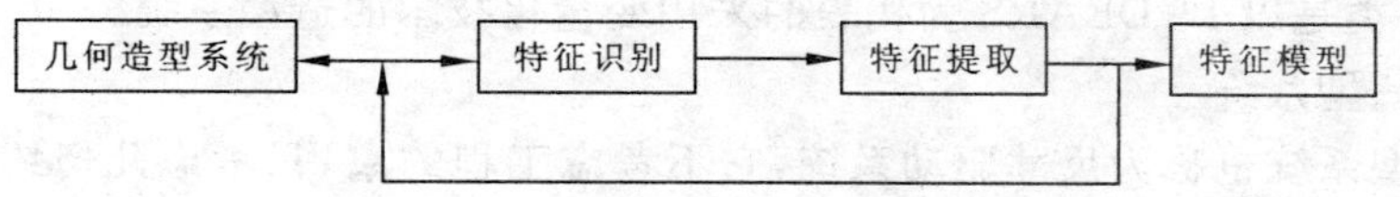

图5.17 特征自动识别

采用特征自动识别也有它的局限性:特征自动识别系统一般仅对较简单的形状特征识别比较有效;对于复杂的特征,识别就较困难,而且系统无法识别各个特征之间的关系。

3)特征设计

特征设计是目前特征造型系统的最高实现模式。在这种方法中,特征一开始就体现在模型中,如图5.18所示。在特征造型系统中,有一个类特征定义库,使用时从库中调出特征,并给出其位置、尺寸参数和各种属性。采用这种设计方法,大大提高了设计效率,还可以方便地进行特征相关性的定义与检查,进而组织更为复杂的特征。

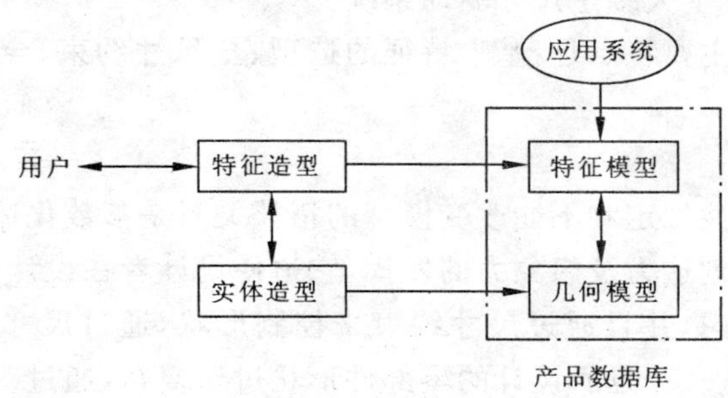

图5.18 特征造型

基于特征的设计方法为设计人员提供了符合实际工程设计过程的高层次的设计概念和方法,简化了设计者与造型系统的交流,使系统设计与实际设计更为接近,并为零件提供了正确完整的特征描述,保证了后续CAPP和CAM的正确处理。但由于在设计环境中为用户提供的只是设计特征,与制造特征尚存在着差异,因此在CAPP/CAM处理之前需进行特征转换,将设计特征转换成符合制造领域内定义的特征描述。

基于特征的设计与特征识别相比,具有两方面的优点:其一,特征建模过程中所产生的特征信息及工程信息可被其后续的各种应用所共享;其二,基于特征的设计使得在设计过程中及早地考虑制造和装配方面的问题成为可能。因此,基于特征的设计被普遍认为是一种在并行环境中支持CAD/CAPP/CAM集成较好的方法。

3. 参数化造型

常规的实体造型所建构的实体形状和尺寸是固定的,一旦建立就很难改变,即便是结构相似仅尺寸不同的形体也只能重新建模,这类造型属于静态造型。采用参数化造型则只需要修改参数就可以方便快捷地实现对模型形状和尺寸的修改。

参数化造型采用约束来定义和修改几何模型。约束包括尺寸约束、拓扑约束和工程约束

(如应力、性能等),这些约束反映了设计时要考虑的因素。实现参数化的那组参数,与这些约束保持一定的关系。初始设计的形体自然要满足这些约束,而当修改或重新输入那组参数时,也将保持这些约束关系并获得一个新的几何模型,它是一种动态造型。

目前,参数化造型系统分为两类:一类是以 Pro/ENEINEER 为代表的采用参数化技术的造型系统;另一类是以 I-DEARS 为代表的采用变量化技术的造型系统。

1)参数化造型系统

参数化造型系统也称为尺寸驱动系统,它不考虑工程约束,只考虑几何约束(尺寸约束及拓扑约束)。采用预定义的方法建立图形的几何约束集,指定一组尺寸作为参数与几何约束集相联系,因此只需改变尺寸值就能改变图形。

尺寸驱动的几何模型由几何元素、尺寸约束和拓扑约束 3 部分组成。当修改某一尺寸时,系统自动检索该尺寸在尺寸链中的位置,找到它的起始几何元素和终止几何元素,使它们按新尺寸值进行调整,得到新模型;接着检查所有的几何元素是否满足约束,如不满足,则让拓扑约束不变,按尺寸约束递归修改几何模型,直到满足全部约束条件为止。

尺寸驱动一般不能改变图形的拓扑结构,因此想对一个初始设计作方案上的重大改变是做不到的,但对系列化、标准化零件设计以及对原有设计作继承性修改则十分方便。目前所谓的参数化设计系统,实际上大多是尺寸驱动系统。

参数化造型系统的主要特点是:基于特征的造型、全尺寸约束、全数据相关和尺寸驱动设计修改。

2)变量化造型系统

全尺寸约束这一硬性规定和不能改变模型的拓扑关系是参数化造型技术的不足之处。全尺寸约束制约着设计者创造力及想象力的发挥,它迫使设计者在设计初期及全过程中,必须将形状和尺寸联合起来考虑,并且通过尺寸约束来控制形状,通过尺寸的改变来驱动形状的改变,一切以尺寸为出发点。一旦所设计的零部件形状过于复杂,通过改变尺寸以达到所需形状就很不直观。而一旦模型中关键形状的拓扑关系发生改变,失去了某些约束特征,就会造成系统数据的混乱。

面对参数化造型技术的不足,SDRC 公司以参数化为蓝本,提出了一种比参数化技术更为先进的实体造型技术,即变量化造型技术。并采用此技术推出了 I-DEARS Master Series 造型软件。众所周知,全约束的方程组求解比较容易;但在欠约束的情况下,方程联立求解的数学处理和软件实现难度是可想而知的。SDRC 攻克了这些难题,并在此基础上形成了一套独特的变量化造型理论及软件开发方法。变量化技术既保持了参数化技术的原有优点,同时又克服了它的许多不足之处。它的成功应用,为 CAD 技术的发展提供了更大的空间和机遇。

虽然变量设计系统从理论上讲比尺寸驱动系统和传统造型系统更灵活,更适合于概念设计,但目前还很少使用。原因是求解方程组很困难,系统不易实现。

5.3 曲线和曲面的表示与处理

在曲线和曲面设计中,圆、球、圆锥、圆环等规则几何形体一般可用精确的数学函数描述,这类规则几何形体很容易用计算机表示。但大多数情况下,曲线和曲面的形状比较复杂,难以用数学公式表示，特别是自由曲线和曲面。因此，建立适合于计算机描述的数学模型，以及如何有效表示这些数学模型，一直是计算机辅助几何设计(Computer Aided Geometric Design, CAGD)研究的核心内容之一。从CAD和计算机图形学的应用全局看，自由曲面造型的作用远远超过了实体造型。这是因为传统意义上的实体造型技术至今还局限于操作圆锥体、椭球体等规则曲面形体，而工程中更多的要用到不规则曲面的拟合和生成。目前，曲线和曲面的设计方法主要有Coons方法、Bezier方法和B样条方法。本节将在曲线、曲面矢量和参数表示的基础上，先介绍在CAD/CAM早期起过重要作用的三次样条曲线的构建原理和思路，再讨论参数样条曲线、Coons曲面、Bezier曲线曲面、B样条曲线曲面、曲面几何处理等内容。

5.3.1 曲线、曲面的矢量和参数表示

数学上，曲线和曲面有3种表示方法，即显式表示、隐式表示和参数表示。但对许多具有复杂外形的几何形体来说，如汽车车身、飞机机体、模具型腔等，其外形曲面很难用数学公式表示，即使能表示，也很复杂。传统的做法是放样(Lofting)：即先在被描述表面勾画出可以作为特征的纵、横两组线，用这些线构成的网格定义许多曲面片，每块曲面片一般以4条连续光滑的曲线作为边界；然后从模型或外形切面上量取各网格交点的坐标，并用插值方法对构成网格的两组线进行严格的数学定义；再用二维插值法描述被网格划分而成的每块曲面片，并保证相邻曲面片之间的光滑性要求。这一过程在数学上可归结为：由已知离散点列及其走向和连接要求，生成相应的自由曲线和曲面。常用的方法有：

1)插值(Interpolation)

给定一组有序的离散数据点，要求构造一条曲线顺序通过这些数据点，称为对这些数据点进行插值，所构造的曲线称为插值曲线。为了保证插值曲线的光顺性，一般都要求在各离散点处的一阶导数或二阶导数连续。这些离散数据点若原来位于某曲线上，则称该曲线为被插曲线。构造插值曲线所采用的数学方法称为曲线插值法。把曲线插值推广到曲面，类似地就有插值曲面、被插曲面与曲面插值法等概念。

2)逼近(Approximation)

曲线不通过给定的离散点，但按给定误差要求靠近诸点。在某些情况下，测量所得或设计员给出的数据点本身就很粗糙，这时再要求构造一条曲线严格通过给定的数据点就没有什么意义。更合理的方法是，构造一条曲线使之在某种意义下最为接近给定的数据点，称为对这些数据点进行逼近，所构造的曲线称为逼近曲线。这些数据点若原来位于某曲线上，则称该曲线为被逼曲线。构造逼近曲线所采用的数学方法称为曲线逼近法。类似的，可将曲线逼近推广到曲面。

3)设计

已知的离散点太少，要根据一定要求产生新的控制点，设计出曲线或曲面。

对于不同的问题，往往采用不同的曲线和曲面生成算法。由于经典的多项式插值、拟合(Fitting)算法存在诸多的局限，因此曲线和曲面的拟合、逼近算法大多以参数表达为基础。为便于后面的讨论，本小节先扼要介绍一下曲线、曲面的矢量和参数表示的基础知识。

1. 曲线的矢量和参数表示

1)曲线的矢量方程和参数方程

我们知道,空间一点的位置可用从坐标原点到该点连线的矢量表示,此矢量称为位置矢量,它的 3 个坐标分量分别对应空间点的 3 个坐标值。当空间点运动时,其位置矢量的端点就描述了该动点的运动轨迹,称为矢端曲线,表示为

$$\boldsymbol{r}=\boldsymbol{r}(t)=[x(t),y(t),z(t)] \quad (t\in[t_1,t_2]) \tag{5-1}$$

这就是曲线的矢量方程,它是单参数 t 的矢函数,在区间$[t_1,t_2]$内的每一个 t 值都对应于曲线上一个点的位置矢量。

它的参数方程为

$$\begin{cases}x=x(t)\\ y=y(t) \quad (t\in[t_1,t_2])\\ z=z(t)\end{cases} \tag{5-2}$$

2)矢函数的导矢

和数量函数一样,矢函数也可求导。设矢函数 $\boldsymbol{r}(t)$在区间$[t_1,t_2]$内连续,并设 t 和 $t+\Delta t$ $(\Delta t\neq 0)$都在该区间内,若极限

$$\lim_{\Delta t\to 0}\frac{\boldsymbol{r}(t+\Delta t)-\boldsymbol{r}(t)}{\Delta t}$$

存在,则称 $\boldsymbol{r}(t)$在 t 处是可微的,该极限称为 $\boldsymbol{r}(t)$在 t 处的导矢,用 $\boldsymbol{r}'(t)$表示

$$\boldsymbol{r}'(t)=\frac{\mathrm{d}\boldsymbol{r}}{\mathrm{d}t}=\lim_{\Delta t\to 0}\frac{\boldsymbol{r}(t+\Delta t)-\boldsymbol{r}(t)}{\Delta t} \tag{5-3}$$

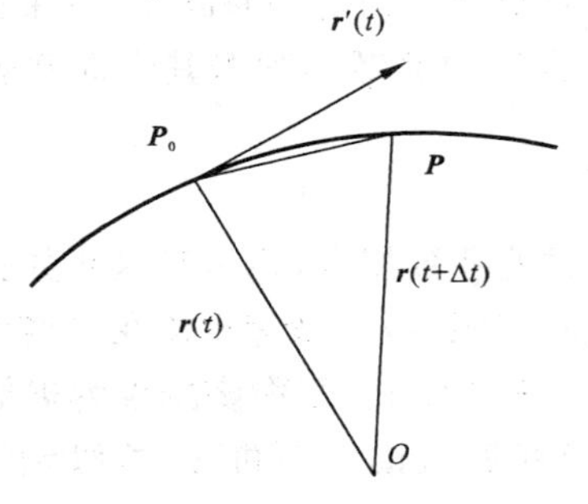

图 5.19 导矢的几何意义

导矢的几何意义如图 5.19 所示。当 $\boldsymbol{P}$ 沿曲线趋向 $\boldsymbol{P}_0$时,弦 PP_0到达某一极限位置,即曲线在 $\boldsymbol{P}_0$点的切线位置,$\boldsymbol{r}'(t)$则称为曲线在 $\boldsymbol{P}_0$ 点的切矢。设 $\boldsymbol{r}(t)=[x(t),y(t),z(t)]$,则

$$\frac{\boldsymbol{r}(t+\Delta t)-\boldsymbol{r}(t)}{\Delta t}=\left[\frac{x(t+\Delta t)-x(t)}{\Delta t},\frac{y(t+\Delta t)-y(t)}{\Delta t},\frac{z(t+\Delta t)-z(t)}{\Delta t}\right]$$

令 $\Delta t\to 0$,可得 $\boldsymbol{r}'(t)=[x'(t),y'(t),z'(t)]$。此式表明,矢函数导数的坐标分量等于矢函数各坐标分量关于参数 t 的导数。矢函数的导数也是矢函数,因此,也有方向和大小。其方向即切矢方向;其大小即切矢的模,用$|\boldsymbol{r}'(t)|$表示。

$$|\boldsymbol{r}'(t)|=\sqrt{[x'(t)]^2+[y'(t)]^2+[z'(t)]^2} \tag{5-4}$$

由导矢的定义,可推出下列运算法则:

$\dfrac{\mathrm{d}c}{\mathrm{d}t}=0$($c$ 为常矢)

$\dfrac{\mathrm{d}}{\mathrm{d}t}[k\boldsymbol{r}(t)]=k\dfrac{\mathrm{d}\boldsymbol{r}(t)}{\mathrm{d}t}$($k$ 为常数)

$\dfrac{\mathrm{d}}{\mathrm{d}t}[\boldsymbol{r}_1(t)+\boldsymbol{r}_2(t)+\boldsymbol{r}_3(t)]=\dfrac{\mathrm{d}\boldsymbol{r}_1(t)}{\mathrm{d}t}+\dfrac{\mathrm{d}\boldsymbol{r}_2(t)}{\mathrm{d}t}+\dfrac{\mathrm{d}\boldsymbol{r}_3(t)}{\mathrm{d}t}$

$\dfrac{\mathrm{d}}{\mathrm{d}t}[\phi\boldsymbol{r}(t)]=\dfrac{\mathrm{d}\phi}{\mathrm{d}t}\boldsymbol{r}(t)+\phi\dfrac{\mathrm{d}\boldsymbol{r}(t)}{\mathrm{d}t}$($\phi$ 是 t 的数量函数)

$$\frac{\mathrm{d}}{\mathrm{d}t}[\boldsymbol{r}_1(t)\cdot\boldsymbol{r}_2(t)]=\frac{\mathrm{d}\boldsymbol{r}_1(t)}{\mathrm{d}t}\cdot\boldsymbol{r}_2(t)+\boldsymbol{r}_1(t)\cdot\frac{\mathrm{d}\boldsymbol{r}_2(t)}{\mathrm{d}t}\text{（顺序可以交换）}$$

$$\frac{\mathrm{d}}{\mathrm{d}t}[\boldsymbol{r}_1(t)\times\boldsymbol{r}_2(t)]=\frac{\mathrm{d}\boldsymbol{r}_1(t)}{\mathrm{d}t}\times\boldsymbol{r}_2(t)+\boldsymbol{r}_1(t)\times\frac{\mathrm{d}\boldsymbol{r}_2(t)}{\mathrm{d}t}\text{（顺序不可以交换）}$$

$$\frac{\mathrm{d}}{\mathrm{d}t}[\boldsymbol{r}_1(t)\boldsymbol{r}_2(t)\boldsymbol{r}_3(t)]=\left[\frac{\mathrm{d}\boldsymbol{r}_1(t)}{\mathrm{d}t}\boldsymbol{r}_2(t)\boldsymbol{r}_3(t)\right]+\left[\boldsymbol{r}_1(t)\frac{\mathrm{d}\boldsymbol{r}_2(t)}{\mathrm{d}t}\boldsymbol{r}_3(t)\right]+\left[\boldsymbol{r}_1(t)\boldsymbol{r}_2(t)\frac{\mathrm{d}\boldsymbol{r}_3(t)}{\mathrm{d}t}\right]$$

（顺序不可以交换）

$$\frac{\mathrm{d}}{\mathrm{d}t}\boldsymbol{r}[\phi(t)]=\frac{\mathrm{d}\boldsymbol{r}}{\mathrm{d}\phi}\frac{\mathrm{d}\phi}{\mathrm{d}t}\text{（}\phi\text{ 是 }t\text{ 的数量函数）}$$

导矢在曲线、曲面造型中有非常重要的作用，不仅能用来计算曲线的切矢、法平面、曲率、等距线以及曲面的切平面与法矢、曲面的各类曲率和等距面等，还可以应用导矢构造曲线和曲面。

3）弧长参数化

对于同一曲线，若选择的参数不同，其表达式亦不同。用坐标系讨论曲线时，具有人为的性质，而曲线自身的弧长则是曲线的不变量，它与坐标系的选取无关。因此，可以取曲线的自身弧长作参数，来研究曲线的内在性质。

给定一空间曲线 $\boldsymbol{r}$，在其上任取一点 $P_0(x_0,y_0,z_0)$ 作为计算弧长的起点。应用弧长积分公式，即可计算该曲线上任意点 $P(x,y,z)$ 到 P_0 之间的弧长。由此，曲线上点的位置与该点处的弧长是一一对应的，如图 5.20 所示。

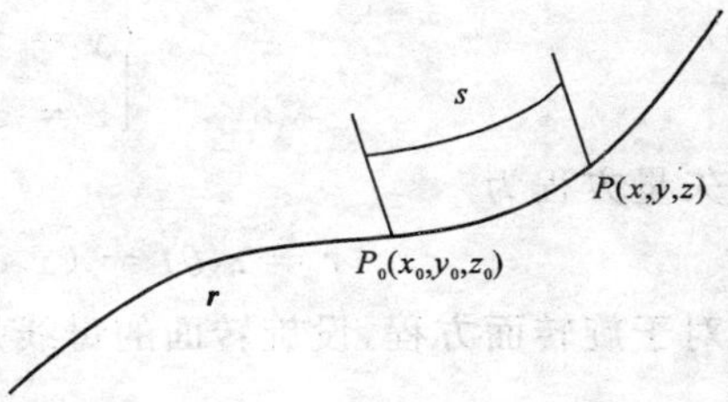

图 5.20 弧长参数化

换言之，曲线上点的坐标是以弧长为参数的函数

$$\begin{cases}x=x(s)\\y=y(s)\\z=z(s)\end{cases}$$

其矢量方程为 $\boldsymbol{r}=\boldsymbol{r}(s)=[x(s),y(s),z(s)]$。亦即，曲线是以弧长为参数的矢函数，我们将其称为弧长参数化。弧长称为自然参数，以弧长为参数的曲线方程称为自然参数方程。现讨论曲线的自然参数方程与参数方程的联系。

已知曲线的矢量方程为 $\boldsymbol{r}=\boldsymbol{r}(t)=[x(t),y(t),z(t)]$，则弧长的微分和积分公式分别为

$$(\mathrm{d}s)^2=(\mathrm{d}x)^2+(\mathrm{d}y)^2+(\mathrm{d}z)^2$$

$$s(t)=\int_{t_0}^{t}\sqrt{[x'(t)]^2+[y'(t)]^2+[z'(t)]^2}\,\mathrm{d}t=\int_{t_0}^{t}|\boldsymbol{r}'(t)|\,\mathrm{d}t$$

$s(t)$ 即为与参数 t_0 和 t 对应的两点 P_0 和 P 之间的弧长。

矢函数 $\boldsymbol{r}=\boldsymbol{r}(t)$ 的微分 $\mathrm{d}\boldsymbol{r}=\boldsymbol{r}'(t)\mathrm{d}t=(\mathrm{d}x,\mathrm{d}y,\mathrm{d}z)$，由弧长微分公式可知，弧长微分又可表示为 $(\mathrm{d}s)^2=\mathrm{d}\boldsymbol{r}\times\mathrm{d}\boldsymbol{r}=(\mathrm{d}\boldsymbol{r})^2$。对弧长微分公式两边对参数 t 求导得 $s'(t)=|\boldsymbol{r}'(t)|>0$。可见弧长是参数 t 的单调递增函数，故其反函数 $t(s)$ 存在。将 $t(s)$ 代入曲线方程 $\boldsymbol{r}=\boldsymbol{r}(t)$，对其重新参数化，即得到以弧长为参数的自然参数方程 $\boldsymbol{r}=\boldsymbol{r}[t(s)]=\boldsymbol{r}(s)$。因 $(\mathrm{d}s)^2=[\mathrm{d}\boldsymbol{r}(s)]^2$，故有

$$\boldsymbol{r}'(s)=\left|\frac{\mathrm{d}\boldsymbol{r}(s)}{\mathrm{d}s}\right|=1$$

上式表明，当曲线以弧长为参数时，其切矢为单位矢量，这是以弧长为参数的曲线方程的一个重要特征。

2. 曲面的矢量方程和参数方程

1)平面

设 $P_0(x_0, y_0, z_0)$ 为平面上一点，$\boldsymbol{a}=(a_x, a_y, a_z)$ 和 $\boldsymbol{b}=(b_x, b_y, b_z)$ 是平面上从 P_0 出发的两个矢量，则该平面的参数方程为

$$\begin{cases} x = x_0 + ua_x + wb_x \\ y = y_0 + ua_y + wb_y \\ z = z_0 + ua_z + wb_z \end{cases}$$

矢量方程为

$$\boldsymbol{r}(u,w) = \boldsymbol{r}_0 + u\boldsymbol{a} + w\boldsymbol{b} \quad (u,w \in (-\infty, +\infty)) \tag{5-5}$$

2)旋转面

由解析几何知，XOZ 平面内一点 $P_0(x_0, 0, z_0)$ 绕 Z 轴旋转一周形成一个圆，其参数方程为

$$\begin{cases} x = x_0\cos\theta \\ y = x_0\sin\theta \quad (\theta \in [0, 2\pi]) \\ z = z_0 \end{cases}$$

矢量方程为

$$\boldsymbol{r} = \boldsymbol{r}(\theta) = (x_0\cos\theta, x_0\sin\theta, z_0) \quad (\theta \in [0, 2\pi]) \tag{5-6}$$

对于旋转面方程，设旋转面的母线是 XOZ 平面内的一条曲线，其参数方程为

$$\begin{cases} x = f(t) \\ z = g(t) \end{cases}$$

该曲线绕 Z 轴转动所得旋转面的参数方程为

$$\begin{cases} x = f(t)\cos\theta \\ y = f(t)\sin\theta \quad (\theta \in [0, 2\pi]) \\ z = g(t) \end{cases}$$

矢量方程为

$$\boldsymbol{r} = \boldsymbol{r}(t,\theta) = [f(t)\cos\theta, f(t)\sin\theta, g(t)] \quad (\theta \in [0, 2\pi]) \tag{5-7}$$

当 t=常数时，$\boldsymbol{r}(t,\theta)$ 形成曲面的纬线；θ 为常数时，形成经线。

对于球面，其参数方程为

$$\begin{cases} x = \rho\sin\phi\cos\theta \\ y = \rho\sin\phi\sin\theta \quad (\phi,\theta \in [0, 2\pi]) \\ z = \rho\cos\phi \end{cases}$$

矢量方程为

$$\boldsymbol{r} = \boldsymbol{r}(\phi,\theta) = (\rho\sin\phi\cos\theta, \rho\sin\phi\sin\theta, \rho\cos\phi) \quad (\phi,\theta \in [0, 2\pi]) \tag{5-8}$$

式中，ρ 为球面的半径。

圆柱面的矢量方程为

$$\boldsymbol{r} = \boldsymbol{r}(\theta, z) = (\rho\cos\theta, \rho\sin\theta, z) \quad (\theta \in [0, 2\pi]; z \in (-\infty, +\infty)) \tag{5-9}$$

圆锥面的矢量方程为

$$r = r(u,\theta) = (u\sin\alpha\cos\theta, u\sin\alpha\sin\theta, u\cos\alpha) \quad (u \in (-\infty, +\infty); \theta \in [0,2\pi]) \tag{5-10}$$

式中，α 为圆锥面的半锥角。

3)一般曲面的矢量方程和参数方程

一般曲面可表示为

$$z = f(x,y) \text{ 或 } F(x,y,z) = 0$$

用参数表示时含有两个参数 u 和 w，其表达式为

$$\begin{cases} x = x(u,w) \\ y = y(u,w) \\ z = z(u,w) \end{cases}$$

参数 u 和 w 的变化区间常取为单位正方形，即 u、$w\in[0,1]$。曲面的矢量方程是以 x、y、z 为变量的双参数矢函数

$$r = r(u,w) = [x(u,w), y(u,w), z(u,w)] \tag{5-11}$$

式中，3 个分量 x、y、z 都是参数 u 和 w 的二元可微函数。当 (u,w) 在单位正方形 $[0,1]\times[0,1]$ 中连续变化时，与其对应的点 (x,y,z) 就形成一张曲面。

4)曲面的参数曲线及其切矢

对双参数表示的空间曲面

$$r = r(u,w) = [x(u,w), y(u,w), z(u,w)] \quad (u, w \in [0,1])$$

当 $u=u_0$（常数）时，有

$$r(u_0,w) = [x(u_0,w), y(u_0,w), z(u_0,w)]$$

这是单参数 w 的矢函数，表示曲面上一条沿 w 参数方向的空间曲线，称为 w 向线或 w-曲线。类似的，当 $w=w_0$（常数）时，也可以定义 u 向线，即

$$r(u,w_0) = [x(u,w_0), y(u,w_0), z(u,w_0)]$$

u 向线和 w 向线统称为曲面的参数曲线（或坐标曲线），亦称等参数线。u 向和 w 向两族曲线构成了整张曲面。$u=0$ 和 $u=1$ 的参数曲线 $r=r(0,w)$ 和 $r=r(1,w)$，以及 $w=0$ 和 $w=1$ 的参数曲线 $r=r(u,0)$ 和 $r=r(u,1)$ 统称为边界曲线。相邻边界曲线间的交点 $r(0,0)$、$r(0,1)$、$r(1,0)$ 和 $r(1,1)$ 称为曲面（片）的 4 个角点。图 5.21 为参数空间和直角坐标空间的映射关系。

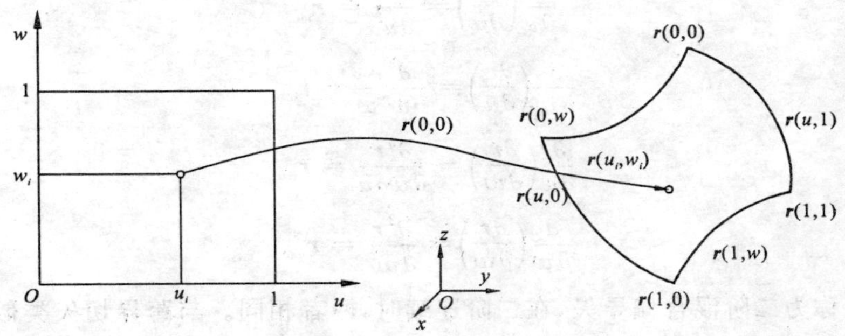

图 5.21　参数空间和直角坐标空间的映射关系

将矢函数 $\boldsymbol{r}=\boldsymbol{r}(u,w)$ 对 u 求偏导(w 固定)，得 u 向线的切矢

$$\frac{\partial \boldsymbol{r}}{\partial u}=\boldsymbol{r}_u(u,w)=\lim_{\Delta u\to 0}\frac{\boldsymbol{r}(u+\Delta u,w)-\boldsymbol{r}(u,w)}{\Delta u}$$
$$=[x_u(u,w),y_u(u,w),z_u(u,w)]$$

切矢的方向指向参数 u 增大的方向。

同样矢函数 $\boldsymbol{r}=\boldsymbol{r}(u,w)$ 对 w 求偏导，可得 w 向线的切矢

$$\frac{\partial \boldsymbol{r}}{\partial w}=\boldsymbol{r}_w(u,w)=\lim_{\Delta w\to 0}\frac{\boldsymbol{r}(u,w+\Delta w)-\boldsymbol{r}(u,w)}{\Delta w}$$
$$=[x_w(u,w),y_w(u,w),z_w(u,w)]$$

其方向指向参数 w 增大的方向。

$\boldsymbol{r}_u$ 和 $\boldsymbol{r}_w$ 的三个分量都是 u、w 的二元函数。给定一组数(u,w)，即可计算曲面上通过该点的两条参数曲线的切矢 $\boldsymbol{r}_u$ 和 $\boldsymbol{r}_w$，如图 5.22 所示。特别地，对 $\boldsymbol{r}_u(u,w)$ 分别令 $u=0$ 和 $u=1$,，则得到 w 方向两条边界曲线的跨界切矢 $\boldsymbol{r}_u(0,w)$、$\boldsymbol{r}_u(1,w)$，也称跨界斜率。同样对 $\boldsymbol{r}_w(u,w)$ 分别令 $w=0$ 和 $w=1$，则得到 u 方向两条边界曲线的跨界切矢 $\boldsymbol{r}_w(u,0)$、$\boldsymbol{r}_w(u,1)$。跨界斜率的概念在构造曲面时会经常用到。

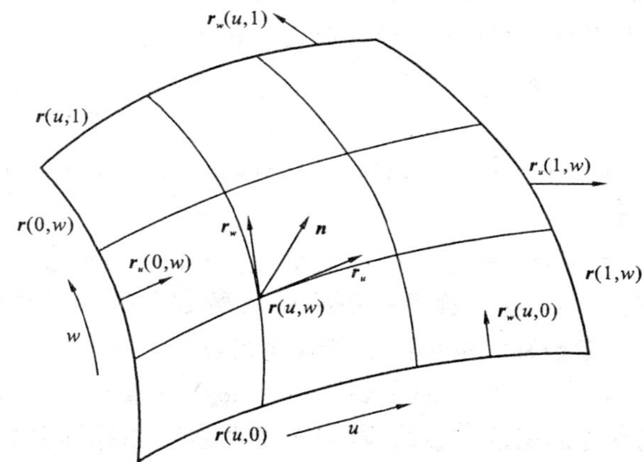

图 5.22 参数曲线的切矢及跨界斜率

通常，偏导矢 $\boldsymbol{r}_u(u,w)$ 和 $\boldsymbol{r}_w(u,w)$ 仍是关于 u、w 的二元可微函数，继续对 u、w 求偏导数，可得到以下 4 个二阶偏导矢：

$$\frac{\partial}{\partial u}\left(\frac{\partial \boldsymbol{r}}{\partial u}\right)=\frac{\partial^2 \boldsymbol{r}}{\partial u^2}=\boldsymbol{r}_{uu}$$

$$\frac{\partial}{\partial w}\left(\frac{\partial \boldsymbol{r}}{\partial u}\right)=\frac{\partial^2 \boldsymbol{r}}{\partial u\partial w}=\boldsymbol{r}_{uw}$$

$$\frac{\partial}{\partial u}\left(\frac{\partial \boldsymbol{r}}{\partial w}\right)=\frac{\partial^2 \boldsymbol{r}}{\partial w\partial u}=\boldsymbol{r}_{wu}$$

$$\frac{\partial}{\partial w}\left(\frac{\partial \boldsymbol{r}}{\partial w}\right)=\frac{\partial^2 \boldsymbol{r}}{\partial w^2}=\boldsymbol{r}_{ww}$$

式中，$\boldsymbol{r}_{uw}$ 和 $\boldsymbol{r}_{wu}$ 称为二阶混合偏导矢，在二阶连续时，两者相同。与跨界切矢类似，我们可得到两对边界的跨界二阶导矢(有时也近似称为跨界曲率)$\boldsymbol{r}_{ww}(u,0)$、$\boldsymbol{r}_{ww}(u,1)$、$\boldsymbol{r}_{uu}(0,w)$、$\boldsymbol{r}_{uu}(1,w)$。

5)曲面上的任意曲线及其切矢

设曲面方程为

$$\boldsymbol{r}=\boldsymbol{r}(u,w)=[x(u,w),y(u,w),z(u,w)] \quad (u,w\in[0,1])$$

令参数 u、w 又是另一参数 t 的函数，即 $u=u(t)$，$w=w(t)$，将其代入曲面方程，得到

$$\boldsymbol{r}=\boldsymbol{r}(u,w)=[x(t),y(t),z(t)]$$

这是一个关于单参数 t 的方程，当 t 变动时，就得到一条曲线。所得曲线在曲面上又称为曲面上的曲线。

曲面上曲线的切矢为

$$\boldsymbol{r}'=\frac{\mathrm{d}\boldsymbol{r}}{\mathrm{d}t}=[x'(t),y'(t),z'(t)]$$

应用复合函数求导公式，则曲面上曲线的切矢可表示为

$$\boldsymbol{r}'=\boldsymbol{r}_u\frac{\mathrm{d}u}{\mathrm{d}t}+\boldsymbol{r}_w\frac{\mathrm{d}w}{\mathrm{d}t} \tag{5-12}$$

式中，$\boldsymbol{r}_u=\left(\frac{\partial x}{\partial u},\frac{\partial y}{\partial u},\frac{\partial z}{\partial u}\right)$和 $\boldsymbol{r}_w=\left(\frac{\partial x}{\partial w},\frac{\partial y}{\partial w},\frac{\partial z}{\partial w}\right)$分别为参数曲线的 u 向切矢和 w 向切矢。

6)曲面法矢、切平面和法线方程

式(5-12)表明，曲面上过某点的任何一条曲线的切矢都处在参数曲线切矢 $\boldsymbol{r}_u$ 和 $\boldsymbol{r}_w$ 所张成的平面内，该平面称为曲面在该点的切平面。

上述切平面的法矢就是曲面在该点的法矢，其方向和大小由 $\boldsymbol{r}_u\times\boldsymbol{r}_w$ 求得，单位法矢则为

$$\boldsymbol{n}=\frac{\boldsymbol{r}_u\times\boldsymbol{r}_w}{|\boldsymbol{r}_u\times\boldsymbol{r}_w|} \tag{5-13}$$

给定曲面 $\boldsymbol{r}=\boldsymbol{r}(u,w)$上的一点 $P_0(x_0,y_0,z_0)$，其 u 向和 w 向切矢分别为 $\boldsymbol{r}_u=(x_u,y_u,z_u)$ 和 $\boldsymbol{r}_w=(x_w,y_w,z_w)$，则曲面在 P 点处的法矢为

$$\boldsymbol{r}_u\times\boldsymbol{r}_w=\begin{vmatrix}\boldsymbol{i} & \boldsymbol{j} & \boldsymbol{k}\\ x_u & y_u & z_u\\ x_w & y_w & z_w\end{vmatrix}=\left(\begin{vmatrix}y_u & z_u\\ y_w & z_w\end{vmatrix},\begin{vmatrix}z_u & x_u\\ z_w & x_w\end{vmatrix},\begin{vmatrix}x_u & y_u\\ x_w & y_w\end{vmatrix}\right)=(A,B,C)$$

式中，$A=\begin{vmatrix}y_u & z_u\\ y_w & z_w\end{vmatrix}=y_uz_w-y_wz_u$；$B=\begin{vmatrix}z_u & x_u\\ z_w & x_w\end{vmatrix}=z_ux_w-z_wx_u$；$C=\begin{vmatrix}x_u & y_u\\ x_w & y_w\end{vmatrix}=x_uy_w-x_wy_u$

切平面方程为

$$A(x-x_0)+B(y-y_0)+C(z-z_0)=0$$

法线方程为

$$\begin{cases}x=x_0+At\\ y=y_0+Bt \quad (t\in(-\infty,+\infty))\\ z=z_0+Ct\end{cases}$$

或

$$\frac{x-x_0}{A}=\frac{y-y_0}{B}=\frac{z-z_0}{C}$$

7)曲面的等距面

给定曲面方程 $\boldsymbol{r}=\boldsymbol{r}(u,w)=[x(u,w),y(u,w),z(u,w)]$，则曲面 $\boldsymbol{r}(u,w)$上任意点 P 处

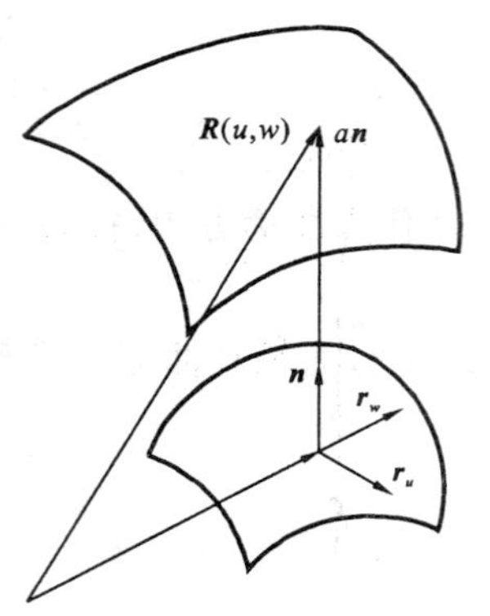

图 5.23 等距面的构造

的单位法矢为

$$\boldsymbol{n} = \frac{\boldsymbol{r}_u \times \boldsymbol{r}_w}{|\boldsymbol{r}_u \times \boldsymbol{r}_w|}$$

若等距曲面与给定曲面的法向距离为 a，则等距曲面的方程为

$$\boldsymbol{R} = \boldsymbol{R}(u,w) = \boldsymbol{r}(u,w) + a\boldsymbol{n} \qquad (5-14)$$

如图 5.23 所示。

5.3.2 曲线的表示与处理

1946 年，美国数学家 Schoenberg 提出了样条函数的思想，即用分段函数来拟合给定的数据点列。这一思想在当时并没引起学术界和工业界的重视，直到 20 世纪 60 年代，由于计算机技术的长足发展和实际生产的需要，人们才开始认识到 Schoenberg 工作的意义。此后国内外学者对样条函数进行了广泛深入的研究，取得了重要的理论与应用成果，为现今的自由曲线、曲面理论奠定了坚实的基础。尽管当代的 CAD/CAM 系统已很少应用样条函数，但作为早期的自由曲线、曲面造型方法，了解其构建思路对理解其他参数曲线曲面的构造原理与方法是有帮助的，因此本节先扼要介绍三次样条曲线及参数样条曲线，然后介绍现今 CAD/CAM 系统中广泛使用的 Bezier 曲线和 B 样条曲线。

1. 三次样条曲线与参数样条曲线

采用拉格朗日插值，可以解决对有限个数据点的代数多项式插值问题，但数据点越多，插值多项式的次数就越高。高次多项式一是计算量大，需要大量的系数，而且这些系数的物理意义有时难以理解；二是插值曲线有时会产生不希望有的波动。因此，为通过较多的数据点而盲目提高插值多项式的次数是不合适的。下面介绍的三次样条函数是一种分段的三次多项式插值，它不仅能保证整条曲线的斜率连续，而且能保证曲率连续，能满足汽车、飞机、舰船等外形设计的需要。

1)三次样条函数及其力学背景

数学上的三次样条函数是在生产实践的基础上产生并发展起来的。应用 CAD/CAM 技术以前，飞机、船舶和汽车制造部门普遍采用样条来绘制外形曲线。设计人员先将给定的型值点数据准确地点在图板上；然后用压铁压住弹性样条，强迫其通过所有给定的型值点；再适当调整压铁，改变样条形状，直到符合设计要求后，才沿样条绘制出所需曲线(模线)。

从力学角度分析，样条即为一弹性细梁，压铁将集中载荷作用于梁上，这样绘制模线的过程就可抽象为弹性细梁在外加集中载荷作用下的弯曲变形过程。任意截取相邻两压铁间的一段梁分析，只在其两端有集中载荷，因此梁内的弯矩 $M(x)$ 为轴向距离 x 的线性函数；从整根梁看，$M(x)$ 是连续的折线函数。

根据 Euler 公式，有

$$\frac{1}{\rho(x)} = \frac{M(x)}{EJ}$$

式中，$\rho(x)$ 为梁的曲率半径，E 为材料弹性模量，J 为梁横截面的惯性矩。

对平面曲线，其曲率又可表示为

$$\frac{1}{\rho(x)}=\frac{\mathrm{d}^2y/\mathrm{d}x^2}{[1+(\mathrm{d}y/\mathrm{d}x)^2]^{3/2}}$$

式中，$y=y(x)$为整条梁的变形曲线。因此有

$$\frac{\mathrm{d}^2y/\mathrm{d}x^2}{[1+(\mathrm{d}y/\mathrm{d}x)^2]^{3/2}}=\frac{M(x)}{EJ}$$

上式为二阶非线性微分方程，不易直接求解。但对于小挠度曲线，即 $\mathrm{d}y/\mathrm{d}x\ll1$ 的曲线，上式可近似为

$$\frac{\mathrm{d}^2y}{\mathrm{d}x^2}=\frac{M(x)}{EJ}$$

将上式积分两次可知，在各小段上（两压铁之间）$y(x)$是 x 的三次多项式。对整个梁来说，$y(x)$是分段三次函数，它具有直到二阶的连续导数。这就是数学上三次样条函数这一概念的物理背景。

下面给出三次样条函数的定义：在区间$[x_0,x_n]$内给定一个分割 Δ：$x_0<x_1<\cdots<x_n$，已知插值条件为：

x	x_0	x_1	…	x_n
y	y_0	y_1	…	y_n

若函数 $y(x)$在区间$[x_0,x_n]$上满足：

(1)每个子区间$[x_{i-1},x_i]$$(i=1,2,\cdots,n)$上为三次多项式；

(2)$y(x)$在整个区间$[x_0,x_n]$上二阶连续可导；

(3)$y(x_i)=y_i$$(i=0,1,\cdots,n)$。

则称 $y=y(x)$是关于已知插值条件的三次样条函数（Cubic Spline Function），其中 $x_i$$(i=0,1,\cdots,n)$称为节点。

2)用型值点处一阶导数表示的三次样条曲线

给定一组型值点$(x_i,y_i)$$(i=0,1,\cdots,n)$，$m_i$ 表示点(x_i,y_i)处的斜率，如图 5.24 所示，则第 j 段三次样条曲线表示为

$$y_j(x)=a_jx^3+b_jx^2+c_jx+d_j\quad(x\in[x_{j-1},x_j];j=1,2,\cdots,n)$$

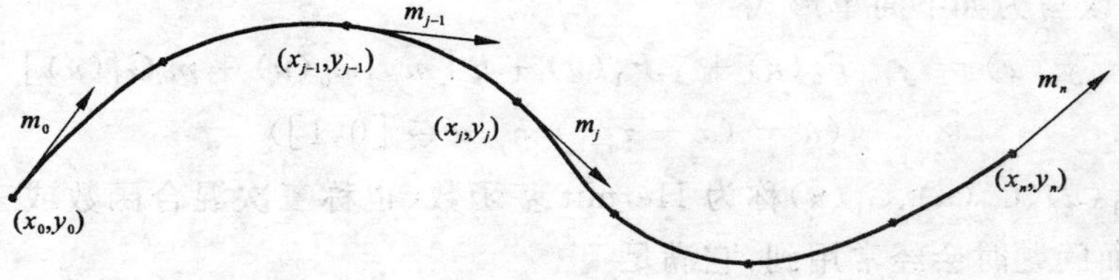

图 5.24 型值点和斜率

已知曲线段首末端点为(x_{j-1},y_{j-1})和(x_j,y_j)，设端点处斜率分别为 m_{j-1}和 m_j。将其代入上式得

$$\begin{cases}a_jx_{j-1}^3+b_jx_{j-1}^2+c_jx_{j-1}+d_j=y_{j-1}\\a_jx_j^3+b_jx_j^2+c_jx_j+d_j=y_j\\3a_jx_{j-1}^2+2b_jx_{j-1}+c_j=m_{j-1}\\3a_jx_j^2+2b_jx_j+c_j=m_j\end{cases}\quad(j=1,2,\cdots,n)$$

令 $h_j=x_j-x_{j-1}$，解上述方程得

$$\begin{cases}a_j=[h_j(m_j+m_{j-1})-2(y_j-y_{j-1})]/h_j^3\\b_i=\{-h_j[m_j(x_j+2x_{j-1})+m_{j-1}(2x_j+x_{j-1})]+3(y_j-y_{j-1})(x_j+x_{j-1})\}/h_j^3\\c_j=\{h_j[m_{j-1}x_j(x_j+2x_{j-1})+m_jx_{j-1}(2x_j+x_{j-1})]-6(y_j-y_{j-1})x_jx_{j-1}\}/h_j^3\\d_j=[-h_j(m_jx_{j-1}+m_{j-1}x_j)x_jx_{j-1}+y_jx_{j-1}^2(3x_j-x_{j-1})+y_{j-1}x_j^2(x_j-3x_{j-1})]/h_j^3\end{cases}$$

$$(j=1,2,\cdots,n)$$

将上述系数代入 $y_j(x)$、$y_j'(x)$和 $y_j''(x)$并整理得

$$y_j(x)=\{h_j[m_{j-1}(x_j-x)^2(x-x_{j-1})-m_j(x-x_{j-1})^2(x_j-x)]+y_{j-1}(x_j-x)^2[2(x-x_{j-1})+h_j]+y_j(x-x_{j-1})^2[2(x_j-x)+h_j]\}/h_j^3 \tag{5-15}$$

$$y'_j(x)=\{h_j[m_{j-1}(x_j-x)(2x_{j-1}+x_j-3x)-m_j(x-x_{j-1})(2x_j+x_{j-1}-2x)]+6(y_j-y_{j-1})(x_j-x)(x-x_{j-1})\}/h_j^3 \tag{5-16}$$

$$y''_j(x)=\{-2h_j[m_{j-1}(2x_j+x_{j-1}-3x)+m_j(2x_{j-1}+x_j-3x)]+6(y_j-y_{j-1})(x_j+x_{j-1}-2x)\}/h_j^3 \tag{5-17}$$

式中，$x\in[x_{j-1},x_j](j=1,2,\cdots,n)$。

式(5-15)～式(5-17)为三次样条曲线的基本公式，一旦求得各型值点处的斜率 $m_i(i=0,1,\cdots,n)$，就可以应用上述公式计算三次样条曲线各点的函数值、一阶导数和二阶导数。

作变量代换 $u=(x-x_{j-1})/h_j$，且令

$$\begin{cases}F_0(u)=2u^3-3u^2+1\\F_1(u)=-2u^3+3u^2\\G_0(u)=u(u-1)^2\\G_1(u)=u^2(u-1)\end{cases}\quad(u\in[0,1]) \tag{5-18}$$

则式(5-15)可改写为如下简单形式：

$$y_j(x)=y_{j-1}F_0(u)+y_jF_1(u)+h_j[m_{j-1}G_0(u)+m_jG_1(u)]$$
$$(u=(x-x_{j-1})/h_j,u\in[0,1]) \tag{5-19}$$

式中，$F_0(u)$、$F_1(u)$、$G_0(u)$、$G_1(u)$称为 Hermit 基函数(也称三次混合函数或三次调和函数)，在讨论曲线曲面问题时会经常用到，它满足

$$F_0(u)+F_1(u)\equiv 1$$

由式(5-19)可知，曲线段的表达式是混合函数(基函数)与端点控制条件的线性组合，其中 F_0、F_1 专门控制端点函数值对曲线形状的影响，而与端点的导数值无关；G_0、G_1 则专门控制端点一阶导数值对曲线形状的影响，而与端点的函数值无关，或者说，F_0、G_0 控制左端点的影响，F_1、G_1 控制右端点的影响。

将式(5-15)或式(5-19)改写为矩阵形式，则有

$$y_j(x)=\left[\left(\frac{x-x_{j-1}}{h_j}\right)^3 \quad \left(\frac{x-x_{j-1}}{h_j}\right)^2 \quad \frac{x-x_{j-1}}{h_j} \quad 1\right]\begin{bmatrix}2 & -2 & 1 & 1\\ -3 & 3 & -2 & -1\\ 0 & 0 & 1 & 0\\ 1 & 0 & 0 & 0\end{bmatrix}\begin{bmatrix}y_{j-1}\\ y_j\\ h_j m_{j-1}\\ h_j m_j\end{bmatrix}$$

$$(x\in[x_{j-1},x_j];j=1,2,\cdots,n) \tag{5-20}$$

或

$$\begin{aligned}y_j(x)&=[F_0(u)\quad F_1(u)\quad G_0(u)\quad G_1(u)][y_{j-1}\quad y_j\quad h_j m_{j-1}\quad h_j m_j]^{\mathrm{T}}\\ &=[u^3\quad u^2\quad u\quad 1]\begin{bmatrix}2 & -2 & 1 & 1\\ -3 & 3 & -2 & -1\\ 0 & 0 & 1 & 0\\ 1 & 0 & 0 & 0\end{bmatrix}\begin{bmatrix}y_{j-1}\\ y_j\\ h_j m_{j-1}\\ h_j m_j\end{bmatrix}\times \boldsymbol{UM}_c\begin{bmatrix}y_{j-1}\\ y_j\\ h_j m_{j-1}\\ h_j m_j\end{bmatrix}\end{aligned}$$

$$(u=(x-x_{j-1})/h_j;u\in[0,1]) \tag{5-21}$$

式中，$\boldsymbol{U}=[u^3\quad u^2\quad u\quad 1]$，$\boldsymbol{UM}_c$ 为 Hermit 基函数的矩阵表达，$\boldsymbol{M}_c$ 为 Hermit 基函数系数矩阵。

对式(5-16)和式(5-17)，也可得到类似的矩阵表达式，此处不再赘述。

上述样条曲线公式中既含型值点数据，又含斜率数据。但在构造样条曲线时，通常只给定了型值点数据，斜率是未知数。为了求得型值点处的斜率 $m_i(i=0,1,\cdots,n)$，可以利用相邻两曲线段在型值点处二阶导数连续的条件，即

$$y''_j(x_j)=y''_{j+1}(x_j)\quad(j=1,2,\cdots,n-1) \tag{5-22}$$

对于第 j 段曲线末点和第 $j+1$ 段曲线始点，利用式(5-17)有

$$y''_j(x_j)=\frac{6}{h_j^2}y_{j-1}-\frac{6}{h_j^2}y_j+\frac{2}{h_j}m_{j-1}+\frac{4}{h_j}m_j$$

$$y''_{j+1}(x_j)=-\frac{6}{h_{j+1}^2}y_j+\frac{6}{h_{j+1}^2}y_{j+1}-\frac{4}{h_{j+1}}m_j-\frac{2}{h_{j+1}}m_{j+1}$$

将上式代入式(5-22)并整理得

$$\frac{h_{j+1}}{h_j+h_{j+1}}m_{j-1}+2m_j+\frac{h_j}{h_j+h_{j+1}}m_{j+1}=3\left(\frac{h_{j+1}}{h_j+h_{j+1}}\frac{y_j-y_{j-1}}{h_j}+\frac{h_j}{h_j+h_{j+1}}\frac{y_{j+1}-y_j}{h_{j+1}}\right)$$

$$(j=1,2,\cdots,n-1) \tag{5-23}$$

引入记号

$$\begin{cases}\lambda_j=\dfrac{h_{j+1}}{h_j+h_{j+1}},\mu_j=1-\lambda_j\\ C_j=3\left(\lambda_j\dfrac{y_j-y_{j-1}}{h_j}+\mu_j\dfrac{y_{j+1}-y_j}{h_{j+1}}\right)\end{cases}\quad(j=1,2,\cdots,n-1) \tag{5-24}$$

则式(5-23)又可改写为

$$\lambda_j m_{j-1}+2m_j+\mu_j m_{j+1}=C_j\quad(j=1,2,\cdots,n-1) \tag{5-25}$$

式(5-25)称为三次样条函数的 m-连续性方程(m-关系式)。

今欲求 $n+1$ 个未知量 $m_i(i=0,1,\cdots,n)$，但仅有 $n-1$ 个方程，故需补充两个方程才能求解。这时，通常可通过指定整条曲线首、末两端的端点条件来加以解决。

(1)指定曲线两端的一阶导数 y'_0 和 y'_n，此时有

$$\begin{cases} y'_1(x_0) = m_0 = y'_0 \\ y'_n(x_n) = m_n = y'_n \end{cases}$$

(2)指定曲线两端的二阶导数 y''_0 和 y''_n，利用式(5－17)有

$$\begin{cases} 2m_0 + m_1 = \dfrac{3(y_1 - y_0)}{h_1} - \dfrac{h_1}{2} y''_0 \\ m_{n-1} + 2m_n = \dfrac{3(y_n - y_{n-1})}{h_n} + \dfrac{h_n}{2} y''_n \end{cases}$$

为综合考虑上述两类端点条件，可采用如下形式的补充方程

$$\begin{cases} 2m_0 + \mu_0 m_1 = C_0 \\ \lambda_n m_{n-1} + 2m_n = C_n \end{cases} \tag{5-26}$$

式中

$$C_0 = (4 - \mu_0)\mu_0 \left(\frac{y_1 - y_0}{h_1} - \frac{h_1}{6} y''_0 \right) + 2(1 - \mu_0) y'_0$$

$$C_n = (4 - \lambda_n)\lambda_n \left(\frac{y_n - y_{n-1}}{h_n} + \frac{h_n}{6} y''_n \right) + 2(1 - \lambda_n) y'_n$$

令 $\mu_0 = \lambda_n = 1$，相当于指定曲线两端二阶导数；令 $\mu_0 = \lambda_n = 0$，相当于指定曲线两端一阶导数；令 $\mu_0 = 1$、$\lambda_n = 0$，相当于首端指定二阶导数，末端指定一阶导数；令 $\mu_0 = 0$、$\lambda_n = 1$，相当于首端指定一阶导数，末端指定二阶导数。

综合式(5－25)和式(5－26)，得到求解 $m_i(i=0,1,\cdots,n)$ 的方程组如下：

$$\begin{bmatrix} 2 & \mu_0 & & & & \\ \lambda_1 & 2 & \mu_1 & & & \\ & \lambda_2 & 2 & \cdots & & \\ & & \cdots & \cdots & \mu_{n-2} & \\ & & & \lambda_{n-1} & 2 & \mu_{n-1} \\ & & & & \lambda_n & 2 \end{bmatrix} \begin{bmatrix} m_0 \\ m_1 \\ m_2 \\ \vdots \\ m_{n-1} \\ m_n \end{bmatrix} = \begin{bmatrix} C_0 \\ C_1 \\ C_2 \\ \vdots \\ C_{n-1} \\ C_n \end{bmatrix} \tag{5-27}$$

它的系数矩阵为三对角矩阵，可用追赶法求解。

求得各型值点处的斜率 $m_i(i=0,1,\cdots,n)$ 后，便可根据式(5－20)或式(5－21)及相应的公式计算三次样条曲线上任意点的函数值、一阶导数和二阶导数。函数值可用以绘制曲线；一阶导数用以计算曲线的斜率和法线；二阶导数则用以计算曲率和判断曲线的光顺性。三者的具体计算步骤如下：

(1)获取型值点 $(x_i, y_i)(i=0,1,\cdots,n)$；

(2)根据使用要求确定端点条件，根据式(5－26)计算 μ_0、λ_n、C_0 和 C_n；

(3)由式(5－24)计算 λ_j、μ_j 和 $C_j(j=1,2,\cdots,n-1)$；

(4)用求得的 μ_0 和 C_0，λ_j、μ_j 和 $C_j(j=1,2,\cdots,n-1)$ 以及 λ_n 和 C_n，构成式(5－27)所示的方程组，并用追赶法求解斜率 $m_i(i=0,1,\cdots,n)$；

(5)应用式(5－20)或式(5－21)，逐段逐点计算三次样条曲线 $y_j(x)(j=1,2,\cdots,n)$；

(6)逐段逐点计算三次样条曲线的斜率 $y'_j(x)$ 和二阶导数 $y''_j(x)(j=1,2,\cdots,n)$。

一阶和二阶导数的计算公式，可由式(5－20)或式(5－21)导出。

3)用型值点处二阶导数表示的三次样条曲线

掌握了用型值点处一阶导数表示三次样条曲线的原理，将其推而广之，便可构造出用型值点处二阶导数表示的三次样条曲线。下面仅给出要点和结论，具体推导过程留待读者完成。

(1)表达式

给定一组型值点$(x_i,y_i)(i=0,1,\cdots,n)$，$M_i$表示点$(x_i,y_i)$处的二阶导数，则第$j$段样条曲线仍可表示为

$$y_j(x)=a_jx^3+b_jx^2+c_jx+d_j\quad(x\in[x_{j-1},x_j];j=1,2,\cdots,n)$$

曲线段首端通过(x_{j-1},y_{j-1})，二阶导数设为M_{j-1}；末端通过(x_j,y_j)，二阶导数设为M_j。即

$$\begin{cases}y_j(x_{j-1})=y_{j-1}\\ y_j(x_j)=y_j\\ y''_j(x_{j-1})=M_{j-1}\\ y''_j(x_j)=M_j\end{cases}\quad(j=1,2,\cdots,n)$$

由此可求得系数a_j、b_j、c_j和$d_j(j=1,2,\cdots,n)$，并得到二阶导数M表示的三次样条函数及其一阶导数和二阶导数的表达式，进而求得用二阶导数表示的样条曲线的矩阵表达式

$$y_j(x)=\begin{bmatrix}(x-x_{j-1})^3 & (x-x_{j-1})^2 & x-x_{j-1} & 1\end{bmatrix}\begin{bmatrix}0 & 0 & -1/6h_j & 1/6h_j\\ 0 & 0 & 1/2 & 0\\ -1/h_j & 1/h_j & -h_j/3 & -h_j/6\\ 1 & 0 & 0 & 0\end{bmatrix}\begin{bmatrix}y_{j-1}\\ y_j\\ M_{j-1}\\ M_j\end{bmatrix}$$

$$(x\in[x_{j-1},x_j];j=1,2,\cdots,n)\tag{5-28}$$

(2)连续性方程

式(5-28)中的二阶导数为待求参数，应用相邻两段曲线在同一型值点处一阶导数连续的条件进行计算，即

$$y'_j(x_j)=y'_{j+1}(x_j)\quad(j=1,2,\cdots,n-1)$$

将式(5-28)求导并代入上式，可以建立M-连续性方程(M-关系式)：

$$\mu_jM_{j-1}+2M_j+\lambda_jM_{j+1}=D_j\quad(j=1,2,\cdots,n-1)\tag{5-29}$$

式中

$$\lambda_j=\frac{h_{j+1}}{h_j+h_{j+1}},\mu_j=1-\lambda_j,D_j=\frac{6}{h_j+h_{j+1}}\left(\frac{y_{j+1}-y_j}{h_{j+1}}-\frac{y_j-y_{j-1}}{h_j}\right)\quad(j=1,2,\cdots,n-1)$$

(3)端点条件

式(5-29)包含$n+1$个未知数，但仅有$n-1$个方程，因而必须补充两个方程才能求解。与前述类似，可指定曲线两端点条件。当指定两端的二阶导数y''_0和y''_n时，补充方程为

$$\begin{cases}M_0=y''_0\\ M_n=y''_n\end{cases}\tag{5-30}$$

当指定两端的一阶导数y'_0和y'_n时，补充方程为

$$\begin{cases}2M_0+M_1=\dfrac{6}{h_1}\left(\dfrac{y_1-y_0}{h_1}-y'_0\right)\\ M_{n-1}+2M_n=\dfrac{6}{h_n}\left(y'_n-\dfrac{y_n-y_{n-1}}{h_n}\right)\end{cases}\tag{5-31}$$

(4)求解$M_i(i=0,1,\cdots,n)$，计算三次样条曲线

由式(5－29)与相应的补充方程式(5－30)或式(5－31)构成含 $n+1$ 个方程的方程组,用追赶法即可解得全部二阶导数 $M_i(i=0,1,\cdots,n)$;再利用式(5－28),逐段逐点地计算样条函数 $y_j(x)$ 的函数值、一阶导数和二阶导数。

4)三次样条的局限性

用三次样条函数构造曲线只需事先给出很少的导数信息,能达到二阶连续,可满足许多生产实际的需要,在航空、船舶制造中得到过广泛应用,但也存在以下局限性:

(1)不易处理多值曲线。三次样条函数是在分割 Δ: $x_0<x_1<\cdots<x_n$ 前提下建立的,当函数出现多值时(如曲线绕回),x_i 不满足 $x_0<x_1<\cdots<x_n$,从而会使问题复杂化。

(2)无法处理具有垂直切线的问题。三次样条是模拟弹性梁小挠度形变而建立的数学工具,对于大挠度曲线,即有近于垂直切线的曲线,采用三次样条插值效果不好,会产生剧烈波动,因为它违背了小挠度的假定。

(3)不具几何不变性。如对型值点列进行坐标变换,则变换前后型值点列所构造的两条样条曲线的形状会有差异,即用三次样条函数表示的插值曲线依赖于坐标系的选取,缺乏几何不变性,与曲线的几何特征脱节。

(4)无局部性。由于 m－关系式或 M－关系式都是从整条曲线的连续性条件导出的,因此局部修改牵涉整个样条的重新计算,任一型值点的修改都会影响整条曲线的形状,即不具备局部性。

上述 4 个问题中,前 3 个可用参数样条加以解决,第 4 个可用 B 样条等方法克服。正是因为上述局限,当代的 CAD/CAM 系统中已很少应用样条函数方法,而是普遍采用各种参数方法来构造曲线和曲面。

5)三次参数样条曲线

为克服三次样条的局限性,人们提出了参数样条方法。即先用参数方程 $\boldsymbol{r}(t)$ 来表示曲线,然后分别在 $t-x$、$t-y$、$t-z$ 平面,用给定型值点列 $\boldsymbol{P}_i(x_i,y_i,z_i)(i=0,1,2,\cdots,n)$ 构造 3 个关于参数 t 的三次样条函数 $x=x(t)$、$y=y(t)$ 和 $z=z(t)$,它们分别插值于点集 (t_i,x_i)、(t_i,y_i) 和 $(t_i,z_i)(i=0,1,2,\cdots,n)$,再将三者合并,形成三次参数样条曲线

$$\boldsymbol{r}(t)=[x(t),y(t),z(t)]\quad(t\in[t_0,t_n])$$

实际应用中的问题是,如何选择参数 t,使它和 x、y、z 一一对应,并有直观的几何或物理解释。关于参数 t,累加弧长是最直观的选择,但在得到曲线之前,我们无法获得弧长的具体数值。自然地,人们想到用累加弦长当作曲线的近似弧长来构造样条曲线,称为累加弦长参数样条曲线。

对给定型值点列 $\boldsymbol{P}_i(x_i,y_i,z_i)(i=0,1,2,\cdots,n)$,设累加弦长参数为 s,则与型值点 $\boldsymbol{P}_i(x_i,y_i,z_i)$ 相对应的累加弦长为

$$s_0=0$$

$$\begin{aligned}s_k&=\sum_{j=1}^{k}|\boldsymbol{P}_j-\boldsymbol{P}_{j-1}|=\sum_{j=1}^{k}|\Delta\boldsymbol{P}_{j-1}|\\&=\sum_{j=1}^{k}\sqrt{(x_j-x_{j-1})^2+(y_j-y_{j-1})^2+(z_j-z_{j-1})^2}\quad(k=1,2,\cdots,n)\end{aligned}\tag{5-32}$$

由此,可以得到表 5.4 所示的数据表。

表 5.4 数据表

s	s_0	s_1	s_2	…	s_n
x	x_0	x_1	x_2	…	x_n
y	y_0	y_1	y_2	…	y_n
z	z_0	z_1	z_2	…	z_n

根据表 5.4,用式(5-25)或式(5-29)分别作 3 个与式(5-21)或式(5-28)相对应的插值三次样条函数 $x=x(s)$、$y=y(s)$和 $z=z(s)$。它们在区间$[s_0,s_n]$上关于 s 二阶连续可微,是关于 s 的分段三次多项式。因此,所得到的参数样条曲线 $\boldsymbol{P}(s)=[x(s),y(s),z(s)]$也是二阶连续的,具有连续的斜率和曲率。需要注意的是,在求解 m_i 或 $M_i(i=1,2,\cdots,n)$时,由端点条件所给出的补充方程式(5-26)或式(5-30)、式(5-31)中 m_0、m_n 或 M_0、M_n 是关于弧长 s 的一阶或二阶导数;如果不是,需先将端点条件转化为关于 s 的导数,再列出形如式(5-26)或式(5-30)、式(5-31)的补充方程求解。

累加弦长如实反映了数据点按弦长的分布情况,一直被认为是最佳参数化法。在许多情况下能获得较满意的结果,即所得插值曲线具有较好的光顺性。弦长参数化法在某种程度上可看做弧长参数化的粗略近似,其切矢模长较接近单位长,似可看做为具有较好光顺性的一种解释。应该指出,插值曲线的光顺性不仅与数据点的参数化有关,还与所采用的插值法有关。同样需要特别指出的是,累加弦长参数化法并不表示插值曲线以累加弦长为参数。

当数据点取得足够密,且插值法具有收敛性,即加密数据点插值曲线收敛到被插曲线时,将生成近似弧长参数化的插值曲线。但在工程实践中,人们希望用尽可能少但又足以表示形状的数据点,即能方便地生成所需要的曲线。此时为保证曲线具有较好的光顺性,常采用如下两种改进的累加弦长参数样条曲线。

(1)向心参数化法

该方法与累加弦长法唯一的不同是采用下式计算参数 s

$$s_0 = 0$$

$$\begin{aligned} s_k &= \sum_{j=1}^{k} |\boldsymbol{P}_j - \boldsymbol{P}_{j-1}|^{\frac{1}{2}} = \sum_{j=1}^{k} |\Delta\boldsymbol{P}_{j-1}|^{\frac{1}{2}} \\ &= \sum_{j=1}^{k} \sqrt[4]{(x_j - x_{j-1})^2 + (y_j - y_{j-1})^2 + (z_j - z_{j-1})^2} \quad (k = 1,2,\cdots,n) \end{aligned} \tag{5-33}$$

这是美国波音公司的李(Lee)1989 年提出的。他认为累加弦长参数化法并不总能保证生成光顺插值曲线,原因在于未考虑数据点相邻弦线的折拐情况。就像汽车在高速公路上行驶那样,司机驱车的安全性与舒适感取决于向心加速度是否在一定界限内平稳地变化。由此他假设在一段曲线弧上的向心力(向心加速度)与曲线切矢从该弧段始端至末端的转角成正比,加上其他一些简化假设,导出了上述参数化法。与累加弦长参数化法的区别在于向心参数化法取成了弦长平方根的积累,故又称为平方根法。在处理非均匀分布数据点时,向心参数化法能取得较好的结果,但向心参数化法也并未达到其预期目的——真实反映出数据点相邻弦线的折拐情况。

(2)修正弦长参数化法

该方法由福利(Foley)1989 年提出。其计算参数的公式是

$$s_0 = 0$$

$$\begin{aligned} s_k &= \sum_{j=1}^{k}\alpha_j \mid \boldsymbol{P}_j - \boldsymbol{P}_{j-1} \mid = \sum_{j=1}^{k}\alpha_j \mid \Delta\boldsymbol{P}_{j-1} \mid \\ &= \sum_{j=1}^{k}\alpha_j \sqrt{(x_j - x_{j-1})^2 + (y_j - y_{j-1})^2 + (z_j - z_{j-1})^2} \quad (k = 1,2,\cdots,n) \end{aligned} \tag{5-34}$$

式中，$\alpha_j = 1 + \frac{3}{2}\left(\frac{|\Delta\boldsymbol{P}_{j-2}|\theta_{j-1}}{|\Delta\boldsymbol{P}_{j-2}|+|\Delta\boldsymbol{P}_{j-1}|} + \frac{|\Delta\boldsymbol{P}_j|\theta_j}{|\Delta\boldsymbol{P}_{j-1}|+|\Delta\boldsymbol{P}_j|}\right)$；$\theta_j = \min\left(\pi - \angle\boldsymbol{P}_{j-1}\boldsymbol{P}_j\boldsymbol{P}_{j+1}, \frac{\pi}{2}\right)$；$|\Delta\boldsymbol{P}_{-1}| = |\Delta\boldsymbol{P}_{n+1}| = 0$。

可见这里采用了修正弦长，修正系数 $\alpha_j \geqslant 1$。与前后相邻弦长 $|\Delta\boldsymbol{P}_{j-2}|$ 及 $|\Delta\boldsymbol{P}_j|$ 相比，弦长 $|\Delta\boldsymbol{P}_{j-1}|$ 越小，且与前后相邻弦线夹角的外角 θ_{j-1}。θ_j(不超过 $\pi/2$ 时)越大，则修正系数 α_j 越大，因而修正弦长参数区间 $\Delta_{j-1} = \alpha_j|\Delta\boldsymbol{P}_{j-1}|$ 就越大。这样，便对曲线段绝对曲率偏大、弦长相对于实际弧长偏短的情况进行了修正，使修正弦长更接近于实际弧长。另一方面，与向心参数化法使向心加速度平稳地变化不同，福利参数化法增大了花费在曲线段上运动的“时间间隔”，使“切向速度”减缓下来。这好比司机驱车行驶在高速公路上，在急拐弯处把车速慢下来，从而提高行车安全性。当顺序 4 点共线且依次排列时，中间两点间的修正弦长就等于实际弦长。当 $\theta_{j-1} = \theta_j = \pi/2$，修正系数 m_j 将达到最大值。该参数化法具有“对称性”，对特定问题，福利法较之某些其他参数化法，能达到更好的光顺性。

6)Ferguson 曲线

1963 年，Ferguson 首先在飞机设计中应用了参数三次曲线，其曲线段的表达式为

$$\boldsymbol{r}(u) = \boldsymbol{a}_3 u^3 + \boldsymbol{a}_2 u^2 + \boldsymbol{a}_1 u + \boldsymbol{a}_0 \quad (u \in [0,1]) \tag{5-35}$$

式中，u 为参数，$\boldsymbol{a}_0$、$\boldsymbol{a}_1$、$\boldsymbol{a}_2$、$\boldsymbol{a}_3$ 为待定系数矢量，其切矢为

$$\boldsymbol{r}'(u) = 3\boldsymbol{a}_3 u^2 + 2\boldsymbol{a}_2 u + \boldsymbol{a}_1 \quad (u \in [0,1]) \tag{5-36}$$

给定曲线段首、末端点矢量 $\boldsymbol{r}(0)$、$\boldsymbol{r}(1)$ 及切矢量 $\boldsymbol{r}'(0)$、$\boldsymbol{r}'(1)$，则由式(5-35)和式(5-36)有

$$\begin{cases} \boldsymbol{r}(0) = \boldsymbol{a}_0 \\ \boldsymbol{r}_1(1) = \boldsymbol{a}_0 + \boldsymbol{a}_1 + \boldsymbol{a}_2 + \boldsymbol{a}_3 \\ \boldsymbol{r}'(0) = \boldsymbol{a}_1 \\ \boldsymbol{r}'(1) = \boldsymbol{a}_1 + 2\boldsymbol{a}_2 + 3\boldsymbol{a}_3 \end{cases}$$

解上述方程组得

$$\begin{cases} \boldsymbol{a}_0 = \boldsymbol{r}(0) \\ \boldsymbol{a}_1 = \boldsymbol{r}'(0) \\ \boldsymbol{a}_2 = -3\boldsymbol{r}(0) + 3\boldsymbol{r}(1) - 2\boldsymbol{r}'(0) - \boldsymbol{r}'(1) \\ \boldsymbol{a}_3 = 2\boldsymbol{r}(0) - 2\boldsymbol{r}(1) + \boldsymbol{r}'(0) + \boldsymbol{r}'(1) \end{cases}$$

将上式系数矢量代入式(5-35)并整理，得 Ferguson 曲线段的具体表达式如下

$$\boldsymbol{r}(u) = F_0(u)\boldsymbol{r}(0) + F_1(u)\boldsymbol{r}(1) + G_0(u)\boldsymbol{r}'(0) + G_1(u)\boldsymbol{r}'(1) \tag{5-37}$$

式中，$F_0(u)$、$F_1(u)$、$G_0(u)$、$G_1(u)$ 为式(5-18)所表示的 Hermit 基函数。写成矩阵形式为

$$\boldsymbol{r}(u) = [F_0(u) \quad F_1(u) \quad G_0(u) \quad G_1(u)][\boldsymbol{r}(0) \quad \boldsymbol{r}(1) \quad \boldsymbol{r}'(0) \quad \boldsymbol{r}'(1)]^{\mathrm{T}}$$

$$= [u^3, u^2, u, 1]\begin{bmatrix} 2 & -2 & 1 & 1 \\ -3 & 3 & -2 & -1 \\ 0 & 0 & 1 & 0 \\ 1 & 0 & 0 & 0 \end{bmatrix}\begin{bmatrix} \boldsymbol{r}(0) \\ \boldsymbol{r}(1) \\ \boldsymbol{r}'(0) \\ \boldsymbol{r}'(1) \end{bmatrix} \quad (u \in [0,1]) \tag{5-38}$$

$$= \boldsymbol{UM_cB}$$

式中，$\boldsymbol{B}=[\boldsymbol{r}(0) \quad \boldsymbol{r}(1) \quad \boldsymbol{r}'(0) \quad \boldsymbol{r}'(1)]^{\mathrm{T}}$，为矢量表示的端点条件，也称几何端点条件。

上式表明，Ferguson 曲线段是 Hermit 基函数（三次混合函数或调和混合函数）与几何系数 $\boldsymbol{r}(0)$、$\boldsymbol{r}(1)$、$\boldsymbol{r}'(0)$、$\boldsymbol{r}'(1)$的线性组合。实际上，它就是 Hermit 插值所得三次参数曲线段的矢量表达形式。这种表达形式的几何意义清楚，在 CAD/CAM 中基本上都采用这种形式。一般来说，如果已知曲线的几何系数及其类型，就可以立即仿照式(5-37)或式(5-38)写出它的具体表达式。

2. Bezier 曲线

1962 年，法国雷诺汽车公司的 P. E. Bezier 提出了一种以逼近为基础的参数曲线设计方法，他采用几何控制的方法，通过有限个控制点来设计曲线和曲面的轮廓。后来雷诺公司以此为基础，开发了一套设计自由曲线和曲面的几何设计系统 UNISURF，并于 1972 年正式应用。Bezier 方法将函数逼近同几何表示结合起来，使设计师在计算机上进行设计时就像使用常规作图工具一样得心应手。本小节将讨论 Bezier 曲线的构造方法、性质与特点及有关应用问题。

1)Bezier 曲线的定义及性质

(1)定义

图 5.25 所示的几条 Bezier 曲线，是由一组折线集或称之为 Bezier 特征多边形来定义的。曲线的起点和终点与该多边形的起点、终点重合，且多边形的第一条边和最后一条边为曲线在起点和终点处的切矢量方向。曲线的形状趋于特征多边形的形状。

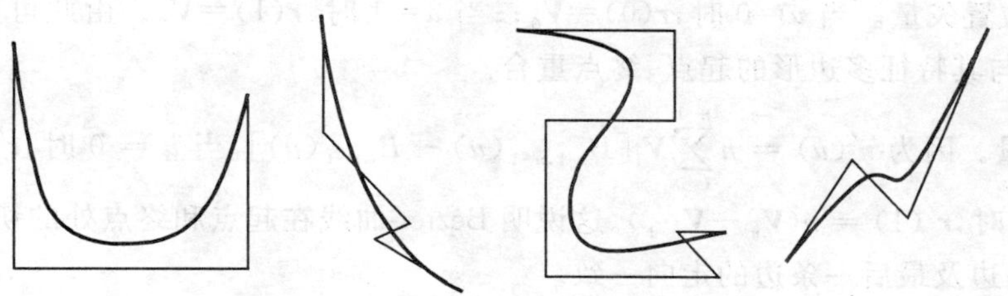

图 5.25 Bezier 曲线的特征多边形定义

给定空间 $n+1$ 个控制顶点 $\boldsymbol{V}_i(i=0,1,\cdots,n)$，则 n 次 Bezier 曲线的表达式为

$$\boldsymbol{r}(u) = \sum_{i=0}^{n} \boldsymbol{V}_i \cdot B_{i,n}(u) \quad (u \in [0,1]) \tag{5-39}$$

$\boldsymbol{V}_i$ 构成的多边形称为 Bezier 曲线的特征多边形，$B_{i,n}(u)$是 Bernstein 基函数，也是曲线上各点位置矢量的调和函数。

$$B_{i,n}(u) = \frac{n!}{i!(n-i)!}u^i(1-u)^{n-i} = C_n^i u^i(1-u)^{n-i} \quad (i=0,1,\cdots,n)$$

(2)Bernstein 调和函数的性质

①非负性，也称正性，即 Bernstein 多项式的值恒不小于零。

$$B_{i,n}(u)\begin{cases}=0 & u=0,1\\>0 & u\in(0,1)\end{cases}\quad(i=1,2,\cdots,n-1,)$$

并且

$$B_{0,n}(0)=B_{n,n}(1)=1;B_{0,n}(1)=B_{n,n}(0)=0;$$
$$0<B_{0,n}(u),B_{n,n}(u)<1\quad u\in(0,1)$$

②权性，也称混合性，指 Bernstein 多项式之和恒等于 1。

$$\sum_{i=0}^{n}B_{i,n}(u)\equiv 1\quad(u\in[0,1])$$

由二项式定理，有

$$\sum_{i=0}^{n}B_{i,n}(u)=\sum_{i=0}^{n}C_n^i(1-u)^{n-i}u^i=[(1-u)+u]^n=1$$

③对称性

$$B_{i,n}(u)=B_{n-i,n}(1-u)\quad(u\in[0,1];i=(0,1,\cdots,n))$$

因为，$B_{n-i,n}(1-u)=C_n^{n-i}[1-(1-u)]^{n-(n-i)}(1-u)^{n-i}=C_n^iu^i(1-u)^{n-i}=B_{i,n}(u)$

④递推性

$$B_{i,n}(u)=(1-u)B_{i,n-1}(u)+uB_{i-1,n-1}(u)\quad(i=0,1,\cdots,n)$$

即高一次的 Bernstein 调和函数可由两个低一次的 Bernstein 调和函数线性组合而成。

⑤导函数

$$B'_{i,n}(u)=nC_{n-1}^{i-1}(1-u)^{n-i}u^{i-1}-nC_{n-1}^{i}(1-u)^{n-i-1}u^i$$
$$=n[B_{i-1,n-1}(u)-B_{i,n-1}(u)]\quad(i=0,1,\cdots,n)$$

(3) Bezier 曲线的性质

根据 Bernstein 调和函数的性质，可导出 Bezier 曲线的下列几何性质。

①端点性质

a. 端点位置矢量。当 $u=0$ 时，$\boldsymbol{r}(0)=\boldsymbol{V}_0$；；当 $u=1$ 时，$\boldsymbol{r}(1)=V_n$。由此可见，Bezier 曲线的起点、终点与其特征多边形的起点、终点重合。

b. 切矢量。因为 $\boldsymbol{r}'(u)=n\sum\limits_{i=0}^{n-1}\boldsymbol{V}_i[B_{i-1,n-1}(u)-B_{i,n-1}(u)]$，当 $u=0$ 时，$\boldsymbol{r}'(0)=n(\boldsymbol{V}_1-\boldsymbol{V}_0)$；当 $u=1$ 时，$\boldsymbol{r}'(1)=n(\boldsymbol{V}_n-\boldsymbol{V}_{n-1})$。这说明 Bezier 曲线在起点和终点处的切线方向和特征多边形第一条边及最后一条边的走向一致。

c. 二阶导矢。因为 $\boldsymbol{r}''(u)=n(n-1)\sum\limits_{i=0}^{n-2}(\boldsymbol{V}_{i+2}-2\boldsymbol{V}_{i+1}+\boldsymbol{V}_i)B_{i,n-2}(u)$，当 $u=0$ 时，$\boldsymbol{r}''(0)=n(n-1)(\boldsymbol{V}_2-2\boldsymbol{V}_1+\boldsymbol{V}_0)$；当 $u=1$ 时，$\boldsymbol{r}''(1)=n(n-1)(\boldsymbol{V}_n-2\boldsymbol{V}_{n-1}+\boldsymbol{V}_{n-2})$。由此可见，Bezier 曲线在端点处的二阶导矢只与相邻 3 个顶点有关。进一步还可以证明：$\boldsymbol{r}^{(k)}(0)=\dfrac{n!}{(n-k)!}\sum\limits_{i=0}^{k}(-1)^{k-i}C_k^i\boldsymbol{V}_i$，$\boldsymbol{r}^{(k)}(1)=\dfrac{n!}{(n-k)!}\sum\limits_{i=0}^{k}(-1)^iC_k^i\boldsymbol{V}_{n-i}$，这说明端点处的 k 阶导矢只与 $(k+1)$ 个相邻顶点有关，而与更远的顶点无关。

②对称性

若保持原 Bezier 曲线的全部顶点 $\boldsymbol{V}_i$ 位置不变，只把其次序颠倒过来，即新特征多边形的

顶点 $V_i^* = V_{n-i}(i=0,1,\cdots,n)$，则新 Bezier 曲线形状不变，只是走向相反，其公式如下：

$$r^*(u) = \sum_{i=0}^{n} V_i^* B_{i,n}(u) = \sum_{i=0}^{n} V_{n-i} B_{i,n}(u) = \sum_{i=0}^{n} V_{n-i} B_{n-i,n}(1-u)$$

$$= \sum_{i=0}^{n} V_i B_{i,n}(1-u) \quad (u \in [0,1])$$

这说明 Bezier 曲线及其特征多边形在起点处的几何性质，它在终点处也同样存在。

③凸包性

由于 $\sum_{i=0}^{n} B_{i,n}(u) \equiv 1(u \in [0,1])$，且 $0 \leqslant B_{i,n}(u) \leqslant 1(u \in [0,1], i=(0,1,\cdots,n))$，这一结果说明：当 u 在[0,1]区间变化时，对某一个 u 值，$r(u)$是特征多边形各顶点 V_i 的加权平均，权因子是 $B_{i,n}(u)$；在几何图形上，这意味着 Bezier 曲线 $r(u)$是各顶点 V_i 的凸线性组合，并且曲线上各点均落在 Bezier 特征多边形构成的凸包之中。

④几何不变性

这是指某些几何特性不随坐标变换而变化的性质。Bezier 曲线的位置与形状仅与其特征多边形顶点 $V_i(i=0,1,\cdots,n)$的位置有关，并不依赖于坐标系的选择，即有

$$\sum_{i=0}^{n} V_i \cdot B_{i,n}(u) = \sum_{i=0}^{n} V_i \cdot B_{i,n}\left(\frac{u^* - a}{b-a}\right) \quad (u \in [0,1])$$

式中，参变量 u^* 是 u 的置换。

⑤变差缩减性

若 Bezier 曲线的特征多边形顶点 $V_i(i=0,1,\cdots,n)$构成一平面图形，则平面内任意直线与 $r(u)$的交点个数不多于该直线和其特征多边形的交点个数，这一性质叫做变差缩减性。此性质反映了 Bezier 曲线比其特征多边形的波动还小，也就是说 Bezier 曲线比特征多边形所在的折线更光顺。

2)Bezier 曲线的矩阵表示

由上面 Bezier 曲线的定义公式，我们很容易推出常用的一次、二次、三次 Bezier 曲线的矩阵表示。

(1)一次 Bezier 曲线($n=1$)

$$r(u) = \sum_{i=0}^{1} V_i \cdot B_{i,1}(u) = (1-u)V_0 + uV_1 \quad (u \in [0,1])$$

矩阵表示为

$$r(u) = [u \quad 1]\begin{bmatrix} -1 & 1 \\ 1 & 0 \end{bmatrix}\begin{bmatrix} V_0 \\ V_1 \end{bmatrix} \quad (u \in [0,1]) \tag{5-40}$$

显然，一次 Bezier 曲线是连接起点 V_0 和终点 V_1 的直线段。

(2)二次 Bezier 曲线($n=2$)

$$r(u) = \sum_{i=0}^{2} V_i \cdot B_{i,2}(u) = (1-u)^2 V_0 + 2u(1-u)V_1 + u^2 V_2 \quad (u \in [0,1])$$

矩阵表示为

$$r(u) = [u^2 \quad u \quad 1]\begin{bmatrix} 1 & -2 & 1 \\ -2 & 2 & 0 \\ 1 & 0 & 0 \end{bmatrix}\begin{bmatrix} V_0 \\ V_1 \\ V_2 \end{bmatrix} \quad (u \in [0,1]) \tag{5-41}$$

此式说明二次 Bezier 曲线对应一条起点在 $\boldsymbol{V}_0$、终点在 $\boldsymbol{V}_2$ 处的抛物线，有

$$\boldsymbol{r}(0)=\boldsymbol{V}_0,\boldsymbol{r}(1)=\boldsymbol{V}_2;\boldsymbol{r}'(0)=2(\boldsymbol{V}_1-\boldsymbol{V}_0),\boldsymbol{r}'(1)=2(\boldsymbol{V}_2-\boldsymbol{V}_1)$$

(3)三次 Bezier 曲线($n=3$)

$$\boldsymbol{r}(u)=\sum_{i=0}^{3}\boldsymbol{V}_i\cdot B_{i,3}(u)=(1-u)^3\boldsymbol{V}_0+3u(1-u)^2\boldsymbol{V}_1+3u^2(1-u)\boldsymbol{V}_2+u^3\boldsymbol{V}_3\quad(u\in[0,1])$$

若令 $B_{0,3}(u)=(1-u)^3$、$B_{1,3}(u)=3u(1-u)^2$、$B_{2,3}(u)=3u^2(1-u)$、$B_{3,3}(u)=u^3$，则三次 Bernstein 调和函数为

$$[B_{0,3}(u)\quad B_{1,3}(u)\quad B_{2,3}(u)\quad B_{3,3}(u)]=[u^3\quad u^2\quad u\quad 1]\begin{bmatrix}-1&3&-3&1\\3&-6&3&0\\-3&3&0&0\\1&0&0&0\end{bmatrix}\triangleq \boldsymbol{UM}_{BE}$$

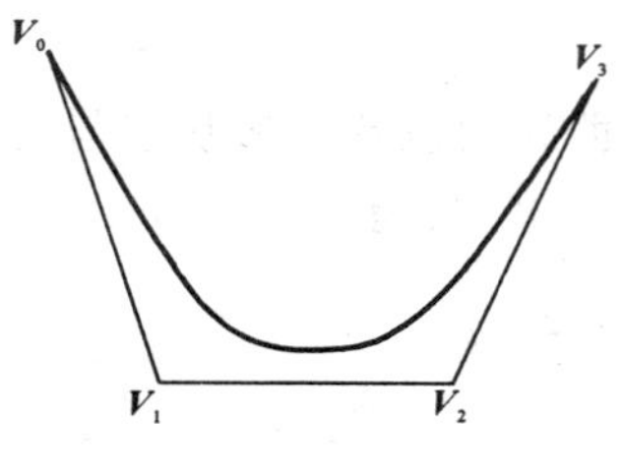

图 5.26 三次 Bezier 曲线

式中，$\boldsymbol{U}=[u^3\quad u^2\quad u\quad 1]$；$\boldsymbol{M}_{BE}$ 为三次 Bernstein 调和函数系数矩阵。由此可得三次 Bezier 曲线的矩阵表达式

$$\boldsymbol{r}(u)=\boldsymbol{UM}_{BE}[\boldsymbol{V}_0\quad \boldsymbol{V}_1\quad \boldsymbol{V}_2\quad \boldsymbol{V}_3]^{\mathrm{T}}\triangleq \boldsymbol{UM}_{BE}\boldsymbol{V}^{\mathrm{T}}\quad(u\in[0,1])\qquad(5-42)$$

式中，$\boldsymbol{V}$ 为控制顶点向量。若已知 4 个按 u 增加方向为序的控制点$[\boldsymbol{V}_0\quad \boldsymbol{V}_1\quad \boldsymbol{V}_2\quad \boldsymbol{V}_3]$，其相应的 Bezier 曲线如图 5.26所示。

3)Bezier 曲线的拼接及其连续性

给定两控制点列 ${}^{(1)}\boldsymbol{V}_i(i=0,1,\cdots,n)$、${}^{(2)}\boldsymbol{V}_j(j=0,1,\cdots,m)$，分别构造两条 Bezier 曲线 ${}^{(1)}\boldsymbol{r}(u)$、${}^{(2)}\boldsymbol{r}(u)$，其特征多边形的边表示为 $\boldsymbol{a}_i={}^{(1)}\boldsymbol{V}_i-{}^{(1)}\boldsymbol{V}_{i-1}$、$\boldsymbol{b}_j={}^{(2)}\boldsymbol{V}_j-{}^{(2)}\boldsymbol{V}_{j-1}$，如图 5.27 所示。现讨论如何把它们按照一定的连续条件拼接起来。

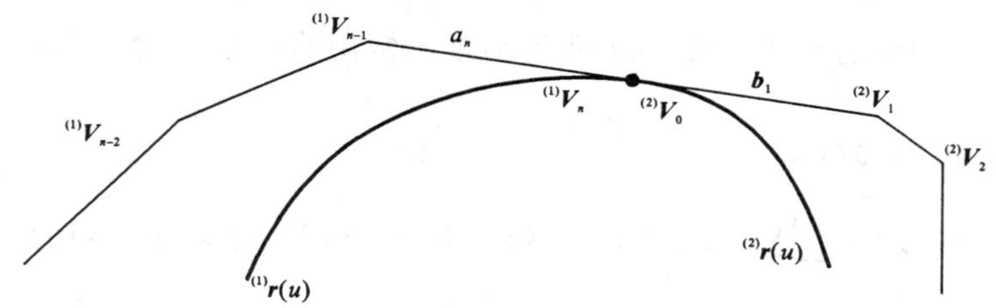

图 5.27 Bezier 曲线的拼接

当 ${}^{(1)}\boldsymbol{V}_n={}^{(2)}\boldsymbol{V}_0$，则 ${}^{(1)}\boldsymbol{r}$ 的终点与 ${}^{(2)}\boldsymbol{r}$ 的起点重合，两曲线在拼接处可达到 C^0 连续。

要使两曲线在拼接处达到 C^1 连续，充要条件是

$$\boldsymbol{b}_1={}^{(2)}\boldsymbol{V}_1-{}^{(2)}\boldsymbol{V}_0=\alpha\boldsymbol{a}_n=\alpha({}^{(1)}\boldsymbol{V}_n-{}^{(1)}\boldsymbol{V}_{n-1})\quad(\alpha>0)$$

即要求 ${}^{(1)}\boldsymbol{V}_{n-1}$、${}^{(1)}\boldsymbol{V}_n({}^{(2)}\boldsymbol{V}_0)$、${}^{(2)}\boldsymbol{V}_1$ 三点共线。

要实现 C^2 连续拼接，充要条件是在 C^1 连续的前提下满足：①密切平面重合，副法线矢量同向；②曲率相等。

由 Bezier 曲线的端点性质可知

${}^{(1)}\boldsymbol{r}$ 在终点的副法线矢量 $\boldsymbol{B}_{{}^{(1)}\boldsymbol{r}(1)}=n^2(n-1)(\boldsymbol{a}_{n-1}\times\boldsymbol{a}_n)$；

${}^{(2)}\boldsymbol{r}$ 在始点的副法线矢量 $\boldsymbol{B}_{{}^{(2)}\boldsymbol{r}(0)}=m^2(m-1)(\boldsymbol{b}_1\times\boldsymbol{b}_2)$。

要满足条件①，要求4个矢量 $\boldsymbol{a}_{n-1}$、$\boldsymbol{a}_n$，$\boldsymbol{b}_1$、$\boldsymbol{b}_2$ 共面，加上 $\boldsymbol{b}_1=\alpha\boldsymbol{a}_n$，则有

$$\boldsymbol{b}_2=-\beta\boldsymbol{a}_{n-1}+\gamma\boldsymbol{a}_n$$

式中，$\beta>0$，γ 为任意数。

根据曲率计算公式，${}^{(1)}\boldsymbol{r}$ 在终点处的曲率为

$$k_{(1)_{r(1)}}=\frac{|\boldsymbol{B}_{(1)_{r(1)}}|}{|{}^{(1)}\boldsymbol{r}'(1)|^3}=\frac{n^2(n-1)|\boldsymbol{a}_{n-1}\times\boldsymbol{a}_n|}{n^3|\boldsymbol{a}_n|^3}=\frac{(n-1)|\boldsymbol{a}_{n-1}\times\boldsymbol{a}_n|}{n|\boldsymbol{a}_n|^3}$$

${}^{(2)}\boldsymbol{r}$ 在始点处的曲率为

$$k_{(2)_{r(0)}}=\frac{|\boldsymbol{B}_{(2)_{r(0)}}|}{|{}^{(2)}\boldsymbol{r}'(0)|^3}=\frac{(m-1)\beta|\boldsymbol{a}_{n-1}\times\boldsymbol{a}_n|}{m\alpha^2|\boldsymbol{a}_n|^3}$$

对于条件②，由 $k_{(1)_{r(1)}}=k_{(2)_{r(0)}}$ 得到 $\beta=\dfrac{m(n-1)}{n(m-1)}\alpha^2$。

利用以上公式，求出 $\boldsymbol{b}_1$、$\boldsymbol{b}_2$，即可使 ${}^{(1)}\boldsymbol{r}$ 和 ${}^{(2)}\boldsymbol{r}$ 达到 C^2 连续。

4)Bezier曲线控制点的反算

若给定 $n+1$ 个型值点 $\boldsymbol{P}_i(i=0,1,\cdots,n)$，要求构造一条Bezier曲线通过这些点，其关键是如何求得过 $\boldsymbol{P}_i(i=0,1,\cdots,n)$ 的Bezier曲线的控制点 $\boldsymbol{V}_i(i=0,1,\cdots,n)$。通常可取参数 $u_i=i/n(i=0,1,\cdots,n)$ 与点 $\boldsymbol{P}_i(i=0,1,\cdots,n)$ 相对应，用以反算 $\boldsymbol{V}_i(i=0,1,\cdots,n)$。设 $\boldsymbol{P}_i(i=0,1,\cdots,n)$ 在Bezier曲线 $\boldsymbol{r}(u)$ 上，且有

$$\boldsymbol{r}(u)=\boldsymbol{V}_0C_n^0(1-u)^n+\boldsymbol{V}_1C_n^1(1-u)^{n-1}u+\cdots+\boldsymbol{V}_iC_n^i(1-u)^{n-i}u^i+\cdots+\boldsymbol{V}_nC_n^nu^n$$

将参数 $u_i=i/n(i=0,1,\cdots,n)$ 代入上式，可以得到下面关于 $\boldsymbol{V}_i(i=0,1,\cdots,n)$ 的 $n+1$ 个方程组成的线性方程组。

$$\begin{cases}\boldsymbol{P}_0=\boldsymbol{V}_0\\ \quad\vdots\\ \boldsymbol{P}_i=\boldsymbol{V}_0C_n^0(1-i/n)^n+\boldsymbol{V}_1C_n^1(1-i/n)^{n-1}(i/n)+\cdots+\boldsymbol{V}_iC_n^i(1-i/n)^{n-i}(i/n)^i\cdots\\ \qquad+\boldsymbol{V}_nC_n^n(i/n)^n\quad(i=1,2,\cdots,n-1)\\ \quad\vdots\\ \boldsymbol{P}_n=\boldsymbol{V}_n\end{cases}$$

解方程组得出 $\boldsymbol{V}_i(i=0,1,\cdots,n)$，即为过 $\boldsymbol{P}_i(i=0,1,\cdots,n)$ 的Bezier曲线特征多边形的顶点。

3. B样条曲线

用Bernstein调和函数构造的Bezier曲线有许多优点，但也有两点不足：一是特征多边形顶点的个数决定了Bezier曲线的阶次，而且当 n 较大时，特征多边形对曲线的控制将会减弱；二是Bezier曲线不能作局部修改，即改变某一个控制点的位置对整条曲线都有影响，这是因为调和函数 $B_{i,n}(u)$ 在 $u\in[0,1]$ 的整个区间内均不为零。1972～1976年间，Cordon、Riesenfeld等人拓展了Bezier曲线，用B样条函数代替Bernstein函数，从而克服了Bezier特征多边形与Bernstein多项式次数有关和整体逼近的弱点。

1)B样条曲线的定义和性质

(1)定义

给定 $m+n+1$ 个控制点 $\boldsymbol{V}_i(i=0,1,\cdots,m+n)$，称 n 次参数曲线

$$r_{i,n}(u)=\sum_{l=0}^{n}V_{i+l}N_{l,n}(u)\quad(u\in[0,1])\tag{5-43}$$

为 n 次 B 样条曲线的第 $i(i=0,1,\cdots,m)$ 段曲线，它的全体称为 n 次 B 样条曲线。相应的 V_{i+l} $(l=0,1,\cdots,n)$ 组成第 i 段曲线的 B 特征多边形。式中基函数

$$N_{l,n}(u)=\frac{1}{n!}\sum_{j=0}^{n-l}(-1)^jC_{n+1}^j(u+n-l-j)^n\quad(u\in[0,1];l=0,1,\cdots,n)$$

这个定义说明：

①由 $m+n+1$ 个控制点生成的 n 次($n+1$ 阶)B 样条曲线是由 $m+1$ 段 B 样条曲线逼近而成的，每个曲线段的形状仅由点列中的 $n+1$ 个顺序排列的点所控制，如图 5.28 所示。

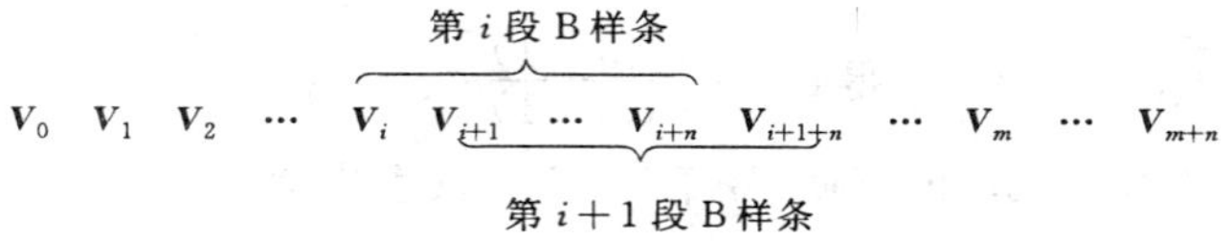

第 i 段 B 样条

$V_0\quad V_1\quad V_2\quad\cdots\quad V_i\quad V_{i+1}\quad\cdots\quad V_{i+n}\quad V_{i+1+n}\quad\cdots\quad V_m\quad\cdots\quad V_{m+n}$

第 $i+1$ 段 B 样条

图 5.28 B 样条曲线的控制点列

②由不同节点矢量构成的均匀 B 样条函数所描绘的形状若相同，可看成是同一个 B 样条函数的简单平移。

③在构造每段曲线时，采用均匀 B 样条函数可以统一处理，工作量小。

(2)B 样条曲线的性质

①局部性。n 次 B 样条曲线在修改时只被相邻的 $n+1$ 个顶点所控制，而与其他顶点无关。当移动一个顶点时，只对其中相邻的 $n+1$ 段曲线有影响，并不对整条曲线产生影响。

②连续性。n 次 B 样条曲线段的连续性不低于 $n-1$ 阶，整条曲线的连续性也不低于$n-1$ 阶。

③几何不变性。B 样条曲线的形状和位置与坐标系的选择无关。

④变差缩减性。在 B 样条曲线特征多边形所构成的平面内，任一直线与 B 样条曲线的交点个数不多于该直线和特征多边形的交点个数。

2)B 样条曲线的矩阵表示

根据 B 样条基函数我们可以较容易地推出 B 样条曲线的矩阵表示，下面给出工程中常用的一、二、三次均匀 B 样条曲线的矩阵表达式。

(1)一次 B 样条曲线的矩阵表示

因为基函数为

$$\begin{aligned}N_{0,1}(u)&=\frac{1}{1!}\sum_{j=0}^{1-0}(-1)^jC_{1+1}^j(u+1-0-j)^1\\&=u+1-2u=1-u\quad(注意\ C_n^i=\frac{n!}{i!(n-i)!})\end{aligned}$$

$$N_{1,1}(u)=\frac{1}{1!}\sum_{j=0}^{1-1}(-1)^jC_{1+1}^j(u+1-1-j)^1=u$$

所以，一次 B 样条曲线的第 i 段可写成

$$r_{i,1}(u)=\sum_{l=0}^{1}V_{i+l}N_{l,1}(u)=V_iN_{0,1}(u)+V_{i+1}N_{1,1}(u)\quad(u\in[0,1])$$

写成矩阵形式为

$$\begin{aligned} \boldsymbol{r}_{i,1}(u) &= [N_{0,1}(u) \quad N_{1,1}(u)]\begin{bmatrix} \boldsymbol{V}_i \\ \boldsymbol{V}_{i+1} \end{bmatrix} \\ &= [u \quad 1]\begin{bmatrix} -1 & 1 \\ 1 & 0 \end{bmatrix}\begin{bmatrix} \boldsymbol{V}_i \\ \boldsymbol{V}_{i+1} \end{bmatrix}(u \in [0,1]) \end{aligned} \tag{5-44}$$

给定 $m+n+1$ 个空间或平面控制点 $\boldsymbol{P}_i(i=0,1,\cdots,m+n)$，其中每相邻两个点可构造出一段一次B样条曲线。整条一次B样条曲线就是该曲线的控制多边形，具有 C^0 连续性。

(2)二次B样条曲线的矩阵表示

给定 $m+n+1$ 个空间或平面控制点 $\boldsymbol{P}_i(i=0,1,\cdots,m+n)$，其中每相邻3个点可构造出一段二次B样条曲线。这里 $n=2$，其各个基函数为

$$N_{0,2}(u) = \frac{1}{2}(1-u)^2$$

$$N_{1,2}(u) = \frac{1}{2}(1+2u-2u^2)$$

$$N_{2,2}(u) = \frac{1}{2}u^2$$

所以二次B样条曲线第 i 段的矩阵表达式为

$$\begin{aligned} \boldsymbol{r}_{i,2}(u) &= [N_{0,2}(u) \quad N_{1,2}(u) \quad N_{2,2}(u)]\begin{bmatrix} \boldsymbol{V}_i \\ \boldsymbol{V}_{i+1} \\ \boldsymbol{V}_{i+2} \end{bmatrix} \\ &= \frac{1}{2}[u^2 \quad u \quad 1]\begin{bmatrix} 1 & -2 & 1 \\ -2 & 2 & 0 \\ 1 & 1 & 0 \end{bmatrix}\begin{bmatrix} \boldsymbol{V}_i \\ \boldsymbol{V}_{i+1} \\ \boldsymbol{V}_{i+2} \end{bmatrix} \quad (u \in [0,1]) \end{aligned} \tag{5-45}$$

下面讨论二次B样条曲线的连续性问题。

①端点位置矢量。$\boldsymbol{r}_{i,2}(0)=(\boldsymbol{V}_i+\boldsymbol{V}_{i+1})/2$，$\boldsymbol{r}_{i,2}(1)=(\boldsymbol{V}_{i+1}+\boldsymbol{V}_{i+2})/2$，这表示曲线段的两端点是特征多边形两边的中点。

②端点一阶导数矢量。将 $\boldsymbol{r}_{i,2}(u)$ 对 u 求导得

$$\boldsymbol{r}'_{i,2}(u) = (u-1)\boldsymbol{V}_i + (-2u+1)\boldsymbol{V}_{i+1} + u\boldsymbol{V}_{i+2}$$

所以，$\boldsymbol{r}'_{i,2}(0)=\boldsymbol{V}_{i+1}-\boldsymbol{V}_i$，$\boldsymbol{r}'_{i,2}(1)=\boldsymbol{V}_{i+2}-\boldsymbol{V}_{i+1}$。这表明，曲线段在起点、终点的一阶导矢分别与特征多边形的两条边重合，相邻两曲线段的一阶导矢连续，具有 C^1 连续性。据此可画出二次B样条曲线的基本形状，如图5.29所示。

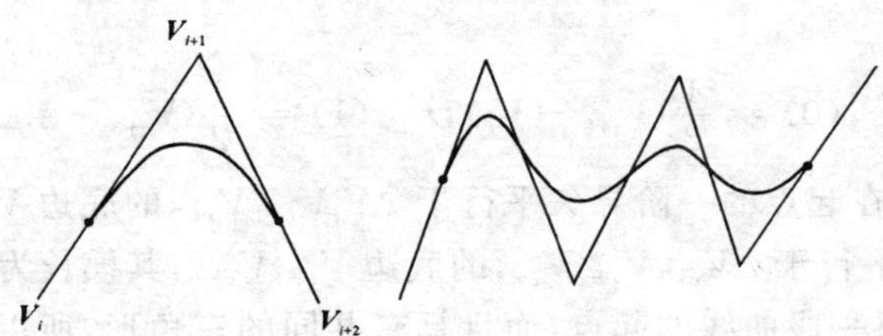

图5.29 二次B样条曲线的基本形式

(3)三次B样条曲线的矩阵表示

给定 $m+n+1$ 个空间或平面控制点 $\boldsymbol{V}_i(i=0,1,\cdots,m+n)$,其中每相邻4个点可构造出一段三次B样条曲线。这里 $n=3$,其各个基函数为

$$N_{0,3}(u)=\frac{1}{6}(-u^3+3u^2-3u+1)$$

$$N_{1,3}(u)=\frac{1}{6}(3u^3-6u^2+4)$$

$$N_{2,3}(u)=\frac{1}{6}(-3u^3+3u^2+3u+1)$$

$$N_{3,3}(u)=\frac{1}{6}u^3$$

所以,三次B样条曲线第 i 段的矩阵表达式可写成

$$\boldsymbol{r}_{i,3}(u)=[N_{0,3}(u)\quad N_{1,3}(u)\quad N_{2,3}(u)\quad N_{3,3}(u)]\begin{bmatrix}\boldsymbol{V}_i\\ \boldsymbol{V}_{i+1}\\ \boldsymbol{V}_{i+2}\\ \boldsymbol{V}_{i+3}\end{bmatrix}$$

$$=\frac{1}{6}[u^3\quad u^2\quad u\quad 1]\begin{bmatrix}-1 & 3 & -3 & 1\\ 3 & -6 & 3 & 0\\ -3 & 0 & 3 & 0\\ 1 & 4 & 1 & 0\end{bmatrix}\begin{bmatrix}\boldsymbol{V}_i\\ \boldsymbol{V}_{i+1}\\ \boldsymbol{V}_{i+2}\\ \boldsymbol{V}_{i+3}\end{bmatrix}\quad (u\in[0,1])\quad (5-46)$$

三次B样条曲线的端点具有如下几何性质:

①端点位置矢量。

当 $u=0$ 时,$\boldsymbol{r}_{i,3}(0)=\frac{2}{3}\left(\boldsymbol{V}_{i+1}-\frac{\boldsymbol{V}_i+\boldsymbol{V}_{i+2}}{2}\right)+\frac{\boldsymbol{V}_i+\boldsymbol{V}_{i+2}}{2}=\boldsymbol{V}_{i+1}+\frac{1}{3}\left(\frac{\boldsymbol{V}_i+\boldsymbol{V}_{i+2}}{2}-\boldsymbol{V}_{i+1}\right)$;

当 $u=1$ 时,$\boldsymbol{r}_{i,3}(1)=\frac{2}{3}\left(\boldsymbol{V}_{i+2}-\frac{\boldsymbol{V}_{i+1}+\boldsymbol{V}_{i+3}}{2}\right)+\frac{\boldsymbol{V}_{i+1}+\boldsymbol{V}_{i+3}}{2}=\boldsymbol{V}_{i+2}+\frac{1}{3}\left(\frac{\boldsymbol{V}_{i+1}+\boldsymbol{V}_{i+3}}{2}-\boldsymbol{V}_{i+2}\right)$。

这表明三次B样条曲线起点位于 $\Delta V_iV_{i+1}V_{i+2}$ 的中线 $V_{i+1}M$ 上离 V_{i+1} 的1/3处;终点位于 $\Delta V_{i+1}V_{i+2}V_{i+3}$ 的中线 $V_{i+2}N$ 上离 V_{i+2} 的1/3处;如图5.30所示。

②端点切矢量。将 $\boldsymbol{r}_{i,3}(u)$ 对 u 求导有

$$\boldsymbol{r}'_{i,3}(u)=\frac{1}{6}[3(-\boldsymbol{V}_i+3\boldsymbol{V}_{i+1}-3\boldsymbol{V}_{i+2}+\boldsymbol{V}_{i+3})u^2+2(3\boldsymbol{V}_i-6\boldsymbol{V}_{i+1}+3\boldsymbol{V}_{i+2})u$$
$$+(-3\boldsymbol{V}_i+3\boldsymbol{V}_{i+2})]$$

所以

$$\boldsymbol{r}'_{i,3}(0)=\frac{1}{2}(\boldsymbol{V}_{i+2}-\boldsymbol{V}_i),\boldsymbol{r}'_{i,3}(1)=\frac{1}{2}(\boldsymbol{V}_{i+3}-\boldsymbol{V}_{i+1})$$

上式表明,曲线段在起点的一阶导矢平行于 $\Delta V_iV_{i+1}V_{i+2}$ 的底边 V_iV_{i+2},其模长为该边长的1/2;终点的切矢量平行于 $\Delta V_{i+1}V_{i+2}V_{i+3}$ 的底边 $V_{i+1}V_{i+3}$,其模长为该边长的1/2。由于前一段曲线的终点就是下一段曲线的起点,而且具有共同的三角形,所以,从几何上可见相邻两段曲线在节点处具有相同的一阶导矢。

③端点的二阶导矢量。将 $\boldsymbol{r}_{i,3}(u)$ 对 u 求二次导得

$$r''_{i,3}(u)=\frac{1}{6}[6(-V_i+3V_{i+1}-3V_{i+2}+V_{i+3})u+2(3V_i-6V_{i+1}+3V_{i+2})]$$

所以

$$r''_{i,3}(0)=(V_{i+2}-V_{i+1})+(V_i-V_{i+1}),r''_{i,3}(1)=(V_{i+3}-V_{i+2})+(V_{i+1}-V_{i+2})$$

上式表明，端点处的二阶导矢量等于相邻两直线边所形成平行四边形的对角线。由于终点处的平行四边形和下一段曲线在始点处的平行四边形相同，故三次 B 样条曲线在节点处的二阶导数连续，即具有 C^2 连续性。据此可画出三次 B 样条曲线的基本形状，见图 5.30。图中粗线条显示了两段三次 B 样条连续的情形。

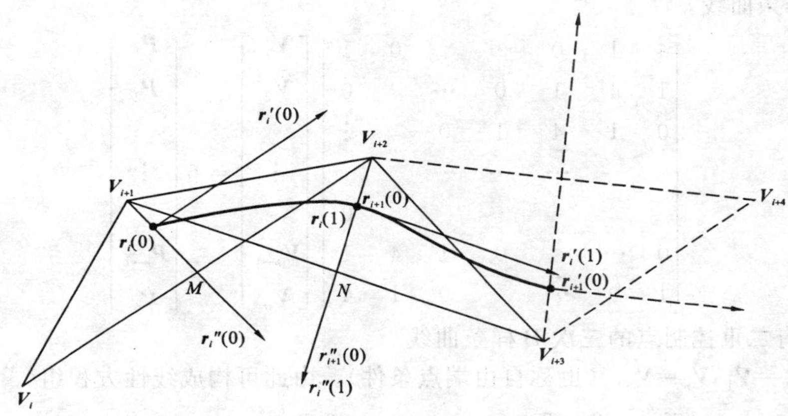

图 5.30 三次 B 样条曲线及其连续性

3)B 样条曲线控制点的反求及其边界条件

所谓反求 B 样条曲线控制点，是指已知一组空间型值点 $P_i(i=1,2,\cdots,n)$，构造一条 k 次(这里以常用的三次为例)B 样条曲线 $r_{j,k}(u)$通过 $P_i(i=1,2,\cdots,n)$，亦即寻找一组与点列 $P_i(i=1,2,\cdots,n)$相对应的 B 样条特征多边形顶点 $V_j(j=0,1,2,\cdots,n+1)$。对于三次 B 样条曲线，由其几何性质可知，曲线上的型值点 $P_i(i=1,2,\cdots,n)$与对应的控制顶点 $V_j(j=0,1,2,\cdots,n+1)$间满足如下关系：

$$\frac{1}{6}(V_{j-1}+4V_j+V_{j+1})=P_j \quad (j=1,2,\cdots,n) \tag{5-47}$$

式(5-47)有 n 个方程，但有 $n+2$ 个未知数，需要补充两个边界条件才能求解。

(1)首末两点过 P_1 和 P_n 的非周期三次 B 样条曲线

此时可设 $V_1=P_1,V_n=P_n$。根据式(5-47)，控制点 $V_j(j=1,2,\cdots,n)$的线性方程组可写为

$$\begin{bmatrix} 6 & 0 & 0 & \cdots & & & 0 \\ 1 & 4 & 1 & & & & \vdots \\ 0 & 1 & 4 & 1 & & & \\ & & \cdots & \cdots & \cdots & & \\ & & & & & & 0 \\ & & & & 1 & 4 & 1 \\ 0 & \cdots & & & 0 & 0 & 6 \end{bmatrix} \begin{bmatrix} V_1 \\ V_2 \\ \\ \vdots \\ \\ V_{n-1} \\ V_n \end{bmatrix} = 6 \begin{bmatrix} P_1 \\ P_2 \\ \\ \vdots \\ \\ P_{n-1} \\ P_n \end{bmatrix}$$

这是一个主对角线占优的三带状矩阵，故可用追赶法解出 $\boldsymbol{V}_j(j=1,2,\cdots,n)$。为了使曲线的首末两点过 $\boldsymbol{P}_1$ 和 $\boldsymbol{P}_n$，需要两个附加顶点 $\boldsymbol{V}_0$ 和 $\boldsymbol{V}_{n+1}$。注意到在此情况下所生成的 B 样条曲线两端点处的曲率 $\boldsymbol{r}''_{0,3}(0)=0,\boldsymbol{r}''_{n-2,3}(1)=0$，即曲线首末端分别与 $\boldsymbol{V}_0\boldsymbol{V}_1$ 及 $\boldsymbol{V}_n\boldsymbol{V}_{n+1}$ 相切。则应满足条件

$$\boldsymbol{V}_0 = 2\boldsymbol{V}_1 - \boldsymbol{V}_2,\boldsymbol{V}_{n+1} = 2\boldsymbol{V}_n - \boldsymbol{V}_{n-1}$$

(2)封闭周期的三次 B 样条曲线

为保证曲线能首尾相接，并使曲线上结点序号与特征多边形顶点序号相对应，即有 $\boldsymbol{V}_0=\boldsymbol{V}_n,\boldsymbol{V}_1=\boldsymbol{V}_{n+1}$。于是可得到线性方程组，由控制点 $\boldsymbol{V}_j(j=0,1,2,\cdots,n+1)$生成的便是封闭周期的三次 B 样条曲线。

$$\begin{bmatrix} 4 & 1 & 0 & \cdots & & 0 & 1 \\ 1 & 4 & 1 & 0 & \cdots & & 0 \\ 0 & 1 & 4 & 1 & 0 & & \vdots \\ & & \cdots & \cdots & \cdots & & \\ & & & & & & 0 \\ 0 & \cdots & & 0 & 1 & 4 & 1 \\ 1 & 0 & \cdots & & 0 & 1 & 4 \end{bmatrix} \begin{bmatrix} \boldsymbol{V}_1 \\ \boldsymbol{V}_2 \\ \\ \vdots \\ \\ \boldsymbol{V}_{n-1} \\ \boldsymbol{V}_n \end{bmatrix} = 6 \begin{bmatrix} \boldsymbol{P}_1 \\ \boldsymbol{P}_2 \\ \\ \vdots \\ \\ \boldsymbol{P}_{n-1} \\ \boldsymbol{P}_n \end{bmatrix}$$

(3)端点有二重控制点的三次 B 样条曲线

此时有 $\boldsymbol{V}_0=\boldsymbol{V}_1,\boldsymbol{V}_n=\boldsymbol{V}_{n+1}$(也称自由端点条件)。由此可构成线性方程组

$$\begin{bmatrix} 6 & -6 & 0 & \cdots & & & 0 \\ 1 & 4 & 1 & 0 & & & \vdots \\ 0 & 1 & 4 & 1 & \cdots & & \\ & & \cdots & \cdots & \cdots & & \\ & & & & & & 0 \\ & & & 0 & 1 & 4 & 1 \\ 0 & \cdots & & & 0 & 6 & -6 \end{bmatrix} \begin{bmatrix} \boldsymbol{V}_0 \\ \boldsymbol{V}_1 \\ \\ \vdots \\ \\ \boldsymbol{V}_n \\ \boldsymbol{V}_{n+1} \end{bmatrix} = 6 \begin{bmatrix} 0 \\ \boldsymbol{P}_1 \\ \\ \vdots \\ \\ \boldsymbol{P}_n \\ 0 \end{bmatrix}$$

由控制点 $\boldsymbol{V}_j(j=0,1,2,\cdots,n+1)$构造的三次 B 样条曲线过 $\boldsymbol{P}_i(i=1,2,\cdots,n)$。

(4)给定始、终点的切矢量 $\boldsymbol{P}'_1$和 $\boldsymbol{P}'_n$

在始点，由于 $\boldsymbol{P}'_1=(\boldsymbol{V}_2-\boldsymbol{V}_0)/2,\boldsymbol{P}_1=(\boldsymbol{V}_2+\boldsymbol{V}_0+4\boldsymbol{V}_1)/6$，于是有

$$2\boldsymbol{V}_1/3+\boldsymbol{V}_2/3 = \boldsymbol{P}_1 - \boldsymbol{P}'_1/3$$

在终点，由于 $\boldsymbol{P}'_n=(\boldsymbol{V}_{n+1}-\boldsymbol{V}_{n-1})/2,\boldsymbol{P}_n=(\boldsymbol{V}_{n+1}+\boldsymbol{V}_{n-1}+4\boldsymbol{V}_n)/6$，于是有

$$2\boldsymbol{V}_n/3+\boldsymbol{V}_{n-1}/3 = \boldsymbol{P}_n + \boldsymbol{P}'_n/3$$

将上述结果代入式(5-47)得线性方程组

$$\begin{bmatrix} 4 & 2 & 0 & \cdots & & & 0 \\ 1 & 4 & 1 & 0 & & & \vdots \\ 0 & 1 & 4 & 1 & \cdots & & \\ & & \cdots & \cdots & \cdots & & \\ & & & & & & 0 \\ & & & 0 & 1 & 4 & 1 \\ 0 & \cdots & & & 0 & 2 & 4 \end{bmatrix} \begin{bmatrix} \boldsymbol{V}_1 \\ \boldsymbol{V}_2 \\ \\ \vdots \\ \\ \boldsymbol{V}_{n-1} \\ \boldsymbol{V}_n \end{bmatrix} = 6 \begin{bmatrix} \boldsymbol{P}_1 + \boldsymbol{P}'_3/3 \\ \boldsymbol{P}_2 \\ \\ \vdots \\ \\ \boldsymbol{P}_{n-1} \\ \boldsymbol{P}_n - \boldsymbol{P}'_n/3 \end{bmatrix}$$

解得 $\boldsymbol{V}_j(j=1,2,\cdots,n)$后再求出 $\boldsymbol{V}_0$ 和 $\boldsymbol{V}_{n+1}$。由控制点 $\boldsymbol{V}_j(j=0,1,2,\cdots,n+1)$生成的三次 B 样条曲线的始、末端点切矢即为 $\boldsymbol{P}_1'$和 $\boldsymbol{P}_n'$。

(5)给定始、终点的二阶导矢 $\boldsymbol{P}_1''$和 $\boldsymbol{P}_n''$

在始点处，有 $\boldsymbol{P}_1''=\boldsymbol{V}_2-2\boldsymbol{V}_1+\boldsymbol{V}_0$，$\boldsymbol{P}_1=(\boldsymbol{V}_2+\boldsymbol{V}_0+4\boldsymbol{V}_1)/6$，消去 $\boldsymbol{V}_0$ 得 $\boldsymbol{V}_1=\boldsymbol{P}_1-\boldsymbol{P}_1''/6$。

在终点处，同样可得 $\boldsymbol{P}_n''=\boldsymbol{V}_{n+1}-2\boldsymbol{V}_n+\boldsymbol{V}_{n-1}$，$\boldsymbol{V}_n=\boldsymbol{P}_n-\boldsymbol{P}_n''/6$。

由上述条件可将式(5-47)改写为如下线性方程组

$$\begin{bmatrix} 6 & 0 & 0 & \cdots & & & 0 \\ 1 & 4 & 1 & 0 & & & \vdots \\ 0 & 1 & 4 & 1 & 0 & & \\ & & \cdots & \cdots & \cdots & & \\ & & & & & & 0 \\ & & & 0 & 1 & 4 & 1 \\ 0 & \cdots & & & 0 & 0 & 6 \end{bmatrix} \begin{bmatrix} \boldsymbol{V}_1 \\ \boldsymbol{V}_2 \\ \\ \vdots \\ \\ \boldsymbol{V}_{n-1} \\ \boldsymbol{V}_n \end{bmatrix} = 6 \begin{bmatrix} \boldsymbol{P}_1-\boldsymbol{P}''_1/6 \\ \boldsymbol{P}_2 \\ \\ \vdots \\ \\ \boldsymbol{P}_{n-1} \\ \boldsymbol{P}_n-\boldsymbol{P}''_n/6 \end{bmatrix}$$

求解此方程组得 $\boldsymbol{V}_j(j=1,2,\cdots,n)$，再用上述条件求出 $\boldsymbol{V}_0$ 和 $\boldsymbol{V}_{n+1}$，由控制点列 $\boldsymbol{V}_j(j=0,1,2,\cdots,n+1)$构造的三次 B 样条曲线通过 $\boldsymbol{P}_i(i=1,2,\cdots,n)$，且满足端点二阶导矢为 $\boldsymbol{P}_1''$和 $\boldsymbol{P}''_n$的条件。

4. NURBS 曲线

NURBS 是非均匀有理 B 样条(Non-Uniform Rational B-Spline)的英文缩写。在所有 B 样条方法中，NURBS 最具一般性。它涵盖了多项式的、非均匀的和有理的 B 样条方法，为自由曲线曲面的 B 样条描述和二次曲线、二次曲面的精确表示找到了统一的数学表达形式。NURBS 方法有如下主要特点：

(1)NURBS 不仅可以表示自由曲线曲面，还可以精确地表示圆锥曲线和规则曲线，所以 NURBS 为计算机辅助几何设计(CAGD)提供了统一的数学描述方法。

(2)NURBS 具有影响曲线、曲面形状的权因子，故可以设计形状相当复杂的曲线曲面。若运用恰当，更便于设计者实现自己的设计意图。

(3)NURBS 方法是非有理 B 样条方法在 4 维空间的直接推广，非有理 B 样条曲线曲面的多数性质及相应的计算方法可直接推广到 NURBS 曲线曲面。

(4)计算稳定快速。

NURBS 也还存如下不足：

(1)需要额外的存储来定义传统的曲线和曲面。

(2)权因子应用不当可能导致很坏的参数化，甚至毁掉随后的曲面结构。

尽管 NURBS 还存在一些不足，但由于其无与伦比的优点，ISO 已将其确定为描述工业产品几何形状的唯一数学方法。

1)NURBS 曲线的定义

一条 k 次 NURBS 曲线是由分段有理 B 样条多项式基函数定义的，其形式为

$$\boldsymbol{r}(u)=\frac{\sum_{i=0}^{n} h_i \boldsymbol{V}_i N_{i,k}(u)}{\sum_{i=0}^{n} h_i N_{i,k}(u)} \tag{5-48}$$

式中，$h_i(i=0,1,\cdots,n)$称为权或权因子，分别与控制顶点$\boldsymbol{V}_i(i=0,1,\cdots,n)$相联系。首末权因子$h_0$、$h_n>0$，其余$h_i\geqslant 0$，以防止分母为零、保留凸包性质、避免曲线因权因子而退化为一点。恰如非有理B样条曲线那样，控制顶点$\boldsymbol{V}_i(i=0,1,\cdots,n)$顺序连接成控制多边形。$N_{i,k}(u)$是由节点矢量$\boldsymbol{U}=[u_0,u_1,\cdots,u_{n+k+1}]$决定的$k$次规范B样条基函数。对于非周期NURBS曲线，常将两端点的重复度取为$k+1$，即$u_0=u_1=\cdots=u_k$，$u_{n+1}=u_{n+2}=\cdots=u_{n+k+1}$。在大多数实际应用里，节点值分别取为0与1，因此，曲线定义域为$u\in[u_k,u_{n+1}]=[0,1]$。

2)齐次坐标下NURBS曲线的几何意义

为了便于讨论，我们先考虑平面NURBS曲线的情况，非平面NURBS曲线和曲面可看成是其推广。如图5.31和图5.32所示，坐标系中的每一个点，若$h\neq 0$，可表示成(xh,yh,h)；若$h=0$，则可表示为$(x,y,0)$，这些点经透视变换映射到$h=1$平面后是

$$H\{[X\quad Y\quad h]\}=\begin{cases}[X/h\quad Y/h] & h\neq 0\\ \text{方向}[X\quad Y] & h=0\end{cases}$$

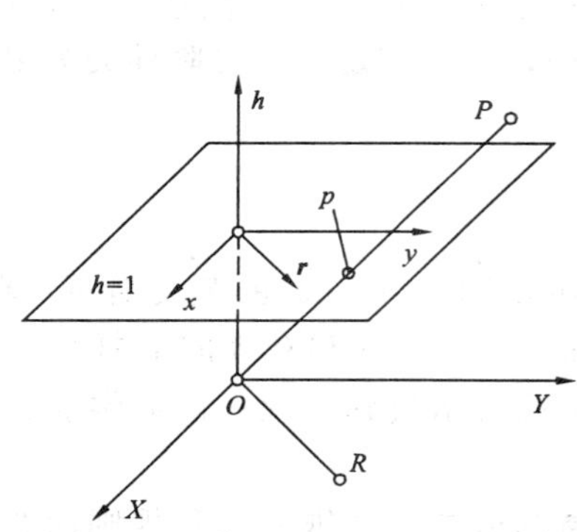

图5.31 从三维欧氏空间的齐次坐标到二维欧氏空间的投影

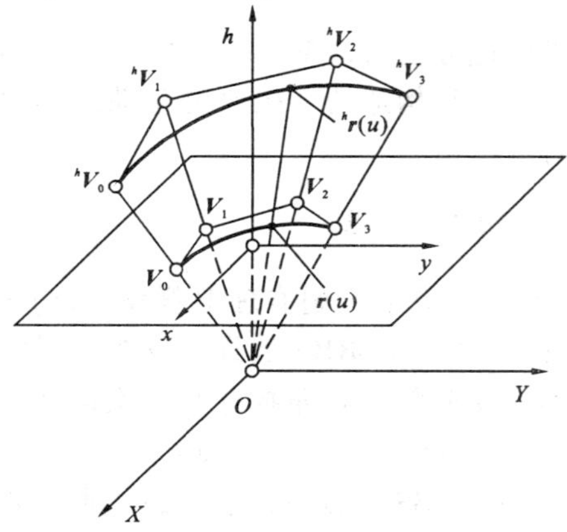

图5.32 NURBS曲线的几何意义

如果给定一组控制顶点$\boldsymbol{V}_i=[x_i\quad y_i](i=0,1,\cdots,n)$及相联系的权因子$h_i(i=0,1,\cdots,n)$，那么，我们就可以按下述步骤定义$k$次NURBS曲线。

(1)确定所给控制顶点$\boldsymbol{V}_i=[x_i\quad y_i](i=0,1,\cdots,n)$的带权控制点

$${}^h\boldsymbol{V}_i=[h_i\boldsymbol{V}_i\quad h_i]=[h_ix_i\quad h_iy_i\quad h_i]\quad(i=0,1,\cdots,n)$$

(2)用带权控制点${}^h\boldsymbol{V}_i(i=0,1,\cdots,n)$定义一条三维的$k$次非有理B样条曲线

$${}^h\boldsymbol{r}(u)=\sum_{i=0}^{n}{}^h\boldsymbol{V}_iN_{i,k}(u)$$

(3)将它投影到$h=1$平面上，所得透视像即xy平面上一条k次NURBS曲线

$$\boldsymbol{r}(u)=H\{{}^h\boldsymbol{r}(u)\}=\frac{\sum_{i=0}^{n}h_i\boldsymbol{V}_iN_{i,k}(u)}{\sum_{i=0}^{n}h_iN_{i,k}(u)}$$

三维空间的NURBS曲线可以类似地定义。至此，对于给定的一组控制顶点$\boldsymbol{V}_i=[x_i\quad y_i\quad z_i](i=0,1,\cdots,n)$及相联系的权因子$h_i(i=0,1,\cdots,n)$，用相应的带权控制点${}^h\boldsymbol{V}_i=[h_i\boldsymbol{V}_i\quad h_i]=[h_ix_i\quad h_iy_i\quad h_iz_i\quad h_i](i=0,1,\cdots,n)$定义一条4维$k$次非有理B样条曲线

${}^{h}\boldsymbol{r}(u)$，然后，取它在第4坐标 $h=1$ 超平面上的中心投影，即得到在三维空间里定义的一条 k 次 NURBS 曲线 $\boldsymbol{r}(u)$。${}^{h}\boldsymbol{r}(u)$ 称为 $\boldsymbol{r}(u)$ 的齐次曲线。三维 NURBS 曲线方程与二维曲线方程是一致的，仅仅其中矢量维数不同罢了。

3)权因子对 NURBS 曲线形状的影响

由式(5-48)可知，改变权因子、移动控制顶点和改变节点矢量，都可使 NURBS 曲线的形状发生改变，但通过改变节点矢量来修改或控制 NURBS 曲线形状缺乏直观的几何意义，设计人员很难预料修改、调整的结果。实际应用中，多采用调整权因子或移动控制顶点的方法来修改或控制曲线形状，其中权因子对 NURBS 曲线形状的影响如图 5.33 所示，图中 B、N 分别对应 $h_i=0$、$h_i=1$ 时曲线上的点 $\boldsymbol{r}(u)$。

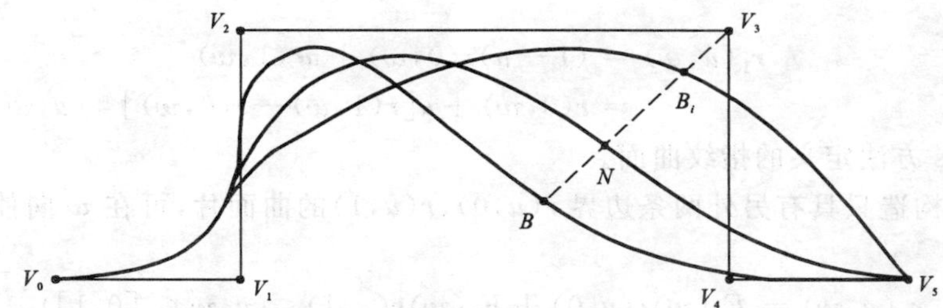

图 5.33 权因子对 NURBS 曲线形状的作用

由图 5.33 可知，若控制顶点固定且除 h_i 外的其他权因子不变，则 h_i 对曲线形状有如下影响：

(1)h_i 变化时，曲线上与 h_i 对应的点 B_i 移动，并在空间扫出一条过控制顶点 V_i 的直线段 $\overline{BV_i}$。当 $h_i\to+\infty$ 时，该点趋近于与控制顶点 V_i 重合。

(2)h_i 增加，曲线被拉向控制顶点 V_i；h_i 减小，曲线被推离控制顶点 V_i。

(3)h_i 增加，则一般的，曲线被推离除顶点 V_i 外的其他相应控制顶点 V_j($j\neq i$，且在受影响范围内)；h_i 减小，则相反。

5.3.3 曲面的表示与处理

上面介绍了自由曲线的描述与构造方法，本节讨论 Coons、Bezier、B 样条等常用参数曲面的表示与处理方法。

1. Coons 曲面

1964 年，Coons 提出了适合计算机辅助几何设计的曲面构造方法。正如用光滑拼接的分段三次样条来描述复杂曲线一样，Coons 方法的基本思想是将所要描述的曲面看做若干曲面片光滑拼接而成，在相邻曲面片的边界上，可以使位置、斜率、曲率，甚至任何所期望的高阶偏导矢相互匹配，从而在很大程度上保证整张曲面具有足够的光滑性。Coons 方法理论严密、描述能力极强，对自由曲面造型技术做出了杰出贡献，并对其发展具有深远意义。下面分别阐述各类 Coons 曲面的构造原理及表达形式。

1)具有给定边界的 Coons 曲面

首先考虑较为简单的情况，构造一块仅给出两条边界的曲面片。与样条曲线一样，此时要

用到一对混合函数 F_0、F_1，满足

$$F_i(j)=\begin{cases}1, & i=j\\0, & i\neq j\end{cases}\quad(i=0,1;j=0,1)$$

对于图5.22所示的曲面片，如果构造只具有 $\boldsymbol{r}(0,w)$、$\boldsymbol{r}(1,w)$ 两条边界的曲面片，可在 u 向使用混合函数，从而得到

$$\boldsymbol{r}_1(u,w)=F_0(u)\boldsymbol{r}(0,w)+F_1(u)\boldsymbol{r}(1,w)\quad(u,w\in[0,1])$$

可以验证，$\boldsymbol{r}_1(u,w)|_{u=0}=\boldsymbol{r}(0,w)$，$\boldsymbol{r}_1(u,w)|_{u=1}=\boldsymbol{r}(1,w)$，即正好具有给定的两条边界。

混合函数 F_0、F_1 的作用是通过给定边界曲线控制和影响曲面片的形状。需要指出的是，混合函数不是唯一的。如果要在两边界之间进行线性插值，可令 $F_0(u)=1-u$，$F_1(u)=u$，此时

$$\begin{aligned}\boldsymbol{r}_1(u,w)&=(1-u)\boldsymbol{r}(0,w)+u\boldsymbol{r}(1,w)\\&=\boldsymbol{r}(0,w)+u[\boldsymbol{r}(1,w)-\boldsymbol{r}(0,w)]\quad(u,w\in[0,1])\end{aligned}$$

这正是用Coons方法定义的指纹曲面。

同样，如果构造只具有另外两条边界 $\boldsymbol{r}(u,0)$、$\boldsymbol{r}(u,1)$ 的曲面片，可在 w 向使用混合函数，得到

$$\boldsymbol{r}_2(u,w)=F_0(w)\boldsymbol{r}(u,0)+F_1(w)\boldsymbol{r}(u,1)\quad(u,w\in[0,1])$$

然而，我们要构造的是具有上述4条边界的曲面片，显然它不是 $\boldsymbol{r}_1$、$\boldsymbol{r}_2$ 的简单叠加。可以验证，当 $w=0$ 和 $w=1$ 时，$\boldsymbol{r}_1+\boldsymbol{r}_2$ 对应的边界分别为

$$\boldsymbol{r}(u,0)+[F_0(u)\boldsymbol{r}(0,0)+F_1(u)\boldsymbol{r}(1,0)]$$
$$\boldsymbol{r}(u,1)+[F_0(u)\boldsymbol{r}(0,1)+F_1(u)\boldsymbol{r}(1,1)]$$

因此，只要构造曲面片 $\boldsymbol{r}_3$，当 $w=0$ 和 $w=1$ 时，它具有对应的边界 $[F_0(u)\boldsymbol{r}(0,0)+F_1(u)\boldsymbol{r}(1,0)]$ 和 $[F_0(u)\boldsymbol{r}(0,1)+F_1(u)\boldsymbol{r}(1,1)]$，即

$$\boldsymbol{r}_3(u,w)=F_0(w)[F_0(u)\boldsymbol{r}(0,0)+F_1(u)\boldsymbol{r}(1,0)]+F_1(w)[F_0(u)\boldsymbol{r}(0,1)+F_1(u)\boldsymbol{r}(1,1)]\quad(u,w\in[0,1])$$

则 $\boldsymbol{r}_1+\boldsymbol{r}_2-\boldsymbol{r}_3$ 便是我们要构造的具有给定4条边界的曲面片。写成矩阵形式为

$$\begin{aligned}\boldsymbol{r}(u,w)=&[F_0(u)\quad F_1(u)]\begin{bmatrix}\boldsymbol{r}(0,w)\\\boldsymbol{r}(1,w)\end{bmatrix}+[\boldsymbol{r}(u,0)\quad \boldsymbol{r}(u,1)]\begin{bmatrix}F_0(w)\\F_1(w)\end{bmatrix}\\&-[F_0(u)\quad F_1(u)]\begin{bmatrix}\boldsymbol{r}(0,0)&\boldsymbol{r}(0,1)\\\boldsymbol{r}(1,0)&\boldsymbol{r}(1,1)\end{bmatrix}\begin{bmatrix}F_0(w)\\F_1(w)\end{bmatrix}\quad(u,w\in[0,1])\end{aligned}\tag{5-49}$$

将 $u=0$、$u=1$、$w=0$ 及 $w=1$ 逐一代入上式即可验证，式(5-49)所定义的曲面片具有给定的4条边界。由式(5-49)可以看出，右边第3项是角点信息在 u 和 w 两个方向混合插值的结果，这是因为 $\boldsymbol{r}_1$、$\boldsymbol{r}_2$ 简单叠加时重复叠加了4个角点的信息，需从中减去这些多余的项才能得到具有给定4条边界的曲面片。

为寻找Coons曲面表达式的一般规律，可将式(5-49)改写为数学上更完美的形式

$$\boldsymbol{r}(u,w)=-[-1\quad F_0(u)\quad F_1(u)]\begin{bmatrix}0&\boldsymbol{r}(u,0)&\boldsymbol{r}(u,1)\\\boldsymbol{r}(0,w)&\boldsymbol{r}(0,0)&\boldsymbol{r}(0,1)\\\boldsymbol{r}(1,w)&\boldsymbol{r}(1,0)&\boldsymbol{r}(1,1)\end{bmatrix}\begin{bmatrix}-1\\F_0(w)\\F_1(w)\end{bmatrix}\quad(u,w\in[0,1])\tag{5-50}$$

式(5-50)右边的三阶方阵中，第一行与第一列元素分别对应曲面片的4条边界曲线，右

下角二子阶方阵元素分别为曲面片 4 个角点的位置矢量。可见该三阶方阵包含了曲面片的全部边界信息,因此称为边界信息方阵。

如果要构造三次曲面,则可采用式(5-18)所给出的三次混合函数。当然混合函数不限于此,只要满足式(5-51)即可。需要注意的是,不管采用何种混合函数,曲面片只插值于 4 条边界,其跨界斜率是曲面片所固有的,这一类 Coons 曲面片称为简单曲面片。

2)具有给定边界和跨界斜率的 Coons 曲面

进行曲面设计时,通常需要在已有的曲面上拼接曲面片,但由于简单曲面片有其本身固有的跨界斜率,很难与相邻曲面片的跨界斜率匹配。因此,为保证由多块曲面片拼接而成的曲面是光滑的,除给定各曲面片的边界外,还需给定跨界斜率。即要构造既有给定边界,又有给定跨界斜率的曲面片。

在构造这类曲面时,要用到两对混合函数 F_0、F_1 和 G_0、G_1,须满足

$$\begin{cases} F_i(j) = G'_i(j) = \begin{cases} 1, & i = j \\ 0, & i \neq j \end{cases} \quad (i = 0,1; j = 0,1) \\ F'_i(j) = G_i(j) = 0 \end{cases} \tag{5-51}$$

设给定 4 条边界 $\boldsymbol{r}(u,0)$、$\boldsymbol{r}(u,1)$、$\boldsymbol{r}(0,w)$、$\boldsymbol{r}(1,w)$及其跨界斜率 $\boldsymbol{r}_w(u,0)$、$\boldsymbol{r}_w(u,1)$、$\boldsymbol{r}_u(0,w)$、$\boldsymbol{r}_u(1,w)$(见图 5.22)。与简单曲面片构造类似,分别根据边界曲线 $\boldsymbol{r}(0,w)$、$\boldsymbol{r}(1,w)$和其跨界斜率 $\boldsymbol{r}_u(0,w)$、$\boldsymbol{r}_u(1,w)$沿参数 u 方向,及边界曲线 $\boldsymbol{r}(u,0)$、$\boldsymbol{r}(u,1)$和其跨界斜率 $\boldsymbol{r}_w(u,0)$、$\boldsymbol{r}_w(u,1)$沿参数 w 方向构造两张曲面片

$$\boldsymbol{r}_1(u,w) = [F_0(u) \quad F_1(u) \quad G_0(u) \quad G_1(u)] \begin{bmatrix} \boldsymbol{r}(0,w) \\ \boldsymbol{r}(1,w) \\ \boldsymbol{r}_u(0,w) \\ \boldsymbol{r}_u(1,w) \end{bmatrix} \quad (u,w \in [0,1])$$

$$\boldsymbol{r}_2(u,w) = [\boldsymbol{r}(u,0) \quad \boldsymbol{r}(u,1) \quad \boldsymbol{r}_w(u,0) \quad \boldsymbol{r}_w(u,1)] \begin{bmatrix} F_0(w) \\ F_1(w) \\ G_0(w) \\ G_1(w) \end{bmatrix} \quad (u,w \in [0,1])$$

与式(5-49)类似,$\boldsymbol{r}_1$、$\boldsymbol{r}_2$ 的简单叠加并不能得到所要的曲面片,因为两者简单叠加时重复叠加了 4 个角点及其切矢和混合偏导矢的信息,因此还必须从中减去用角点信息沿 u 和 w 两个方向构造的曲面片 $\boldsymbol{r}_3(u,w)$,才能得到具有给定边界和跨界斜率的曲面片。即

$$\begin{aligned} \boldsymbol{r}(u,w) = & [F_0(u) \quad F_1(u) \quad G_0(u) \quad G_1(u)][\boldsymbol{r}(0,w) \quad \boldsymbol{r}(1,w) \quad \boldsymbol{r}_u(0,w) \quad \boldsymbol{r}_u(1,w)]^{\mathrm{T}} \\ & + [\boldsymbol{r}(u,0) \quad \boldsymbol{r}(u,1) \quad \boldsymbol{r}_w(u,0) \quad \boldsymbol{r}_w(u,1)][F_0(w) \quad F_1(w) \quad G_0(w) \quad G_1(w)]^{\mathrm{T}} \\ & - [F_0(u) \quad F_1(u) \quad G_0(u) \quad G_1(u)] \begin{bmatrix} \boldsymbol{r}(0,0) & \boldsymbol{r}(0,1) & \boldsymbol{r}_w(0,0) & \boldsymbol{r}_w(0,1) \\ \boldsymbol{r}(1,0) & \boldsymbol{r}(1,1) & \boldsymbol{r}_w(1,0) & \boldsymbol{r}_w(1,1) \\ \boldsymbol{r}_u(0,0) & \boldsymbol{r}_u(0,1) & \boldsymbol{r}_{uw}(0,0) & \boldsymbol{r}_{uw}(0,1) \\ \boldsymbol{r}_u(1,0) & \boldsymbol{r}_u(1,1) & \boldsymbol{r}_{uw}(1,0) & \boldsymbol{r}_{uw}(1,1) \end{bmatrix} \\ & \times \begin{bmatrix} F_0(w) \\ F_1(w) \\ G_0(w) \\ G_1(w) \end{bmatrix} \quad (u,w \in [0,1]) \end{aligned} \tag{5-52}$$

读者可以自行验证，只要混合函数满足式(5-51)，由式(5-52)所表示的曲面片具有给定的边界和跨界斜率，用这种曲面片我们即可构造或拼接出能够光滑跨越边界的合成曲面。

仿照式(5-50)，式(5-52)同样可改写为

$$\boldsymbol{r}(u,w)=-\begin{bmatrix}-1 & F_0(u) & F_1(u) & G_0(u) & G_1(u)\end{bmatrix}\begin{bmatrix}0 & \boldsymbol{r}(u,0) & \boldsymbol{r}(u,1) & \boldsymbol{r}_w(u,0) & \boldsymbol{r}_w(u,1)\\ \boldsymbol{r}(0,w) & \boldsymbol{r}(0,0) & \boldsymbol{r}(0,1) & \boldsymbol{r}_w(0,0) & \boldsymbol{r}_w(0,1)\\ \boldsymbol{r}(1,w) & \boldsymbol{r}(1,0) & \boldsymbol{r}(1,1) & \boldsymbol{r}_w(1,0) & \boldsymbol{r}_w(1,1)\\ \boldsymbol{r}_u(0,w) & \boldsymbol{r}_u(0,0) & \boldsymbol{r}_u(0,1) & \boldsymbol{r}_{uw}(0,0) & \boldsymbol{r}_{uw}(0,1)\\ \boldsymbol{r}_u(1,w) & \boldsymbol{r}_u(1,0) & \boldsymbol{r}_u(1,1) & \boldsymbol{r}_{uw}(1,0) & \boldsymbol{r}_{uw}(1,1)\end{bmatrix}\begin{bmatrix}-1\\ F_0(w)\\ F_1(w)\\ G_0(w)\\ G_1(w)\end{bmatrix} \quad (u,w\in[0,1]) \tag{5-53}$$

在式(5-53)右边的5阶方阵中，第一行与第一列分别对应曲面片的两对边界及其跨界斜率，右下角4阶子方阵元素分别由曲面片4个角点信息组成，包括角点的位置矢量、切矢和扭矢(混合偏导矢)，它们均可由第一行或第一列相应位置上的矢函数求得。该5阶方阵称为曲面片的边界信息方阵。

3)具有给定边界及跨界切矢、跨界二阶导矢的Coons曲面

与简单曲面片具有固有的跨界斜率一样，式(5-52)或式(5-53)所表达的曲面也有其固有的跨界二阶导矢 $\boldsymbol{r}_{ww}(u,0)$、$\boldsymbol{r}_{ww}(u,1)$、$\boldsymbol{r}_{uu}(0,w)$ 和 $\boldsymbol{r}_{uu}(1,w)$，它能匹配到边界及跨界斜率连续。但一般的，它所固有的跨界二阶导矢不能与所要求的跨界曲率相匹配。当需要保证曲率连续时，需构造具有给定边界及跨界切矢、跨界二阶导矢的Coons曲面。

在构造此类Coons曲面时，需用到三对混合函数 F_0、F_1，G_0、G_1 和 H_0、H_1，且满足

$$\begin{cases}F_i(j)=G'_i(j)=H''_i(j)=\begin{cases}1, & i=j\\ 0, & i\neq j\end{cases}\\ F'_i(j)=F''_i(j)=G_i(j)=G''_i(j)=H_i(j)=H'_i(j)=0\end{cases}\quad (i=0,1;j=0,1)$$

仿照式(5-50)和式(5-53)，可直接类推得到曲面片的表达式

$$\boldsymbol{r}(u,w)=-\begin{bmatrix}-1 & F_0(u) & F_1(u) & G_0(u) & G_1(u) & H_0(u) & H_1(u)\end{bmatrix}\begin{bmatrix}0 & \boldsymbol{r}(u,0) & \boldsymbol{r}(u,1) & \boldsymbol{r}_w(u,0) & \boldsymbol{r}_w(u,1) & \boldsymbol{r}_{ww}(u,0) & \boldsymbol{r}_{ww}(u,1)\\ \boldsymbol{r}(0,w) & \boldsymbol{r}(0,0) & \boldsymbol{r}(0,1) & \boldsymbol{r}_w(0,0) & \boldsymbol{r}_w(0,1) & \boldsymbol{r}_{ww}(0,0) & \boldsymbol{r}_{ww}(0,1)\\ \boldsymbol{r}(1,w) & \boldsymbol{r}(1,0) & \boldsymbol{r}(1,1) & \boldsymbol{r}_w(1,0) & \boldsymbol{r}_w(1,1) & \boldsymbol{r}_{ww}(1,0) & \boldsymbol{r}_{ww}(1,1)\\ \boldsymbol{r}_u(0,w) & \boldsymbol{r}_u(0,0) & \boldsymbol{r}_u(0,1) & \boldsymbol{r}_{uw}(0,0) & \boldsymbol{r}_{uw}(0,1) & \boldsymbol{r}_{uww}(0,0) & \boldsymbol{r}_{uww}(0,1)\\ \boldsymbol{r}_u(1,w) & \boldsymbol{r}_u(1,0) & \boldsymbol{r}_u(1,1) & \boldsymbol{r}_{uw}(1,0) & \boldsymbol{r}_{uw}(1,1) & \boldsymbol{r}_{uww}(1,0) & \boldsymbol{r}_{uww}(1,1)\\ \boldsymbol{r}_{uu}(0,w) & \boldsymbol{r}_{uu}(0,0) & \boldsymbol{r}_{uu}(0,1) & \boldsymbol{r}_{uuw}(0,0) & \boldsymbol{r}_{uuw}(0,1) & \boldsymbol{r}_{uuww}(0,0) & \boldsymbol{r}_{uuww}(0,1)\\ \boldsymbol{r}_{uu}(1,w) & \boldsymbol{r}_{uu}(1,0) & \boldsymbol{r}_{uu}(1,1) & \boldsymbol{r}_{uuw}(1,0) & \boldsymbol{r}_{uuw}(1,1) & \boldsymbol{r}_{uuww}(1,0) & \boldsymbol{r}_{uuww}(1,1)\end{bmatrix}$$

$$\times\begin{bmatrix}-1\\ F_0(w)\\ F_1(w)\\ G_0(w)\\ G_1(w)\\ H_0(w)\\ H_1(w)\end{bmatrix}\quad (u,w\in[0,1]) \tag{5-54}$$

观察式(5-50)、式(5-53)和式(5-54),可发现如下规律:曲面片满足的边界条件提高一阶,曲面表达式中的边界信息方阵就要扩大二阶,且要多用一对混合函数;边界信息方阵的第一行与第一列包含着全部边界信息,余下子方阵则包含角点信息;从方阵可明显看出其各元素的排列分布规律。根据上述规律,就可以方便地构造出满足更高阶边界条件的Coons曲面。

4)双三次Coons曲面

Coons表达式充分揭示了Coons曲面的构成规律,理论上可以推广到满足任何高阶边界条件的曲面,这是Coons工作最为精彩的地方。但由于其需要的边界信息太多,不便应用。为简化曲面的表达式,Coons提出用角点信息和混合函数来定义边界曲线和跨界斜率。如图5.34所示,若已知4个角点[$\boldsymbol{r}(0,0)$、$\boldsymbol{r}(0,1)$、$\boldsymbol{r}(1,0)$、$\boldsymbol{r}(1,1)$]及其u向切矢[$\boldsymbol{r}_u(0,0)$、$\boldsymbol{r}_u(0,1)$、$\boldsymbol{r}_u(1,0)$、$\boldsymbol{r}_u(1,1)$]、w向切矢[$\boldsymbol{r}_w(0,0)$、$\boldsymbol{r}_w(0,1)$、$\boldsymbol{r}_w(1,0)$、$\boldsymbol{r}_w(1,1)$]和混合偏导矢[$\boldsymbol{r}_{uw}(0,0)$、$\boldsymbol{r}_{uw}(0,1)$、$\boldsymbol{r}_{uw}(1,0)$、$\boldsymbol{r}_{uw}(1,1)$],如图5.34所示。则仿照带一阶导数的插值公式,边界曲线及其跨界斜率可表示为

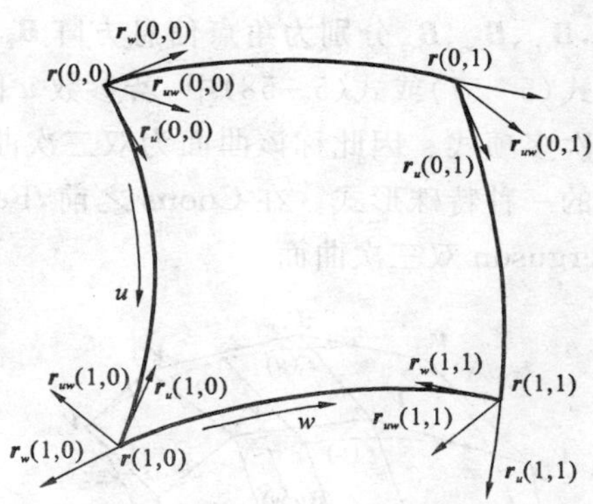

图5.34 Coons曲面的角点信息示意图

$$
\begin{aligned}
\boldsymbol{r}(i,w) &= F_0(w)\boldsymbol{r}(i,0) + F_1(w)\boldsymbol{r}(i,1) + G_0(w)\boldsymbol{r}_w(i,0) + G_1(w)\boldsymbol{r}_w(i,1) \\
\boldsymbol{r}_u(i,w) &= F_0(w)\boldsymbol{r}_u(i,0) + F_1(w)\boldsymbol{r}_u(i,1) + G_0(w)\boldsymbol{r}_{uw}(i,0) + G_1(w)\boldsymbol{r}_{uw}(i,1) \\
\boldsymbol{r}(u,j) &= F_0(u)\boldsymbol{r}(0,j) + F_1(u)\boldsymbol{r}(1,j) + G_0(u)\boldsymbol{r}_u(0,j) + G_1(u)\boldsymbol{r}_u(1,j) \\
\boldsymbol{r}_w(u,j) &= F_0(u)\boldsymbol{r}_w(0,j) + F_1(u)\boldsymbol{r}_w(1,j) + G_0(u)\boldsymbol{r}_{uw}(0,j) + G_1(u)\boldsymbol{r}_{uw}(1,j) \\
&(u,w \in [0,1]; i = 0,1; j = 0,1)
\end{aligned} \tag{5-55}
$$

将式(5-55)代入式(5-52)得简化后的曲面表达式

$$
\boldsymbol{r}(u,w) = [F_0(u) \quad F_1(u) \quad G_0(u) \quad G_1(u)]
\begin{bmatrix}
\boldsymbol{r}(0,0) & \boldsymbol{r}(0,1) & \boldsymbol{r}_w(0,0) & \boldsymbol{r}_w(0,1) \\
\boldsymbol{r}(1,0) & \boldsymbol{r}(1,1) & \boldsymbol{r}_w(1,0) & \boldsymbol{r}_w(1,1) \\
\boldsymbol{r}_u(0,0) & \boldsymbol{r}_u(0,1) & \boldsymbol{r}_{uw}(0,0) & \boldsymbol{r}_{uw}(0,1) \\
\boldsymbol{r}_u(1,0) & \boldsymbol{r}_u(1,1) & \boldsymbol{r}_{uw}(1,0) & \boldsymbol{r}_{uw}(1,1)
\end{bmatrix}
\times
\begin{bmatrix}
F_0(w) \\ F_1(w) \\ G_0(w) \\ G_1(w)
\end{bmatrix}
\quad (u,w \in [0,1]) \tag{5-56}
$$

如采用式(5-18)所给出的三次混合函数(Hermit基函数),则式(5-56)可写为

$$
\begin{aligned}
\boldsymbol{r}(u,w) &= [u^3 \quad u^2 \quad u \quad 1]\boldsymbol{M}_c
\begin{bmatrix}
\boldsymbol{r}(0,0) & \boldsymbol{r}(0,1) & \boldsymbol{r}_w(0,0) & \boldsymbol{r}_w(0,1) \\
\boldsymbol{r}(1,0) & \boldsymbol{r}(1,1) & \boldsymbol{r}_w(1,0) & \boldsymbol{r}_w(1,1) \\
\boldsymbol{r}_u(0,0) & \boldsymbol{r}_u(0,1) & \boldsymbol{r}_{uw}(0,0) & \boldsymbol{r}_{uw}(0,1) \\
\boldsymbol{r}_u(1,0) & \boldsymbol{r}_u(1,1) & \boldsymbol{r}_{uw}(1,0) & \boldsymbol{r}_{uw}(1,1)
\end{bmatrix}
\boldsymbol{M}_c^{\mathrm{T}}
\begin{bmatrix}
w^3 \\ w^2 \\ w \\ 1
\end{bmatrix} \\
&= \boldsymbol{U}\boldsymbol{M}_c\boldsymbol{B}_c\boldsymbol{M}_c^{\mathrm{T}}\boldsymbol{W}^{\mathrm{T}} \quad (u,w \in [0,1])
\end{aligned} \tag{5-57}
$$

式中,$\boldsymbol{U}=[u^3 \quad u^2 \quad u \quad 1]$,$\boldsymbol{W}=[w^3 \quad w^2 \quad w \quad 1]$,$\boldsymbol{M}_c$为式(5-21)所示的Hermit基函数系数

矩阵，$\boldsymbol{B}_c$ 为角点信息方阵。

曲面的参数方程为

$$\begin{cases} x(u,w)=\boldsymbol{U}\boldsymbol{M}_c\boldsymbol{B}_{cx}\boldsymbol{M}_c^{\mathrm{T}}\boldsymbol{W}^{\mathrm{T}} \\ y(u,w)=\boldsymbol{U}\boldsymbol{M}_c\boldsymbol{B}_{cy}\boldsymbol{M}_c^{\mathrm{T}}\boldsymbol{W}^{\mathrm{T}} \quad (u,w\in[0,1]) \\ z(u,w)=\boldsymbol{U}\boldsymbol{M}_c\boldsymbol{B}_{cz}\boldsymbol{M}_c^{\mathrm{T}}\boldsymbol{W}^{\mathrm{T}} \end{cases} \tag{5-58}$$

式中，$\boldsymbol{B}_{cx}$、$\boldsymbol{B}_{cy}$、$\boldsymbol{B}_{cz}$ 分别为角点信息方阵 $\boldsymbol{B}_c$ 的坐标分量。

式(5－57)或式(5－58)中，若参数 u 固定，则曲面为 w 的三次多项式；若 w 固定，曲面为 u 的三次多项式。因此称该曲面为双三次曲面。它实际上是具有给定边界和跨界斜率的 Coons 曲面的一种特殊形式。在 Coons 之前，Ferguson 已构造了这种双三次曲面，故人们也常称其为 Ferguson 双三次曲面。

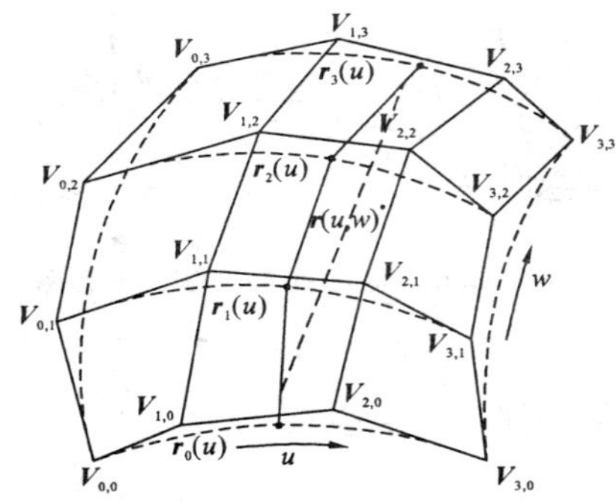

图 5.35 双三次 Bezier 曲面的控制网格

2. Bezier 曲面

这里首先讨论双三次 Bezier 曲面的构成，再推广到一般的 Bezier 曲面。设给出空间 16 个控制顶点，用 $\boldsymbol{V}_{i,j}(i,j=0,1,2,3)$ 表示，将其沿 u 和 w 方向连接起来，构成双三次 Bezier 曲面的特征网格(控制网格或特征多面形)，如图 5.35 所示。写成矩阵为

$$\boldsymbol{V}_{BE}=\begin{bmatrix} \boldsymbol{V}_{0,0} & \boldsymbol{V}_{0,1} & \boldsymbol{V}_{0,2} & \boldsymbol{V}_{0,3} \\ \boldsymbol{V}_{1,0} & \boldsymbol{V}_{1,1} & \boldsymbol{V}_{1,2} & \boldsymbol{V}_{1,3} \\ \boldsymbol{V}_{2,0} & \boldsymbol{V}_{2,1} & \boldsymbol{V}_{2,2} & \boldsymbol{V}_{2,3} \\ \boldsymbol{V}_{3,0} & \boldsymbol{V}_{3,1} & \boldsymbol{V}_{3,2} & \boldsymbol{V}_{3,3} \end{bmatrix}$$

$\boldsymbol{V}_{BE}$ 称为双三次 Bezier 曲面的顶点信息方阵。

先对 $\boldsymbol{V}_{BE}$ 中 4 个列阵所组成的特征多边形分别沿 u 向构造 4 条三次 Bezier 曲线 $\boldsymbol{r}_0(u)$、$\boldsymbol{r}_1(u)$、$\boldsymbol{r}_2(u)$、$\boldsymbol{r}_3(u)$，表示为

$$[\boldsymbol{r}_0(u)\quad \boldsymbol{r}_1(u)\quad \boldsymbol{r}_2(u)\quad \boldsymbol{r}_3(u)]=[B_{0,3}(u)\quad B_{1,3}(u)\quad B_{2,3}(u)\quad B_{3,3}(u)]\boldsymbol{V}_{BE}\quad (u\in[0,1])$$

固定 $u=u^*$ $(u^*\in[0,1])$，则在上述 4 条曲线上得到对应的 4 点 $\boldsymbol{r}_0(u^*)$、$\boldsymbol{r}_1(u^*)$、$\boldsymbol{r}_2(u^*)$、$\boldsymbol{r}_3(u^*)$。以它们为特征多边形顶点，沿 w 向构造一条新的三次 Bezier 曲线：

$$\boldsymbol{r}(u^*,w)=[\boldsymbol{r}_0(u^*)\quad \boldsymbol{r}_1(u^*)\quad \boldsymbol{r}_2(u^*)\quad \boldsymbol{r}_3(u^*)]\begin{bmatrix} B_{0,3}(w) \\ B_{1,3}(w) \\ B_{2,3}(w) \\ B_{3,3}(w) \end{bmatrix}\quad (w\in[0,1])$$

把 $\boldsymbol{r}(u^*,w)$ 设想为母线，将 $\boldsymbol{r}_0(u)$、$\boldsymbol{r}_1(u)$、$\boldsymbol{r}_2(u)$、$\boldsymbol{r}_3(u)$ 当作基线，当 u^* 从 0 连续变化到 1 时，相当于母线 $\boldsymbol{r}(u^*,w)$ 的特征多边形沿 4 条基线滑动，从而形成了双三次 Bezier 曲面：

$$\boldsymbol{r}(u,w)=[\boldsymbol{r}_0(u)\quad \boldsymbol{r}_1(u)\quad \boldsymbol{r}_2(u)\quad \boldsymbol{r}_3(u)]\begin{bmatrix} B_{0,3}(w) \\ B_{1,3}(w) \\ B_{2,3}(w) \\ B_{3,3}(w) \end{bmatrix}$$

$$= [B_{0,3}(u) \quad B_{1,3}(u) \quad B_{2,3}(u) \quad B_{3,3}(u)] \boldsymbol{V}_{BE} \begin{bmatrix} B_{0,3}(w) \\ B_{1,3}(w) \\ B_{2,3}(w) \\ B_{3,3}(w) \end{bmatrix}$$

$$= [(1-u)^3 \quad 3u(1-u)^2 \quad 3u^2(1-u) \quad u^3] \boldsymbol{V}_{BE} \begin{bmatrix} (1-w)^3 \\ 3w(1-w)^2 \\ 3w^2(1-w) \\ w^3 \end{bmatrix}$$

$$= \boldsymbol{UM}_{BE} \boldsymbol{V}_{BE} \boldsymbol{M}_{BE}^{\mathrm{T}} \boldsymbol{W}^{\mathrm{T}} \quad (u,w \in [0,1]) \tag{5-59}$$

式中，$\boldsymbol{U}=[u^3 \quad u^2 \quad u \quad 1]$，$\boldsymbol{W}=[w^3 \quad w^2 \quad w \quad 1]$，$\boldsymbol{M}_{BE}$ 为三次 Bernstein 调和函数的系数矩阵。

式(5-59)即为双三次 Bezier 曲面的表达式，写成参数方程有

$$\begin{cases} x(u,w) = \boldsymbol{UM}_{BE} \boldsymbol{V}_{BEx} \boldsymbol{M}_{BE}^{\mathrm{T}} \boldsymbol{W}^{\mathrm{T}} \\ y(u,w) = \boldsymbol{UM}_{BE} \boldsymbol{V}_{BEy} \boldsymbol{M}_{BE}^{\mathrm{T}} \boldsymbol{W}^{\mathrm{T}} \quad (u,w \in [0,1]) \\ z(u,w) = \boldsymbol{UM}_{BE} \boldsymbol{V}_{BEz} \boldsymbol{M}_{BE}^{\mathrm{T}} \boldsymbol{W}^{\mathrm{T}} \end{cases} \tag{5-60}$$

式中，$\boldsymbol{V}_{BEx}$、$\boldsymbol{V}_{BEy}$、$\boldsymbol{V}_{BEz}$ 分别为顶点信息方阵 $\boldsymbol{V}_{BE}$ 的坐标分量。

将式(5-59)改写为求和形式有

$$\boldsymbol{r}(u,w) = \sum_{i=0}^{3} \sum_{j=0}^{3} B_{i,3}(u) B_{j,3}(w) \boldsymbol{V}_{i,j} \quad (u,w \in [0,1]) \tag{5-61}$$

仿照式(5-59)和式(5-61)，可推广得到 Bezier 曲面表达式的一般形式

$$\boldsymbol{r}(u,w) = [B_{0,n}(u) \quad B_{1,n}(u) \quad \cdots \quad B_{n,n}(u)][\boldsymbol{V}_{i,j}] \begin{bmatrix} B_{0,m}(w) \\ B_{1,m}(w) \\ \vdots \\ B_{m,m}(w) \end{bmatrix}$$

$$= \sum_{i=0}^{n} \sum_{j=0}^{m} B_{i,n}(u) B_{j,m}(w) \boldsymbol{V}_{i,j} \quad (u,w \in [0,1]) \tag{5-62}$$

式中，$[\boldsymbol{V}_{i,j}]$为$(m+1)\times(n+1)$个顶点组成的顶点信息矩阵，$B_{i,n}(u)$、$B_{j,m}(w)$分别是 n 次和 m 次 Bernstein 基函数。

3. B 样条曲面

B 样条曲线由一个特征多边形定义，而 B 样条曲面则由一组特征多边形定义，后者称为多面形网格或特征网格。B 样条曲线到 B 样条曲面的推广完全类似于 Bezier 曲线到 Bezier 曲面的推广。先讨论双三次 B 样条曲面片，再推广到一般情况。

如图 5.36 所示，双三次 B 样条曲面片由 16 个顶点组成的特征网格 $\boldsymbol{V}_B$ 定义，并按序排列成一个 4 阶顶点信息方阵

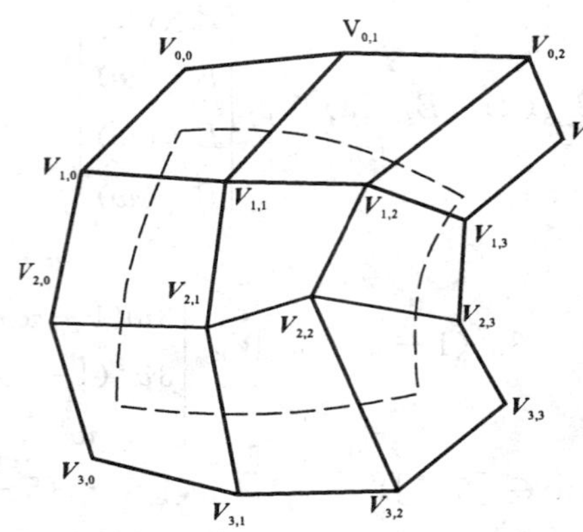

图 5.36 双三次 B 样条曲面的特征网格

$$\boldsymbol{V}_B = \begin{bmatrix} \boldsymbol{V}_{0,0} & \boldsymbol{V}_{0,1} & \boldsymbol{V}_{0,2} & \boldsymbol{V}_{0,3} \\ \boldsymbol{V}_{1,0} & \boldsymbol{V}_{1,1} & \boldsymbol{V}_{1,2} & \boldsymbol{V}_{1,3} \\ \boldsymbol{V}_{2,0} & \boldsymbol{V}_{2,1} & \boldsymbol{V}_{2,2} & \boldsymbol{V}_{2,3} \\ \boldsymbol{V}_{3,0} & \boldsymbol{V}_{3,1} & \boldsymbol{V}_{3,2} & \boldsymbol{V}_{3,3} \end{bmatrix}$$

网格 $\boldsymbol{V}_B$ 的任意行或任意列都构成一个特征多边形。先按其行构造 4 条 w 向的 B 样条曲线

$$\boldsymbol{r}_i(w) = \sum_{j=0}^{3} N_{j,3}(w)\boldsymbol{V}_{i,j}$$
$$(w \in [0,1];i = 0,1,2,3)$$

式中，$N_{j,3}(w)$为与顶点 $\boldsymbol{V}_{i,j}$对应的三次 B 样条基函数。

对于每一个 $w\in[0,1]$，将 $\boldsymbol{r}_i(w)(i=0,1,2,3)$看成特征多边形的 4 个顶点，可构造一条关于参数 u 的 B 样条曲线

$$\boldsymbol{r}(u,w) = \sum_{i=0}^{3} N_{i,3}(u)\boldsymbol{r}_i(w)$$

将 $\boldsymbol{r}_i(w)(i=0,1,2,3)$代入上式，得

$$\boldsymbol{r}(u,w) = \sum_{i=0}^{3}\sum_{j=0}^{3} N_{i,3}(u)N_{j,3}(w)\boldsymbol{V}_{i,j}$$

$$= [N_{0,3}(u) \quad N_{1,3}(u) \quad N_{2,3}(u) \quad N_{3,3}(u)]\boldsymbol{V}_B \begin{bmatrix} N_{0,3}(w) \\ N_{1,3}(w) \\ N_{2,3}(w) \\ N_{3,3}(w) \end{bmatrix} \quad (u,w \in [0,1]) \qquad (5-63)$$

当参数 u、w 在[0,1]区间相互独立地变化时，式(5-63)就是双三次 B 样条曲面片的表达式。考虑到

$$[N_{0,3}(u) \quad N_{1,3}(u) \quad N_{2,3}(u) \quad N_{3,3}(u)] = [u^3 \quad u^2 \quad u \quad 1]\boldsymbol{M}_B$$

所以，式(5-63)可改写成如下的紧凑形式

$$\boldsymbol{r}(u,w) = \boldsymbol{U}\boldsymbol{M}_B\boldsymbol{V}_B\boldsymbol{M}_B^{\mathrm{T}}\boldsymbol{W}^{\mathrm{T}} \quad (u,w \in [0,1]) \qquad (5-64)$$

式中，$\boldsymbol{U}=[u^3 \quad u^2 \quad u \quad 1]$，$\boldsymbol{W}=[w^3 \quad w^2 \quad w \quad 1]$，$\boldsymbol{V}_B$ 为特征网格的顶点信息方阵，$\boldsymbol{M}_B$ 为三次均匀 B 样条基函数的系数矩阵

$$\boldsymbol{M}_B = \frac{1}{6}\begin{bmatrix} -1 & 3 & -3 & 1 \\ 3 & -6 & 3 & 0 \\ -3 & 0 & 3 & 0 \\ 1 & 4 & 1 & 0 \end{bmatrix}$$

若给定$(m+1)\times(n+1)$个空间顶点，排成$(m+1)\times(n+1)$阶矩阵$[\boldsymbol{V}_{i,j}]$$(i=0,1,\cdots,m;j=0,1,\cdots,n)$，用其构成双三次 B 样条曲面的特征网格，则相应的双三次 B 样条曲面方程为

$$\boldsymbol{r}(u,w) = \boldsymbol{r}_{i,j}(u,w) = \sum_{k=i}^{i+3}\sum_{l=j}^{j+3} N_{k,3}(u)N_{l,3}(w)\boldsymbol{V}_{k,l}$$
$$= [u^3 \quad u^2 \quad u \quad 1]\boldsymbol{M}_B{}^B\boldsymbol{V}_{i,j}\boldsymbol{M}_B^{\mathrm{T}}[w^3 \quad w^2 \quad w \quad 1]^{\mathrm{T}}$$

$$(u,w\in[0,1];i=0,1,\cdots,m-3;j=0,1,\cdots,n-3) \quad (5-65)$$

式中

$$^{B}\boldsymbol{V}_{i,j}=\begin{bmatrix} V_{i,j} & V_{i,j+1} & V_{i,j+2} & V_{i,j+3} \\ V_{i+1,j} & V_{i+1,j+1} & V_{i+1,j+2} & V_{i+1,j+3} \\ V_{i+2,j} & V_{i+2,j+1} & V_{i+2,j+2} & V_{i+2,j+3} \\ V_{i+3,j} & V_{i+3,j+1} & V_{i+3,j+2} & V_{i+3,j+3} \end{bmatrix}$$

它由$(m-2)\times(n-2)$块双三次 B 样条曲面片拼合而成，每相邻曲面片之间都自然地达到了 C^2 连续，这是由三次 B 样条基函数的 C^2 连续所保证的。所以双三次 B 样条曲面相当简单地解决了曲面片之间的光滑拼接问题。

4. NURBS 曲面

与 NURBS 曲线的定义类似，给定一张$(m+1)\times(n+1)$的网格控制点及其所对应的权因子 $h_{i,j}(i=0,1,\cdots,m;j=0,1,\cdots,n)$，则 NURBS 曲面的表达式为

$$\boldsymbol{r}(u,w)=\frac{\sum_{i=0}^{m}\sum_{j=0}^{n}N_{i,k}(u)N_{j,l}(w)h_{i,j}\boldsymbol{V}_{i,j}}{\sum_{i=0}^{m}\sum_{j=0}^{n}N_{i,k}(u)N_{j,l}(w)h_{i,j}} \quad (5-66)$$

式中，$N_{i,k}(u)$、$N_{j,l}(w)$分别是 u 向和 w 向的 k 次和 l 次规范 B 样条，定义在如下节点向量上：

$$\boldsymbol{U}=[0,0,\cdots,0,u_{k+1},\cdots,u_{p-k-1},1,1,\cdots,1]$$

$$\boldsymbol{W}=[0,0,\cdots,0,w_{l+1},\cdots,u_{q-l-1},1,1,\cdots,1]$$

这里，端节点为 $k+1$ 重和 $l+1$ 重，$p=m+k+1$，$q=n+l+1$。

由于 NURBS 曲面的定义方法完全类似于 NURBS 曲线，其计算方法也完全相似，而且 NURBS 曲面的许多重要特性也与 NURBS 曲线相同，故不再赘述。

5. 曲面的反算、拼接与互化

1)反算

自由曲面在计算机内部存储的是控制点，而工程实际中，往往是先经测绘得到曲面的型值点，然后再由型值点反算出控制点。由前述曲面的构造过程可知，不管是 Bezier 曲面，还是 B 样条曲面，它们都是由空间控制点阵经过两次调和得到的。因此，曲面控制点的反算需要“两次反算过程”，第一次反算过程为：将一个参数方向（如 u 方向）上的型值点依次按曲线反算方法反算出一系列点；第二次反算过程为：沿另一个参数方向（如 w 方向），将第一次反算得到的点列再按曲线反算方法反算出另一系列点，第二次反算得到的点即为曲面的控制点。

2)拼接

以双三次自由曲面为例，相邻两曲面片光滑拼接的条件为：

(1)对 Coons 曲面，两曲面片共边界且在相邻两角点处的 u 向切矢、w 向切矢、扭矢分别相匹配。

(2)对 Bezier 曲面，两曲面片在相邻边界处的控制网格共边，且相邻边界处的二顶点在同一平面上。

(3)对 B 样条曲面，由于每 16 个顶点定义一张双三次曲面片，如果定义 B 样条曲面的控

制顶点矩阵 $\boldsymbol{V}$ 有 m 行 n 列（$m\geqslant4,n\geqslant4$），则可以定义（$m-3$）×（$n-3$）个曲面片。与三次B样条曲线的连续性相似，只要（4×4）的子矩阵在矩阵 $\boldsymbol{V}$ 中是依次向右或依次向下移动的，就能自动保证左右相邻或上下相邻的曲面片二阶连续。显然，B样条曲面的连续性条件十分简单，这是B样条曲面得到广泛应用的原因之一。

3）互化

双三次Coons曲面、双三次Bezier曲面、双三次B样条曲面之间可以相互转化。根据式（5-57）、式（5-59）和式（5-64），三种曲面可分别表示成

$$\boldsymbol{r}(u,w)=\boldsymbol{U}\boldsymbol{M}_C\boldsymbol{B}_C\boldsymbol{M}_C^{\mathrm{T}}\boldsymbol{W}^{\mathrm{T}}$$

$$\boldsymbol{r}(u,w)=\boldsymbol{U}\boldsymbol{M}_{BE}\boldsymbol{V}_{BE}\boldsymbol{M}_{BE}^{\mathrm{T}}\boldsymbol{W}^{\mathrm{T}}$$

$$\boldsymbol{r}(u,w)=\boldsymbol{U}\boldsymbol{M}_B\boldsymbol{V}_B\boldsymbol{M}_B^{\mathrm{T}}\boldsymbol{W}^{\mathrm{T}}$$

上述三式中，$\boldsymbol{U}=[u^3\quad u^2\quad u\quad 1]$、$\boldsymbol{W}=[w^3\quad w^2\quad w\quad 1]$都为相同的参数向量，只是混合函数系数矩阵和边界（几何）信息矩阵不同，但如果它们表示同一张曲面，显然有

$$\boldsymbol{M}_C\boldsymbol{B}_C\boldsymbol{M}_C^{\mathrm{T}}=\boldsymbol{M}_{BE}\boldsymbol{V}_{BE}\boldsymbol{M}_{BE}^{\mathrm{T}}=\boldsymbol{M}_B\boldsymbol{V}_B\boldsymbol{M}_B^{\mathrm{T}} \tag{5-67}$$

式（5-67）描述的就是三种曲面之间的互化关系，其中 $\boldsymbol{M}_C$、$\boldsymbol{M}_{BE}$、$\boldsymbol{M}_B$ 为已知的混合函数系数矩阵。因此，只要已知一种表达形式的边界（几何）信息矩阵，即可求得另两种表达形式的边界（几何）信息矩阵。也就是说，已知双三次曲面的一种表达形式，便可求得另外两种表达形式的曲面方程。由式（5-67）有

$$\boldsymbol{V}_{BE}=\boldsymbol{M}_{BE}^{-1}\boldsymbol{M}_C\boldsymbol{B}_C\boldsymbol{M}_C^{\mathrm{T}}[\boldsymbol{M}_{BE}^{\mathrm{T}}]^{-1}=\boldsymbol{M}_{BE}^{-1}\boldsymbol{M}_B\boldsymbol{V}_B\boldsymbol{M}_B^{\mathrm{T}}[\boldsymbol{M}_{BE}^{\mathrm{T}}]^{-1} \tag{5-68}$$

$$\boldsymbol{B}_C=\boldsymbol{M}_C^{-1}\boldsymbol{M}_{BE}\boldsymbol{V}_{BE}\boldsymbol{M}_{BE}^{\mathrm{T}}[\boldsymbol{M}_C^{\mathrm{T}}]^{-1}=\boldsymbol{M}_C^{-1}\boldsymbol{M}_B\boldsymbol{V}_B\boldsymbol{M}_B^{\mathrm{T}}[\boldsymbol{M}_C^{\mathrm{T}}]^{-1} \tag{5-69}$$

$$\boldsymbol{V}_B=\boldsymbol{M}_B^{-1}\boldsymbol{M}_C\boldsymbol{B}_C\boldsymbol{M}_C^{\mathrm{T}}[\boldsymbol{M}_B^{\mathrm{T}}]^{-1}=\boldsymbol{M}_B^{-1}\boldsymbol{M}_{BE}\boldsymbol{V}_{BE}\boldsymbol{M}_{BE}^{\mathrm{T}}[\boldsymbol{M}_B^{\mathrm{T}}]^{-1} \tag{5-70}$$

式（5-68）给出由Coons曲面、B样条曲面到Bezier曲面的转化表示；同样，式（5-69）描述了Coons曲面与B样条曲面、Bezier曲面的等价关系；式（5-70）描述了如何从Coons曲面和Bezier曲面表示转化成B样条曲面表示。

6. 曲面的几何处理

曲面的几何处理是指对曲面进行各种操作，如求交、裁剪、过渡、混合、延伸及等距面生成等。几何处理是完成复杂产品造型及产生数控加工数据的基本手段，其功能的强弱直接体现了CAD/CAM系统的设计能力和水平。本小节简单介绍曲面求交、曲面裁剪、曲面过渡等几何处理的基本概念及算法原理。

1）曲面求交（Surface Intersection）

曲面求交指通过一定的算法求出两曲面所有交线（包括切点和切线）的过程。通常，实际产品的外形多由一系列相交的曲面拼合而成，因此，在产品设计、显示、绘图、加工数据生成等过程中都会遇到求交问题。例如，在加工曲面时，为了不使刀具切去相邻曲面，往往需要计算出两曲面的交线，以产生正确的加工轨迹；此外，曲面裁剪、曲面过渡等也均是以曲面求交为基础的。下面分别介绍曲面求交的类型、方法及主要算法。

（1）曲面求交的基本类型

按曲面方程的表达形式，曲面求交可归纳为三种基本类型：①代数/代数曲面求交；②代数/参数曲面求交；③参数/参数曲面求交。

对于情况①，两曲面均用显式代数方程表达，分别设为 $z=f(x,y)$ 和 $z=g(x,y)$，则两曲

面的交线满足 $f(x,y)=g(x,y)$，亦即

$$f(x,y)-g(x,y)=0 \tag{5-71}$$

上式是一个以 x、y 为变量的二元方程。若令其中的一个变量 x(或 y)在定义内以一定步长变化，则对于每一个给定的 x(或 y)值，式(5-71)均为关于另一变量 y(或 x)的一元高次方程，故可用任意一种数值方法(如牛顿法、对分法、黄金分割法等)求解。该方程有解意味着在给定的 x(或 y)处有交点；有多解意味着有多个交点；无解意味着在给定的 x(或 y)处无交点，应继续前行求解其他交点。然后再根据给定的 x(或 y)、解得的 y(或 x)及曲面方程求 z 值，进而得到交点 (x,y,z)。最后，根据交点间的关系将多个交点连接成交线。代数/代数曲面求交主要用于求解以解析方程表示的各种二次曲面以及平面间的交线。

对于情况②，两曲面中一张以隐式代数方程表示为 $f(x,y,z)=0$；另一张以参数方程表示为

$$\begin{cases} x = r_x(u,w) \\ y = r_y(u,w) \\ z = r_z(u,w) \end{cases}$$

此时，两张曲面的交线可表达为

$$f[r_x(u,w),r_y(u,w),r_z(u,w)]=0 \tag{5-72}$$

式(5-72)是一个以 u,w 为变量的二元方程，与式(5-71)是同一类型的求解问题，只是自变量和定义域不同而已，可用相同的数值求解方法得到交线。这种情况常见于以解析方程表示的二次曲面、平面与以 Bezier、B 样条等方法表示的参数曲面间的求交。

对于情况③，两曲面均用参数方程表示，分别为 ${}^1\boldsymbol{r}(u,w)$、${}^2\boldsymbol{r}(s,v)$，则其交线方程为

$${}^1\boldsymbol{r}(u,w)={}^2\boldsymbol{r}(s,v)$$

用坐标分量表示为

$$\begin{cases} {}^1r_x(u,w)={}^2r_x(s,v) \\ {}^1r_y(u,w)={}^2r_y(s,v) \\ {}^1r_z(u,w)={}^2r_z(s,v) \end{cases}$$

可见，此时交线方程有 4 个变量，由 3 个非线性方程组成。理论上，可令一个变量以定步长变化，通过求解三元非线性方程组得到与交点对应的另外 3 个参数值，进而得到交点。但实际上这种方法很难实现，需采取后述的其他方法进行求解。

上述的①、②类曲面求交问题均可转化为比较经典的一元高次方程来求解，较易处理，此处不再讨论。而参数/参数曲面求交则无法直接转化为一元高次方程，求解过程较为复杂，下面介绍其求解方法。

(2)参数/参数曲面求交的基本方法

参数/参数曲面求交的方法很多，大致可将其归纳为如下几类：

①代数法，也称解析法。该方法的主导思想是充分利用代数曲面求交的现有成果来解决自由曲面求交问题。通常先将自由曲面的参数表达式精确或近似地转化为代数方程的形式，将参数/参数曲面求交转化为上述①、②两种类型求解。这种方法在计算低幂次(二次以下)曲面片间的交线时可获得较好的效果，但对于三次以上的自由曲面，特别是有理曲面，交线代数方程的次数将非常高，此时，无论是准确性、稳定性还是计算效率上均难以保证，因此实际应用

较少。

②网格离散法。该方法用满足逼近精度要求的一系列有界小平面代替曲面，把两张曲面之间的求交问题转化为一系列有界小平面片之间的求交，曲面的交线用一系列有界小平面间相交的直线段近似表示。该方法原理简明，便于实现，任意参数曲面均可利用该方法求交。但为了获得精确的交线，则必须生成非常细密的网格，这将导致占用内存增多、计算量增大。因此，实际应用中很少单一使用网格法，而是将其与其他方法结合起来使用。

③分割法。该方法与网格离散法有些类似，都是以小平面片的交线代替曲面的交线。所不同的是分割法不是将曲面直接离散，而是基于 Divide - Conquer 测试-离散思想，先用曲面片的凸包进行相交测试，并仅将凸包相交的曲面片细分为 4 个子曲面片，然后对两张曲面的子曲面片重复上述测试-细分过程，直至子曲面片满足求交的精度要求，最后以平面片的交线代替曲面片的交线。分割法仅对可能相交的曲面片细分，既减少了需要的存储空间，又加快了测试和求交速度，因而其效率显著优于网格离散法。但分割法需要应用曲面的凸包性和分割性，故仅适用于 Bezier 和 B 样条曲面，而难以应用于如 Coons 曲面和等距面等其他参数曲面。实际应用中，分割法也需要与其他方法结合才能获得比较满意的效果。

④迭代法。迭代法本身并不构成独立的求交方法。应用迭代法求交前，须先给出交点的初始估值，而这一估值常通过其他求交方法得到。因此，迭代求交法常作为一种交点精化手段，需与其他求交方法结合使用。该方法的主要过程是根据初始估计点的几何性质（如位置、切矢、法矢、曲率等）运用 Newton 方法求得一个较前一估计点更接近于精确交点（目标点）的新估计点。如此反复进行，直到求得的交点满足所要求的精度。该方法的优点是初值较好时收敛速度非常快，而且能应用于任意参数曲面。主要缺点是对初值的要求比较苛刻，一旦初值选择不当有可能导致迭代不收敛。

⑤追踪法。该方法由 Melson 和 Arnases 等人首先提出。其主要思想是，在已知某一点为两曲面交点的前提下，以该点为起点，沿着交线前进方向搜索下一个交点；重复上述过程，直至求得交线上的所有交点。该法的优点是适用范围广，可用于任意参数曲面，且计算速度快，占用内存少。追踪法的关键是如何求得所有交线的初始点，初始点选择不当将导致追踪方法失败。

(3)曲面求交的算法与步骤

上述求交方法各有利弊，实际应用中，准确、高效、可靠的求交算法通常是上述几种方法的综合。目前，CAD/CAM 系统多采用两类综合算法：一类是以分割与迭代为基础的算法，用于具有凸包性的参数曲面求交（如 Bezier 曲面、B 样条曲面和 NURBS 曲面等），先用分割法得到所有交线的拓扑结构和交点的估计值，再用 Newton 迭代法将估计点迭代到精确交点上；另一类是以交线追踪与迭代为基础的算法，用于不具凸包性和分割性的任意参数曲面求交（如三次参数曲面、Ferguson 曲面、Coons 曲面等），先用网格离散法、迭代法获得交线的初始交点，再用追踪法求出所有的交线。下面分别予以介绍。

①基于分割与迭代的曲面求交算法与步骤包括：

A. 确定最大分割层次 n，初始化交线表。

B. 确定两张曲面片的凸包，并检查两凸包是否相交，若不相交则返回。

C. 如分割层次不到 n，对曲面片进行四叉分割，每张曲面片都一分为四。对一张曲面片的每一子曲面片，均将其与另一曲面片的 4 个子曲面片求交，即递归调用过程 B。

D. 如离散层次已达到 n，则以两个三角形分别代替原曲面片，对一曲面片的每一个三角形，都分别与另一曲面片的两个三角形求交。

E. 对求出的交点，用线性插值或参数域上面积映射的方法求出交点的 u、w 值，然后以此 u、w 值作为迭代初值，用 Newton 迭代法，求出曲面上交点的精确解及对应的 u、w 参数值。

F. 将步骤 E 中求得的交线首尾相连，检查所得交线与交线表中原有交线是否相连，即检查所得交线的首尾与原交线的首尾是否相连。如相连，则将所得交线连入原有交线；否则生成新交线。

G. 返回。

若曲面为B样条曲面和NURBS曲面，可先将其等价地转化为Bezier曲面，然后再用上述算法。实践证明，该类综合算法求解速度快、精度高，且比较稳定，一般不会出现漏交。

②基于追踪与迭代的曲面求交首先要求得至少一个初始交点，然后从初始交点开始，一步一步沿着交线方向进行跟踪、修正，直到把整条交线求出为止。如果两曲面的交线不止一条，还必须求出另外交线上的初始交点，然后沿着交线跟踪。交线跟踪的方向为当前交点处两曲面切平面的交线方向。算法步骤如下：

A. 用网格离散法求交，得到一张初始交点表。

B. 从初始交点表中取一初始点作为追踪起点，用 Newton 迭代法求出追踪起点的精确解。

C. 从起点开始，沿曲面在此点处两切平面的交线方向前进一定的步长，取该点为下个交点的估计点，用 Newton 迭代法将此估计点迭代到精确交线上，得到新的精确交点。

D. 以新得到的交点为起点重复执行 C，直至满足条件 E 为止。

E. 当遇到下述情况之一时，本条交线追踪完毕，转 G。

(a)追踪到两张曲面中任一张的边界；

(b)追踪到原始起点；

(c)无法确定追踪方向时。

F. 重复步骤 B，直至遍历了初始交点表中的所有初始交点，此时认为所有交线环均已找出。

G. 对由于步骤 E 中条件(c)而结束的各条交线进行特殊处理。

该类算法因采用了网格离散法，整体计算速度会有所降低，但其适用范围较广，可用于任意参数曲面的求交，且效果较好。

2)曲面裁剪(Surface Trimming)

曲面裁剪指将一张曲面上不需要的部分去除的操作。在工程实际中，许多产品的某些外形表面不能或不便于用完整的曲面来表示，用多张曲面拼接这类表面在造型上又满足不了要求或者过于烦琐，此时往往采用曲面裁剪的方法得到所要求的曲面。

曲面裁剪的基础是曲面求交，但又比单纯的曲面求交更复杂些。这种复杂性主要体现为以下问题：用何种数据结构表示裁剪过曲面的几何与拓扑信息，以便对曲面进行进一步的裁剪或其他处理；怎样使裁剪曲面的求交只在两裁剪曲面的有效区域内进行，以提高裁剪效率；若在有效区域外也求交，如何根据两裁剪曲面的原有边界拓扑与几何信息，对交线分段并对每段交线进行有效性判别；如何综合裁剪曲面的原有边界信息与新的有效交线，修改裁剪曲面边界的拓扑关系与几何信息；怎样生成裁剪曲面的彩色明暗图等。

典型的曲面裁剪算法步骤如下：

(1)将整张曲面在[0,1]×[0,1]范围内映射,形成曲面的裁剪参数域。

(2)从数据库中检索出对应曲面的初始信息,包括曲面的边界、曲面间的交线以及参数域上与裁剪有关的其他几何元素。

(3)在裁剪参数域上交互地重组曲面的拓扑信息,建立裁剪后曲面的内环和外环。

(4)在数据库中更新曲面的拓扑信息。

(5)在新的拓扑信息上插值计算并显示曲面。

在曲面裁剪过程中,建立曲面片参数域与剪裁参数域[0,1]×[0,1]的映射是曲面裁剪算法的关键,如图5.37所示。这样可将三维的曲面裁剪转换为二维参数域上的裁剪。在参数域上,可在曲面边界和曲面内部进行任意区域的裁剪,也可在曲面求交、曲面过渡后,以交线及过渡曲面的边界线作为裁剪边界进行裁剪。

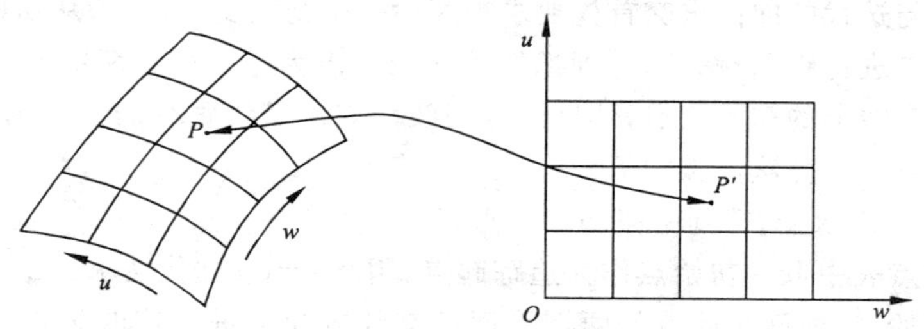

图5.37 将三维曲面操作映射为二维参数域操作

3)曲面混合(Surface Blending)

工程上,通常需要在任意两张曲面之间构造一张曲面,在边界上与两曲面均有C^1连续,这种曲面称为混合曲面,如图5.38所示。

在构造混合曲面时,为保证$\boldsymbol{r}_b$与曲面$\boldsymbol{r}_1$、$\boldsymbol{r}_2$在边界上有C^1连续,$\boldsymbol{r}_b$的边界信息(含边界上对应点处的位置矢量和跨界切矢)均按一定的参数值分别从已有曲面$\boldsymbol{r}_1$、$\boldsymbol{r}_2$上提取,然后用这些边界信息构成一张曲面。一般采用混合边界重新匀化技巧,尽管重新匀化在边界上有一定的误差,但只要精度控制合理,完全能够满足工程应用的需要。

4)曲面过渡(Surface Filleting)

工程上,尤其在汽车、航空航天、造船等行业,为使产品外形满足某些特殊的力学性能和外观要求,往往需要在任意两张曲面间构造一张过渡曲面。过渡曲面比前述混合曲面的要求要苛刻些,它除了要与两母曲面$\boldsymbol{r}_1$、$\boldsymbol{r}_2$保持C^1连续外,同时还要求其曲率按一定规律变化,如等半径、半径按线性或非线性规律变化等。图5.39为半径按抛物线变化的过渡曲面。

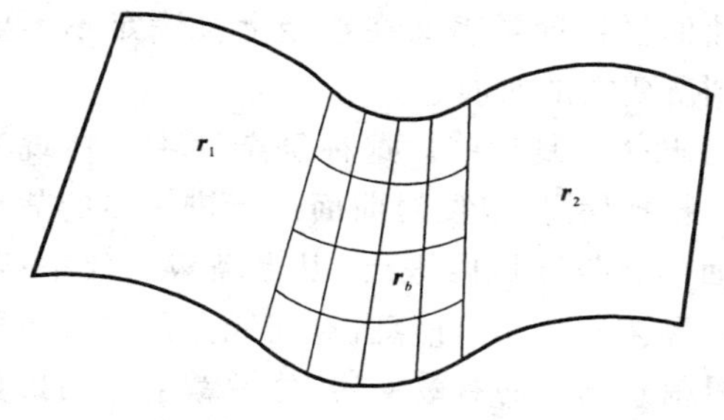

图5.38 混合曲面的构造

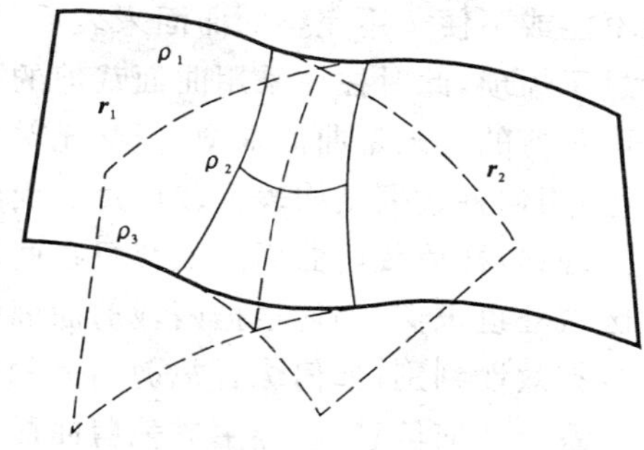

图5.39 过渡曲面的构造

下面给出两种构造等半径和变半径过渡曲面的算法思路与步骤：

(1)等半径过渡曲面的构造算法与步骤

①以给定过渡曲面的半径值为等距值，按给定的精度求出两张曲面的等距面交线上的一系列点。

②分别求出两曲面上与上述点列对应的切点。

③根据求出的一系列切点及等距面交线上的点，构造过渡曲面。

(2)变半径过渡曲面的构造算法与步骤

①求出两曲面的交线。

②在两曲面的交线上，按给定精度，构造一系列交线的法平面，并按给定的过渡曲面半径变化规律，求出各法平面内所对应的半径值。

③在各法平面内，求出与两曲面等距离的点。该点到两曲面的距离为所在法平面对应的半径值。

④在两曲面上分别求出与上述一系列等距点对应的切点。

⑤根据求出的一系列切点及对应的等距点，构造过渡曲面。

复习思考题

1. 什么是几何造型？几何造型方法有哪些？它们的优缺点是什么？

2. 试分析几何造型系统中线框模型、表面模型和实体模型的优缺点。

3. 什么是几何信息？什么是拓扑信息？

4. 什么是特征造型？它有什么特点？

5. 简述参数化几何造型的特点。

6. 已知两互不相交的直线段 L_1[起点 $\boldsymbol{P}_0(x_0,y_0,z_0)$、终点 $\boldsymbol{P}_1(x_1,y_1,z_1)$]和 L_2[起点 $\boldsymbol{P}_2(x_2,y_2,z_2)$、终点 $\boldsymbol{P}_3(x_3,y_3,z_3)$]。试求一三次自由曲线 $\boldsymbol{r}(t)$连接 L_1 的终点和 L_2 起点，要求连接处切矢连续，并写出 $\boldsymbol{r}(t)$的直角坐标分量表达式。

7. 什么是自由曲线的型值点和控制点？

8. 构造自由曲线时，为什么一般只需要 C^2 连续？在什么情况下才需要 C^3 连续？

9. 参数样条中引入累加弦长参数的目的是什么？

10. 三次参数样条曲线有哪些特点？它和三次样条插值函数有何联系？

11. 用给定的网格点构造样条曲面时，如果型值点的分布不均匀将会产生什么不利效果？怎样补救？

12. 某 Coons 曲面的角点信息矩阵为

$$\boldsymbol{B}_{cx}=\begin{bmatrix}0&10&16&0\\0&18&24&0\\0&8&8&0\\0&8&8&0\end{bmatrix},\boldsymbol{B}_{cy}=\begin{bmatrix}0&0&0&0\\10&10&0&0\\10&10&0&0\\10&10&0&0\end{bmatrix},\boldsymbol{B}_{cz}=\begin{bmatrix}10&0&0&-16\\8&0&0&-14\\-2&0&0&2\\-2&0&0&2\end{bmatrix}$$

试分析该曲面的特点。当参数值为 $u=0.5,w=0$ 及 $u=0.5,w=1$ 时，计算曲面上对应点的坐标。

13. 两张 Bezier 曲面片沿公共边界拼接，怎样保持跨界斜率连续？

14. 说明双三次 Bezier 曲面的 16 个顶点与 Coons 曲面片的角点切矢和扭矢的对应关系。

15. 已知 5 个控制点的坐标，试生成相应的三次 Bezier 曲线。

16. 试推导 $n=5, m=3$ 的 Bezier 曲面表达式，并输入 15 个控制点生成相应的 Bezier 曲面。

17. 试述三次 B 样条曲线的特点，并与三次 Bezier 曲线进行比较。

18. 已知 5 个型值点的坐标，试用 B 样条反算拟合求出相应的三次 B 样条控制点坐标，并生成 B 样条曲线。

19. 若要构造 2×2 双三次 B 样条曲面片组，试问需要多少个控制点？若要构造 3×3 及 4×4 双三次 B 样条曲面片组，又需要多少个控制点？

20. 试写出判断空间任意位置的两个长方体是否相交的算法。

6 逆向工程技术

在产品设计与制造过程中，虽已广泛使用计算机几何造型技术，但仍有很多产品，最初并不便准确建立其CAD模型，设计和制造者面对的是实物样件。逆向工程为产品的再制造提供了一个全新、高效的技术手段，通过从实物样件到几何模型的重构，进而完成产品的数控加工或快速原型制造或模具生产。

本章介绍逆向工程的概念、数据测量和测量数据的处理技术、三维模型重构的方法等，并以实例说明利用逆向工程软件 Imageware 进行逆向工程设计的过程。

6.1 逆向工程概述

逆向工程技术与传统的产品设计方法不同，它是根据已存在的产品或零件原型构造产品或零件的设计模型，在此基础上对已有产品进行剖析、理解和改进，是对已有设计的再设计。其主要任务是将原始物理模型转化为产品的数字化模型，为提高工程设计、加工、分析的质量和充分利用CAD/CAE/CAM技术对已有的产品进行再设计提供完整的信息。

6.1.1 逆向工程的概念

传统的产品开发过程一般是从市场调研开始，在了解市场需求后，抽象出产品的功能模型及产品规格，然后进行概念设计、总体设计、详细设计、工艺工装设计，再完成加工、检验、装配及性能测试，最终实现产品的开发。这种从设计思路到产品的设计过程称为正向工程(Forward Engineering，简称FE)。然而，在某些实际生产中，设计人员掌握的产品初始信息是各种形式的物理模型或实物样件，或在对已有产品进行分析、改进，以期得到优化时，就需要寻找某种方法将这些实物(样件)转化成(CAD)模型，使之能应用CAD/CAE/CAM等先进技术完成制造任务。这种由产品到设计思路的产品开发过程称为逆向工程或反求工程(Reverse Engineering，简称RE)。

逆向工程是一门跨学科、跨专业的复杂系统工程，其包括影像逆向、软件逆向和实物逆向等3个方面。它是以先进的实物(产品)、软件(图样、程序、技术文件等)或影像(图像、照片等)为研究对象，应用现代设计方法学、生产工程学、材料学和有关专业知识研究和探索其关键技术，进而开发出同类的更为先进产品的技术，是针对消化吸收先进技术采取的一系列分析方法和应用技术的综合。

目前，关于逆向工程的研究主要集中在实物的逆向重构上，即产品实物的CAD模型重构和最终产品的制造方面，已经成为CAD/CAM系统的一个研究和应用热点，并发展成为一个相对独立的领域。在这一意义下，逆向工程可定义为将实物转变成为CAD模型相关的数字化制造技术、几何模型重构技术和产品制造技术的总称，是将已有产品模型转化为工程设计模型，并在此基础上对已有产品进行解剖、深化和再创造的过程。

6.1.2 逆向工程的应用

作为一种消化和吸收先进技术、实现新产品快速开发的重要技术手段，逆向工程在航空、汽车、模具、玩具等领域得到了广泛应用，主要体现在以下几个方面：

(1)新产品开发和产品改型设计

尽管计算机辅助技术发展迅速，各种商业软件的功能日益强大，但目前仍无法满足一些复杂曲面零件的设计需要。例如，对于产品外形有特殊要求的领域(如汽车车身外形、复杂型面的模具等)，产品外形通常不是应用CAD软件直接设计的，而是首先制作全尺寸的木质或黏土模型，方便设计师创作和修改；一旦定型，就可采用逆向工程方法将其转化为CAD模型；进而用于产品成形工艺分析及其成形模具的快速设计制造。

(2)产品仿制

在没有设计图纸或设计图纸不完整以及没有CAD模型的情况下，在对产品或零件原型进行测量的基础上，形成零件的设计图纸或CAD模型，再利用此模型生产同样的产品。这在文物的修复和复制、假肢和医疗器材的制作、国外先进产品的跟踪等方面有着广泛用途。

(3)质量检验

逆向工程方法是由产品检验技术发展而来的，现在又反过来促进了快速质量检验技术的发展。产品的实际制造外形是否达到设计标准，其误差的大小是否满足生产要求等都可以通过逆向工程方法加以检验。

(4)快速原型零件制造

逆向工程是快速原型制造(Rapid Prototype Manufacturing，RPM)的关键技术。在RPM中，利用逆向工程技术在现有物理模型的某些测量数据的基础上，重构其三维CAD信息模型，然后将该模型进行数据转换，使其成为可以直接被RPM系统接收的数据格式，快速制造出实物原型，进而实现零件的快速制模。

6.1.3 逆向工程的工作流程

逆向工程的思想最初来自于从油泥模型到产品实物的设计过程，基于实物的逆向工程应用最广的还是进行产品复制和改型，尤其是产品外观设计。目前，基于CAD/CAM系统的数字扫描技术为实物逆向工程提供了有力的支持，在进行数字化扫描完成实物的3D重构后，通过NC加工就能快速地制造出模具，最终成形得到所需的产品或直接加工成产品。但从严格意义上来说，上述过程只是对先进产品的简单仿制，并不是逆向工程的全部。

随着计算机辅助几何设计理论等技术的发展和应用，以及CAD/CAE/CAM集成系统的开发和商品化，产品实物的逆向设计方法更加成熟、技术手段更加先进。逆向工程的工作流程如图6.1所示。

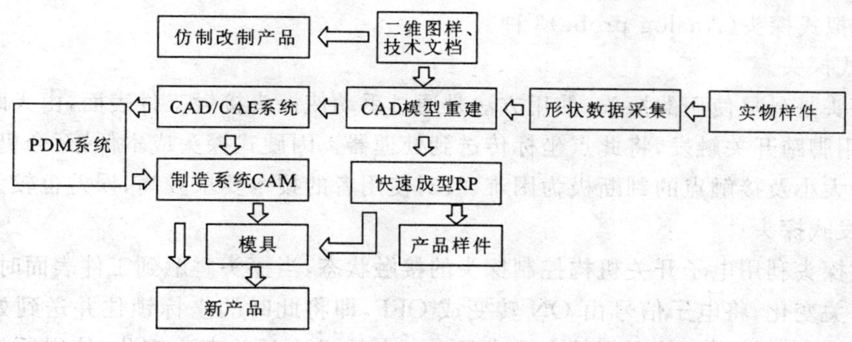

图 6.1 逆向工程的工作流程

6.2 逆向工程中的数据测量

数据测量是指通过特定的测量设备和测量方法，将物体的表面信息转换成离散的几何点坐标数据，为数字化模型的建立进行原始数据准备。

6.2.1 测量方法

目前，用来采集物体表面数据的测量设备和方法有多种，其原理也各不相同。不同的测量方法，不但决定了测量本身的精度、速度和经济性，还造成了测量数据类型及后续处理方式的不同。因此，测量方法的详细选用是逆向工程中一个非常重要的问题。根据测量探头是否与零件表面接触，逆向工程中物体表面三维数据的获取方法可分为两大类，即接触式与非接触式。根据探头的不同，接触式又可分为触发式和连续式；非接触式按其原理不同，又分为光学式和非光学式。测量方法的详细分类如图 6.2 所示。

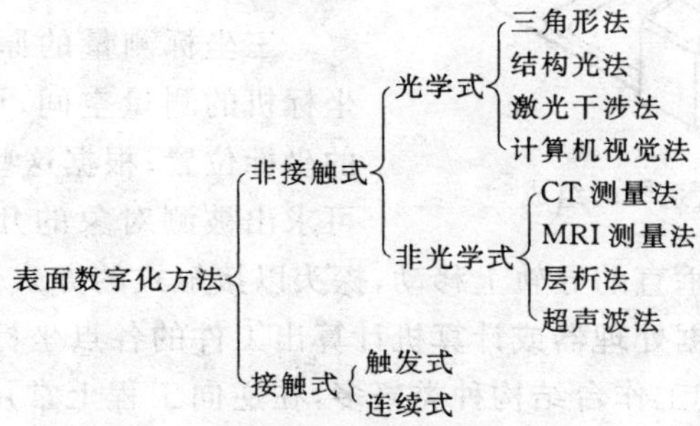

图 6.2 测量表面数字化方法的分类

6.2.2 接触式测量

1. 接触式探头

接触式探头分为硬式探头(Hard probe or Mechanical probe)、触发式探头(Touch trigger probe)及模拟式探头(Analog probe)3 种。

(1)硬式探头

硬式探头是最早使用的探头,使用方法是通过手动使探头接触工件表面,由人眼及感觉做判断,再利用脚踏开关触发,将此点坐标传送到处理器。因硬式探头成本低,至今仍有使用,但因接触力的大小及接触点的判断极为困难,故对使用者的技术要求较高,误差也较大。

(2)触发式探头

触发式探头利用电子开关机构控制探头的接触状态,当探头碰触到工件表面时,电子开关机构产生开关变化,将电子信号由 ON 转变成 OFF,即将此时的坐标锁住并送到处理器进行处理。任一方向碰触到工件表面都会造成至少一点的机构开关产生变化,使得原先串联的电子通路转换成断路。触发式探头的触发信号由电子开关控制,故其重复性好,准确性较高(可达 1μm 以内),不受人为因素影响,为现代三坐标测量机最常用的探头。

(3)模拟式探头

模拟式探头接触工件时会有侧向位移,经可变线圈感应或光栅尺感应,产生一相对的电压变化,此模拟电压信号转换成数字信号送入处理器。这种测量方式称为模拟式测量。使用模拟式探头时须保持与工件的接触,若位移量超过探头测量范围,须控制机台的移动使探头回到其测量范围内。因模拟式测量为连续测量,无绝对坐标,故不能中途离开工件表面。这种测量方法常用于曲率平滑曲面的测量。

2. 三坐标测量机测量

在接触式测量中,三坐标测量机(Coordinate Measuring Machine,CMM)应用最为广泛,可用于制造、电子、汽车和航空航天等工业部门,是一种具有很强柔性的高效率测量和检测设备。三坐标测量系统的组成如图 6.3 所示。

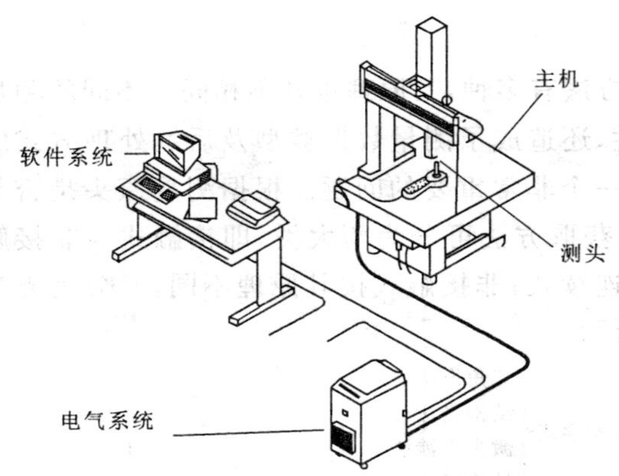

图 6.3　三坐标测量系统的组成

三坐标测量的原理是:将被测物体置于三坐标机的测量空间,可获得被测物体上各测点的坐标位置;根据这些点的空间坐标值,经计算可求出被测对象的几何尺寸、形状和位置。三坐标测量机可在 3 个相互垂直的导轨上移动,探头以接触式的方式传递信号,3 个导轨的位移测量系统(如光栅尺)经数据处理器或计算机计算出工件的各点坐标(x,y,z)。三维坐标测量机属直角坐标测量系统,其工作台结构种类繁多,在逆向工程上常用作位移桥架,现在三坐标测量也有使用非接触式测量探头的。

在逐点式扫描测量时,通常是将探头在横向以等速或等距离逐点移动,再以等时间或等间隔位置量取工件在 z 轴上的坐标。但当工件轮廓有明显起伏变化时,需要增加测量点来提高分辨力。最简单的方式是取 $\Delta x+\Delta z$ 为常数,Δx 和 Δz 分别是 x 轴和 y 轴的分辨率。当 Δz 变大时,Δx 应变小,测量点将更密集。也就是说,当工件斜率变大时,测量速度减慢,此动作称为速度追踪。

将 CMM 应用在逆向工程三维点数据获取时,测量人员可用人工方式逐点测量,或用

CNC 做辅助，沿着曲面外形接触被测物取得数据。

使用 CMM 时必须设定较多参数，包括探头形状和大小、扫描间隔、误差允许量，步进距离，扫描速度、扫描方向等。一般说来，扫描方向与模型陡峭面成正交为佳。由于工件表面形状不一，故常常要将工件分成不同的区域，使用不同的参数扫描。因此，若要测量复杂形状的工件，则比较耗时。

3. 接触式测量的优缺点

接触式测量具有以下优点：

(1)接触式测量的机械结构和电子系统成熟，有较高的准确性和可靠性。

(2)接触式测量的探头直接接触工件表面，与工件表面的反射特性、颜色及曲率关系不大。

(3)被测物体固定在三坐标测量机上，并配合测量软件，可快速准确地测量出物体的基本几何形状(如面、圆、圆柱、圆锥、圆球等)。

接触式测量也存在以下缺点：

(1)为确定测量基准点需使用特殊的夹具，会导致较高的测量费用；不同形状的产品会要求不同的夹具，使测量成本大幅度增加。

(2)球形探头很容易因为接触力而造成磨损，为维持一定的精度，需要经常校正探头的直径，而且不当的操作容易损害工件某些重要部位的表面精度，也可能使探头损坏。另外，接触探头在测量时，探头的力将使探头尖端部分与被测件之间发生局部变形，从而影响测量值的实际读数。

(3)接触式触发探头是以逐点方式进行测量的，测量速度慢，而且检测一些内部元件受到限制(如测量内圆直径，触发探头的直径必须要小于被测内圆直径)。另外，由于探头触发机构的惯性和时间延迟，使探头产生超越现象，因而会产生动态误差。

(4)接触式触发探头是感应元件，测得的数据是探头的球心位置，要测得物体的真实外形，需要对探头半径进行补偿，因此，可能会导致修正误差。

(5)测量系统的支撑结构存在静态及动态误差。

6.2.3 非接触式测量

1. 非接触式测量方法

非接触式测量是利用某种与物体表面发生相互作用的物理现象(如声、光、电磁等)来获取物体表面三维坐标信息的一种方法。其中，以应用光学原理发展起来的测量方法应用最为广泛，如激光三角形法、结构光法等。由于非接触式测量动作迅速，且不与工件接触，可对柔软质地零件进行测量，因此越来越受到人们的重视。

1)激光三角形法

激光三角形法是根据光学三角形测量原理，利用光源和光敏元件之间的位置和角度关系来计算零件表面点的坐标数据的一种方法。其基本原理是：利用具有规则几何形状的激光，投影到被测表面上，形成的漫反射光点(光带)的像被安置在某一空间位置的图像传感器吸收，然后根据光点(光带)在物体上成像的偏移，通过被测物体基平面、像点、像距等之间的关系，按三角几何原理测量出被测物体的空间坐标。

根据入射光的不同，以三角几何原理实现的测量方法可分为点光源测量、线光源测量和面光源测量3种，不同的方式所得到的数据的组织形式也不同。

(1)点光源测量法

点光源测量常采用直射式和斜射式两种结构。直射式三角法测量原理如图6.4(a)所示，激光器1发出的光线，经会聚透镜2聚焦后垂直入射到被测物体的表面3上，物体移动或表面变化，入射光点沿入射光轴移动。接收透镜4接收来自入射点的散射光，并将其成像在光电探测器5的敏感面上，若光点在成像面上的位移为x'，则可按式(6-1)求出被测面的位移x：

$$x=\frac{ax'}{b\sin\theta-x'\cos\theta} \tag{6-1}$$

式中，a为激光束光轴和接收透镜光轴的交点到接收透镜前面的距离；b为接收透镜后面到成像中心点的距离；θ为激光束光轴与接收透镜光轴之间的夹角。

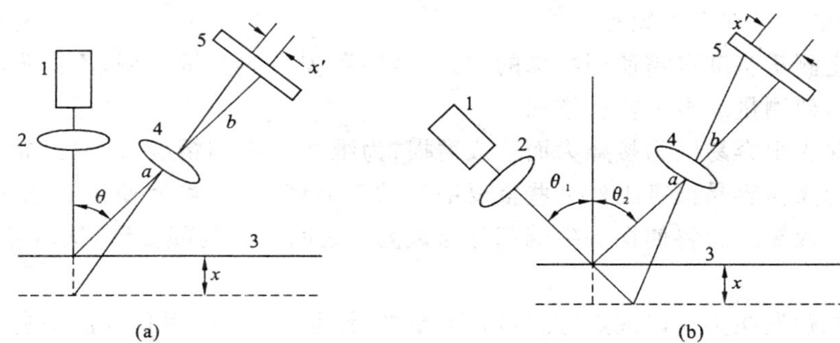

图6.4 点光源测量原理图

(a)直射式测量；(b)斜射式测量

1—激光器；2—会聚透镜；3—被测表面；4—接收透镜；5—光电探测器

斜射式是指激光器发出的光和被测面的法线成一定角度入射被测面上[图6.4(b)]，同样用一透镜接收光点在被测面的散射光或反射光，若光点的像在光电探测器5的敏感面上移动，则物体表面沿法线方向的移动距离x为

$$x=\frac{ax'\cos\theta_1}{b\sin(\theta_1+\theta_2)-x'\cos(\theta_1+\theta_2)} \tag{6-2}$$

式中，θ_1为激光束光轴和被测面法线的夹角；θ_2为成像透镜光轴和被测面光线的夹角。

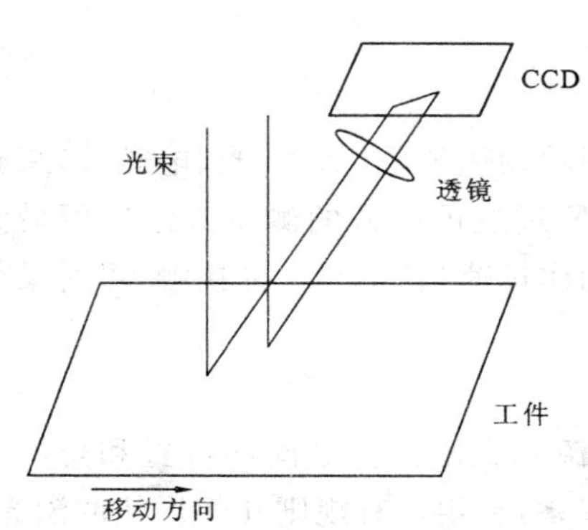

图6.5 线光源三角法测量原理图

(2)线光源测量法

采用线光源照明的三角传感系统使用二维面阵探测器作为接收器件，只需要附加一维扫描就可以形成完整的三维形面数据。线光源照明三角法也称光切法，图6.5所示为该方法的原理图。激光束经柱状透镜扩束并准直后成为一束很薄的片状光束投影到物面上，载有物面的平台沿给定坐标方向以一定速度平移，完成投影光在物面的扫描，在另一方向用面阵CCD(Charge Coupled Device)接收片光像。

由于物体表面的高低不同，每条投影线在CCD光敏面上的像为一曲线，通过计算该曲线上像素点偏离标准像(基准平面)的位置便可得出物体表面的深度变化。

(3)面光源测量法

面光源测量的基本原理是利用激光向被测工件表面投射一光条，由于被测表面起伏及曲率变化，投射的光条随被测表面起伏而扭曲变形，由CCD摄像机摄取激光束影像。这样就可由激光束的发射角度和激光束在CCD内成像位置，通过三角几何关系获得被测点距离或坐标等数据。

2)结构光法

结构光法的基本原理是把一定模式的光源(如光栅)投影到被测物体表面，受被测物体表面高度变化的影响，光栅影线发生变形，利用两个镜头获取不同角度的图像。通过解调变形后的光栅影线，就可以得到被测表面的整幅图像上像素的三维坐标，其原理如图6.6所示。

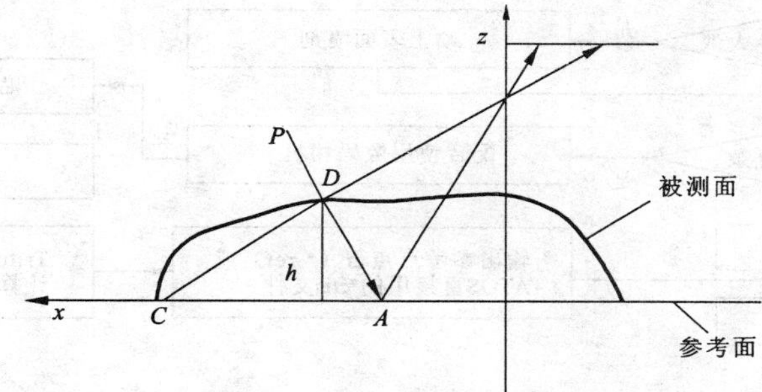

图6.6 结构光法测量原理图

测量时，入射光线P照射到参考平面上的A点，放上被测物体后，P照射到被测物体上的D点，此时从图示方向观察，A点就移到新的位置C点，距离AC就包含了高度信息$z=h(x,y)$，即高度受到了表面形状的调制。目前，解调变形光栅投影线的方法主要有傅里叶分析法和相移法两种。

3)工业CT法

工业CT是一种射线成像检测技术，出现于20世纪70年代，首先应用于医学诊断，后来推广到工业领域。工业CT对被测物体进行断层截面扫描，以X射线的衰减系数为依据，用数学方法经过电子计算机处理而重建断层截面图像，根据不同位置的断层图像可建立物体的三维信息。

工业CT是目前最先进的非接触测量方法，它可以在不破坏零件的情况下，准确地对物体的内部形状、壁厚，尤其是内部结构进行测量，这是其他测量方式难于做到的，而且对零件的材料没有限制。但是，CT测量法存在着测量系统的分辨率低、获取数据时间长、重建图像计算量大、设备造价高的缺点。

此外，非接触式测量方法还有核磁共振法、超声波法、层析法等，各自拥有其特点和适用的专业领域。

2. ATOS激光扫描测量系统

ATOS测量系统是德国GOM公司研发的产品，自1989年在德国问世以来，经过多年的发展，已成为世界上使用最为成功的扫描测量系统之一，广泛应用于汽车、航空航天、消费品、艺术品及科学研究领域。

ATOS测量系统包括ATOS模块（又称为光学测量系统）和Tritop模块（又称为照相测量定位系统）。ATOS系统安装后，要进行一次校准，包括硬件校准和软件校准。硬件校准主要包括校准投射影像、中间投射镜头聚焦调校、左右镜头的焦距和光圈调校。而其软件调校又可分为标准标定、快速标定和扩展标定。一般进行标准标定，扩展标定用于扫描非常小的物体。

扫描前要根据被测物体的尺寸、表面光泽度、复杂度等，考虑测量流程，必要时使用数码照相机。工作流程如图6.7所示。

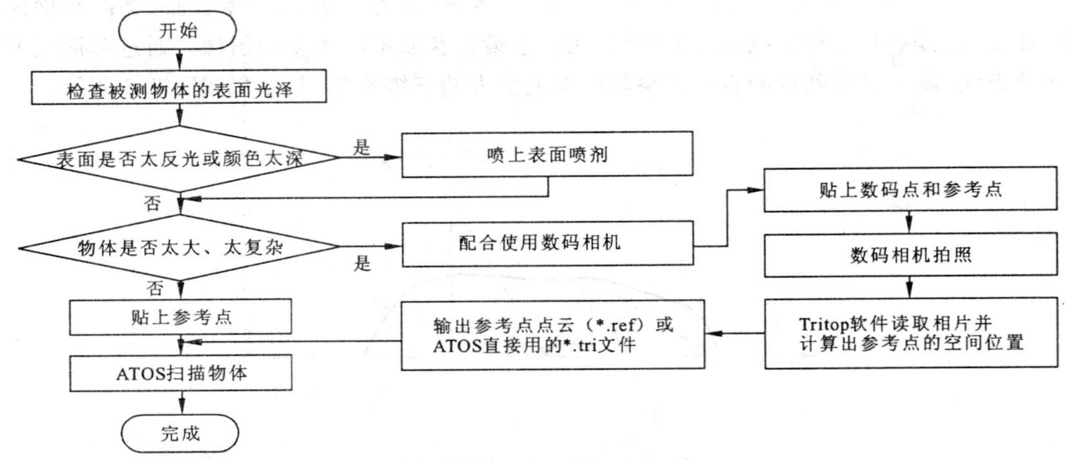

图6.7 ATOS测量系统的工作流程

在测量过程中，注意不可干扰或移动被测物体，尽量保证外界光线的稳定，光线不可太强，否则会影响测量的效果和精度。测量时，光栅条纹投射到物体表面，再由两个CCD照相机记录。投影仪依次投射出多幅不同间隔的条纹光栅到被测物体上，每次测量都是采用由粗到细变换间隔的光栅条纹的变精度测量，以保证测量的准确性和精确度。

利用ATOS系统可对测量的数据进行预处理，然后以不同的格式输出，进行后续工作，以满足实际应用的要求。软件能够生成高密度的点云数据、截面数据以及简化的STL数据，可以直接将STL数据输入到快速成形系统中，进行快速原型制造，或直接利用这些数据进行加工。

3. 非接触式测量的优缺点

与接触式测量相比，非接触式测量有以下主要优点：

(1)激光光点位置就是工件表面的位置，不必进行探头半径补偿。

(2)测量速度非常快，不必像接触法探头那样逐点进行测量。

(3)可对软工件、薄工件、不可接触的工件进行直接测量。

非接触式测量存在如下缺点：

(1)测量精度差，因非接触式探头大多使用光敏位置探测(Position Sensitive Detector, PSD)来检测光点位置，目前PSD精度仍不够高，约为20pm以上。

(2)因非接触式探头大多是接收工件表面的反射光或散射光，易受工件表面反射特性的影响（如颜色、斜率等）。PSD易受环境光线及杂散光影响，噪声较高，且噪声信号的处理比较困难。

(3)非接触式测量只做工件轮廓坐标点的大量取样，对边线、凹孔以及不连续形状的处理比较困难。

(4)使用CCD作探测器时，若工件几何外形变化大，成像会失焦（成像模糊），影响测量精度。

(5)工件表面的粗糙度也会影响测量结果。

6.3 测量数据的处理

在进行三维重构之前，需要对测量数据进行预处理，目的是获得完整、正确的测量数据，以便后续的造型工作。预处理主要包括6个方面：格式转换、数据过滤及平滑、分块数据整合对齐、探头半径补偿、数据精减和数据分割。

6.3.1 测量数据的格式转换

每一个CAD系统都有自己的数据文件。数据文件格式与CAD系统自身的内部数据模式密切相关。市场上流行的CAD/CAM系统内部产品模型的数据结构和格式不尽相同，影响了设计和制造各部门之间的数据传输及程序衔接的自动化，也给CMM和CAD/CAM的数据通信带来困难。

目前，国际上已制定了相关数据交换标准，如IGES格式、STEP格式等。STEP标准是国际标准化组织规定的ISO标准，是唯一能够描述和支持产品所有定义信息的交换标准。在CMM与CAD/CAM系统的数据传输中，由于CMM得到的数据主要是物体表面的坐标点数据，尽管IGES格式在实际应用中仍然存在一些问题，但由于CMM的数据简单，通过IGES格式转换较容易，而且几乎所有国际知名的CAD系统都设置了IGES接口，是CAD/CAM系统之间图形信息交换的一种规范。因此，在CMM和CAD/CAM系统之间以IGES格式传输数据。

6.3.2 测量数据中探头半径补偿

采用接触式探头测量时，由于探头半径的影响，得到的坐标数据并不是探头所触及的表面点的坐标，而是探头球心的坐标。当被测点的表面法向和测轴方向一致时，测点坐标和探头中心相差一个探头半径值（通常，探头半径在0.25～1.5mm之间）。如果忽略探头半径，对测量数据不进行探头半径补偿处理就会带来误差。如图6.8所示，测量点连线为平面曲线，当探头的压力矢和测量截面不在一个平面时，测量点连线为空间曲线。一般的，

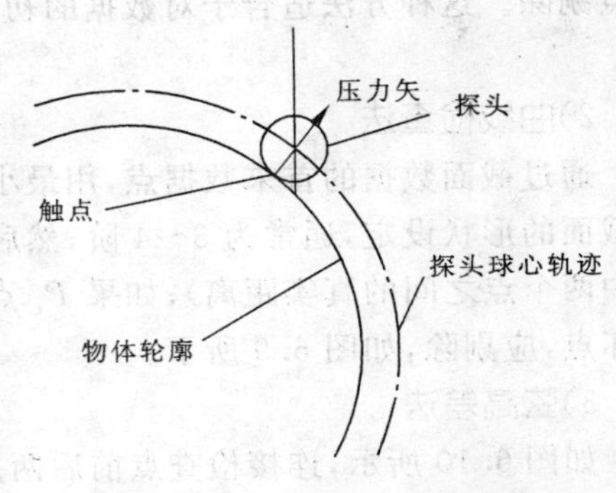

图6.8 探头半径补偿

重建模型都偏大于实物模型，当反求模型的精度要求较高时，应对测量数据进行探头半径补偿。

目前，CMM的测量程序中都具有探头半径自动补偿功能，通常采用二维补偿方法，即在测量时，将测量点和探头半径的关系都处理成二维情况，并将补偿计算编入测量程序中，在测量时自动完成数据的探头半径补偿。

6.3.3 测量数据的预处理

无论是接触式的数控测量机还是非接触式的激光扫描机，测量数据时不可避免地会带有测量误差，尤其是尖锐边和产品边界附近的测量数据。若测量数据中某点的误差过大，会使该点及其周围的曲面片偏离原曲面。另外，由于实物几何形状和测量手段的制约，在测量数据时，会存在部分测量盲区或缺口，给后续的造型带来影响。此外，由于激光扫描的应用，曲面测量时会产生海量的数据点，在造型之前应对数据进行精减。

1. 异常点(误差点)处理

依据测量点的分布情况，测量数据可分为两类：截面测量数据和散乱测量数据。对于截面测量数据，常用的检查方法是将这些测量数据点显示在图形终端上或者生成曲线曲面，采用半交互半自动的方法对测量数据进行检查、调整。对于散乱测量数据点，由于拓扑关系散乱，执行光顺预处理十分困难，只能通过图形终端人机交互检查调整。

等截面数据扫描通常是根据被测量对象的几何形状，锁定一个坐标轴进行数据扫描，这样得到的数据是一个二维数据点集。由于测量数据量大，不可能对一个点重复测量(基准点除外)，很容易产生测量误差。数据中的“跳点”(也称失真点)和“坏点”通常是由于测量设备的标定参数发生改变和测量环境突然发生变化造成的；对人工手动测量，还会由于操作失误(如探头接触部位错误)使数据失真。在同一个截面的数据扫描中，若存在一个点与相邻的点偏距较大，我们可以认为该点就是“跳点”。在曲面造型中，数据中的“跳点”对曲线的光顺性影响较大，应该剔除这些失真点。判断“跳点”的常用方法有直观检查法、曲线检查法和弦高差方法等。

1)直观检查法

通过图形终端显示和肉眼观察，直接将与截面数据点集偏离较大的点或存在于屏幕上的孤点剔除。这种方法适合于对数据的初步检查，可从数据点集中筛选出一些偏差较大的异常点。

2)曲线检查法

通过截面数据的首末数据点，用最小二乘法拟合得到一条拟合曲线；曲线的阶次可根据曲面截面的形状设定，通常为3～4阶；然后分别计算中间数据点到样条曲线的欧式距离(m维空间中两个点之间的真实距离)；如果P_i点到曲线的距离$|e_i|\geqslant\varepsilon$($\varepsilon$为给定的允差)，则认为$P_i$是坏点，应剔除，如图6.9所示。

3)弦高差法

如图6.10所示，连接检查点前后两点，计算检查点P_i到弦的距离，同样如果$|e_i|\geqslant\varepsilon$，则认为$P_i$点是坏点，应剔除。该方法适合于测量点均匀且点较密集的场合，特别是在曲率变化较

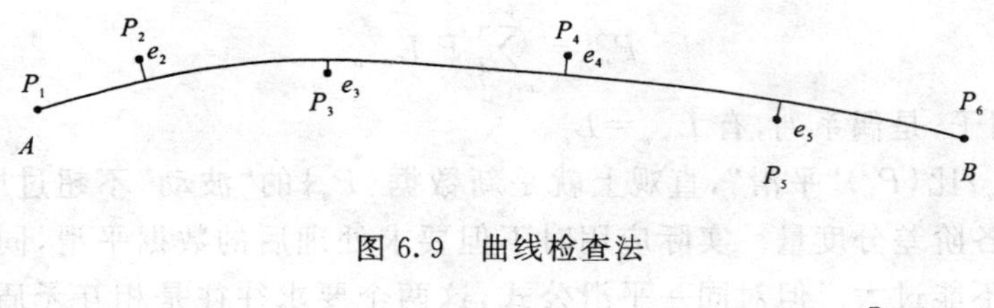

图 6.9 曲线检查法

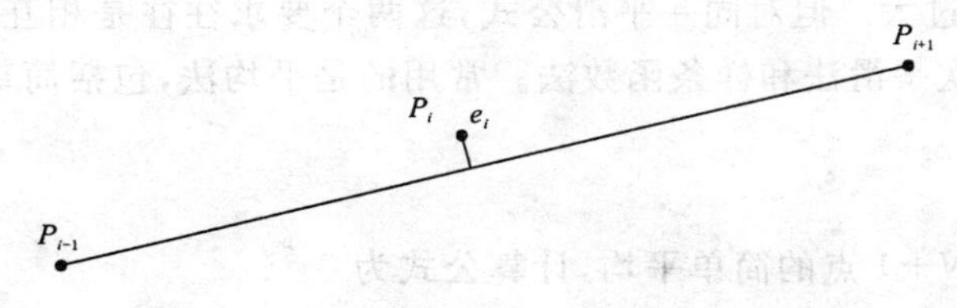

图 6.10 弦高差法

大的位置。

2. 数据插补

由于实物拓扑结构以及测量方法的限制，一方面在实物数字化时会存在一些探头无法测到的区域，另一方面实物零件中经常存在表面凹边、孔及槽等外形特征，使曲面出现缺口，这样在造型时就会出现数据“空白”现象，使逆向建模变得困难。一种可行的解决办法是通过数据插补的方法来补齐“空白”处的数据，以最大限度获得实物剪裁前的信息，便于模型重建。目前应用于逆向工程的数据插补方法主要有实物填充法、造型设计法和曲线(曲面)插补法。

1)实物填充法

在测量之前，将凹边、孔及槽等区域用一种填充物填充好，要求填充表面尽量平滑、与周围区域光滑连接。填充物要求有一定的可塑性，在常温下则要求有一定的刚度特性(支持接触探头)。实践中，可以采用生石膏加水后将孔或槽的缺口补好，在短时间内固化，等其表面硬化后再开始测量。测量完毕后，将填充物去除，再测出孔或槽的边界，用来确定剪裁边界。

2)造型设计法

如果实物中的缺口区域难以用实物填充，可以在模型重建过程中运用 CAD 软件或逆向造型软件的曲面编辑功能，根据实物外形曲面的几何特征，设计出相应的曲面，再通过裁剪，离散出需要插补的曲面，得到测量点。

3)曲线(曲面)插补法

曲线、曲面插值补充法主要用于插补区域面积不大，周围数据信息完整的场合。其中曲线插补主要适用于具有规则数据点或采用截面扫描测量的曲面，而曲面插补既适用于规则数据点也适用于散乱点，曲面类型包括参数曲面、B 样条曲面和三角曲面等。

3. 数据平滑

数据平滑的目的是消除测量噪声，以得到精确的模型和好的特征提取效果。平滑处理时，应力求保持待求参数所能提供的信息不变。考虑无限个节点处型值的平滑问题，平滑后的型值由原型值$\{P_v\}$线性迭加而成，即

$$\{P_v\} \qquad (v = \cdots, -1, 0, 1, \cdots) \tag{6-3}$$

$$P_n = \sum_{v=-\infty}^{+\infty} P_v L_{n-v} \tag{6-4}$$

式中，$\{L_v\}$为权因子，是偶系列，有 $L_{-v}=L_v$。

所谓数据$\{P_n\}$比$\{P_v\}$“平滑”，直观上就是新数据$\{P_n\}$的“波动”不超过原数据的“波动”，这种“波动”可用各阶差分度量。实际应用时不但要求处理后的数据平滑，同时要求前后两组数据的“偏离”也不能过大。但对同一平滑公式，这两个要求往往是相互矛盾的。平滑处理方法有：平均法、5点3次平滑法和样条函数法。常用的是平均法，包括简单平均法、加权平均法和线滑动平均法。

(1)简单平均法

简单平均是对 $2N+1$ 点的简单平均，计算公式为

$$P_i = \frac{1}{2N+1}\sum_{n=-N}^{N} h(n)p(i-n) \tag{6-5}$$

当 $N=1$ 时为3点简单平均，当 $N=2$ 时为5点简单平均。如果将上式看做一个过滤公式，则滤波因子为

$$\begin{aligned} h(i) &= (h(-N),\cdots,h(0),\cdots,h(N)) = \left(\frac{1}{2N+1},\cdots,\frac{1}{2N+1},\cdots,\frac{1}{2N+1}\right) \\ &= \frac{1}{2N+1}(1,\cdots,1,\cdots,1) \end{aligned} \tag{6-6}$$

(2)加权平均法

取滤波因子 $h(i)=(h(-N),\cdots,h(0),\cdots,h(N))$，要求

$$\sum_{i=-N}^{N} h(i) = 1 \tag{6-7}$$

(3)线滑动平均法

利用最小二乘法原理对离散数据进行线性平滑的方法，即为直线滑动平均法。其3点($N=1$)滑动平均的计算公式为

$$\begin{cases} P_i = \dfrac{1}{3}(p_{i-1}+p_i+p_{i+1}) \quad (i=1,2,\cdots,m-1) \\ P_0 = \dfrac{1}{6}(5p_0+2p_1-p_2) \\ P_m = \dfrac{1}{6}(p_{m-2}+2p_{m-1}+5p_m) \end{cases} \tag{6-8}$$

式中，P_i 的滤波因子为

$$h(i) = (h(-1),h(0),h(1)) = (0.333,0.333,0.333)$$

4. 点云处理方法

“点云”是一种特殊的测量数据点，通常由手持式数字化系统和激光扫描仪获得，由于数据点的数量比通常的接触式三坐标测量大得多，所以也称为海量数据。点云数据具有不同于接触式测量数据的一些特点。点云是三维空间中的数据点的集合，最小的“点云”只包含一个点，高密度“点云”可达到几百万数据点。为了有效处理各种形式的“点云”，根据“点云”中点的分布特征将“点云”分为如下几种：

(1)散乱“点云”。测量点没有明显的几何分布特征，呈散乱无序状态。随机扫描方式下的

CMM、激光点测量等系统的“点云”呈散乱状态，如图 6.11(a)所示。

(2)扫描线“点云”。“点云”由一组扫描线组成，扫描线上的所有点上位于扫描平面内。CMM、激光点三角测量系统沿直线扫描的测量数据和线结构光扫描测量数据呈现扫描线特征，如图 6.11(b)所示。

(3)网格化“点云”。“点云”中所有点都与参数域中一个均匀网格的顶点对应。将 CMM、激光扫描系统、投影光栅测量系统及立体视差法获得的数据经过网格化插值后得到的“点云”即为网格化“点云”，如图 6.11(c)所示。

(4)多边形“点云”。测量点分布在一系列平面内，用小线段将同一平面内距离最小的若干相邻点依次连接可形成一组有嵌套的平面多边形。莫尔等高线测量、工业 CT、层切法、磁共振成像等系统的测量“点云”呈现多边形特征，如图 6.11(d)所示。

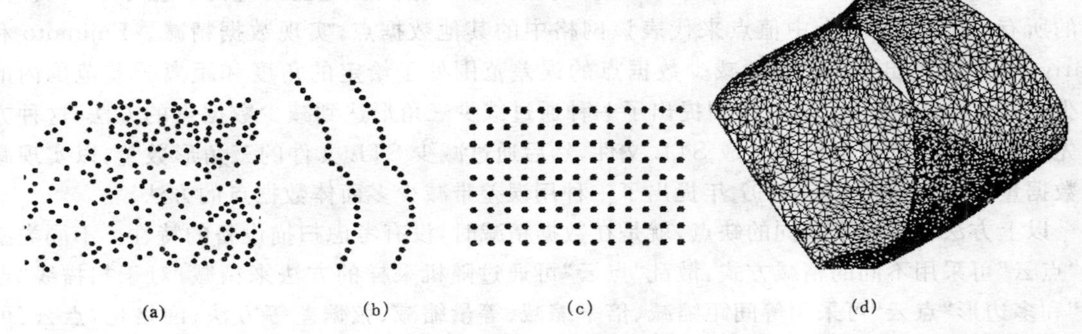

图 6.11 点云示意图

(a)散乱点云；(b)扫描线点云；(c)网格化点云；(d)多边化点云

由于实际测量过程中受到各种人为或随机因素的影响，使得测量结果包含噪声，为了降低或消除噪声对后续建模质量的影响，需要对测量“点云”进行滤波，目的是去除误差或噪声、精减数据和抽取模型的特征信息。

1)数据平滑

数据平滑通常采用标准高斯、平均或中值滤波算法，如图 6.12 所示。高斯滤波器在指定域内的权重为高斯分布，其平均效果较小，故在滤波的同时能较好地保持原数据的形貌。平均滤波器采样点的值取滤波窗口内各数据点的统计平均值，而中值滤波器采样点的值取滤波窗口内各数据点的统计中值。这种滤波器消除数据毛刺的效果较好，实际使用时，可根据“点云”质量和后续建模要求灵活选择滤波算法。

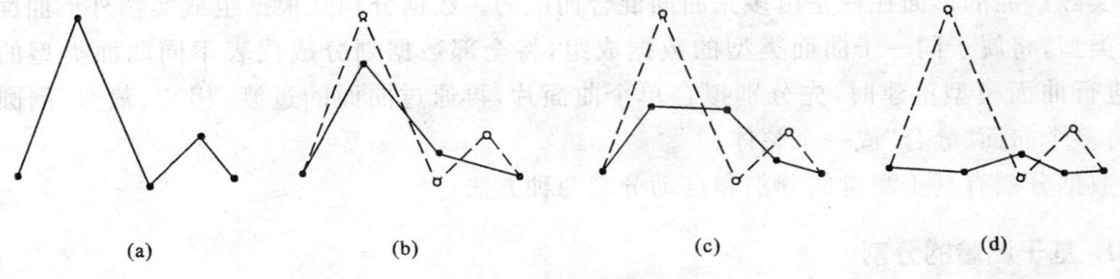

图 6.12 三种常用的滤波方法

(a)原始点集；(b)高斯滤波；(c)平均滤波；(d) 中值滤波

在过滤操作中，通常选择操作距离为过滤的尺度。操作距离是指顺序点之间的最大距离。应用高斯过滤时，那些远大于操作距离的点被处理成固定的端点，有助于识别间隙和端点。

2)数据精减

目前，激光扫描技术在精确、快速地获得数据方面有了很大的进展，激光扫描在逆向工程数据测量方面有取代接触式三坐标测量之势。但激光扫描测量每分钟会产生成千上万个数据点，如何处理如此大批量的数据(点云)成为基于激光扫描测量造型的主要问题。如果直接对点云进行造型处理，大量数据的存储和处理成为不可突破的瓶颈，从数据点生成模型表面要花很长时间，整个过程也会变得难以控制。实际上，并不是所有的数据对模型的重建都很重要，因此，有必要在保证一定精度的前提下，减少数据量。

在数据精减的研究中，人们提出了各种处理方法。Martin 等 1996 年提出了一种用均匀网格减少数据的方法：首先是构建网格，然后将输入的数据点分配至对应的网格中，从同一网格的所有点中，选出一个中值点来代表该网格中的其他数据点，实现数据精减。Fujimoto 和 Kariya1993 年提出了一种保证减少数据点的误差范围处于给定的角度和距离公差范围内的减少方法。Chen Y. H. 1999 年则提出了一种通过减少三角形达到减少数据点的方法，这种方法先直接将测得的数据转换生成 STL 文件，然后通过减少 STL 文件的三角形数量，以实现减少数据量。Veron 和 Leon1997 年提出了一种用误差带减少多面体数据点的方法。

以上方法存在一个共同的缺点，就是在数据精减时，没有考虑扫描设备的特性。不同类型的“点云”可采用不同的精减方式，散乱“点云”可通过随机采样的方法来精减；对于扫描线“点云”和多边形“点云”可采用等间距缩减、倍率缩减、等量缩减、弦偏差等方法；网格化“点云”可采用等分布密度法和最小包围区域法进行数据缩减。数据精减操作只是简单地对原始“点云”中的点进行删减，并不产生新点。

3)特征抽取

特征抽取也是滤波的一种，方法是根据给定的曲率变化梯度门限，推断和寻找点云中的边界、棱边等突变特征，以方便后续建模时的区域划分。

(1)弦偏差法。用以处理扫描线点云，可以删除平坦区域的数据点，而保留那些具有高曲率变化的点，如角点等。

(2)角偏差法。用来从具有尖锐变化的实物数据点中抽取特征线和拐角。

6.3.4 数据分割

实际产品的形面往往是由多张曲面混合而成的。数据分割是根据组成实物外形曲面的子曲面类型，将属于同一子曲面类型的数据成组，将全部数据划分成代表不同曲面类型的数据域；进行曲面模型重建时，先分别拟合单个曲面片，再通过曲面的过渡、相交、裁剪、倒圆等手段，将多个曲面“缝合”成一个整体。

数据分割有基于测量的分割和自动分割两种方法。

1. 基于测量的分割

基于测量的分割是在测量过程中，操作人员根据实物的外形特征，将外形曲面划分成不同的子曲面，并对曲面的轮廓、孔、槽、表面脊线等特征进行标记，在此基础上，进行测量路径规划，将不同的曲面特征数据保存在不同的文件中；输入CAD软件时，可以实现对不同数据类型的分层处理和显示，为造型提供方便。该方法适合于曲面特征比较明显的实物外形和接触式测量，且操作者的水平和经验直接影响分割效果。

2. 自动分割

自动分割方法分基于边和基于面两种分割方法。

1)基于边的自动分割

基于边的分割方法首先根据组成曲面片的边界轮廓特征，两个曲面片之间的相交、过渡特征，以及形状表面曲面片之间存在的棱线或脊线特征，从数据点集中确定出相同类型曲面片的边界点，连接边界点形成边界环；通过判断点集是处于环内还是环外，实现数据分割。基于边的自动分割必须考虑寻找边界特征点的问题，主要方法是由数据点集计算局部曲面片的法矢量或者高阶导数，通过法矢的突然变化和高阶导数的不连续来判断一个点为边界点。

2)基于面的自动分割

基于面的分割方法首先尝试推出具有相同曲面性质的点，然后进一步决定所属的曲面，最后由相邻的曲面决定曲面间的边界。基于面的方法是一种较好的分割方法，它与曲面的拟合结合在一起，在处理过程中同时完成曲面的拟合，但它不适用于自由曲面。与基于边的自动分割方法相比，基于面的方法是数据自动分割中更具发展前途的一种技术。

事实上，数据分割和曲面拟合是一对矛盾的同一体。如果知道将要拟合的是哪一种曲面类型，就能立即划分属于它的数据点；反之，如果确切知道属于一种曲面类型数据点集，根据点集，能拟合出最佳的曲面。遗憾的是这两个过程并不是独立的，大多数场合既不知道曲面类型，也不能划分数据点集，只能在两个过程的并行中反复计算，寻求最符合要求的结果。根据判断准则和假设，基于面的分割方法可以分为自下而上和自上而下两种。

自下而上的方法是首先选定一个种子点，由种子点向外延伸，判断其周围邻域的点是否属于同一个曲面，直到其在邻域不存在连续的点集为止，最后将这些小区域组合在一起。在处理过程中，曲面类型并不是一成不变的，比如开始时，由于点的数量少，曲面类型可能是平面；但随着点的增多，曲面也许改变为圆柱面或一个半径比较大的球面。在自下而上的方法中，种子点的选取、曲面类型的选择以及是否增加一个点到区域中是其必须解决的重要问题。

与自下而上方法相反，自上而下的方法开始于这样的假设：所有数据点都属于一个曲面，然后检验这个假设的有效性。如果不符合，则将点集分成两个或更多的子集，再应用上述假设于这些子集，重复以上过程，直到假设条件满足。自上而下方法的主要问题是选择在哪儿及如何分割数据点集，若采用直线作分割边界，会与曲面片的自然边界不一致，将导致最后曲面“组合或缝合”时边界不光滑。另一个问题是数据点集重新划分后，计算过程又必须从头开始，计算效率低。

6.4 三维模型重构

三维CAD模型的重构是逆向工程的核心和主要目的，是后续产品加工制造、快速成形、工程分析和产品再设计的基础。在逆向工程中，三维CAD模型的重构是利用前述产品表面

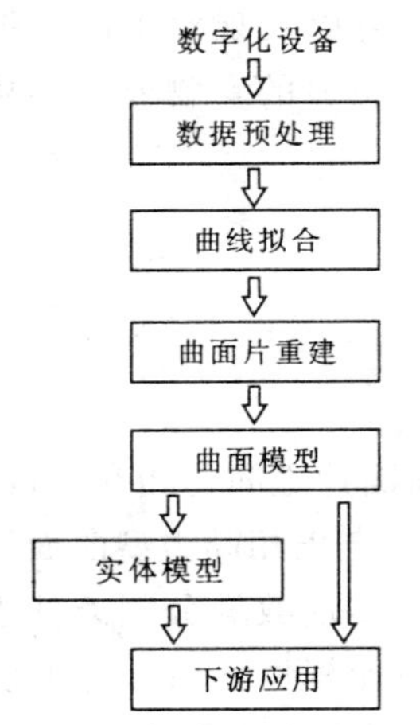

图 6.13 基于曲线的模型重构过程

的预处理数据，通过插值或者拟合产品表面曲线或曲面，进而构建一个近似模型来逼近产品原型。

一般而言，产品外形的CAD模型是由多张不同几何形状的曲面经过延伸、过渡、裁剪等混合而成的，而每一种曲面都有其特性和生成方式。因此，在应用逆向工程技术重构产品CAD模型的过程中，单纯使用某一种曲面生成方法是无法完成整个模型重构的，而需根据产品外形的不同几何特征，选择合适的处理方法，方可较好地得到原产品的几何形状。

6.4.1 曲线拟合造型

曲线是构建曲面的基础。曲线拟合造型方法是先将数据点通过插值或逼近拟合成样条曲线，然后利用造型工具完成曲面片造型，再通过延伸、裁剪和过渡等曲面编辑，得到完整的曲面模型。图6.13给出了基于曲线的模型重构过程。

1. 插值与逼近的概念

给定一组有序的数据点，这些点既可以是通过实物测量得到的，也可以是设计人员给出的，要求构造一条顺序通过这些数据点的曲线，称为对这些数据点进行插值，所构造的曲线为插值曲线，所采用的数学方法称为曲线插值法。

若测量得到的数据点较粗糙，误差较大，构造一条曲线严格通过这些数据点，则所建立的曲线将不平滑，尽管可以对数据进行平滑处理，但会丢失曲线或曲面的几何特征信息。此时，可构造一条曲线，使之在某种意义下最为接近给定的数据点，称为对这些数据点进行逼近，所构造的曲线为逼近曲线，采用的数学方法称为曲线逼近法。

采用逼近法，首先指定一个允许的误差值，并设定曲线的控制点数目，基于所有测量数据点，用最小二乘法求出一条曲线后，计算测量点到曲线的距离，若最大的距离大于设定的误差值，则需增加控点的数目，重新以最小二乘法拟合曲线，直到误差满足为止，曲线逼近过程如图6.14所示。

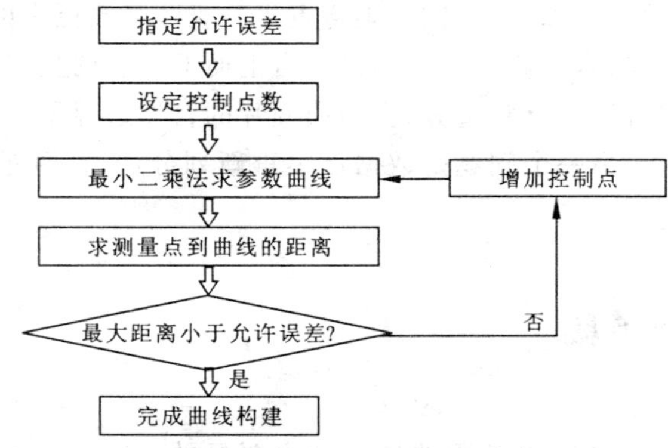

图 6.14 曲线逼近过程

2. 参数曲线(曲面)的插值与逼近

参数多项式的数学形式最早是用来表示曲线和曲面的,在用参数多项式构造插值曲线或曲面时,可以采用不同的多项式基函数,插值曲线或曲面的不同基函数表示形式有不同的特点。

1)参数多项式

多项式表示形式简单,当选定一组多项式基函数后,通过改变多项式的次数及基表示定义形式的系数矢量,能获得丰富的形状表达力。因其无穷次可微,故曲线曲面足够光滑,且容易计算函数值及各阶导数值,能较好地满足要求。采用多项式函数作为基函数即多项式基,相应得到参数多项式曲线曲面。

n 次多项式的全体构成 n 次多项式空间。n 次多项式空间任一组 $n+1$ 个线性无关的多项式都可以作为一组基。因此,多项式空间存在无穷组基,不同组基之间仅仅相差一个线性变换。

2)数据点参数化

在采用参数多项式曲线作为插值曲线和逼近曲线之前,插值曲线与逼近曲线都采用多项式函数来构造,取定 xOy 坐标后,x 坐标严格递增的 3 个点唯一决定一条抛物线,$n+1$ 个点唯一决定一个不超过 n 次的插值多项式曲线也可以有无数条。欲唯一地决定一条插值于 $n+1$ 个点 $P_i(i=0,1,\cdots,n)$ 的参数插值曲线或逼近曲线,必须先给数据点 P_i 赋予相应的参数值,使其形成一个严格递增的序列 $\Delta u: u_0<u_1<\cdots<u_n$,称其为关于参数的一个分割。其中每个参数值称为节点或断点。它决定了位于插值曲线上的数据点与其参数域 $u\in[u_0,\cdots,u_n]$内的对应点之间的一种对应关系。对一组有序数据点决定一个参数分割,称之为对这组数据点进行参数化。同一组数据点,即使采用同样的插值法,如果数据点的参数化不同,将产生不同的插值曲线。因此,对数据点的参数化,应尽可能地反映被插值(逼近)曲线的性质。数据点参数化有如下方法。

(1)均匀参数化法。使每个节点区间长度(用向前差分表示)$\Delta_i=u_{i+1}-u_i=$正常数$(i=0,1,\cdots,n-1)$,即节点在参数轴上呈等距分布。为处理方便,常取成整数序列 $u_i=i(i=0,1,\cdots,n)$。均匀参数化法适合于数据点多边形各边(弦)近似相等的场合。

(2)积累弦长参数化法。用下式描述

$$\begin{cases} u_0 = 0 \\ u_i = u_{i-1} + |\Delta p_{i-1}| \qquad (i=1,2,\cdots,n) \end{cases} \tag{6-9}$$

式中,Δp_k 为向前差分矢量,$\Delta p_k=p_{k+1}-p_k$ 即弦线矢量。积累弦长参数化法克服了数据点按弦长分布不均匀情况下采用均匀参数化所出现的问题,如实反映了数据点按弦长的分布情况,在多数情况下能获得满意的结果。

(3)向心参数化法。用下式描述

$$\begin{cases} u_0 = 0 \\ u_i = u_{i-1} + |\Delta p_{i-1}|^{\frac{1}{2}} \qquad (i=1,2,\cdots,n) \end{cases} \tag{6-10}$$

由于积累弦长参数化法并不能完全保证生成光顺的插值曲线,波音公司的 Lee 于 1989 年提出了这一修正公式,但实际结果反映不出数据点相邻弦线的折拐情况。

(4)修正弦长参数法

$$\begin{cases} u_0 = 0 \\ u_i = u_{i-1} + k_i \mid \Delta p_{i-1} \mid \quad (i = 1,2,\cdots,n) \end{cases} \tag{6-11}$$

式中，$k_i = 1 + \frac{3}{2}\left(\frac{\mid \Delta p_{i-2} \mid \theta_{i-1}}{\mid \Delta p_{i-2} \mid + \mid \Delta p_{i-1} \mid} + \frac{\mid \Delta p_i \mid \theta_i}{\mid \Delta p_{i-1} \mid + \mid \Delta p_i \mid}\right)$，$\theta_i = \min\left(\pi - \angle p_{i-1}p_ip_{i+1}, \frac{\pi}{2}\right)$，$\mid \Delta p_{-1} \mid = \mid \Delta p_n \mid = 0$。

可见这里采用了修正弦长，修正系数 $k_i \geqslant 1$。与前后邻弦长 $|\Delta p_{i-2}|$ 及 $|\Delta p_i|$ 相比，若弦长 $|\Delta p_{i-1}|$ 越小，且与前后邻弦长夹角的外角 θ_{i-1}、θ_i（不超过 $\pi/2$ 时）越大，则修正系数 k_i 越大，因而修正弦长即参数区间 $\Delta_{i-1} = k_i|\Delta p_{i-1}|$ 也就越大。这样，就对应该曲线段绝对曲率偏大、与实际弧长相比实际弦长偏短的情况，起到了修正作用。

上述各种对数据点的参数化法都是非规范的，欲获得规范参数化$[u_0, u_n] = [0,1]$，只需将上述参数化结果作如下简单处理

$$u_i \Leftarrow u_i / u_n \quad (i = 0,1,\cdots,n)$$

3)多项式插值曲线

当构造多项式插值曲线时，必须使曲线方程的特定系数矢量个数等于数据点的数目。若采用多项式基为幂基，则插值曲线方程为

$$p(u_i) = \sum_{j=0}^{n} a_j u_i^j \tag{6-12}$$

式中，系数矢量 $a_j (j=0,1,\cdots,n)$ 待定。设已对数据点实行了参数化，将参数值 $u_i (i=0,1,\cdots,n)$ 代入方程，使之满足插值条件

$$p(u_i) = \sum_{j=0}^{n} a_j u_i^j = p_i \quad (i = 0,1,\cdots,n)$$

上式为一线性方程组，用矩阵表示为

$$\begin{bmatrix} 1 & u_0 & u_0^2 & \cdots & u_0^n \\ 1 & u_1 & u_1^2 & \cdots & u_1^n \\ \vdots & \vdots & \vdots & \vdots & \vdots \\ 1 & u_n & u_n^2 & \cdots & u_n^n \end{bmatrix} \begin{bmatrix} a_0 \\ a_1 \\ \vdots \\ a_n \end{bmatrix} = \begin{bmatrix} p_0 \\ p_1 \\ \vdots \\ p_n \end{bmatrix} \tag{6-13}$$

由线性代数可知，式(6-13)中的系数矩阵为范德蒙(Vandermonde)矩阵，是非奇异的，因此，存在唯一解。采用幂基的多项式曲线具有形式简单、易于计算的优点，但系数矢量的几何意义不明显。构造插值曲线，必须解一个线性方程组。当 n 很大时，系数矩阵会呈病态。

除幂基外，其他常用的多项式基还有拉格朗日(Lagrange)基，相应的插值方法为拉格朗日插值法，其广义形式包括牛顿(Newton)均差形式和埃尔米特(Hermite)插值。

对多项式插值，当需要满足的插值条件愈多时，一般将导致曲线的次数愈高；次数越高，曲线出现过多扭摆的可能性越大。解决的办法是，采用分段低次插值，然后在满足一定的连续条件下进行拼接。这样以分段方式定义的曲线称为组合或复合曲线。相应用分片方式定义的曲面就是组合曲面。

参数3次曲线是既可生成带有拐点的平面曲线，又能生成空间曲线次数最低的参数多项式曲线，大多数形状表示与设计都是用3次参数化来实现的。由于美国波音公司的弗格森首先引入参数3次方程，因此参数3次曲线、曲面又称弗格森曲线和弗格森样条曲面。曲线用幂

基表示为

$$P(t)=a_0+a_1t+a_2t^2+a_3t^3 \qquad (t\in[0,1])$$

4)最小二乘逼近

若逼近曲线采用如下所述的基表示参数 n 次多项式曲线($n<m$)

$$p(u)=\sum_{i=0}^{n}a_i\varphi_i(u) \tag{6-14}$$

式中,$\varphi_i(u)(i=0,1,\cdots,n)$为 n 次多项式空间的一组基,$a_i=[x_i \quad y_i \quad z_i]$为待定的系数矢量。设所给数据点

$$p_k=[\overline{x_k},\overline{y_k},\overline{z_k}] \qquad (k=0,1,\cdots,m)$$

并已实行参数化,决定了参数分割 $\Delta u: u_0<u_1<\cdots<u_m$,若用插值方法处理,由于矢量方程个数 $m+1$ 超出了未知矢量个数,方程组是超定的,一般情况下,解是不存在的。这时,只能寻求在某种意义下最接近这些数据点的参数多项式曲线 $p(u)$作为逼近曲线。

最常用的方法是最小二乘逼近法,即取逼近曲线 $p(u)$上具有参数值 u_k 的点 $p(u_k)$与数据点 p_k 间的距离的平方和达到最小。

$$J=\sum_{k=0}^{m}|p(u_k)-p_k|^2=J_x+J_y+J_z \tag{6-15}$$

式中,J 称为目标函数。其中

$$J_x=\sum_{k=0}^{m}\Big[\sum_{i=0}^{n}x_i\varphi_i(u_k)-\overline{x}_k\Big]^2$$

$$J_y=\sum_{k=0}^{m}\Big[\sum_{i=0}^{n}y_i\varphi_i(u_k)-\overline{y}_k\Big]^2$$

$$J_z=\sum_{k=0}^{m}\Big[\sum_{i=0}^{n}z_i\varphi_i(u_k)-\overline{z}_k\Big]^2$$

欲使 J 最小,J_x、J_y、J_z 应都为最小,令

$$\begin{cases}\dfrac{\partial J_x}{\partial x_j}=0\\[2mm]\dfrac{\partial J_y}{\partial x_j}=0 \qquad (j=0,1,\cdots,n)\\[2mm]\dfrac{\partial J_z}{\partial x_j}=0\end{cases} \tag{6-16}$$

或

$$\left[\frac{\partial J_x}{\partial x_j} \quad \frac{\partial J_y}{\partial x_j} \quad \frac{\partial J_z}{\partial x_j}\right]=0 \qquad (j=0,1,\cdots,n) \tag{6-17}$$

由式(6-14)可推出高斯正交方程组(又称法方程)

$$\Phi^{\mathrm T}\Phi A=\Phi^{\mathrm T}P \tag{6-18}$$

式中,A 为系数矢量列阵;$\Phi^{\mathrm T}$ 是 Φ 的转置。由于 $\varphi_i(u)(i=0,1,\cdots,n)$线性无关,故 Φ 是满秩的。$\Phi^{\mathrm T}\Phi$ 是 $n+1$ 阶对称可逆阵,方程存在唯一解。

如果需要考虑各个数据点的重要性和可靠性,此时可对每个数据点引入相应的权 $h_k(k=0,1,\cdots,n)$。于是目标函数变为

$$J = \sum_{k=0}^{m} h_k \mid p(u_k) - p_k \mid^2 \tag{6-19}$$

法方程相应变为

$$(H\Phi)A = (H\Phi)^{\mathrm{T}}(HP) \tag{6-20}$$

式中

$$H = \begin{bmatrix} \sqrt{h_0} & 0 & \cdots & 0 \\ 0 & \sqrt{h_1} & \cdots & 0 \\ \vdots & \vdots & \vdots & \vdots \\ 0 & 0 & \cdots & \sqrt{h_m} \end{bmatrix} \tag{6-21}$$

3. 曲线编辑

经插值或逼近得到曲线段后，在进行曲面造型之前，应通过各种编辑功能对曲线进行修形操作，一方面是修补由于测量数据的不完整带来的拟合曲线缺陷，同时，从曲面造型的角度出发，也要求曲线具有完整、连续、光滑的特点，以保证生成曲面的光顺性。曲线的编辑操作主要按照CAD软件所提供的各种编辑功能进行，其功能强弱将直接影响到形成曲线的速度和质量。

4. 基于曲线的曲面重构

在完成曲线造型工作后，可以通过不同曲面造型方法，进行曲面模型的重构工作。常用的方法有如下几种：

(1)旋转曲面。一轮廓曲线绕某一轴线旋转某一角度而生成曲面。

(2)线性拉伸面。一曲线沿某一矢量方向拉伸一段距离而得到曲面。

(3)直纹面。多条线沿某一矢量方向拉伸一段距离而得到曲面。

(4)扫描面。截面发生曲线沿一条、二条或三条方向控制曲线运动、变化而生成曲面。

(5)网格曲面。由一系列曲线构成曲面。

(6)边界曲面。由四条曲线做边界创建一个封闭曲面。

(7)填充曲面。在N条边界包围的区域填充形成曲面。

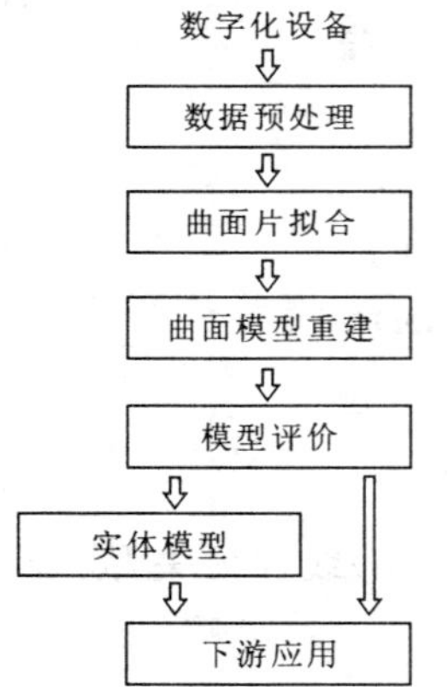

图6.15 曲面片拟合造型

6.4.2 曲面片拟合造型

曲面模型重构的另一种方法是直接对测量数据点进行曲面片拟合，获得的曲面片经过渡、混合、连接形成最终的曲面模型，其过程如图6.15所示。

曲面直接拟合造型既可以处理有序点，也能处理点云数据(散乱点)。下面以B样条曲面为例，介绍对有序点的拟合(插值和逼近)方法。

1. 基于有序点的B样条曲面插值

B样条曲面对数据点的插值也称为曲面反算，即对给定呈拓扑矩形阵列的数据点 $p_{i,j}(i=0,1,\cdots,r;j=0,1,\cdots,s)$进行插值，构造一张 $k\times l$ 次 B 样条曲面。通常，类似于曲面反算，使数据点阵四角的 4 个数据点成为整张曲面的 4 个角点，使其他数据点成为相应的相邻曲面片的公共角点。这样，数据点阵中每一行数据点就都位于曲面的一条等参数上。曲面反算问题虽然也能像曲线反算那样，表达为求解未知控制点顶点 $d_{i,j}(i=0,1,\cdots,m;j=0,1,\cdots,n;m=s+k-1;n=r-1)$的一个线性方程组，但此线性方程组往往过于庞大，给求解及在计算机上实现带来困难。更一般的解题方法是表达为张量积曲面计算的逆过程，把曲面的反算问题化解为两阶段的曲线反算问题。待求的 B 样条插值曲面方程可写成为

$$p(u,v)=\sum_{i=0}^{m}\sum_{j=0}^{n}d_{i,j}N_{i,k}(u)N_{j,l}(v) \tag{6-22}$$

将上式改写为

$$p(u,v)=\sum_{i=0}^{m}\sum_{j=0}^{n}d_{i,j}N_{j,l}(v)N_{i,k}(u) \tag{6-23}$$

变形可得

$$p(u,v)=\sum_{i=0}^{m}c_i(v)N_{i,k}(u) \tag{6-24}$$

这里控制顶点被下述控制曲线所替代

$$c_i(v)=\sum_{j=0}^{n}d_{i,j}N_{j,l}(v)\qquad(i=0,1,\cdots,m) \tag{6-25}$$

若固定参数值，就给出了在这些控制曲线上 $m+1$ 个点 $c_i(v)(i=0,1,\cdots,m)$。这些点又作为控制顶点，就定义了曲面上以 u 为参数的等参数线，当参数 v 扫过它的整个定义域的无限多等参数线时就描述了整张曲面。显然，曲面上这无限多以 u 为参数的等参数线中，有 $n+1$ 条插值给定的数据点，其中每一条插值曲线对应数据点阵的一列数据点。这 $n+1$ 条等参数线称为截面曲线。于是，就可通过反算 B 样条插值曲线，求出这些截面曲线的控制顶点 $\overline{d}_{i,j}(i=0,1,\cdots,m;j=0,1,\cdots,s)$。

$$s_j(u_{k+i})=\sum_{r=0}^{n}\overline{d}_{r,j}N_{r,k}(u_{k+i})=p_{i,j}\quad(i=0,1,\cdots,m;j=0,1,\cdots,s) \tag{6-26}$$

一张以这些截面曲线为它的等参数线的曲面需要用一组控制曲线来定义截面曲线的控制顶点 $c_i(v_{l+j})=\overline{d}_{i,j}(i=0,1,\cdots,m;j=0,1,\cdots,s)$。类似于曲线插值，这里选择一组参数值 v_{l+j} $(j=0,1,\cdots,s)$为控制曲线的节点，即数据点 $p_{i,j}$ 的 v 参数值，于是，这个问题就被表达为 $m+1$ 条插值曲线的反算问题。

$$\sum_{s=0}^{n}d_{i,s}N_{s,l}(v_{l+j})=\overline{d}_{i,j}\quad(j=0,1,\cdots,s;i=0,1,\cdots,m) \tag{6-27}$$

解这些方程组，得到所求 B 样条插值曲面的$(m+1)\times(n+1)$个控制顶点。

2. B 样条曲面逼近

1)最小二乘曲面逼近

以$(m+1)\times(n+1)$个控制顶点的 $k\times l$ 次样条曲面

$$p(u,v)=\sum_{i=0}^{m}\sum_{j=0}^{n}d_{i,j}N_{i,k}(u)N_{j,l}(v)\qquad(0\leqslant u,v\leqslant 1) \tag{6-28}$$

逼近给定曲面数据点阵 $q_{i,j}(i=0,1,\cdots,r;j=0,1,\cdots,s)$。皮格尔(Piegl L)提出了一种解决整体曲面插值的方法：首先沿一个方向的数据点拟合曲线，然后沿另一个方向拟合曲线，通过生成的控制顶点，最后生成的逼近曲面精确地插值数据点阵的 4 个角点 $q_{0,0}$、$q_{r,0}$、$q_{s,0}$、$q_{r,s}$。此过程重复最小二乘曲线的拟合过程：首先，对曲面数据点实行双向规范累积弦长参数化，接着决定沿两个方向的节点矢量 U 与 V，计算 u 向的 N 和 N^TN 阵，对其进行 LU 分解(将任意方阵分解成下三角矩阵的基本变换形式和上三角矩阵的乘积)。依次对每列 $r+1$ 个数据点用 $m+1$ 个控制顶点的 k 次 B 样条曲线拟合，共生成$(m+1)\times(s+1)$个中间控制顶点。然后，以$(n+1)\times(s+1)$个控制顶点为数据点，计算 v 向的 N 和 N^TN 矩阵，对其进行 LU 分解，依次对每行 $s+1$ 个数据点用 $n+1$ 控制顶点的 l 次 B 样条曲线拟合，共生成定义曲面的$(m+1)\times(n+1)$个控制顶点。注意沿每个方向，矩阵 N 和 N^TN 仅需计算一次，相应 N^TN 的 LU 分解沿每个方向也只需进行一次。

当然，也可以先拟合 $r+1$ 行数据点，然后拟合生成的 $n+1$ 列中间控制顶点。一般来讲，两种顺序的结果是不相同的。

如果给定数据点的拓扑上不构成矩形阵列，而是依次沿“纵向”在各个“横”截面内给出，这时，可先以公共的控制顶点数和节点矢量，逐个拟合出各截面的逼近曲线，视截面沿纵向分布，决定另一参数方向的节点矢量，以横向拟合得到的中间控制顶点为数据点，沿纵向拟合生成插值曲面。这样做的缺点是难以保证此曲面的光顺性。

2)规定精度内的曲面逼近

对于在用户规定的某个误差范围内的曲面数据点逼近，一般需要迭代进行。在每次拟合后，检查拟合曲面对数据点的偏差，可采用式(6-29)描述的最大范数偏差度量逼近程度。

$$\max_{\substack{0\leqslant i\leqslant r\\0\leqslant j\leqslant s}}\left[\min\left|q_{i,j}-\underset{\substack{0\leqslant u\leqslant l\\0\leqslant v\leqslant l}}{p}(u,v)\right|\right] \tag{6-29}$$

需要注意的是在规定精度内的曲面逼近时，可能会遇到算法失败的问题，需做相应处理。

3. 曲面编辑

多数零件的外形是由一些简单和复杂的自由曲面通过剪切、过渡、拼接等操作而形成的封闭曲面模型。前面介绍的两种不同曲面片造型方法生成的曲面模型都需要利用各种曲面编辑功能进行编辑，才能形成最终的曲面模型。曲面编辑的功能包括：

(1)等半径倒圆曲面。以一定半径的圆弧段与两原始曲面相切，并沿着它们的交线方向运动生成圆弧形的过渡面。

(2)变半径倒圆曲面。用半径值按一定的规律变化的圆弧段与两原始曲面相切，并沿着它们的交线方向运动生成圆弧形的过渡面。

(3)等厚度偏移曲面。将原始曲面偏移一均匀厚度值生成曲面。

(4)变厚度偏移曲面。在原始曲面的角点处，沿该点曲面法矢量方向偏移给定不同值而得到曲面。

(5)混合曲面(桥接曲面)。在两个(或多个)分离曲面的指定边界线处，以指定边界为生成曲面的边界线，再与所选周围原始曲面圆滑连接生成中间曲面。

(6)延伸曲面。在曲面的指定边界线处，按曲面的原有趋势(或某给定的矢量方向)进行给定条件的曲面扩展生成曲面。

(7)修剪曲面。把原始曲面的某一部分去掉生成曲面。

(8)拓扑连接曲面。把具有公共边界线的两个曲面进行拓扑相加后生成曲面。

6.4.3 模型质量评价

从产品的实物模型重构产品的CAD模型，一方面可以对原产品进行仿制或者重复制造，另一方面可以对原产品进行工程分析、优化结构、实施改进和创新设计。但重构的CAD模型是否能够反映实物原貌，需要对其进行评价和处理。

1)曲线的光顺评价与处理

对曲线而言，三维工程软件系统中的曲线、曲面造型功能或模块一般都是提供曲线曲率数值的形象化表示，在有关软件中称为曲率梳。曲率梳是曲线各点处曲率的矢量表示，通过它可以直观地评价曲线的光顺情况。对曲线进行光顺处理的方法有选点修改法和优化法，即通过调整控制顶点来提高构造曲线的光顺性。

2)曲面的光顺评价与处理

分析曲面的光顺性，可以通过曲面的曲率变化来评价光顺效果，但并无具体的曲率值作评价依据，有些场合，还得以人的眼光来判断曲面是否光顺。因此，曲面光顺性评价归入非量化指标。不过，目前的商品化CAD/CAM集成系统都具有曲面品质分析功能和多种分析方法。

曲面的光顺处理主要有两种方式：一是将曲面的光顺性转换为网格线的光顺性问题处理；二是根据曲面特有的一些量对曲面进行光顺处理，而不仅仅考虑曲面的网格线，具体方法有能量法、最小二乘法、回弹法、基样条法、圆率法、磨光法等。

6.5 逆向工程软件及应用

在专用逆向工程软件出现之前，CAD模型的重构依赖于正向CAD/CAE/CAM软件，如UG、CATIA和PRO/ENGINEER等。由于逆向建模的特点，正向CAD/CAE/CAM软件很难满足快速、准确的模型重构的需要，因此，随着反求工程技术及其相关理论研究的深入，专用逆向工程软件的开发与商业应用受到了广泛重视。

6.5.1 常用逆向工程软件介绍

目前，面世的逆向工程软件产品已达数十种之多，较具代表性的有EDS公司的Imageware、Raindrop Geomagic公司的Geomagic Studio、Paraform公司的Paraform等。

1. Imageware

Imageware是UG软件的专门反求设计模块，也是著名的反求工程软件。起初，Imageware主要应用于航空航天和汽车工业，因为这两个工业领域对动力学性能要求很高，在产品开发阶段就需要认真考虑空气动力学性能。常规设计流程是：首先根据工业造型需要设计出结构，制作出油泥模型；然后将模型送到风洞实验室进行风洞实验；再根据实验结果对模型进行修改，直到获得满意结果；产生最终油泥模型，并根据油泥模型组织生产。而借助现代测量技术和 Imageware 软件就能将油泥模型转化成计算机数字模型，进而完成产品的设计和制造。

Imageware 具有强大的测量数据处理、曲面造型和误差检测功能，可以处理几万至几百万的点云数据。根据这些数据构造的曲面具有良好的品质和连续性，其模型检测功能可以方便、直观地显示所构造的曲面模型与实际测量数据之间的误差以及平面度、圆度等几何公差信息。

2. CopyCAD

CopyCAD 是 DELCAM 公司的产品，也是一个功能强大的“逆向工程”系统。利用 CopyCAD，用户可以快速编辑数字化数据，并能生成高质量、复杂的表面。利用 CopyCAD 能完全控制表面边界的选择、自动形成符合规定公差的平滑、多面块曲面，还能保证相邻表面之间相切的连续性。

应用范围包括：从实物模型生成 CAD 模型，用于分析和工程应用；更新 CAD 模型以反映对现有零部件或样品的修改情况；将已有的模型存入 CAD 文件中，收集数据用于计算机显示和动画制作。

3. Geomagic Studio

Geomagic Studio 是美国 Raindrop Geomagic 软件公司推出的逆向工程软件。该软件是目前市面上对点云处理及三维曲面构建功能最强大的软件之一，从点云处理到三维曲面重构的时间通常只有同类产品的 1/3。

利用 Geomagic Studio 可轻易地将扫描点云数据创建成完美的多边形模型和网格，并可自动转换为 NURBS 曲面。该软件主要包括 Geomagic Qualify、Geomagic Shape、Geomagic Wrap、Geomagic Decimate、Geomagic Capture 5 个模块。

4. Rapidform

Rapidform 是由韩国 INUS Technology 公司推出的专业反求系列软件。Rapidform 基于 3D 扫描数据点云来构建 NURBS 曲线、曲面和多边形网格，最终获得无缺陷、高质量的多边形或自由曲面模型。多边形网格和 NURBS 曲面能被直接送入下游应用，如计算机动画、游戏和影视等。

5. ICEMSurf

ICEMSurf 是 PTC 公司产品中的一个 A 级自由曲面的构造工具，是一个独立的模块。它的最主要特点是可以构造曲面(无须先构造曲线)和曲面质量的动态评价，是汽车、摩托车外覆盖件、内饰件等自由曲面构造的有力工具，但它要求测量数据比较完整。ICEMSurf 能把点云数据自动转换成三角形面片模型，可以用它来求任意截面线、边界线和特征线，也可以用于快速成形或 NC 加工编程。此外，ICEMSurf 还可以用于构造曲面的设计。

6.5.2 逆向设计应用实例

本节以某汽车钣金件为例，介绍利用 Imageware 软件进行逆向设计的原则和思路，让读者熟悉 Imageware 软件的基本使用方法。在进行逆向设计时应遵循以下原则：

(1)先大后小。在逆向设计中，一般应根据点云特征进行分块。所谓“先大”，一是指在构造曲面时，要先构造大面，这些面决定了整个模型的形状与质量；二是指在构造曲面时，所构造的曲面要大于实际需要的曲面，然后利用修剪操作对所构造的曲面进行修剪，从而得到实际尺寸的曲面。

(2)先面后角。对于倒圆角及类似倒圆的特征，只能在基本面确定后才能进行构造。

(3)构造面要简洁。面尽量大时所需构造的面数就会少，这样有利于曲面的光顺性及后续数据交换操作。

(4)先主后次。在曲面设计中，应先确定主要的曲面，再确定次要的曲面，以保证曲面的整体形状和曲面质量。

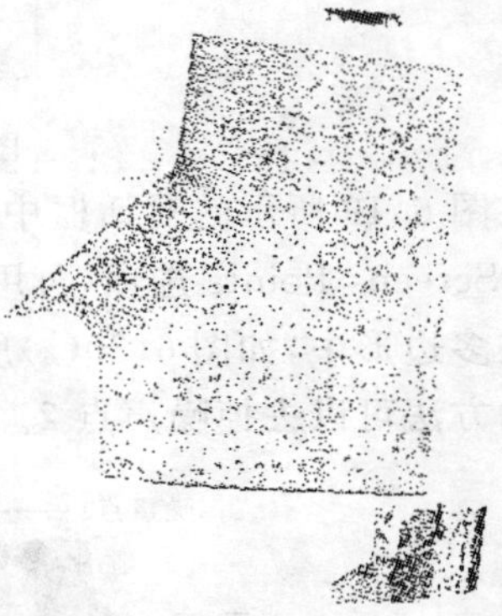

1. 数据获取

将某汽车钣金件的激光扫描数据输入到 Imageware 软件中，如图 6.16 所示。

图 6.16 钣金件点云数据

点云的基本信息如下：

Data Points 7201

Max Operating Distance 81.5111

Model (Units : mm)

min X:422.0395	max X:547.6690	size X:125.6295
min Y:−225.0000	max Y:−52.9420	size Y:172.0580
min Z:−545.3218	max Z:−425.2810	size Z:120.0408

2. 数据预处理

(1)为清晰分析点云，对点云进行多边形化处理。选择【Construct】→【Polygon Mesh】→【Polygonize Cloud】，弹出图 6.17 所示的对话框。在对话框中分别设置 Max. Similar Distance=0.1、Neighborhood Size=15，单击【Apply】，点云被多边形化，如图 6.18 所示。

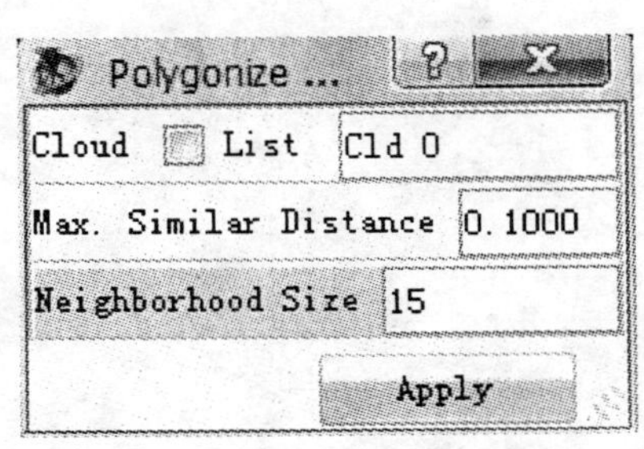

图 6.17 Polygonize Cloud 对话框

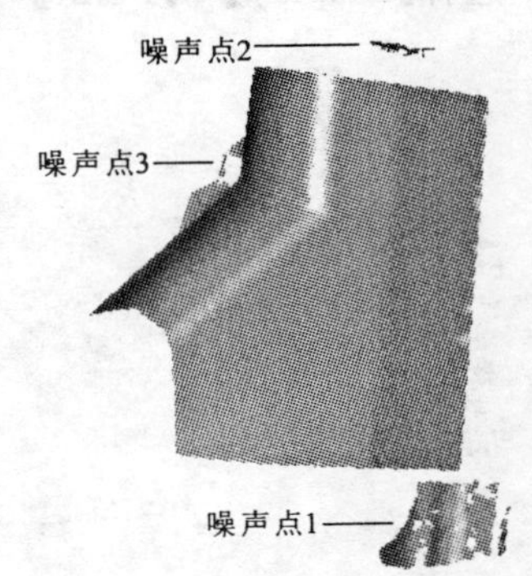

图 6.18 点云多边形化

(2)去除噪声点。图 6.18 所示的多边形化点云存在 3 处明显的噪声点，应将其去除。选择【Modify】→【Extract】→【Circle - Select Points】，弹出图 6.19 所示的对话框。

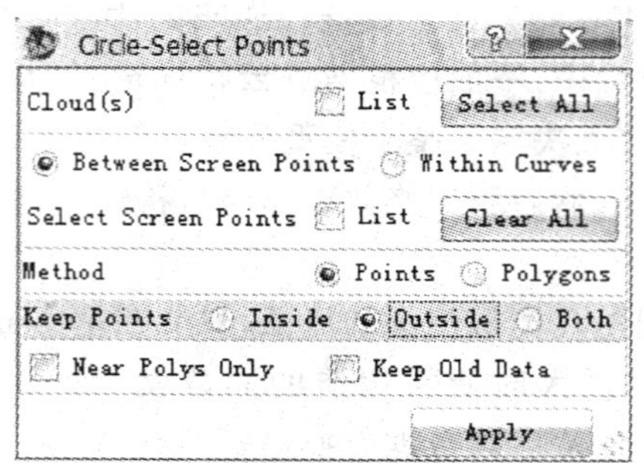

图 6.19 Circle - Select Points 对话框

在图 6.19 所示的对话框中依次设置 Method 为 Points、Keep Points 为 Outside，并选择 Select Screens Points 选项，再用鼠标左键在视图区构造多边形，使噪声点 1 在视图方向上被包围在多边形中，如图 6.20(a)所示，单击【Apply】，噪声点 1 被删除，如图 6.20(b)所示。采用相同的方法可以去掉噪声点 2。

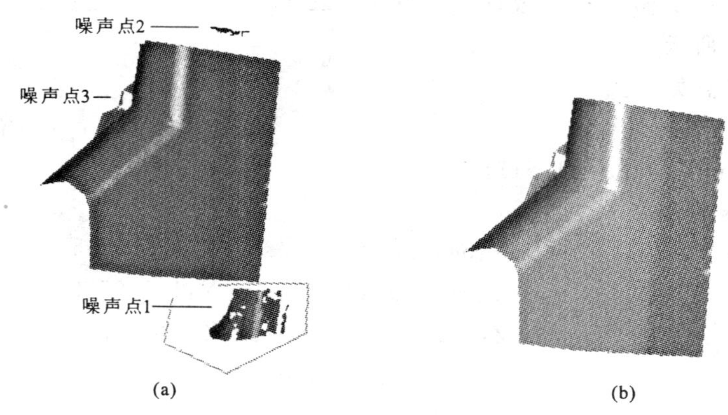

图 6.20 去除噪声点 1

(a)构造多边形选择噪声点 1；(b)噪声点 1 被删除

由于噪声点 3 与多边形化点云难以分辨，将多边形点云以离散点的方式显示，如图 6.21(a)所示。选择【Display】→【Point】→【Scatter】，再按上述方法去除噪声点 3，如图 6.21(b)所示。

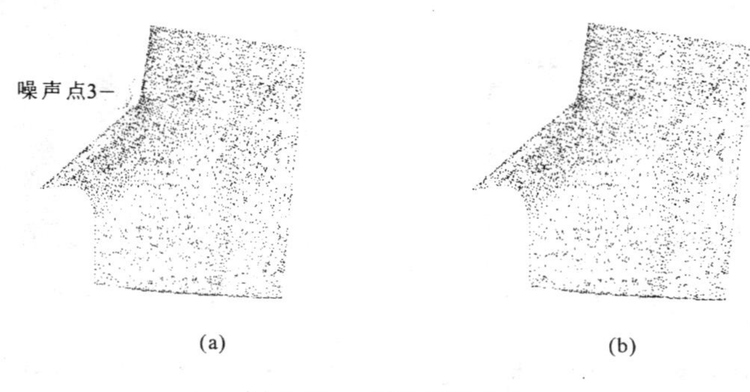

图 6.21 去除噪声点 3

(a)离散化点云；(b)噪声点 3 被删除

(3)点云分块。为便于曲面构造，将点云进行分块处理，并构造相应的曲面。根据点云的特征，对去除噪声点后的点云按图 6.22 进行分块。

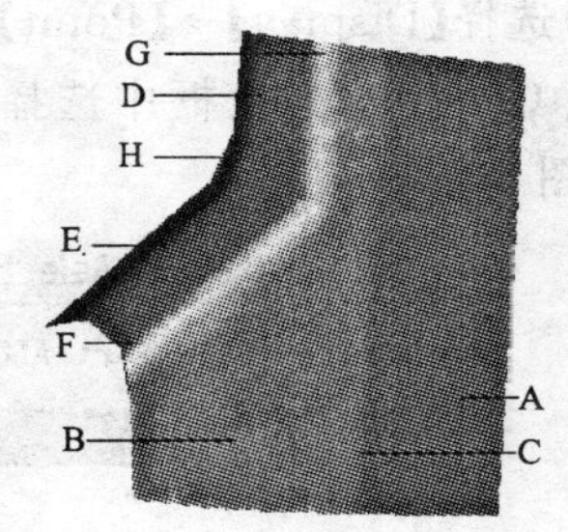

图 6.22 点云分块

3. 曲面造型

在图 6.22 中，利用点云 A、B、D、E 分别构造曲面 Surf A、Surf B、Surf D、Surf E，利用 Surf A 与 Surf B 进行倒圆角操作构造 Surf C；利用 Surf B 与 Surf E 进行倒圆角构造 Surf F；利用 Surf B 与 Surf D 进行倒圆角操作构造 Surf G；利用 Surf D、Surf G 与 Surf E、Surf F 进行倒圆角操作构造 Surf H。

1)Surf A 的构造

(1)分析点云曲率。选择【Evaluate】→【Curvature】→【Cloud Curvature】，弹出图 6.23(a)所示的对话框，选择"Cloud(s)"列表框中的 Cld 0，Neighborhood Size 设置为 5，单击【Apply】，完成对图 6.23(b)所示点云 Cld 0 的曲率分析，如图 6.23(c)所示。

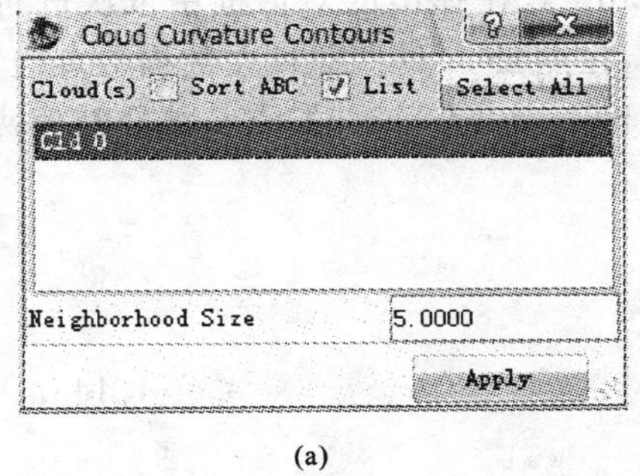

(a)

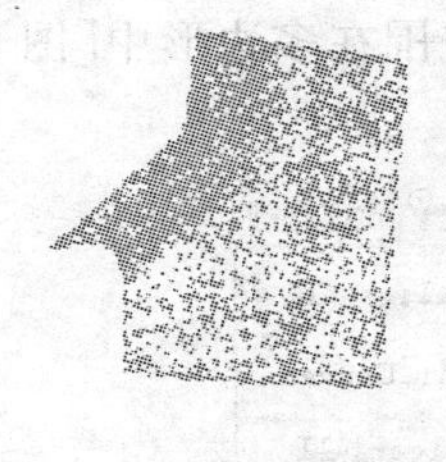

(b)

(c)

图 6.23 分析点云曲率

(a)Cloud Curvature Contours 对话框；(b)点云 Cld 0；(c)点云曲率分析

(2)选择【Construct】→【Feature Line】→【Color Based】，弹出图 6.24(a)所示的对话框，设置对话框中的选项，单击点云 A，此时点云曲率一致的部分变为十字形状，单击【Apply】构造新的点云 ColorCld，如图 6.24(b)所示。

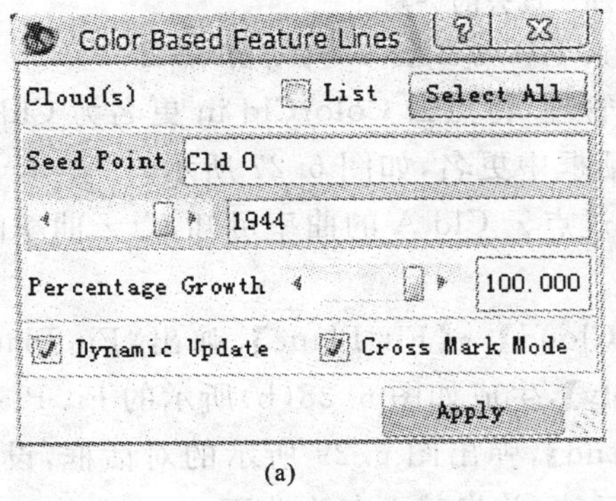

(a)

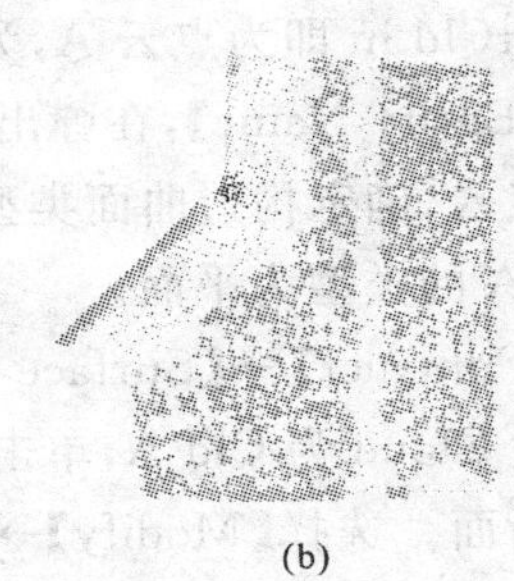

(b)

图 6.24 利用 Color Based 构造点云

(a)Color Based Feature Lines 对话框；(b)构造新的点云 ColorCld

(3)选择【Display】→【Point】→【Just Show Selected Clouds】,弹出图 6.25(a)所示的对话框,在其 Cloud(s)列表框中选择【ColorCld】,单击【Apply】,此时在视图中只显示点云 ColorCld,如图 6.25(b)所示。

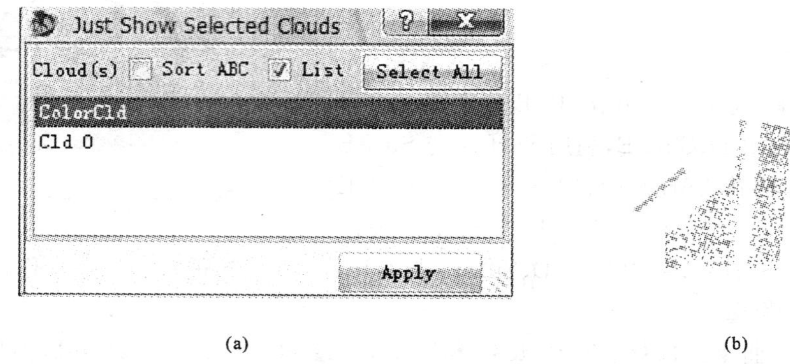

(a) (b)

图 6.25 显示点云 ColorCld

(a)Just Show Selected Clouds 对话框;(b)ColorCld 点云

(4)选择【Modify】→【Extract】→【Circle-Select Points】,在弹出的对话框中依次进行设置,如图 6.26(a)所示,然后选择【Select Screen Points】,在点云 A 处用鼠标左键构造多边形,使点云 A 在视图的方向上被包围在多边形中[图 6.26(b)],单击【Apply】,点云被分割为两部分,如图 6.26(c)所示。

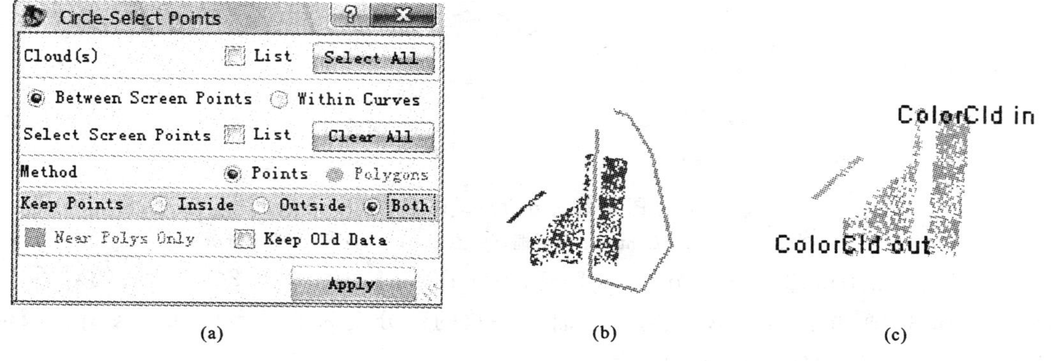

(a) (b) (c)

图 6.26 点云的分割

(a)Circle-Select Points 对话框;(b)点云选择;(c)被分割的点云

点云 ColorCld in 即为点云 A,为便于管理,将点云 ColorCld in 更名为 Cld A。选择【Edit】→【Change Entity Name】,在弹出的对话框中更名,如图 6.27 所示。

(5)分析点云,确定构造曲面类型。通过点云 Cld A 的曲率可知,点云曲率的颜色无渐变,可以认为 Cld A 的类型为平面。

(6)选择【Contruct】→【Surface from Cloud】→【Fit Plane】,弹出"Fit Plane"对话框[图 6.28(a)],设置 Cloud 为 Cld A,单击【Apply】,生成如图 6.28(b)所示的 Fit Plane 曲面。

(7)延伸曲面。选择【Modify】→【Extend】,弹出图 6.29 所示的对话框,设置对话框中的参数,单击【Apply】,对曲面 FitPlane 进行延伸,并将其更名为曲面 Surf A。

(8)检查曲面的精度。选择【Measure】→【Surface to】→【Cloud Difference】,在弹出的对话框中进行设置,如图 6.30 所示。单击【Apply】,得到相应分析结果,如图 6.31 所示。从分

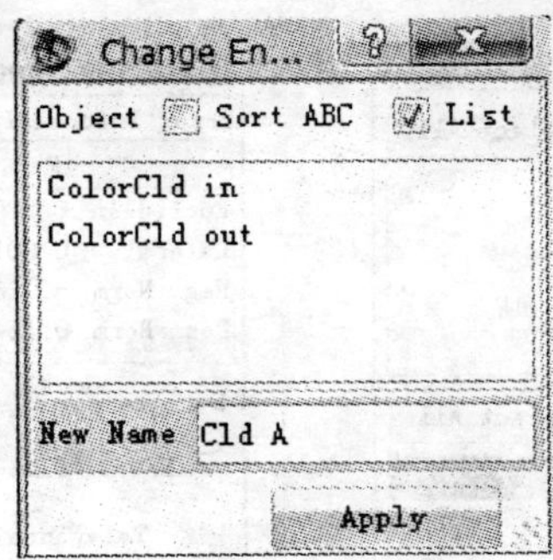

图 6.27 ColorCld in 更名为 Cld A

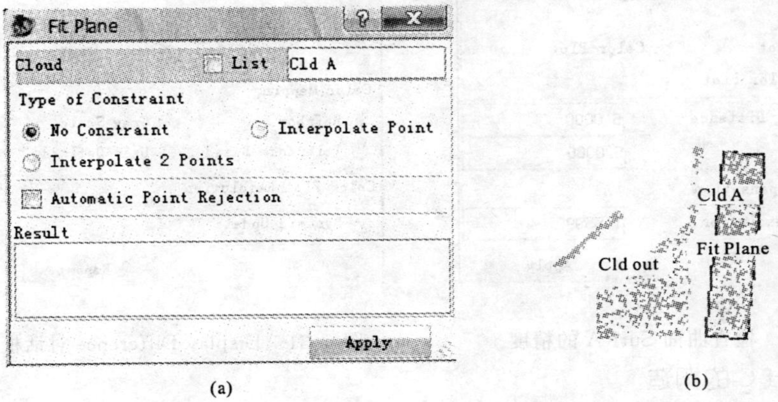

(a) (b)

图 6.28 曲面的生成

(a)Fit Plane 对话框;(b)生成的 Fit Plane 曲面

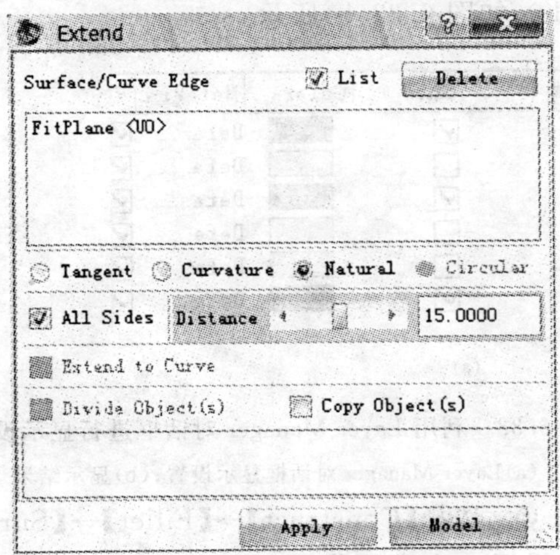

图 6.29 曲面延伸对话框

析结果可知,最大偏差为 0.2804mm,符合要求。至此曲面 Surf A 构造完毕。

2)曲面 Surf B 的构造

曲面 Surf B 与曲面 Surf A 的构造方法相同,即利用点云 B 拟合一个平面 Surf B。

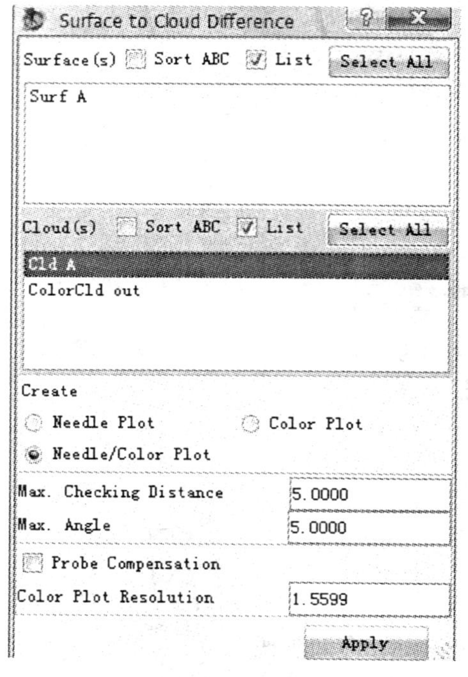

图 6.30 检查曲面 Surf A 的精度

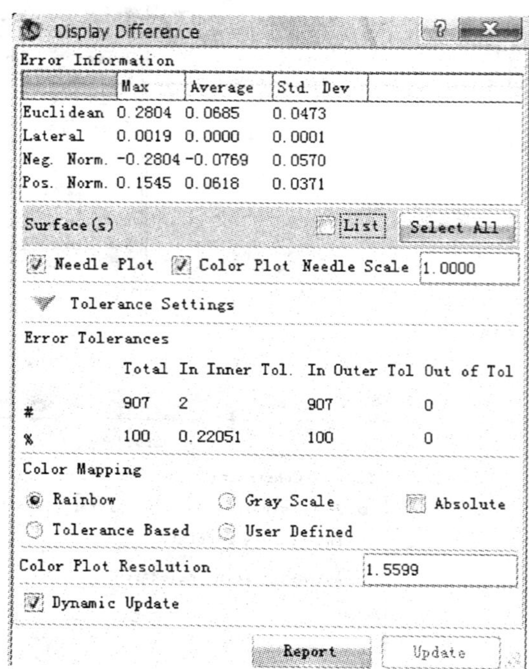

图 6.31 Display Difference 对话框及分析结果

3)曲面 Surf C 的构造

曲面 Surf C 由曲面 Surf A 与曲面 Surf B 进行倒圆角构造而成。

(1)选择【Edit】→【Layer Manager】,在弹出的对话框中进行设置,如图 6.32(a)所示,只显示曲面 Surf A、Surf B、Cld 0,如图 6.32(b)所示。

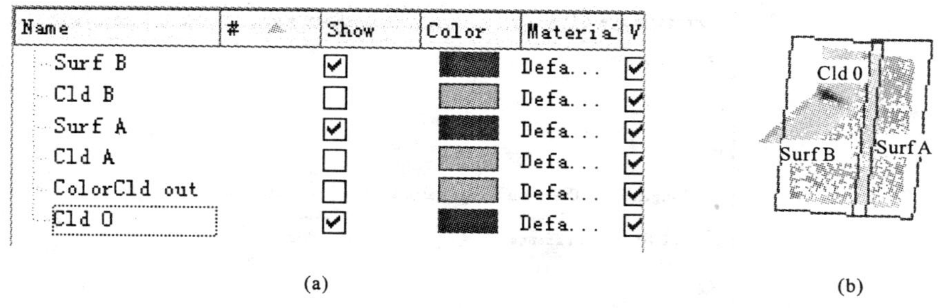

图 6.32 利用 Layer Manager 对话框进行显示设置

(a)Layer Manager 对话框显示设置;(b)显示结果

(2)构造圆角曲面 Surf C。选择【Construct】→【Fillet】→【Surface】,弹出如图 6.33(a)所示的对话框,按对话框所示设置。生成的曲面 Surface Fillet,即为曲面 Surf C,如图 6.33(b)所示。

(3)检查曲面 Surface Fillet 的精度,最大误差为 0.3456mm,符合要求。将曲面 Surface Fillet 更名为 Surf C。

4)曲面 Surf D 的构造

(1)选择【Edit】→【Layer Manager】,只显示曲面 Cld 0,如图 6.34 所示。

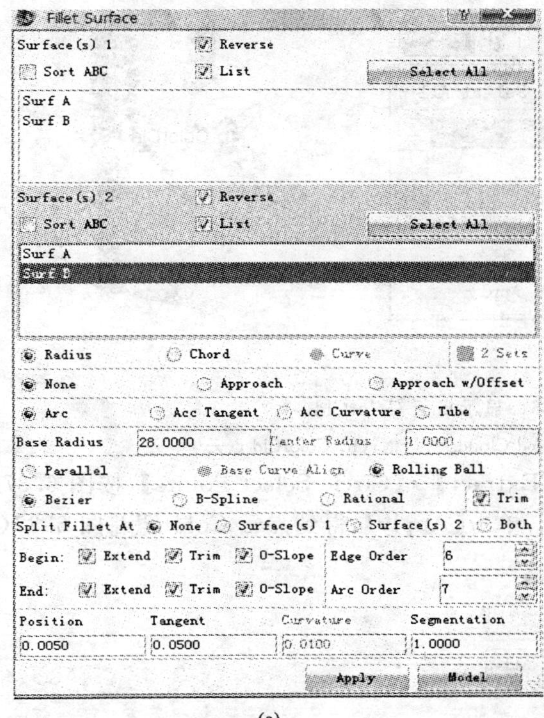

(a)

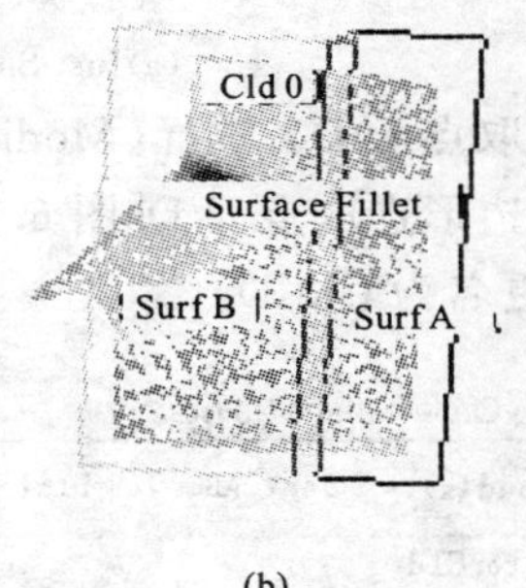

(b)

图 6.33 构造圆角曲面 Surf C

(a)Fillet Surface 对话框;(b)生成 Surface Fillet 曲面

(2)选择【Construct】→【Feature Line】→【Color Based】提取点云,弹出图 6.35(a)所示的对话框,设置对话框中的选项,用鼠标单击点云 D,此时点云曲率一致的部分变为十字形状,单击【Apply】构造新的点云 ColorCld,如图 6.35(b)所示。

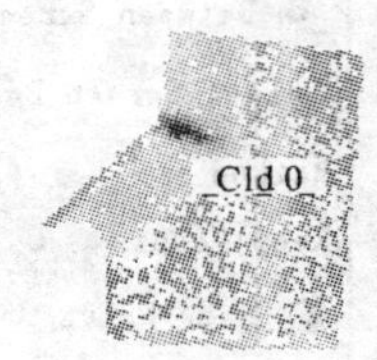

图 6.34 曲面 Cld 0

(3)选择【Display】→【Point】→【Just Show Selected】,在弹出图 6.36(a)所示列表框中选择【ColorCld】,单击【Apply】,此时在视图中只显示点云 ColorCld,如图 6.36(b)所示。

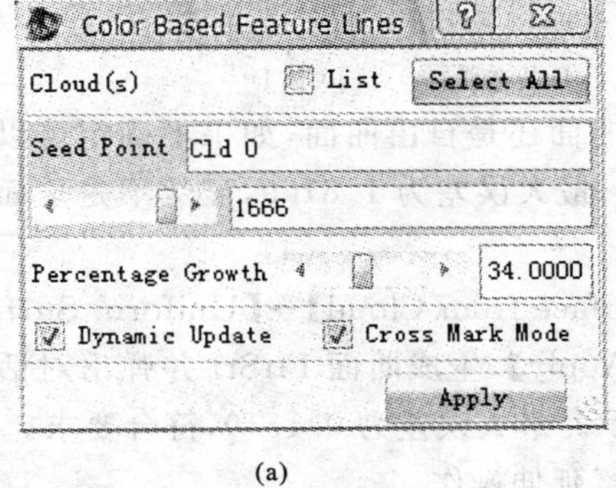

(a)

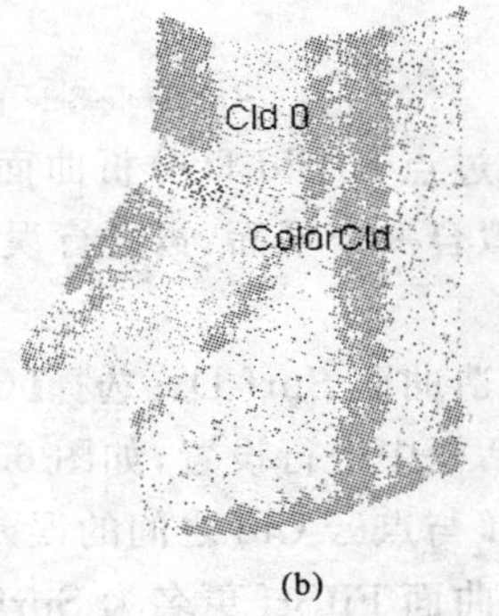

(b)

图 6.35 构造新的点云 ColorCld

(a)Color Based Feature Lines 对话框;(b)构造新的点云 ColorCld

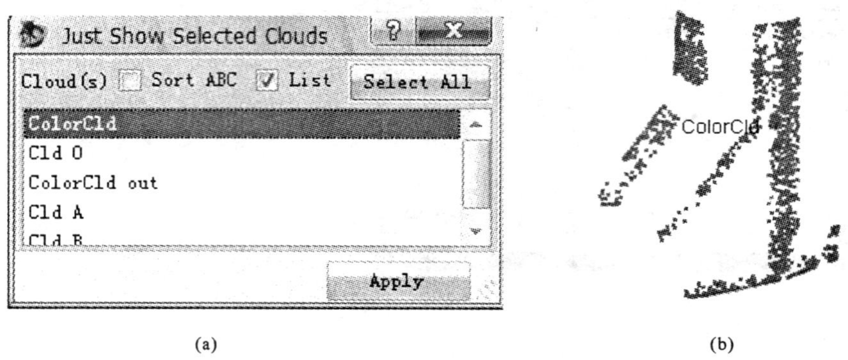

(a) (b)

图 6.36 显示点云 ColorCld

(a)Just Show Selected Clouds 对话框;(b) ColorCld 点云

(4)提取点云 D。选择【Modify】→【Extract】→【Circle-Select Points】,按图 6.37(a)所示设置,用多边形选取点云 D[图 6.37(b)],单击【Apply】,得到点云 ColorCld[图 6.37(c)]。将 ColorCld 更名为 Cld D。

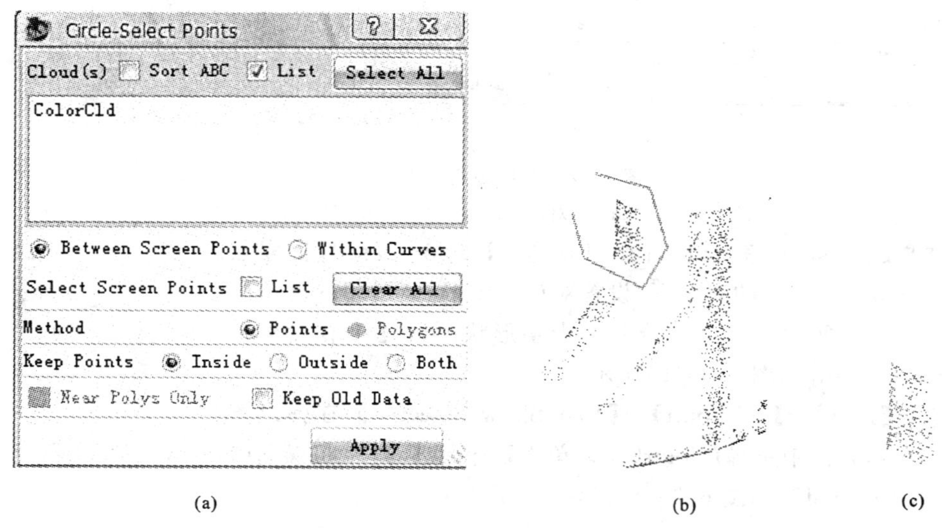

(a) (b) (c)

图 6.37 提取点云 D

(a)Circle-Select Points 对话框;(b)点云 D 的选取;(c)点云 Cld D

(5)通过点云 Cld D 分析曲面 Surf D 是基本曲面还是自由曲面,如果不确定可以先用点云 Cld D 拟合一个平面,再进行误差分析。经分析,最大误差为 1.8169,显然不是平面而应该是曲面。

(6)构造曲面 Surf D。选择【Construct】→【Surface from Cloud】→【Uniform Surface】,在弹出的对话框中进行设置,如图 6.38 所示,单击【Apply】,生成曲面 FitSrf 并弹出对话框显示曲面 FitSrf 与点云 Cld 之间的误差,如图 6.39 所示。最大误差为 0.1610,符合要求。

(7)将曲面 FitSrf 更名为 Surf D,并对曲面进行延伸操作。

5)曲面 Surf E 的构造

(1)构造点云 Cld E。先将点云 Cld 0 显示出来,然后选择【Construct】→【Feature Line】→

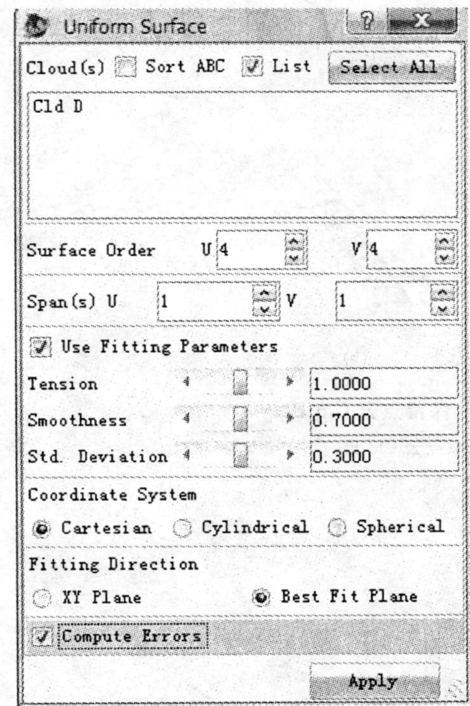

图 6.38 生成曲面 FitSrf

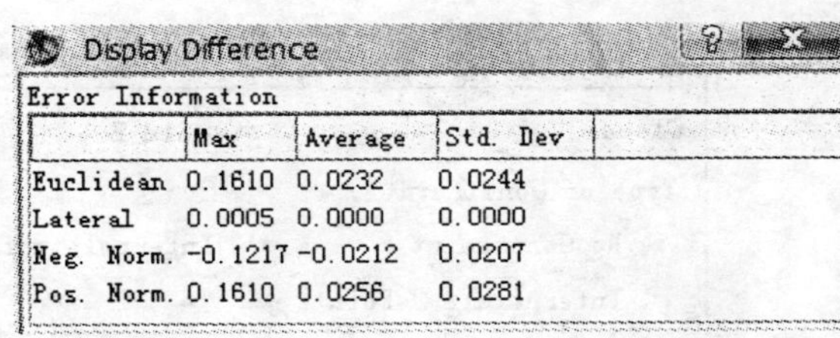

图 6.39 曲面误差检查

【Color Based】,弹出图 6.40(a)所示的对话框,设置选项,在点云 E 的范围内单击鼠标左键,点云曲率一致的部分变为十字形状[图 6.40(b)],单击【Apply】构造新的点云 ColorCld2,如图 6.40(c)所示。

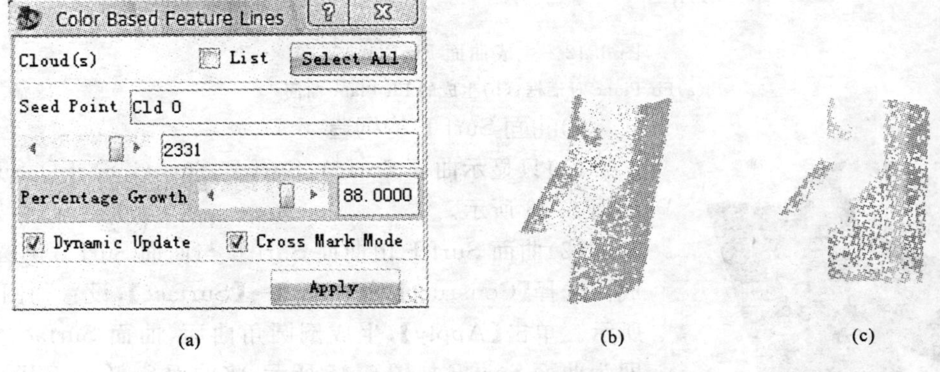

图 6.40 生成点云 ColorCld2

(a)Color Based Feature Lines 对话框;(b)选择点云 E;(c)构造新点云 ColorCld2

(2)提取点云 ColorCld2,如图 6.41 所示。将点云 ColorCld 2 更名为 Cld E。

(3)判断 Surf E 曲面类型是否为平面,设置如图 6.42(a)所示,单击【Apply】生成 FitPlane 曲面,如图 6.42(b)所示。

(4)曲面 FitPlane 误差分析。其满足精度要求,把曲面 FitPlane 改名为 Surf E,并将曲面 Surf E 的周边延伸 30mm,构造延伸曲面 Surf E。

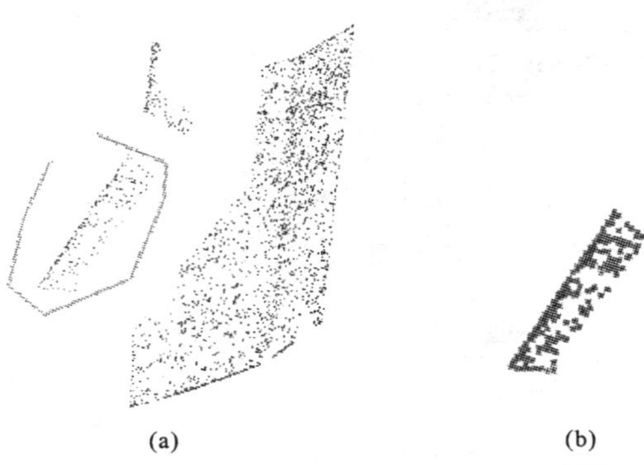

(a) (b)

图 6.41 提取点云 ColorCld 2 并保留点云 Cld E

(a)选取点云 ColorCld2；(b)提取点云 Cld E

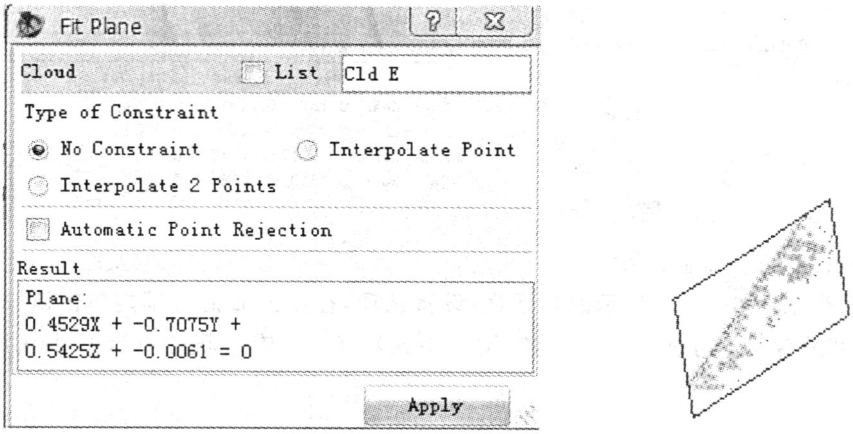

Fit Plane

Cloud List Cld E

Type of Constraint

No Constraint Interpolate Point

Interpolate 2 Points

Automatic Point Rejection

Result

Plane:

0.4529X + -0.7075Y +

0.5425Z + -0.0061 = 0

Apply

(a) (b)

图 6.42 生成曲面 Fit Plane

(a)Fit Plane 对话框；(b)生成的 Fit Plane 曲面

图 6.43 显示设置

6)曲面 Surf F 的构造

(1)只显示曲面 Surf A、Surf B、Surf C、Surf D、Surf E，如图 6.43 所示。

(2)曲面 Surf F 由曲面 Surf E 与曲面 Surf B 倒圆角构成。选择【Consruct】→【Fillet】→【Surface】，设置如图 6.44 所示。单击【Apply】，生成倒圆角曲面，曲面 Surface Fillet 即为曲面 Surf F 如图 6.45 所示，将曲面 Surface Fillet 更名为曲面 Surf F。

7)曲面 Surf G 的构造

曲面 Surf G 由曲面 Surf B 与曲面 Surf D 倒圆角构成。操作过程与曲面 Surf F 相似。

8)去除多余曲面

(1)修剪曲面 Surf E 的多余部分。选择【Modify】→【Trim】→【Trim Surface】，按图 6.46

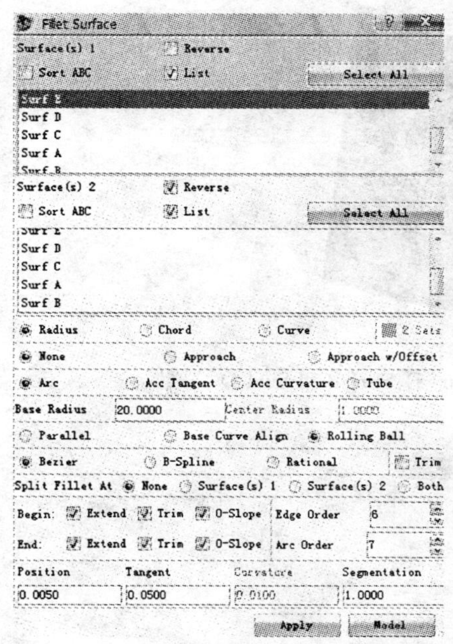

图 6.44 利用 Fillet Surface 构造曲面 Surf F

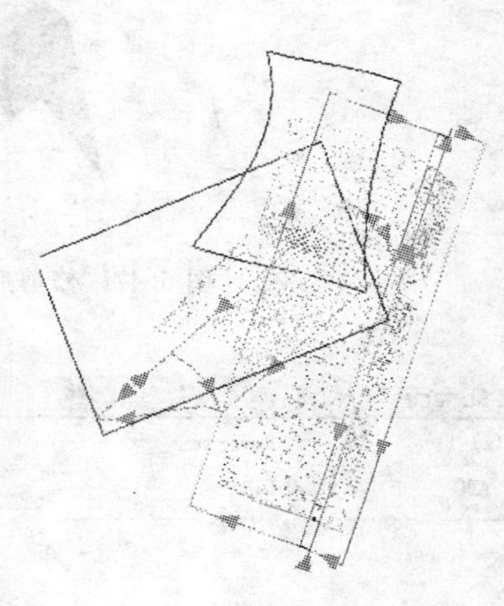

图 6.45 生成曲面 Surface Fillet

(a)所示设置,并依次在曲面 Surf E 上选择相应的区域点,单击【Apply】,曲面 Surf E 多余的部分被修剪,修剪后如图 6.46(b)所示。

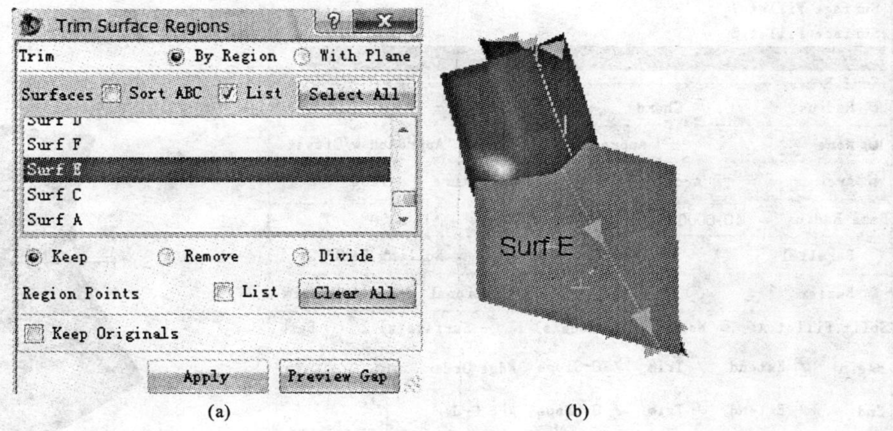

图 6.46 修剪曲面 Surf E 的多余部分

(a)Trim Surface Regions 设置对话框;(b)修剪后的曲面

(2)曲面 Surf D 和 Surf B 的修剪。其修剪方法与修剪 Surf E 类似,修剪结果如图 6.47 所示。

9)曲面 Surf H 的构造

曲面 Surf H 是由 Surf E、Surf F 与 Surf D、Surf G 构成的。选择【Construct】→【Fillet】→【Surface】,设置如图 6.48 所示,单击【Apply】,生成曲面 Surf H,如图 6.49 所示。

图6.47 修剪后的曲面Surf E、Surf B和Surf D

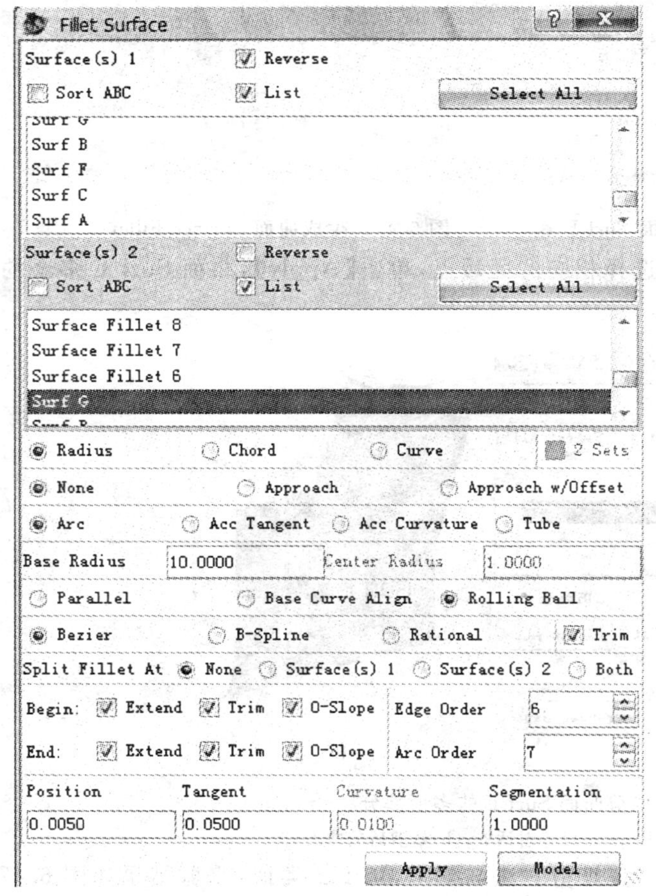

图6.48 设置Fillet Surface构造曲面Surf H

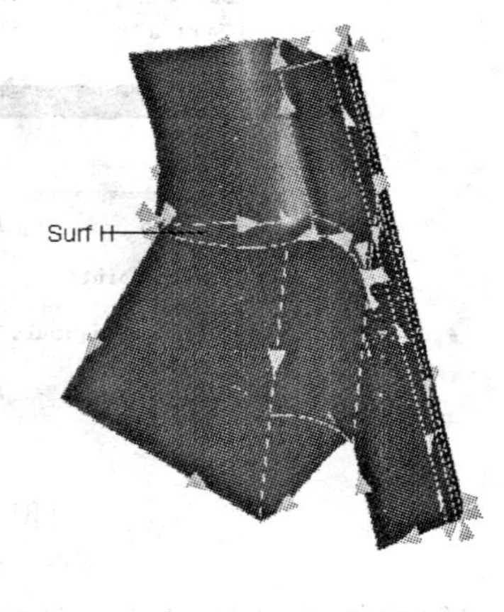

图6.49 生成曲面Surf H

10)修剪边界,完成设计

(1)隐藏所有曲面,只显示点云Cld 0,通过点云的边界构造边界线。选择【Create】→【3D Curve】→【3D B-Spline】,连接边界曲线,并对边界曲线进行延长,如图6.50所示。

(2)把构造好的边界线投影到曲面上,提取相应的曲面边界线,对曲面进行修剪操作,去除多余的曲面。至此完成全部操作，曲面效果如图 6.51 所示。

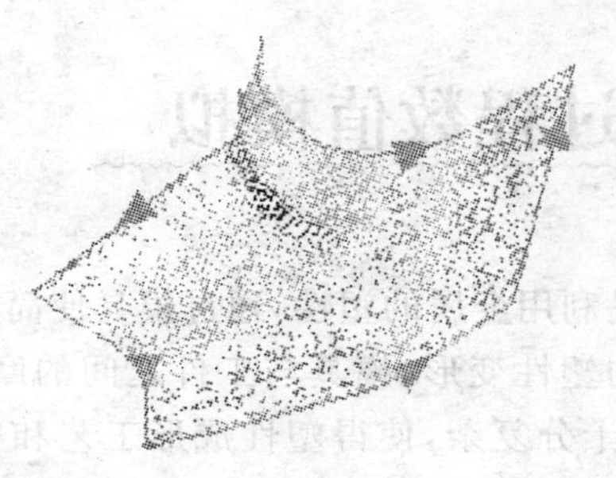
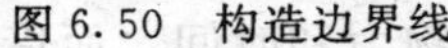

图 6.50 构造边界线

图 6.51 钣金件反求效果图

复习思考题

1. 什么是逆向工程？逆向工程应用领域有哪些？
2. 在逆向工程中，物体表面三维数据的获取方法有哪些？
3. 简述三坐标测量机的坐标测量原理。
4. 接触式测量有何优缺点？
5. 非接触式测量可分为哪几类？说明其测量原理。
6. 点云的平滑处理方法有哪些？数据的分割方法有哪些？
7. 简述曲线逼近法的逼近过程。
8. 对数据点进行参数化的方法有哪些？
9. 基于曲线的曲面重构方法有哪些？
10. 利用 Imageware 和 UG 对图 6.52 所示的汽车车门进行点云处理和曲面造型（点云文件见参考文献 18）。

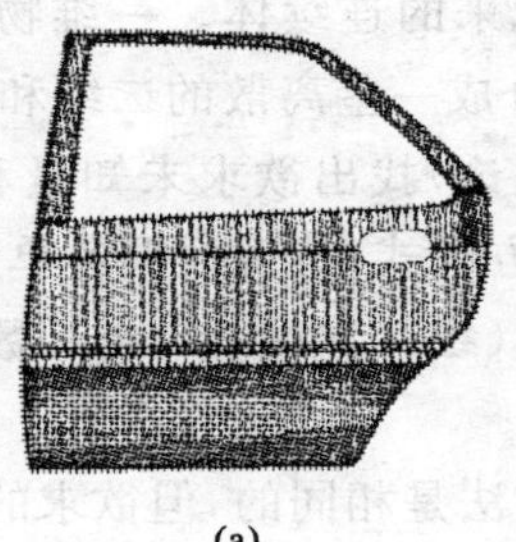

(a)

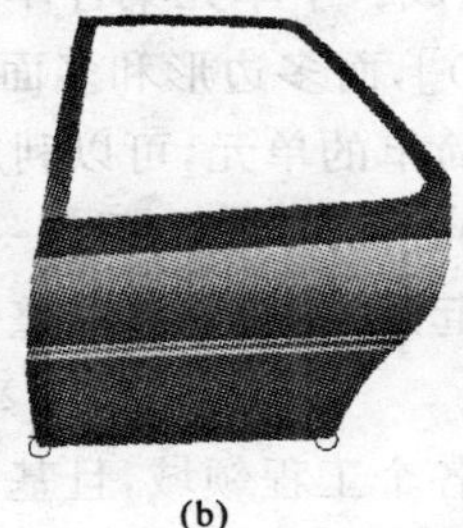

(b)

图 6.52 某汽车车门逆向反求

(a)车门点云图；(b)车门造型效果图

7 塑性成形过程数值模拟

塑性成形是材料成形的一种重要方法，它是利用金属的塑性，通过模具使简单形状的毛坯成形为所需工件的技术。在塑性成形中，材料的塑性变形、模具与工件之间的摩擦、材料温度和微观组织的变化及其对制件质量的影响等都十分复杂，使得塑性成形工艺和模具设计缺乏系统的、精确的理论分析手段，一些关键性的设计参数要在模具制造出来后，通过反复调试、修改才能确定，设计质量难以得到保证，浪费大量的人力、物力和时间。而借助数值模拟分析方法，能在工艺和模具设计阶段预测成形过程中工件的变形规律和模具的受力状况，以较小的代价、较短的时间找到最优或可行的设计方案。

金属塑性成形过程分析方法可分为两大类。一类是近似的解析方法，包括主应力法、滑移线法、界限法（上限法和下限法）、功平衡法等，一般用来计算简单成形过程所需的力和能。另一类是数值方法，包括有限元法、有限差分法和边界元法，能用于分析复杂的成形过程，可以得到金属塑性成形过程中的应力、应变和温度分布、成形缺陷等的详尽数值解。本章介绍数值方法中有限元方法、软件及应用。

7.1 有限元法的基本概念

对于一般塑性成形问题，希望通过平衡微分方程、变形协调条件、几何方程和本构方程联立求解而获得整个问题的精确解是十分困难的。作为近似解，可以假想地将整个求解域离散化，分解成为一定简单形状的有限数量的小区域（即单元），彼此之间通过一定数量的指定点（节点）处相互连接，组成一个单元集合体以代替原来的连续体。一维物体可以分成一些离散的线性单元[图 7.1(a)]，而多边形和多面体可以分成一些离散的二维和三维单元[图 7.1(b)、(c)]。对于这些形状简单的单元，可以利用经典理论，找出欲求未知量和已知量（例如静力结构分析中的位移和力）之间的关系，得出一组联立方程式；然后根据各单元之间的联合特征，将这些单元方程组组合起来，构成物体的整体方程组（线性方程组），再用数值方法求解。这就是有限元法的基本思想。

有限元法可用于各个工程领域，且基本思想方法是相同的，但欲求的未知量和相应的已知量不同，求单元方程组所依据的理论也不同。下面以结构的静态分析为例，说明有限元分析的步骤和方法。

(1)结构理想化。理想化的目的是将真实结构简化为力学模型。为此需要引入一些假设，例如用平面代替曲面、用等厚度代替变厚度、用无锥度代替有锥度等几何形状的理想化；又如用铰接、固接及弹性支承来近似结构内部的连接或边界条件；再如对载荷的某些简化等。经上述简化，在计算中使用理想模型进行分析。

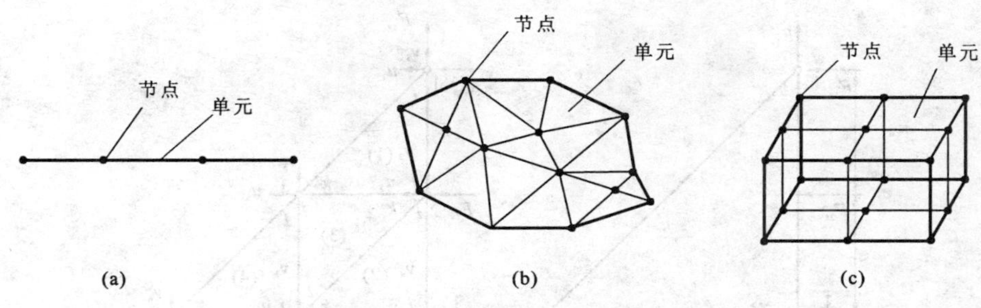

图 7.1 连续体划分为单元集合

(a)一维单元;(b)二维单元;(c)三维单元

(2)离散化。首先选择单元的类型,然后将分析的对象(如零件)分割成若干单元,计算出各节点的坐标,并对全部单元和节点进行编号。

(3)单元分析。根据划分的单元,用简单的函数(位移函数)近似地表示单元中位移的分布。根据力学原理(例如虚功原理),导出节点力和位移关系的代数方程组(单元矩阵方程),从而得出单元的刚度矩阵。

(4)整体分析。将各单元矩阵方程合并成一个整体矩阵方程(这个过程称为单元的装配),并对整体矩阵方程运用边界条件,使其可以求解。

(5)整体矩阵方程求解。对整体方程求解,得各节点的位移数值,由此计算节点的应力和应变。

(6)分析结果的处理。将有限元分析的结果用适当的表格、图形或颜色形式输出,供设计者对所分析的结果进行评价和改进。

上述步骤中,第(3)、(4)步是有限元的核心部分,亦是其基本理论之所在。

7.2 弹性有限元法

弹性力学假定其所研究的物体是理想的弹性体,即假设物体是连续、均匀、完全弹性并各向同性的,线性弹性力学则更进一步限定应力与应变是成比例的,即服从广义虎克定律。本节以平面应力问题为例,介绍弹性有限元法及其应用。为便于说明和理解,以图 7.2(a)所示的结构为例进行讨论。该结构为一等腰三角形平板,其腰长为 $2a$、厚度为 t、载荷和支承如图 7.2(b)所示。

选用最简单的三角形平面单元,将结构划分为 4 个单元、6 个节点,单元和节点编号如图 7.2(b)所示。图中数字 1、2、3…为整体节点编号,i、j、k 为单元局部节点编号。

在有限元分析中,选择节点位移作为基本未知量时称为位移法;选择节点力作为基本未知知量时称为力法;取一部分节点力和一部分节点位移作为基本未知量时称为混合法。位移法易于实现计算自动化,在有限元法中位移法应用范围最广。

平面应力有限元分析的任务是求解结构中各点的应力和应变。在位移法中,解决这个问题是从求解节点的位移出发的,为此,需要建立结构的节点位移列阵 $\{\delta\}$ 和节点载荷列阵 $\{F\}$ 之间的关系式,即刚度方程为

$$\{F\} = [K]\{\delta\} \tag{7-1}$$

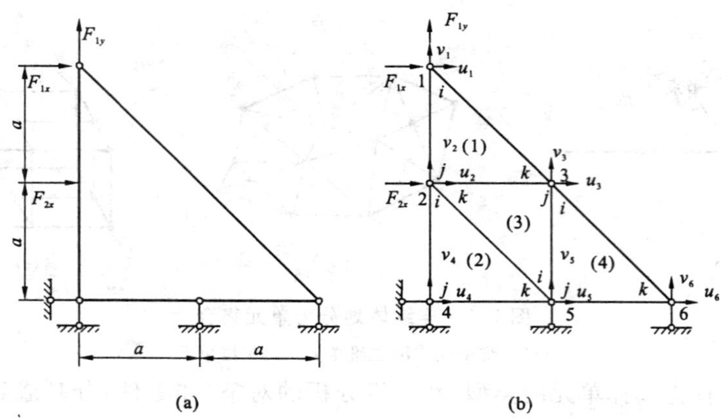

图 7.2　平面应力问题有限元分析实例

(a)等腰三角形平板；(b)等腰三角形平板的有限元模型

式中，$[K]$为结构的刚度矩阵，其元素决定于结构的几何尺寸及其材料的力学性能参数。

在平面问题中，每个节点有沿 x 轴和 y 轴方向的位移分量 u_i 和 v_i（i 为单元编号）。图 7.2 中有 6 个节点共 12 个位移，位移列阵为

$$\{\delta\} = [u_1 \quad v_1 \quad u_2 \quad v_2 \quad \cdots \quad u_6 \quad v_6]^{\mathrm{T}} \tag{7-2}$$

将作用在结构上的载荷等效地转移到相应的节点上，并将每个节点上的载荷分解成 x 和 y 方向的分力 F_{ix} 和 F_{iy}，由外载荷可以求出结构的载荷列阵$\{F\}$。例中的载荷列阵为

$$\begin{aligned}\{F\} &= [F_{1x} \quad F_{1y} \quad F_{2x} \quad F_{2y} \quad F_{3x} \quad F_{3y} \quad F_{4x} \quad F_{4y} \quad F_{5x} \quad F_{5y} \quad F_{6x} \quad F_{6y}]^{\mathrm{T}} \\ &= [F_{1x} \quad F_{1y} \quad F_{2x} \quad 0 \quad 0 \quad 0 \quad F_{4x} \quad F_{4y} \quad 0 \quad F_{5y} \quad 0 \quad F_{6y}]^{\mathrm{T}}\end{aligned} \tag{7-3}$$

显然，有限元分析的根本问题是要建立刚度矩阵$[K]$，再由刚度方程求解$\{\delta\}$，进而求解应力和应变。

7.2.1　单元分析

取任意一个编号为(e)的三角形单元进行分析，如图 7.3 所示。令其节点为 i、j、k，则单元位移列阵为

$$\{\delta\}^{(e)} = [u_i \quad v_i \quad u_j \quad v_j \quad u_k \quad v_k]^{\mathrm{T}} \tag{7-4}$$

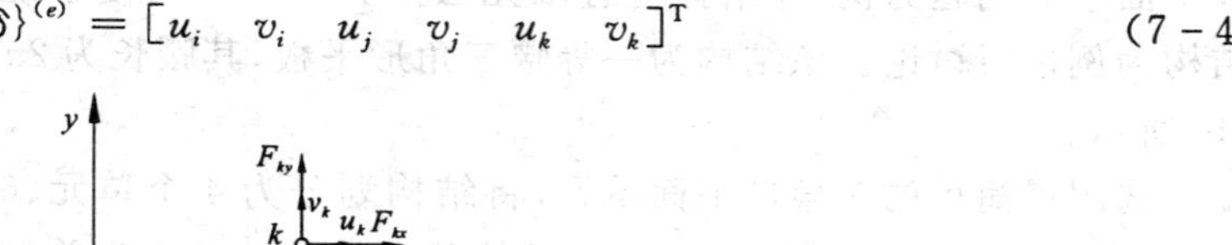

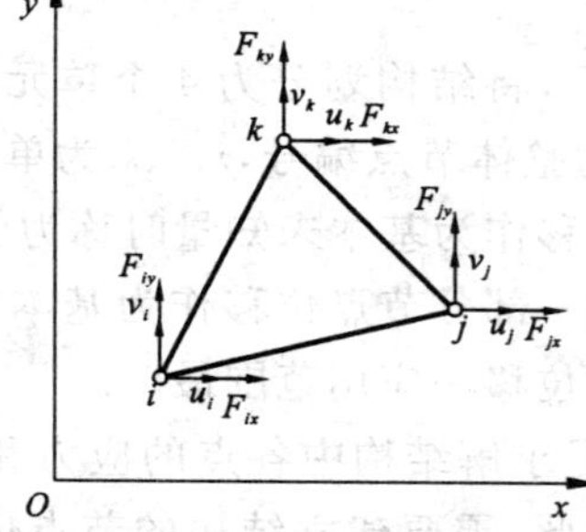

图 7.3　三角形单元的节点力和节点位移

在外载荷作用下，结构各单元通过节点相互作用的内力称为节点力。设三角形单元的 3

个节点力的分量分别为 F_{ix}、F_{iy}、F_{jx}、F_{jy}、F_{kx}、F_{ky}，则单元节点力列阵为

$$\{F\}^{(e)} = [F_{ix} \quad F_{iy} \quad F_{jx} \quad F_{jy} \quad F_{kx} \quad F_{ky}]^{\mathrm{T}} \tag{7-5}$$

设单元刚度矩阵为$[K]^{(e)}$，则单元刚度方程为

$$\{F\}^{(e)} = [K]^{(e)}\{\delta\}^{(e)} \tag{7-6}$$

单元刚度矩阵$[K]^{(e)}$的推导过程如图 7.4 所示。将节点位移列阵$\{\delta\}^{(e)}$经过 4 次转换，可得到节点位移和节点力之间的数学关系，从而求得单元刚度矩阵$[K]^{(e)}$。

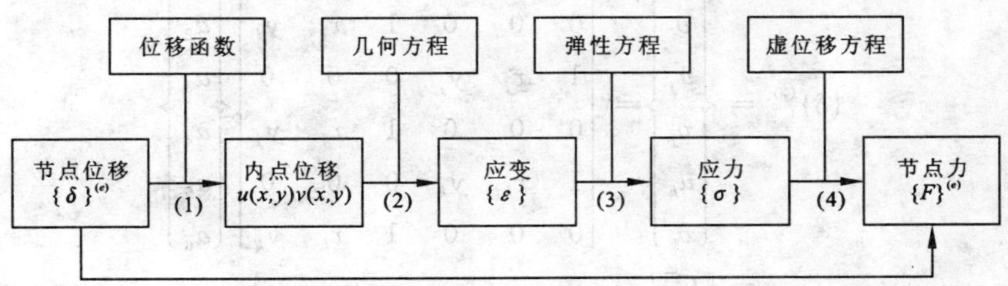

图 7.4 单元刚度矩阵的推导

1. 位移

由单元的节点位移推算其内部点(包括节点)的位移 $u(x,y)$ 和 $v(x,y)$(图 7.5)，需要引入位移插值函数。在有限元法中，插值函数常用多项式表示。对于 3 个节点的三角形单元，有 6 个节点位移，插值多项式应有 6 个待定系数，以保证由节点位移完全确定单元内部任一点位移。因此，可设位移(插值)函数为

$$\begin{cases} u(x,y) = a_1 + a_2 x + a_3 y \\ v(x,y) = a_4 + a_5 x + a_6 y \end{cases} \tag{7-7}$$

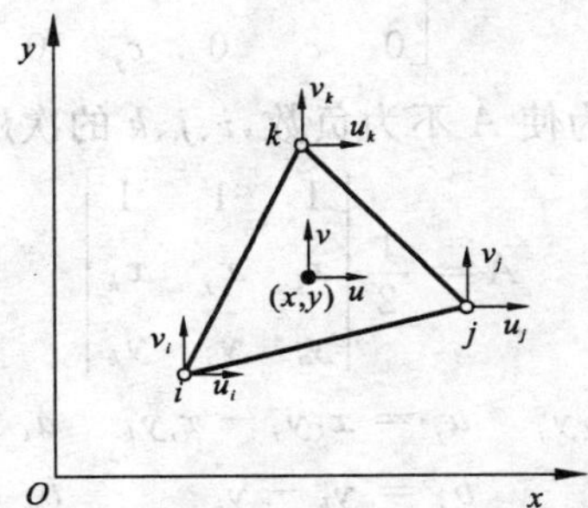

图 7.5 三角形单元内部点的位移

写成矩阵形式

$$\{f\} = \begin{Bmatrix} u \\ v \end{Bmatrix} = \begin{bmatrix} 1 & x & y & 0 & 0 & 0 \\ 0 & 0 & 0 & 1 & x & y \end{bmatrix} \begin{Bmatrix} a_1 \\ a_2 \\ a_3 \\ a_4 \\ a_5 \\ a_6 \end{Bmatrix} = [Q]\{a\} \tag{7-8}$$

式中，$\{f\}$为内位移矩阵；$[Q]$为基底函数矩阵；$\{a\}$为广义位移列阵。

将3个节点i、j、k的位移代入式(7-7),得

$$\begin{cases} u_i = a_1 + a_2 x_i + a_3 y_i & v_i = a_4 + a_5 x_i + a_6 y_i \\ u_j = a_1 + a_2 x_j + a_3 y_j & v_j = a_4 + a_5 x_j + a_6 y_j \\ u_k = a_1 + a_2 x_k + a_3 y_k & v_k = a_4 + a_5 x_k + a_6 y_k \end{cases}$$

写成矩阵形式为

$$\{\delta\}^{(e)} = \begin{Bmatrix} u_i \\ v_i \\ u_j \\ v_j \\ u_k \\ v_k \end{Bmatrix} = \begin{bmatrix} 1 & x_i & y_i & 0 & 0 & 0 \\ 0 & 0 & 0 & 1 & x_i & y_i \\ 1 & x_j & y_j & 0 & 0 & 0 \\ 0 & 0 & 0 & 1 & x_j & y_j \\ 1 & x_k & y_k & 0 & 0 & 0 \\ 0 & 0 & 0 & 1 & x_k & y_k \end{bmatrix} \begin{Bmatrix} a_1 \\ a_2 \\ a_3 \\ a_4 \\ a_5 \\ a_6 \end{Bmatrix}$$

$$= [C]\{a\} \tag{7-9}$$

式中,$\{\delta\}^{(e)}$为单元节点位移列阵;$[C]$是联系广义位移和节点位移的矩阵,称为变换矩阵。由此得到待定系数

$$\{a\} = [C]^{-1}\{\delta\}^{(e)} \tag{7-10}$$

其中

$$[C]^{-1} = \frac{1}{2A}\begin{bmatrix} a_i & 0 & a_j & 0 & a_k & 0 \\ b_i & 0 & b_j & 0 & b_k & 0 \\ c_i & 0 & c_j & 0 & c_k & 0 \\ 0 & a_i & 0 & a_j & 0 & a_k \\ 0 & b_i & 0 & b_j & 0 & b_k \\ 0 & c_i & 0 & c_j & 0 & c_k \end{bmatrix}$$

式中,A为三角形单元的面积。为使A不为负数,i、j、k的次序必须为逆时针方向(见图7.3)。

$$A = \frac{1}{2}\begin{vmatrix} 1 & 1 & 1 \\ x_i & x_j & x_k \\ y_i & y_j & y_k \end{vmatrix}$$

$$\begin{matrix} a_i = x_j y_k - x_k y_j & a_j = x_k y_i - x_i y_k & a_k = x_i y_j - x_j y_i \\ b_i = y_j - y_k & b_j = y_k - y_i & b_k = y_i - y_j \\ c_i = x_k - x_j & c_j = x_i - x_k & c_k = x_j - x_i \end{matrix}$$

将式(7-10)代入式(7-8),得

$$\{f\} = [Q][C]^{(-1)}\{\delta\}^{(e)} \tag{7-11a}$$

相乘后得位移表达式

$$\begin{cases} u(x,y) = \dfrac{1}{2A}[(a_i + b_i x + c_i y)u_i + (a_j + b_j x + c_j y)u_j + (a_k + b_k x + c_k y)u_k] \\ v(x,y) = \dfrac{1}{2A}[(a_i + b_i x + c_i y)v_i + (a_j + b_j x + c_j y)v_j + (a_k + b_k x + c_k y)v_k] \end{cases} \tag{7-11b}$$

从式(7-11b)可以看到,由于引入插值位移函数,节点位移唯一地确定了单元内任一点的位移状态。但是,得到的单元位移状态与实际的位移状态是有误差的,这是造成有限元法近似

性的原因之一。

2. 应变

由于单元中各点的位移 u 和 v 仅发生在 xOy 平面内，所以其中任意一点的应变状态可用正应变 ε_x、ε_y 和剪应变 γ_{xy} 组成的应变列阵描述。由弹性理论中平面问题的几何方程知

$$\{\varepsilon\} = \begin{Bmatrix} \varepsilon_x \\ \varepsilon_y \\ \gamma_{xy} \end{Bmatrix} = \begin{Bmatrix} \partial u/\partial x \\ \partial v/\partial y \\ \partial u/\partial y + \partial v/\partial x \end{Bmatrix} \tag{7-12}$$

将式(7-11b)代入式(7-12)得

$$\{\varepsilon\} = \frac{1}{2A}\begin{Bmatrix} b_i u_i + b_j u_j + b_k u_k \\ c_i v_i + c_j v_j + c_k v_k \\ c_i u_i + c_j u_j + c_k u_k + b_i v_i + b_j v_j + b_k v_k \end{Bmatrix}$$

或写成矩阵形式

$$\{\varepsilon\} = \frac{1}{2A}\begin{bmatrix} b_i & 0 & b_j & 0 & b_k & 0 \\ 0 & c_i & 0 & c_j & 0 & c_k \\ c_i & b_i & c_j & b_j & c_k & b_k \end{bmatrix}\begin{Bmatrix} u_i \\ v_i \\ u_j \\ v_j \\ u_k \\ v_k \end{Bmatrix} = [B]\{\delta\}^{(e)} \tag{7-13}$$

式中，$[B]$为几何矩阵。其各元素值取决于单元 3 个节点的坐标，均为常数。

3. 应力

对于平面应力状态，单元中任一点的应力状态可用 x 轴方向的正应力 σ_x、y 轴方向的正应力 σ_y 和剪应力 τ_{xy} 3 个分量的应力列阵描述，即

$$\{\sigma\} = [\sigma_x \quad \sigma_y \quad \tau_{xy}]^{\mathrm{T}}$$

由弹性理论中平面问题弹性方程组可知

$$\{\sigma\} = [D]\{\varepsilon\} \tag{7-14}$$

式中，$[D]$为弹性矩阵，其中的元素为常数，仅与材料性能相关。对于平面应力问题有

$$[D] = \frac{E}{1-\mu^2}\begin{bmatrix} 1 & \mu & 0 \\ \mu & 1 & 0 \\ 0 & 0 & (1-\mu)/2 \end{bmatrix}$$

式中，μ 为单元材料的泊松比。

将式(7-13)代入式(7-14)得

$$\{\sigma\} = [D][B]\{\delta\}^{(e)} \tag{7-15}$$

由于几何矩阵$[B]$和弹性矩阵$[D]$仅取决于单元的几何尺寸和材料性能参数，从式(7-13)和式(7-15)可知，应力$\{\sigma\}$和应变$\{\varepsilon\}$在单元内是常数，其原因在于假设的位移函数 $u(x,y)$和 $v(x,y)$为线性函数。

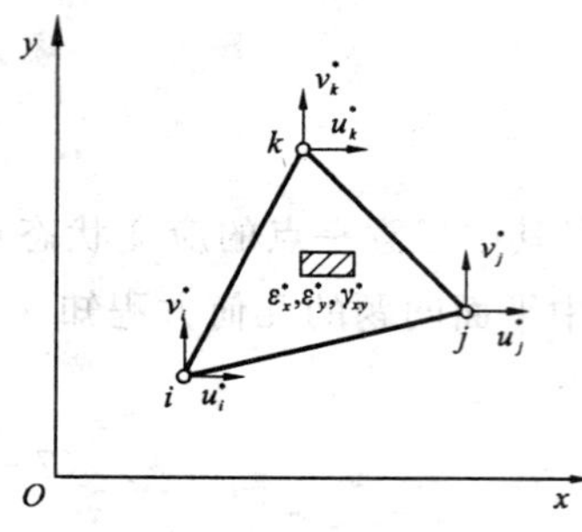

图 7.6 三角形单元的虚位移

4. 节点力

这是推导单元刚度矩阵的最后一步，通常用最小势能原理或虚位移原理来实现。设单元的节点力$\{F\}^{(e)}$与其作用下的应力$\{\sigma\}$处于平衡状态，现给定各节点一个虚位移列阵$\{\delta^*\}^{(e)}$，如图 7.6 所示，则与其协调的虚应变列阵为

$$\{\varepsilon^*\} = [B]\{\delta^*\}^{(e)}$$

根据虚位移原理，节点力$\{F\}^{(e)}$在虚位移$\{\delta^*\}^{(e)}$上所做的虚功应与应力$\{\sigma\}$和虚应变$\{\varepsilon^*\}$所产生的应变能相等，即有

$$\{\delta^*\}^{(e)\mathrm{T}}\{F\}^{(e)} = \iint\{\varepsilon^*\}^{\mathrm{T}}\{\sigma\}t\mathrm{d}x\mathrm{d}y$$

将$\{\varepsilon^*\}$代入上式，得

$$\{\delta^*\}^{(e)\mathrm{T}}\{F\}^{(e)} = \{\delta^*\}^{(e)\mathrm{T}}\iint[B]^{\mathrm{T}}\{\sigma\}t\mathrm{d}x\mathrm{d}y$$

由于虚位移$\{\delta^*\}^{(e)}$是任意的，且$[B]$和$[\sigma]$都是常量，$\iint\mathrm{d}x\mathrm{d}y = A$，故有

$$\{F\}^{(e)} = [B]^{\mathrm{T}}\{\sigma\}tA \tag{7-16}$$

再将式(7-15)代入式(7-16)，得

$$\{F\}^{(e)} = [B]^{\mathrm{T}}[D][B]tA\{\delta\}^{(e)} = [K]^{(e)}\{\delta\}^{(e)} \tag{7-17}$$

由此，得到单元刚度矩阵

$$[K]^{(e)} = [B]^{\mathrm{T}}[D][B]tA \tag{7-18}$$

为了计算单元的刚度矩阵，首先要对各单元的 3 个节点按 i、j、k 的次序以逆时针方向进行编号，如图 7.2(b)所示。要注意区分节点的两种编号，即在整个结构中的顺序号（总体编号）和在单元内部的顺序号（局部编号），不可混淆。3 节点三角形单元的刚度矩阵$[K]^{(e)}$是一个 6×6 阶矩阵，即

$$[K]^{(e)} = \begin{bmatrix} K_{11} & K_{12} & K_{13} & K_{14} & K_{15} & K_{16} \\ K_{21} & K_{22} & K_{23} & K_{24} & K_{25} & K_{26} \\ K_{31} & K_{32} & K_{33} & K_{34} & K_{35} & K_{36} \\ K_{41} & K_{42} & K_{43} & K_{44} & K_{45} & K_{46} \\ K_{51} & K_{52} & K_{53} & K_{54} & K_{55} & K_{56} \\ K_{61} & K_{62} & K_{63} & K_{64} & K_{65} & K_{66} \end{bmatrix} \tag{7-19}$$

在本例中，由于 4 个单元的几何形状、尺寸及单元编号完全一样，所以它们的刚度矩阵彼此相同。设 $\mu=0$，可由式(7-18)计算出任一单元刚度矩阵$[K]^{(e)}(e=1,2,3,4)$的值。

$$[K]^{(e)} = (Et/4)\begin{bmatrix} 1 & 0 & -1 & -1 & 0 & 1 \\ 0 & 2 & 0 & -2 & 0 & 0 \\ -1 & 0 & 3 & 1 & -2 & -1 \\ -1 & -2 & 1 & 3 & 0 & -1 \\ 0 & 0 & -2 & 0 & 2 & 0 \\ 1 & 0 & -1 & -1 & 0 & 1 \end{bmatrix}$$

为了书写、计算方便和整体刚度矩阵的集成，可将单元刚度矩阵按节点进行分块，将式(7-19)写成分块形式。

$$[K]^{(e)}=\begin{bmatrix}[K_{ii}] & [K_{ij}] & [K_{ik}]\\ [K_{ji}] & [K_{jj}] & [K_{jk}]\\ [K_{ki}] & [K_{kj}] & [K_{kk}]\end{bmatrix} \tag{7-20}$$

相应的单元刚度方程为

$$\begin{Bmatrix}\{F_i\}\\ \{F_j\}\\ \{F_k\}\end{Bmatrix}=\begin{bmatrix}[K_{ii}] & [K_{ij}] & [K_{ik}]\\ [K_{ji}] & [K_{jj}] & [K_{jk}]\\ [K_{ki}] & [K_{kj}] & [K_{kk}]\end{bmatrix}\begin{Bmatrix}\{\delta_i\}\\ \{\delta_j\}\\ \{\delta_k\}\end{Bmatrix} \tag{7-21}$$

式中，$\{F_i\}$为 i 节点上节点力分量组成的列阵；$\{\delta_i\}$为 i 节点上位移分量组成的列阵；$[K_{ij}]$为 j 节点产生单位位移时在 i 节点上引起的节点力。

7.2.2 整体分析

整体分析的任务是由结构的各个单元刚度矩阵生成整体刚度矩阵，建立结构的刚度方程，并对其进行必要的数学处理，使之适宜求解。

1. 整体刚度矩阵的集成

在集成整体刚度矩阵之前，先研究一下单元的节点力和整体结构的节点力之间的关系。从式(7-21)中取出$\{F_j\}$行

$$\{F_j\}=[K_{ji}]\{\delta_i\}+[K_{jj}]\{\delta_j\}+[K_{jk}]\{\delta_k\} \tag{7-22}$$

由式(7-22)可知，某一单元中第 j 个节点上的节点力等于该单元 3 个节点 i、j、k 的节点位移在节点 j 上引起的节点力之迭加。这是一个单元对它的一个节点的节点力，而在整体结构中一个节点往往为几个单元所共有，则这个节点上的节点力就应该是共有这个节点的几个单元的所有节点位移在该节点上引起的节点力之迭加。

本例中，共有 12 个节点位移分量和 12 个节点力分量，其整体刚度矩阵方程应为

$$\begin{Bmatrix}\{F_1\}\\ \{F_2\}\\ \{F_3\}\\ \{F_4\}\\ \{F_5\}\\ \{F_6\}\end{Bmatrix}=\begin{bmatrix}[K_{11}] & [K_{12}] & [K_{13}] & [K_{14}] & [K_{15}] & [K_{16}]\\ [K_{21}] & [K_{22}] & [K_{23}] & [K_{24}] & [K_{25}] & [K_{26}]\\ [K_{31}] & [K_{32}] & [K_{33}] & [K_{34}] & [K_{35}] & [K_{36}]\\ [K_{41}] & [K_{42}] & [K_{43}] & [K_{44}] & [K_{45}] & [K_{46}]\\ [K_{51}] & [K_{52}] & [K_{53}] & [K_{54}] & [K_{55}] & [K_{56}]\\ [K_{61}] & [K_{62}] & [K_{63}] & [K_{64}] & [K_{65}] & [K_{66}]\end{bmatrix} \tag{7-23}$$

式中，

$$\{F_i\}=\begin{Bmatrix}F_{ix}\\ F_{iy}\end{Bmatrix}\qquad (i=1,2,\cdots,6)$$

$$\{\delta_i\}=\begin{Bmatrix}u_i\\ v_i\end{Bmatrix}\qquad (i=1,2,\cdots,6)$$

$$[K_{ij}]=\begin{bmatrix} K_{2i-1,2j-1} & K_{2i-1,2j} \\ K_{2i,2j-1} & K_{2i,2j} \end{bmatrix} \quad (i=1,2,\cdots,6)$$

式(7-23)可简写为

$$\{F\}=[K]\{\delta\} \tag{7-24}$$

式中,$\{F\}$为整体节点力列阵;$\{\delta\}$为整体节点位移列阵;$[K]$为整体刚度矩阵。

以式(7-23)的第2行为例,有

$$\{F_2\}=[K_{21}]\{\delta_1\}+[K_{22}]\{\delta_2\}+[K_{23}]\{\delta_3\}+[K_{24}]\{\delta_4\}+[K_{25}]\{\delta_5\}+[K_{26}]\{\delta_6\} \tag{7-25}$$

式(7-25)中,子块$[K_{23}]$是节点3产生单位位移时,在节点2上产生的节点力。由图7.2(b)可以看出,使节点2和节点3相关联的单元有两个,即单元(1)和单元(3),当节点3产生单位位移时,通过单元(1)和单元(3)同时在节点2上引起节点力。由此可见,整体刚度矩阵中的子块应该是相关单元的单元刚度矩阵中相应子块的迭加。

下面以图7.2(b)为例,说明整体刚度矩阵的集成方法。

首先求出各单元的刚度矩阵:

单元(1)的节点编号为1、2、3,刚度矩阵为

$$[K]^{(1)}=\begin{bmatrix} [K_{11}] & [K_{12}] & [K_{13}] \\ [K_{21}] & [K_{22}] & [K_{23}] \\ [K_{31}] & [K_{32}] & [K_{33}] \end{bmatrix}$$

单元(2)的节点编号为2、4、5,刚度矩阵为

$$[K]^{(2)}=\begin{bmatrix} [K_{22}] & [K_{24}] & [K_{25}] \\ [K_{42}] & [K_{44}] & [K_{45}] \\ [K_{52}] & [K_{54}] & [K_{55}] \end{bmatrix}$$

单元(3)的节点编号为2、5、3,刚度矩阵为

$$[K]^{(3)}=\begin{bmatrix} [K_{22}] & [K_{25}] & [K_{23}] \\ [K_{52}] & [K_{55}] & [K_{53}] \\ [K_{32}] & [K_{35}] & [K_{33}] \end{bmatrix}$$

单元(4)的节点编号为3、5、6,刚度矩阵为

$$[K]^{(4)}=\begin{bmatrix} [K_{33}] & [K_{35}] & [K_{36}] \\ [K_{53}] & [K_{55}] & [K_{56}] \\ [K_{63}] & [K_{65}] & [K_{66}] \end{bmatrix}$$

然后计算整体刚度的阶数:

整体刚度矩阵的阶数等于模型的节点数与每个单元自由度数的乘积。本例中的整体刚度矩阵是一个6×2=12阶的方阵,可将其按节点分块变成6×6个子块的方阵。

将每个单元刚度矩阵的子块分别送到整体刚度矩阵对应的位置中去,例如单元(1)的子块$[K_{23}]^{(1)}$及单元(3)的$[K_{23}]^{(3)}$都应送到分块的整体刚度矩阵的第2行第3列中去,迭加后得到$[K_{23}]$。以此类推,就可以集成整体刚度矩阵$[K]$,如式(7-26)。为书写方便,式(7-26)中迭加的子块写成$[K_{23}^{(1)+(3)}]$,以代替$[K_{23}]^{(1)}+[K_{23}]^{(3)}$。

$$
[K]=\begin{array}{c} \\ 1 \\ 2 \\ 3 \\ 4 \\ 5 \\ 6 \end{array}
\begin{array}{c}
\begin{array}{cccccc} 1 & 2 & 3 & 4 & 5 & 6 \end{array} \\
\begin{bmatrix}
[K_{11}^{(1)}] & [K_{12}^{(1)}] & [K_{13}^{(1)}] & & & \\
[K_{21}^{(1)}] & [K_{22}^{(1)+(2)+(3)}] & [K_{23}^{(1)+(3)}] & [K_{24}^{(2)}] & [K_{25}^{(2)+(3)}] & \\
[K_{31}^{(1)}] & [K_{32}^{(1)+(3)}] & [K_{33}^{(1)+(3)+(4)}] & & [K_{35}^{(3)+(4)}] & [K_{36}^{(4)}] \\
 & [K_{42}^{(2)}] & & [K_{44}^{(2)}] & [K_{45}^{(2)}] & \\
 & [K_{52}^{(2)+(3)}] & [K_{53}^{(3)+(4)}] & [K_{54}^{(2)}] & [K_{55}^{(2)+(3)+(4)}] & [K_{56}^{(4)}] \\
 & & [K_{63}^{(4)}] & & [K_{65}^{(4)}] & [K_{66}^{(4)}]
\end{bmatrix}
\end{array}
\tag{7-26}
$$

计算机在建立整体刚度矩阵时，按单元中各节点的局部编号和整体编号以及节点的自由度的顺序号，直接将单元矩阵的元素送到整体刚度矩阵进行累加。

将图 7.2(b)所示结构的数据代入式(7-26)，得到该结构的整体刚度矩阵

$$
[K]=(Et/4)\begin{bmatrix}
1 & 0 & -1 & -1 & 0 & 1 & & & & & & \\
0 & 2 & 0 & -2 & 0 & 0 & & & & & & \\
-1 & 0 & 6 & 1 & -4 & -1 & -1 & -1 & 0 & 1 & & \\
-1 & -2 & 1 & 6 & -1 & -2 & 0 & -2 & 1 & 0 & & \\
0 & 0 & -4 & -1 & 6 & 1 & 0 & 0 & -2 & -1 & 0 & 1 \\
1 & 0 & -1 & -2 & 1 & 6 & 0 & 0 & -1 & -4 & 0 & 0 \\
 & & -1 & 0 & 0 & 0 & 3 & 1 & -2 & -1 & 0 & 0 \\
 & & -1 & -2 & 0 & 0 & 1 & 3 & 0 & -1 & 0 & 0 \\
 & & 0 & 1 & -2 & -1 & -2 & 0 & 6 & 1 & -2 & -1 \\
 & & 1 & 0 & -1 & -4 & -1 & -1 & 1 & 6 & 0 & -1 \\
 & & & & 0 & 0 & 0 & 0 & -2 & 0 & 2 & 0 \\
 & & & & 1 & 0 & 0 & 0 & -1 & -1 & 0 & 1
\end{bmatrix}
\tag{7-27}
$$

观察式(7-27)可知，结构的整体刚度矩阵具有以下特征：

(1)整体刚度矩阵是对称矩阵。因此，在实际计算中只需计算在对角线一侧(包括对角线上)的元素。

(2)整体刚度矩阵是奇异矩阵。在引入位移边界条件排除刚体位移后，它是正定矩阵。

上述特征具有清晰的力学意义。特征(1)是弹性结构的普遍定理(作用力与反作用力互等定理)的反映。在前面讨论结构整体刚度矩阵集成时，结构是被视为悬空无支持的，因而结构的刚体位移没有消除；在数学上的反映是刚度矩阵奇异，不能求逆，从刚度方程解不出节点位移。为了解决这个问题，必须引入结构的边界条件，对整体刚度方程进行处理。

2. 边界条件的处理

在弹性结构的边界上主要有 3 种情况：一是位移边界；二是外力边界；三是自由边界。这里只讨论位移边界的处理方法。位移边界(位移约束)常采用“置 1 法”或“置大数法”进行处理。

1)"置1法"

假设要求解的刚度方程为如下线性方程组

$$\begin{bmatrix} K_{11} & K_{12} & \cdots & K_{1i} & \cdots & K_{1n} \\ K_{21} & K_{22} & \cdots & K_{2i} & \cdots & K_{2n} \\ & & \vdots & & \vdots & \\ K_{i1} & K_{i2} & \cdots & K_{ii} & \cdots & K_{in} \\ & & \vdots & & \vdots & \\ K_{n1} & K_{n2} & \cdots & K_{ni} & \cdots & K_{nn} \end{bmatrix} \begin{Bmatrix} \delta_1 \\ \delta_2 \\ \vdots \\ \delta_i \\ \vdots \\ \delta_n \end{Bmatrix} = \begin{bmatrix} F_1 \\ F_2 \\ \vdots \\ F_i \\ \vdots \\ F_n \end{bmatrix} \tag{7-28}$$

如果第 i 个节点的位移为已知位移,即 $d_i=d$(d 也可以为零),为使第 i 个位移 d_i 满足给定的位移边界条件,而不改变系数矩阵的行、列和阶数,将式(7-28)展开得到

$$\begin{cases} K_{11}\delta_1 + K_{12}\delta_2 + \cdots + K_{1i}\delta_i + \cdots + K_{1n}\delta_n = F_1 \\ K_{21}\delta_1 + K_{22}\delta_2 + \cdots + K_{2i}\delta_i + \cdots + K_{2n}\delta_n = F_2 \\ \vdots \\ K_{i1}\delta_1 + K_{i2}\delta_2 + \cdots + K_{ii}\delta_i + \cdots + K_{in}\delta_n = F_i \\ \vdots \\ K_{n1}\delta_1 + K_{n2}\delta_2 + \cdots + K_{ni}\delta_i + \cdots + K_{nn}\delta_n = F_n \end{cases}$$

将已知位移 $d_i=d$ 代入上面的方程组,并把该项移至方程式的右端,则有

$$\begin{cases} K_{11}\delta_1 + K_{12}\delta_2 + \cdots + 0 + \cdots + K_{1n}\delta_n = F_1 - K_{1i}\delta \\ K_{21}\delta_1 + K_{22}\delta_2 + \cdots + 0 + \cdots + K_{2n}\delta_n = F_2 - K_{2i}\delta \\ \vdots \\ K_{i1}\delta_1 + K_{i2}\delta_2 + \cdots + K_{ii}\delta_i + \cdots + K_{in}\delta_n = F_i \\ \vdots \\ K_{n1}\delta_1 + K_{n2}\delta_2 + \cdots + 0 + \cdots + K_{nn}\delta_n = F_n - K_{ni}\delta \end{cases}$$

再看上面方程组的第 i 个方程,既然 $d_i=d$,因此可用一个恒等式 $1\times\delta_i=\delta$ 代替第 i 个方程,不影响原方程的解,于是有

$$\begin{cases} K_{11}\delta_1 + K_{12}\delta_2 + \cdots + 0 + \cdots + K_{1n}\delta_n = F_1 - K_{1i}\delta \\ K_{21}\delta_1 + K_{22}\delta_2 + \cdots + 0 + \cdots + K_{2n}\delta_n = F_2 - K_{2i}\delta \\ \vdots \\ 0\times\delta_1 + 0\times\delta_2 + \cdots + \delta_i + \cdots + 0\times\delta_n = \delta \\ \vdots \\ K_{n1}\delta_1 + K_{n2}\delta_2 + \cdots + 0 + \cdots + K_{nn}\delta_n = F_n - K_{ni}\delta \end{cases}$$

写成矩阵式为

$$\begin{bmatrix} K_{11} & K_{12} & \cdots & 0 & \cdots & K_{1n} \\ K_{21} & K_{22} & \cdots & 0 & \cdots & K_{2n} \\ & & \vdots & & \vdots & \\ 0 & 0 & \cdots & 1 & \cdots & 0 \\ & & \vdots & & \vdots & \\ K_{n1} & K_{n2} & \cdots & 0 & \cdots & K_{nn} \end{bmatrix} \begin{Bmatrix} \delta_1 \\ \delta_2 \\ \vdots \\ \delta_i \\ \vdots \\ \delta_n \end{Bmatrix} = \begin{Bmatrix} F_1 - K_{1i}\delta \\ F_2 - K_{2i}\delta \\ \vdots \\ \delta \\ \vdots \\ F_n - K_{ni}\delta \end{Bmatrix} \tag{7-29}$$

式(7-29)便是“置1法”的矩阵表达式。此方法可以概括地叙述为：当边界位移为已知时，将该位移对应的第 i 行和第 i 列的交叉刚度系数置1，而将第 i 行和第 i 列的其他刚度系数置0，对应的载荷项置已知位移 d，把与该位移对应的列的交叉刚度系数和已知位移相乘移至右端与载荷项做代数和。

若已知位移为零，即 $d_i=0$，则式(7-29)变为

$$\begin{bmatrix} K_{11} & K_{12} & \cdots & 0 & \cdots & K_{1n} \\ K_{21} & K_{22} & \cdots & 0 & \cdots & K_{2n} \\ & & \vdots & & \vdots & \\ 0 & 0 & \cdots & 1 & \cdots & 0 \\ & & \vdots & & \vdots & \\ K_{n1} & K_{n2} & \cdots & 0 & \cdots & K_{nn} \end{bmatrix} \begin{Bmatrix} \delta_1 \\ \delta_2 \\ \vdots \\ \delta_i \\ \vdots \\ \delta_n \end{Bmatrix} = \begin{Bmatrix} F_1 \\ F_2 \\ \vdots \\ 0 \\ \vdots \\ F_n \end{Bmatrix} \tag{7-30}$$

2)“置大数法”

求解式(7-28)的线性方程组时，亦可采用“置大数法”。其基本思路是：使第 i 个位移 δ_i 近似满足给定的位移边界条件 $d_i \gg d$，即把 $\delta_i=\delta$ 对应的主对角线元素乘上一个大数(例如 10^{20})，把对应的载荷项改写成 $K_{ii}\times10^{20}\times\delta$，则方程组变成

$$\begin{bmatrix} K_{11} & K_{12} & \cdots & K_{1i} & \cdots & K_{1n} \\ K_{21} & K_{22} & \cdots & K_{2i} & \cdots & K_{2n} \\ & & \vdots & & & \\ K_{i1} & K_{i2} & \cdots & 10^{20}K_{ii} & \cdots & K_{in} \\ & & \vdots & & \vdots & \\ K_{n1} & K_{n2} & \cdots & K_{ni} & \cdots & K_{nn} \end{bmatrix} \begin{Bmatrix} \delta_1 \\ \delta_2 \\ \vdots \\ \delta_i \\ \vdots \\ \delta_n \end{Bmatrix} = \begin{Bmatrix} F_1 \\ F_2 \\ \vdots \\ 10^{20}K_{ii}\delta \\ \vdots \\ F_n \end{Bmatrix} \tag{7-31}$$

相应的第 i 个方程变为

$$K_{i1}\delta_1 + K_{i2}\delta_2 + \cdots + 10^{20}K_{ii}\delta_i + \cdots + K_{in}\delta_n = 10^{20}K_{ii}\delta$$

因为 $10^{20}K_{ii}$ 比其他系数大得多，可略去各小量，方程变为

$$10^{20}K_{ii}\delta_i \approx 10^{20}K_{ii}\delta$$

即

$$\delta_i \approx \delta$$

这样用近似方程组代替原方程组，就得到了近似满足边界条件的解。而且所谓的大数愈大(一般取 $10^{15}\sim10^{20}$)，得到的解愈精确。

对于零位移的边界条件，可以划去与零位移对应的行和列。这样处理的优点是可以使刚度矩阵降阶，节省计算机的容量和计算时间；缺点是会给编制程序带来很大麻烦。

用“置1法”和“置大数法”处理边界条件时，刚度矩阵的阶数不变，编制程序简单，但是占用内存量大，所以解题规模受到限制。

从上述讨论中不难看出：在有限元法中，关键的一步是引入位移插值函数，将求解结构中的无限个点的位移变成有限个单元的节点位移，使问题大大简化；从数学上看，是将描述连续结构的微分方程转化为描述离散结构的线性代数方程组，使结构分析的求解由解析方法转为数值方法，以利于运用计算机求解。

7.3 塑性有限元法

金属塑性变形过程非常复杂，是典型的非线性问题，不但包括材料非线性，也有几何非线性和接触非线性。因此，塑性有限元与弹性有限元相比也就复杂得多，主要体现在：

(1)由于在塑性区应力和应变之间为非线性关系，所以在弹塑性有限元法中，求解的是一个非线性问题。为便于求解，需用适当的方法将问题线性化。一般采用逐步加载法(又称增量法)，即将物体屈服后所需载荷分成若干步施加，在每个加载步的每个迭代计算中，把问题看做是线性的。

(2)塑性问题的应力与应变关系不是一一对应的。塑性应变的大小，不仅取决于当时的应力状态，而且还取决于加载历史。卸载与加载的路线不同，应力应变关系也不一样。因此，在每一加载步计算时，一般都应检查塑性区内各单元是处于加载状态，还是处于卸载状态。

(3)塑性变形中，金属与模具的接触不断变化，因此，必须考虑非线性接触与动态摩擦问题。

(4)塑性理论中，关于塑性应力-应变的关系和硬化假设有多种理论，于是采用不同的理论就会得到不同的弹塑性矩阵表达式，由此会得到不同的有限元计算公式。

(5)对于一些大变形弹塑性问题，一般包含材料和几何两方面的非线性，因此在进行有限元计算时必须同时考虑单元的形状和位置的变化，即需采用有限变形理论。而对于一些弹性变形小可以忽略的情况，则需考虑塑性变形体积不变条件，采用刚塑性理论。

7.3.1 弹塑性有限元法

在塑性变形过程中，如果弹性变形不能忽略并对成形过程有较大的影响时，则为弹塑性变形问题，如典型的板料成形。在弹塑性变形中，当变形体内质点的位移和转动较小、应变与位移基本呈线性关系时，可以认为是小变形弹塑性问题；而当质点的位移或转动较大、应变与位移为非线性关系时，则属于大变形弹塑性问题。相应的，有小变形弹塑性有限元和大变形(有限变形)弹塑性有限元。在弹塑性变形中，由于应力应变的关系为非线性的，变形体的最终形状变化通常不能和线弹性问题一样能够一次计算得到。因此，在进行弹塑性有限元分析时，一般只能按增量理论进行求解，即将整个载荷分解成若干增量步，逐渐施加在变形体上。

这里，我们仅讨论小变形弹塑性有限元法，即在小变形条件下，对从 t 到 $t+\Delta t$ 时刻的增量步进行分析。设变形体为各向同性硬化材料，且服从 Mises 屈服条件和 Prandtl - Reuss 方程的本构关系，并设 t 时刻的变形条件为：单位体积力为 ${}^{t}b_i$；作用在边界表面 S_p 上的单位面积力为 ${}^{t}p_i$；任一点的位移为 ${}^{t}u_i$，应变为 ${}^{t}\varepsilon_{ij}$，应力为 ${}^{t}\sigma_{ij}$。现以 t 时刻的变形为基础，在 Δt 时间的增量步内各物理量相应的增加一个增量，分别为体积力增量 Δb_i、面积力增量 Δp_i、位移增量 Δu_i、应变增量 $\Delta\varepsilon_{ij}$ 和应力增量 $\Delta\sigma_{ij}$。弹塑性变形增量形式的应力应变关系为

$$\Delta\sigma_{ij} = D^{ep}\Delta\varepsilon_{ij} \tag{7-32}$$

式中，D^{ep} 为弹塑性矩阵。当变形体中的某质点未进入塑性状态或处于卸载状态时，D^{ep} 则只表示弹性应力应变关系。

在 $t+\Delta t$ 时刻，增量形式的虚功原理可表示为

$$\int_V ({}^t\sigma_{ij}+\Delta\sigma_{ij})\delta(\Delta\varepsilon_{ij})\mathrm{d}V=\int_{S_p}({}^tp_i+\Delta p_i)\delta(\Delta u_i)\mathrm{d}S+\int_V({}^tb_i+\Delta b_i)\delta(\Delta u_i)\mathrm{d}V \tag{7-33}$$

对变形体进行离散化处理，得到相应的单元和节点。设某单元内任一点的位移增量为 $\{\Delta\bar{u}\}$，则 $\{\Delta\bar{u}\}$ 与单元节点位移增量的关系为

$$\{\Delta\bar{u}\}=[N]\{\Delta u\}^{(e)} \tag{7-34}$$

式中，$\{\Delta\bar{u}\}^{(e)}$ 为单元的节点位移增量列阵；$[N]$ 为形函数矩阵。

由于小变形时应变与位移的关系可以认为是线性的，故应变增量为

$$\{\Delta\varepsilon\}=[B]\{\Delta u\}^{(e)} \tag{7-35}$$

式中，$\{\Delta\varepsilon\}$ 为单元内任一点的应变增量列阵；$[B]$ 为单元应变矩阵。

根据弹塑性增量型本构关系式(7－32)可得

$$\{\Delta\sigma\}=[D]^{ep}\{\Delta\varepsilon\}=[D]^{ep}[B]\{\Delta u\}^{(e)} \tag{7-36}$$

式中，$\{\Delta\sigma\}$ 为单元内任一点的应力增量列阵；$[D]^{ep}$ 表示弹性应力应变关系。

将式(7－32)、式(7－34)、式(7－35)和式(7－36)代入式(7－33)，并忽略二阶微量，可得

$$\left(\int_{V^e}[B]^{\mathrm{T}}[D]^{ep}[B]\mathrm{d}V\right)\{\Delta u\}^{(e)}=\int_{V^e}[N]^{\mathrm{T}t+\Delta t}b\,\mathrm{d}V+\int_{S^e}[N]^{\mathrm{T}t+\Delta t}p\,\mathrm{d}S-\int_{V^e}[N]^{\mathrm{T}}\{\sigma\}\mathrm{d}V \tag{7-37}$$

在式(7－37)中，取

$$[K]^{(e)}=\int_{V^e}[B]^{\mathrm{T}}[D]^{ep}[B]\mathrm{d}V$$

$$\{Q\}^{(e)}=\int_{V^e}[N]^{\mathrm{T}t+\Delta t}b\,\mathrm{d}V+\int_{S^e}[N]^{\mathrm{T}t+\Delta t}p\,\mathrm{d}S$$

$${}^t\{F\}^{(e)}=\int_{V^e}[N]^{\mathrm{T}}\{\sigma\}\mathrm{d}V$$

$$\{\Delta Q\}^{(e)}=\{Q\}^{(e)}-{}^t\{F\}^{(e)}$$

则式(7－37)可简化为

$$[K]^{(e)}\{\Delta u\}^{(e)}=\{\Delta Q\}^{(e)} \tag{7-38}$$

式(7－38)称为单元刚度方程。式中，$[K]^{(e)}$ 为单元刚度矩阵；$\{\Delta Q\}^{(e)}$ 为单元节点载荷增量列阵。

集成所有单元刚度方程，就得到了整体有限元方程

$$[K]\{\Delta u\}=\{\Delta Q\} \tag{7-39}$$

式中，$[K]$ 为整体刚度矩阵；$\{\Delta u\}$ 为整体节点位移增量列阵；$\{\Delta Q\}$ 为整体节点载荷增量列阵。

求解式(7－39)即可得到节点位移增量，进而可以得到各单元和节点的应变、应力增量，通过迭加可得到任意时刻任意位置的总位移、应变和应力。但由于方程(7－39)为非线性方程组，求解时必须先将其线性化。一般可用变刚度法和初载荷法进行处理。同时，由于弹塑性变形过程中变形体内部可能同时存在弹性区、塑性加载区、塑性卸载区、弹性与塑性的过渡区 4 种不同的状态，而式(7－36)中的 $[D]^{ep}$ 与变形状态有关，因此，在有限元计算时，必须随时判断单元处于哪一个变形区。

以上是小变形弹塑性有限元计算最基本的过程。对于大变形，由于不但涉及材料的非线

性，同时还要考虑应变与位移的几何非线性，因此有限元求解过程将更为复杂。

7.3.2 刚塑性有限元法

在塑性加工的体积成形工艺中，变形体产生了较大的塑性变形，而弹性变形相对很小，可以忽略不计，此时可以认为是刚塑性问题，如锻造、挤压等。相应的可以用刚塑性有限元分析。由于体积成形工艺中金属材料呈现不同的特性，典型的有刚塑性硬化材料和刚粘塑性材料，因此，在模拟与分析工艺过程时所采用的有限元法也有所不同。刚塑性硬化材料所对应的有限元法是刚塑性有限元法，它适用于冷、温态体积成形问题。刚粘塑性材料对应的则是刚粘塑性有限元法，它适用于热态体积成形工艺。由于忽略了弹性变形，所以刚(粘)塑性有限元法不能进行卸载分析，无法得到残余应力及预测回弹；此外，刚性区的应力计算亦有一定的误差。

1. 马尔可夫(Markov)变分原理

刚塑性材料的变分原理是刚塑性有限元法的理论基础。变分原理以能量积分形式把塑性偏微分方程组的求解问题变成泛函极值问题，通过这种转换，建立有限元的基本方程。刚塑性有限元法是在马尔可夫(Markov)变分原理(理想刚塑性材料的变分原理)的基础上，引入体积不可压缩条件建立的。马尔可夫变分原理可表述为：设一刚塑性体，体积为 V，表面 S 分为 S_p 和 S_u 两部分，在 S_p 上给定表面力 p_i，在 S_u 上给定速度 $\dot{u}_i$，整个变形体在表面力 p_i 的作用下处于塑性状态。此时，在满足小变形几何方程、体积不可压缩条件和速度边界条件的一切动可容速度场 $\dot{u}_i^*$ 、$\dot{\varepsilon}_{ij}^*$ 中，使泛函

$$\prod = \int_V \bar{\sigma}\dot{\bar{\varepsilon}} * \mathrm{d}V - \int_{S_p} p_i \dot{u}_i^* \mathrm{d}S \tag{7-40}$$

取驻值(即一阶变分 $\delta\Pi=0$，驻值为极小值)的 $\dot{u}_i^*$ 为本问题的精确解。

式(7-40)是塑性力学极限分析中上限定理的另一种表达形式。它的物理意义是刚塑性变形体的总能耗率最小。泛函 $\prod$ 等式右边的第1项表示变形工件内部的塑性变形功率，第2项则代表工件表面的外力功率。对于塑性加工问题，外力功率主要指变形工件与模具接触界面的摩擦功率，此外对于不同类型工艺可能还有其他外力功率，如轧制和拉拔中的张力功率、板料液压拉伸工艺中的介质静压功率等。

马尔可夫变分原理的意义在于将平衡微分方程、几何方程、本构关系、Mises屈服条件、体积不可压缩条件和边界条件所描述的刚塑性材料边值问题归结为能量泛函对速度场的极值问题，从而避开了偏微分方程组的求解。一旦求得速度 $\dot{u}_i$ 的精确解后，就可以利用几何方程式求出应变率场 $\dot{\varepsilon}_{ij}$，然后再由本构关系式进一步确定变形体瞬时的应力场 σ_{ij}^* 。但是，应用该变分原理求解的难点之一就是构造容许速度场 $\dot{u}_i^*$ 。一般来说，选取满足速度边界条件式的容许速度场比较容易，而要同时满足体积不可压缩条件式则非常困难。另外，由于刚塑性材料模型不计弹性变形部分，并采用体积不可压缩假设，就难以确定静水压力 σ_m，因而求不出变形体内的应力分布 σ_{ij} 。为了便于问题求解，须将体积不可压缩条件引入泛函式(7-40)，得到适于刚塑性材料不完全广义变分原理的新泛函。体积不可压缩条件可以采用不同的方式引入，主要有拉格朗日(Lagrange)乘子法、罚函数法等。

2. 拉格朗日乘子法

刚塑性有限元法中，拉格朗日乘子法的数学基础是数学分析中多元函数的条件极值理论，若求目标函数

$$\Phi = \Phi(\dot{u}_1, \dot{u}_2, \cdots, \dot{u}_{n-1}, \dot{u}_n)$$

在约束函数

$$g_i = g_i(\dot{u}_1, \dot{u}_2, \cdots, \dot{u}_n) = 0 \quad (i = 1, 2, \cdots, m)$$

的条件下的极值，可构造如下修正函数

$$F = \Phi(\dot{u}_1, \dot{u}_2, \cdots, \dot{u}_{n-1}, \dot{u}_n) + \sum_i \lambda_i g_i(\dot{u}_1, \dot{u}_2, \cdots, \dot{u}_n)$$

并令其一阶偏导数为零，即

$$\begin{cases} \dfrac{\sum \partial F}{\partial \dot{u}_i} = 0 \quad (i = 1, 2, \cdots, n) \\ \dfrac{\partial F}{\partial \lambda_i} = 0 \quad (i = 1, 2, \cdots, m) \end{cases}$$

式中，λ_i 为拉格朗日乘子，数值待定。上式中共有 $m+n$ 个方程，恰好可以解出 $\dot{u}_1$、$\dot{u}_2$、$\cdots$、$\dot{u}_n$ 和 λ_1、λ_2、$\cdots$、λ_m 共 $m+n$ 个未知数。

把上述方法用于马尔可夫变分原理，可构造如下新泛函

$$\prod{}_1 = \int_V \bar{\sigma}\dot{\bar{\varepsilon}}\,\mathrm{d}V + \int_V \lambda\dot{\varepsilon}_V\,\mathrm{d}V - \int_{S_p} p_i\dot{u}_i\,\mathrm{d}S \tag{7-41}$$

对于一切满足几何方程和速度边界条件的容许速度场，其精确解都使上式取极值，即满足

$$\delta\prod{}_1 = \int_V \bar{\sigma}\delta\dot{\bar{\varepsilon}}\,\mathrm{d}V + \int_V \lambda\delta\dot{\varepsilon}_V\,\mathrm{d}V + \int_V \delta\lambda\dot{\varepsilon}_V\,\mathrm{d}V - \int_{S_p} p_i\delta\dot{u}_i\,\mathrm{d}S = 0 \tag{7-42}$$

在引入体积不可压缩条件后的刚塑性材料不完全广义变分原理基础上，便可实现有限元分析。下面将以罚函数法为例，推导相应的有限元列式。

3. 罚函数法

罚函数法的基本思想是用一个足够大的正数 α（如 $\alpha=10^6$），把体积不可压缩条件引入泛函式，构造出一个新泛函，即

$$\prod{}_2 = \int_V \bar{\sigma}\dot{\bar{\varepsilon}}\,\mathrm{d}V + \frac{\alpha}{2}\int_V \dot{\varepsilon}_V^2\,\mathrm{d}V - \int_{S_p} p_i\dot{u}_i\,\mathrm{d}S \tag{7-43}$$

则对于一切满足几何方程和速度边界条件的容许速度场，其真实解使上式取极值，即满足

$$\delta\prod{}_2 = \int_2 \bar{\sigma}\delta\dot{\bar{\varepsilon}}\,\mathrm{d}V + \alpha\int_V \dot{\varepsilon}_V\delta\dot{\varepsilon}_V\,\mathrm{d}V - \int_{S_p} p_i\delta\dot{u}_i\,\mathrm{d}S = 0 \tag{7-44}$$

这里的罚函数法源于最优化原理中的罚函数法，具有数值解法的特征。它的作用原理是：当速度场 $\dot{u}_i$ 远离真实解时，惩罚项值很大，相当于对速度解违反约束条件施加一种“惩罚”作用；而随着 $\dot{u}_i$ 接近真解，惩罚项的作用也随之降低。应当指出，从理论上讲拉格朗日乘子法是精确的。对于罚函数法，只有当 α 趋于无穷大时，$\dot{\varepsilon}_V$ 才趋于零。但在实际应用时，不可能取无穷大。计算实践表明，α 的取值大小对解有很大影响：若 α 取值太小，则体积不可压缩条件施加不当，以致降低计算精度；若 α 取值过大，则有限元刚度方程会出现病态，甚至不能求解。因此，α 取值应适宜，通常取 $\alpha=10^5\sim10^7$ 较好。

下面推导罚函数法的有限元列式。

对变形体进行离散化处理后得到相应的单元与节点。某单元内任一质点的速度$\{\dot{u}_n\}$与单元节点速度的关系为

$$\{\dot{u}\} = [N]\{\dot{u}\}^{(e)} \tag{7-45}$$

式中，$\{\dot{u}\}^{(e)}$为单元的节点速度列阵；$[N]$为形状函数矩阵。

根据小变形几何方程，可得到质点的应变速率

$$\{\dot{\varepsilon}\} = [B]\{\dot{u}\}^{(e)} \tag{7-46}$$

式中，$\{\dot{\varepsilon}\}$为单元内任一点的应变速率列阵；$[B]$为单元应变矩阵。

式(7-43)中的等效应变速率$\dot{\bar{\varepsilon}}$，根据其与应变速率分量的关系$\dot{\bar{\varepsilon}}=\sqrt{\frac{2}{3}\dot{\varepsilon}_{ij}\dot{\varepsilon}_{ij}}$可得到其矩阵表示形式

$$\dot{\bar{\varepsilon}} = \sqrt{\{\dot{\varepsilon}\}^{\mathrm{T}}[D_\varepsilon]\{\dot{\varepsilon}\}} \tag{7-47}$$

式中，$[D_\varepsilon]$为对角方阵，由$\dot{\bar{\varepsilon}}$与正应变速率和切应变速率的关系，其对角元素分别取值为2/3和1/3。将式(7-46)代入上式得

$$\dot{\bar{\varepsilon}} = \sqrt{\{\dot{u}^e\}^{\mathrm{T}}[B]^{\mathrm{T}}[D_e][B]\{\dot{u}\}^{(e)}} = \sqrt{\{\dot{u}^e\}^{\mathrm{T}}[A]\{\dot{u}\}^{(e)}} \tag{7-48}$$

式中，$[A]=[B]^{\mathrm{T}}[D_\varepsilon][B]$。

同样，式(7-46)中的体积应变速率$\dot{\varepsilon}$也可以由单元节点速度表示。根据体积应变速率公式，得

$$\dot{\varepsilon}_V = \{c\}^{\mathrm{T}}\{\dot{\varepsilon}\} = \{c\}^{\mathrm{T}}[B]\{\dot{u}\}^{(e)} = \{C\}^{\mathrm{T}}\{\dot{u}\}^e \tag{7-49}$$

式中，$\{C\}^{\mathrm{T}}=\{c\}^{\mathrm{T}}[B]$。对于平面与轴对称问题：$\{c\}^{\mathrm{T}}=\{1\quad 1\quad 1\quad 0\}$，对于三维问题：$\{c\}^{\mathrm{T}}=\{1\quad 1\quad 1\quad 0\quad 0\quad 0\}$。

变形体离散为单元和节点组成的结构后，引入体积不变条件的新泛函的极值条件为

$$\delta\prod\nolimits_2 = \delta\prod\nolimits_2(\{\dot{u}\}) = \sum_e \delta\prod\nolimits_2^e(\{\dot{u}\}^{(e)}) = 0 \tag{7-50}$$

式中，$\{\dot{u}\}$为节点的位移；Π_2^e为单元的泛函。

根据式(7-50)，最终极值条件转化为

$$\frac{\partial\prod_2}{\partial\{\dot{u}\}} = \sum_e \frac{\partial\prod_2^e}{\partial\{\dot{u}\}^{(e)}} = 0 \tag{7-51}$$

根据式(7-43)、式(7-44)和式(7-51)得

$$\frac{\partial\prod_2^e}{\partial\{\dot{u}\}^{(e)}} = \int_{V^e}\bar{\sigma}\frac{\partial\dot{\bar{\varepsilon}}}{\partial\{\dot{u}\}^{(e)}}\mathrm{d}V + \alpha\int_{V^e}\dot{\varepsilon}_V\frac{\partial\dot{\varepsilon}_V}{\partial\{\dot{u}\}^{(e)}}\mathrm{d}V - \int_{S_p^e}[N]^{\mathrm{T}}\{p\}\mathrm{d}S \tag{7-52}$$

式中，$\{p\}$为表面力p_i的列阵表示形式，表面力主要是摩擦力。由于不同问题摩擦作用的差别较大，计算也各不相同，推导过程比较复杂，此处仅用$\{Q\}^{(e)}$简单表示右边第3项，即$\{Q\}^{(e)}=\int_{S_p^e}[N]^{\mathrm{T}}\{p\}\mathrm{d}S$。并将式(7-46)、式(7-48)和式(7-49)代入式(7-52)，得

$$\frac{\partial\prod_2^e}{\partial\{\dot{u}\}^{(e)}} = \int_{V^e}\frac{\bar{\sigma}}{\dot{\bar{\varepsilon}}}[A]\{\dot{u}\}^{(e)}\mathrm{d}V + \alpha\int_{V^e}\{C\}\{C\}^{\mathrm{T}}\{\dot{u}\}^{(e)}\mathrm{d}V - \{Q\}^{(e)} \tag{7-53}$$

根据式(7-51)对所有单元进行集成后，可得到整体有限元刚度方程

$$[K]\{\dot{u}\} = \{Q\}^{(e)} \quad (7-54)$$

式中，$[K]$为整体刚度矩阵，并且

$$[K] = \sum_{e}\left(\int_{V^e} \frac{\bar{\sigma}}{\dot{\bar{\varepsilon}}}[A]\mathrm{d}V + \alpha\int_{V^e}\{C\}\{C\}^{\mathrm{T}}\mathrm{d}V\right)$$

由式(7-53)和式(7-54)可以看到，整体刚度矩阵$[K]$与$\dot{\varepsilon}$有关，亦即与$\{\dot{u}\}$有关。因此，整体刚度方程是一个关于节点速度$\{\dot{u}\}$的非线性方程组，一般可采用牛顿-拉夫森(Newton-Raphson)法进行线性化处理后迭代求解。通过迭代求解，即可得到任意时刻节点的速度及总的位移，进而得到单元与节点的应变速率、总应变及应力等场量的分布。

7.4 常用塑性成形模拟软件及应用

常用的塑性成形模拟软件大致可分为两类：一类是将通用有限元软件的功能扩充后用于材料成形过程模拟，如集成了 LS-DYNA 的 ANSYS、ABAQUS 等；另一类是为材料成形模拟开发的专用软件，如主要用于体积成形和热处理分析的 DEFORM、MSC. Marc/AutoForge，用于冲压成形模拟的 DYNAFORM、AutoForm，用于铸造过程模拟的 PROCAST、华铸 CAE，用于焊接和热处理过程模拟的 SYSWELD。此外，还有用于塑料注射成型分析的 Moldflow 等。

7.4.1 常用材料成形模拟分析软件

1. DEFORM 软件

DEFORM 软件是由美国 Battele Columbus 实验室和俄亥俄州立大学精密成形工程中心共同开发的。它是基于工艺过程模拟的有限元系统，用于分析各种塑性体积成形过程中的金属流动以及应变、应力、温度等物理场的分布，提供材料流动、模具充填、成形载荷、模具应力、纤维流向、缺陷形成、韧性破裂和金属微结构等信息，并提供模具仿真及其他相关的工艺分析数据。自 1991 年正式推出商品化软件以来，已在美国及其他一些国家的研究机构和公司中广泛应用，成为国际上最著名的 2D/3D 体积成形和热处理工艺模拟分析软件。

DEFORM 软件具有如下主要特色：

(1)模拟范围广。可用来模拟材料流动、锻造负荷、模具应力、晶粒流动、缺陷成因等过程。

(2)适用工艺广。适用于冷、热、温成形过程，锻造、拉拔、挤压、镦头、镦粗、轧制、摆辗、机加工车削、冲切等工艺，正火、退火、淬火、回火、时效、渗碳、蠕变、硬化等处理。

(3)适用设备多。液压机、锻锤、摩擦压力机、机械压力机、轧机、摆辗机等设备均可使用。

(4)材料库丰富。提供 146 种材料的性能数据，材料模型包括弹性、刚塑性、热弹塑性、热刚粘塑性、粉末材料、刚性材料和自定义类型。

2. DANYFORM 软件

ETA/DYNAFORM 是美国 ETA 公司和 LSTC 公司联合推出的专业版成形分析软件，致力于解决最复杂板成形工艺，广泛用于世界各大汽车公司、模具厂、大学以及研究机构中。DYNAFORM可以预测成形过程中板料的破裂、起皱、减薄、划痕、回弹等现象，评估板料的成形性能，专门用于解决板料成形工艺及模具设计中涉及的各类问题，包括板料成形分析所需的与CAD软件的接口、前处理、后处理、分析求解等所有功能。

DYNAFORM软件主要特色有：

(1)集成操作环境。DYNAFORM软件无需数据转换的完备前、后处理功能，可实现无文本编辑操作，所有操作在同一界面下进行。

(2)求解器。ETA/DYNAFORM的求解器是业界著名的动态显式有限元分析程序LS-DYNA。作为显式有限元程序的鼻祖，LS-DYNA在其固有的强大显式求解技术基础上又增加了隐式分析能力，能解决最复杂的金属成形问题。

(3)工艺化的分析过程。该软件囊括了影响冲压工艺的60余个因素，具有以DFE为代表的多种工艺分析模块和友好的工艺界面，易学易用。

(4)固化了丰富的实际工程经验。ETA公司在与美国3大汽车公司(通用、福特、克莱斯勒)20年的合作中积累了丰富的板成形仿真工程经验，程序中固化了大量经过试验验证的专家经验，能对不同的成形工艺给出最优的仿真参数。

3. Moldflow软件

Moldflow系列软件是专业从事注射成型CAE软件开发和经营的跨国公司(MOLDFLOW公司)开发的，推出后一直主导着塑料注射成型CAE软件市场。Moldflow软件在汽车、家电、电子通信、化工和日用品等领域得到了广泛应用。利用Moldflow软件技术可以在计算机上对整个注塑成型过程进行模拟分析，预测熔体的填充、保压、冷却情况，以及制品中的应力分布、分子和纤维取向分布、制品的收缩和翘曲变形等情况，以便设计者能尽早发现问题，及时修改制件和模具设计，而不是等到试模以后再返修模具。

Moldflow软件在注射成型中的应用可以达到以下效果：

(1)减小塑件应力和翘曲。选择最好的加工参数使塑件残余应力最小。

(2)省料和减少过量充模。流道和型腔的设计采用平衡流动，有助于减少材料的使用和消除因局部过量注射所造成的翘曲变形。

(3)最小的流道尺寸和用料成本。流动分析有助于选定最佳的流道尺寸，以减少浇道部分塑料的冷却时间，从而缩短整个注射成型的时间，以及减少变成回收料或者废料的浇道部分塑料的体积。

(4)预测制品最终可能出现的缺陷，找到缺陷产生的原因。在模具加工之前得到最优化的制品设计、模具设计方案和最适宜的成型工艺条件，确保产品以最短的周期、最低成本投入市场，增强市场竞争能力。

7.4.2 塑性成形模拟分析实例

本节以DANYFORM软件为例，介绍成形模拟分析软件的主要功能模块、模拟步骤及其应用。

1. DYNAFORM 软件的主要功能模块

1)基本模块

(1)提供与 CAD 软件(如 UG 和 CATIA 等)的接口(如 IGES、VDA 和 DXF 等),以及与 NASTRAN、IDEAS、MoldFlow 等 CAE 软件的专用接口,还具有方便的几何模型修补功能,如图 7.7 所示。

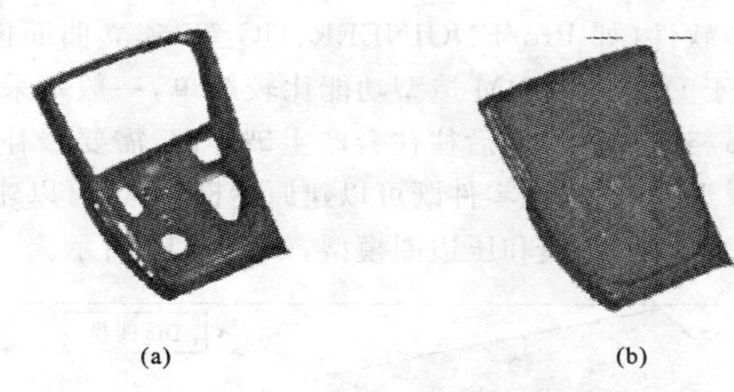

图 7.7　几何模型修补

(a)IGES 模型导入;(b)自动消除各种孔

(2)模具网格自动划分与自动修补。利用该模块可用最少的单元最大限度地逼近模具型面,比通常用于模具网格划分的时间减少 99%,如图 7.8 所示。

(3)初始板料网格自动生成。可以根据模具最小圆角尺寸自动确定最佳的板料网格尺寸,并尽量采用四边形单元,以确保计算的准确性,如图 7.9 所示。

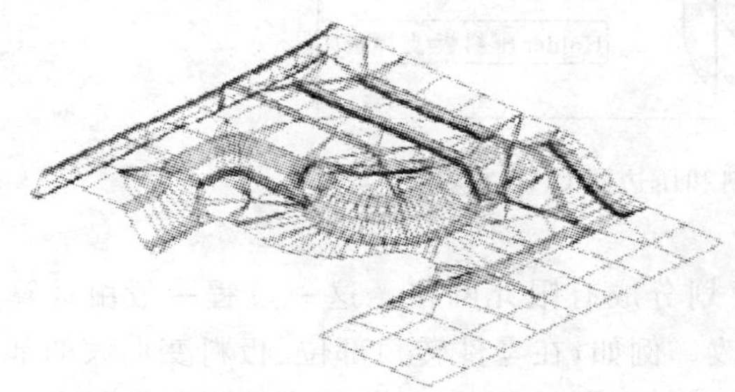

图 7.8　网格自动划分

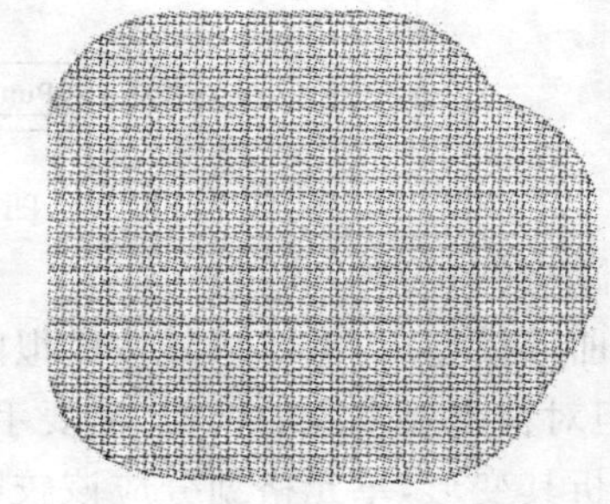

图 7.9　初始板料网格自动生成

(4)Quick Set－up。该模块能帮助用户快速地完成分析模型的设置,包括模具自动定位、自动接触描述、压边力预测、模具加载描述、边界条件定义等,大大提高前处理效率。

2)BSE(板料尺寸计算)模块

采用一步法求解器,可以方便地将产品展开,从而得到合理的落料尺寸,如图 7.10 所示。

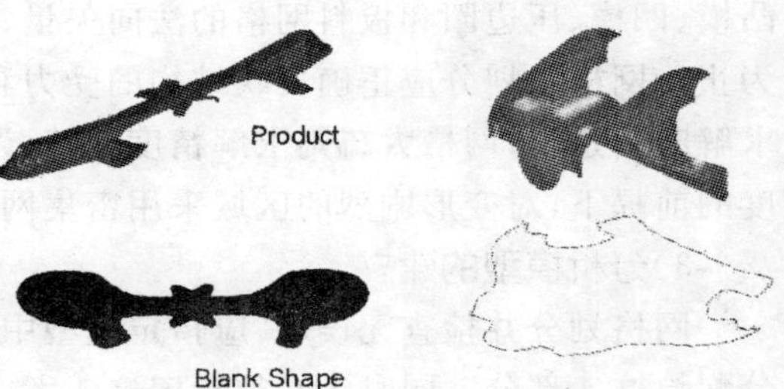

图 7.10　落料尺寸计算

3)DFE(模面设计)模块

根据零件的几何形状进行模具设计,包括压料面与工艺补充设计。DFE 模块中包含了一系列基于曲面的自动工具,如冲裁填补功能、冲压方向调整功能以及压料面与工艺补充生成功能等。

2. 模拟步骤

DYNAFORM 软件用于板料冲压成形的数值模拟，模拟步骤为：

1)曲面模型的建立

成形模拟零件的曲面模型可以通过两种方式建立：一种是在 DYNAFORM 中直接建立；另一种是先通过其他造型软件(如 Pro/ENGINEER、UG 等)建立曲面模型，再通过标准接口文件(如 IGES)导入。由于 DYNAFORM 造型功能比较简单，一般不采用第 1 种方式。采用第 2 种方式应注意，IGES 格式文件导入后往往会产生破碎面，需要修补好曲面模型后再进行网格划分。对应于不同成形工艺，模拟零件既可以建原始模型，也可以建带有工艺补充面的模型，然后通过偏置等处理生成凸、凹模和压边圈模型，如图 7.11 所示。

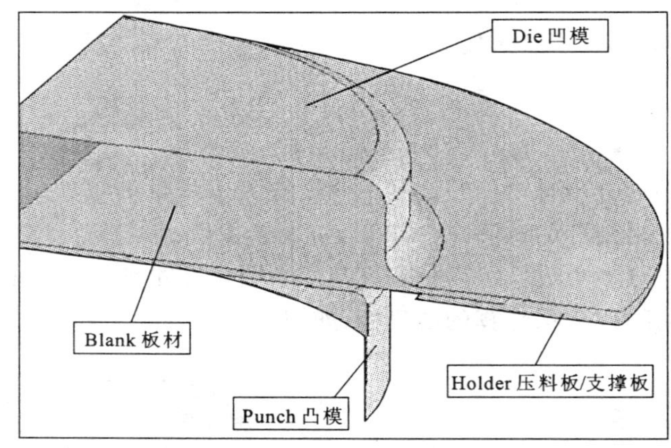

图 7.11　凸、凹模，板料和压边圈 CAD 模型

2)单元网格的划分

建立好曲面模型后，需要将其按模拟的需要划分成有限元网格。这一过程一般由计算机自动完成，但对精度要求高的模拟，需要手动修改。例如，在零件转角部位、板料变形大的部位需要精确分析其变形，单元格划分应该较密集。需要注意的是，如果曲面模型形状较复杂或由多重曲面组成，网格划分易产生误差或单元面法向不一致。因此在划分完网格后，一定要检查凸模、凹模、压边圈和板料网格的法向矢量、边界、重复单元等，并修改单元网格，直至没有错误为止。网格的划分应正确反映结构的受力和变形情况，网格的密度应适当。网格太密则计算求解时间过长；网格太疏则求解精度不够，误差较大。所以网格划分的原则是：在保证求解精度的前提下，对变形剧烈的区域采用密集网格，对小变形区和未变形区域采用大网格。

3)分析模型的建立

网格划分并检查无误后，应指定模型中的凸模、凹模、压边圈和板料，即将划分好的各单元分配给这 4 部分。同时还必须指定这 4 者之间的位置关系、运动关系、接触类型等，以及板料的厚度和冲压性能、压边力的大小、冲压速度等模拟条件。设置完成后，可通过模拟预览观察成形过程是否符合预期，如确定无误，则前处理器输出.dyn 和.mod 文件进行计算求解。

4)模拟计算

前处理完毕，便可通过与求解器 LS－DYNA 的接口直接运行求解。求解器运行时首先根据模拟条件预估所需运算时间，如果运算时间过长，说明单元数和节点数太多，设计者可以中断运行，进行模型修改。求解时间随模型的复杂程度而增加，使用时应在精度和求解时间中掌握好平衡。一般经过若干小时的计算后，求解器可输出一个结果文件(默认为 d3plot 文件)，该文件为分步写入文件，若经过若干步的计算后出现错误退出计算，该文件依然可以记录前面若干步的分析结果。

5)结果后处理

后处理器 PostGL 读取 d3plot 文件，将结果以图形和动画的形式显示。使用者可通过板料厚度变化图分析拉裂和起皱的情况；通过应力分布图检查危险部位；通过过程动画分析成形工艺的合理性；通过分析成形极限图、材料流动图、应力应变图等，对零件材料、形状以及成形工艺做出适当的修改，并通过再次模拟进行工艺验证。

3. DYNAFORM 应用实例

下面以 1996 年国际板料成形模拟会议的一个标准考题——S 形导轨类零件为例，介绍利用 DYNAFORM 软件(选用 DF5.5 版本)进行板料成形模拟的过程和方法。

1)凸模、板料和压料板模型的导入与创建

本例采用第 2 种建模方式，即先由 CAD/CAM 软件创建凸模、板料的 CAD 模型，生成 IGES 文件，然后导入 DYNAFORM。

(1)运行 DYNAFORM 软件

双击，进入 DF5.5 界面(若为英文界面，选择【Option】→【System Language】，在弹出的多选框中选择“Chinese”，单击【OK】，退出 DF5.5，重新运行)，如图 7.12 所示。

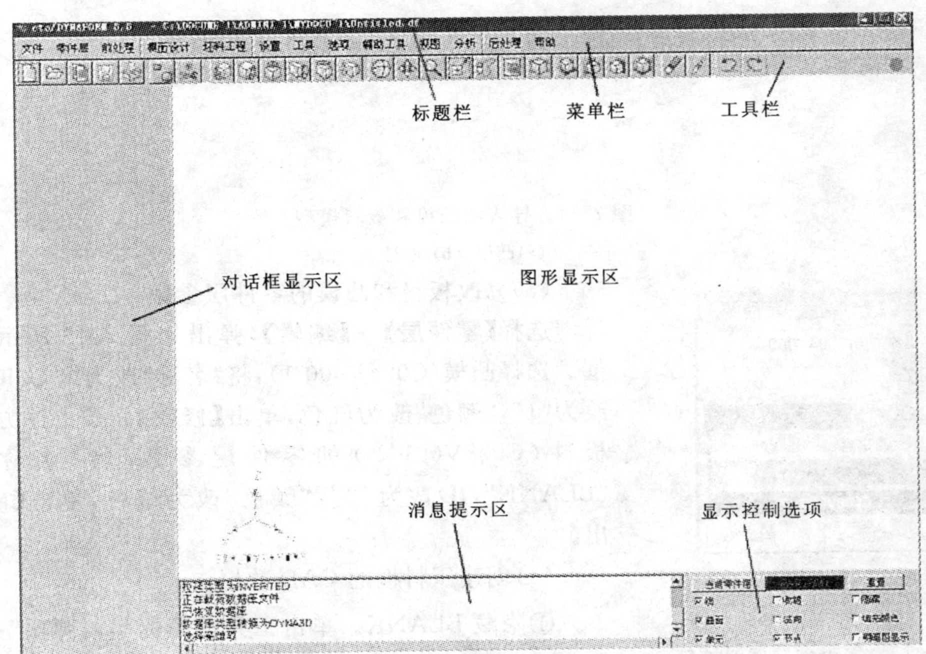

图 7.12 DYNAFORM 主界面

(2)导入板料和凸模的 CAD 模型

选择【文件】→【导入】,弹出如图 7.13 所示的对话框,将"文件类型"选为 IGES,并指定 CAD 模型存放目录(本例中为 D:/DF0/unfinished),选择 die. igs 文件,单击【导入】,完成凸模 CAD 模型的导入[图 7.14(a)];再选择 blank. igs 文件,单击【确定】,完成板料模型的导入[图 7.14(b)];最后选择【文件】→【另存为】,将文件名改为 S_GUIDES. df,存放到指定目录。

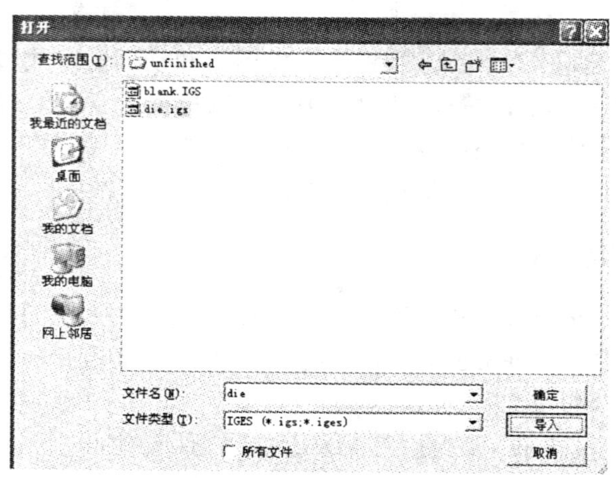

图 7.13　导入对话框

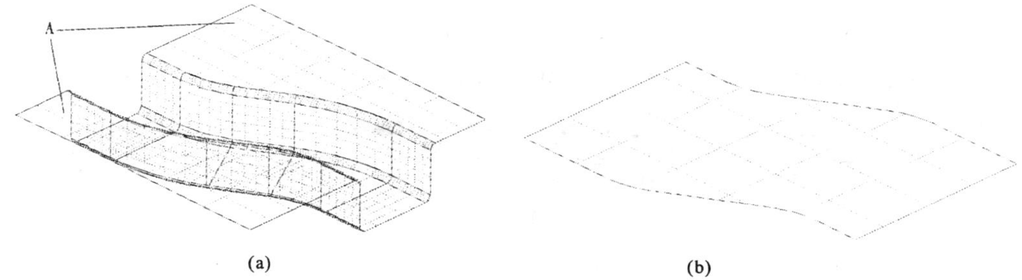

图 7.14　导入的凸模和板料模型

(a)凸模;(b) 板料

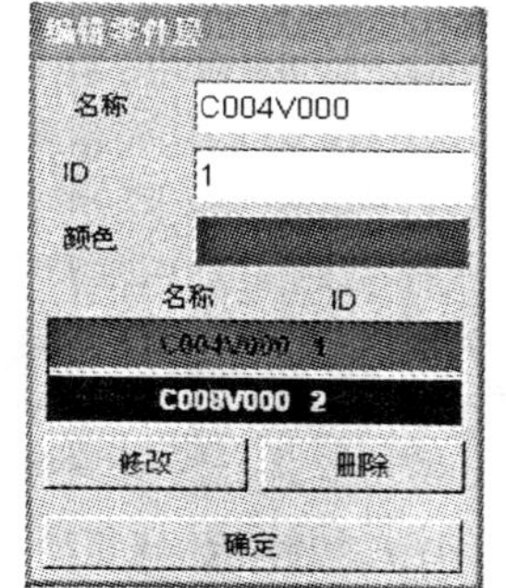

图 7.15　编辑零件层对话框

(3)修改板料和凸模的零件层参数

选择【零件层】→【编辑】,弹出如图 7.15 所示的对话框。选择凸模(C004V000 1),将"名称"改为"PUNCH",ID 改为"1","颜色"改为红色,单击【修改】。按上述方法修改板料(C008V001 2)的零件层参数,将"名称"改为"BLANK",ID 改为"2","颜色"改为绿色,单击【确定】退出。

(4)创建压料板的 CAD 数据

①隐藏 BLANK。单击工具栏图标 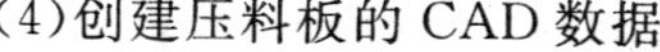,弹出"打开/关闭零件层"对话框。选择 BLANK 2,使其变为白色,隐藏对应的零件层,单击【确定】,只显示凸模零件。

②创建压料板的新零件层。选择【零件层】→【创建】，弹出如图 7.16 所示的对话框，将“名称”设为“BINDER”，“颜色”改为蓝色，ID 改为“3”，单击【确定】。

③添加凸模上的部分数据到零件层。选择【零件层】→【添加…到零件层】，弹出如图 7.17 所示的对话框；单击【曲面】，弹出如图 7.18 所示的对话框，选择图 7.14(a)中的曲面 A；再单击【确定】返回“添加…到零件层”对话框；单击【Unspecified】，弹出“选择零件层”对话框，选择 BINDER，返回到“添加…到零件层”对话框；单击【应用】，再单击【关闭】。至此，就完成了相关 CAD 数据的导入和创建，效果如图 7.19 所示。

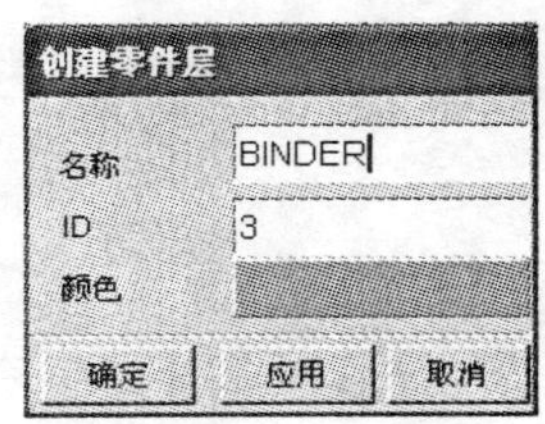

图 7.16 创建零件层对话框

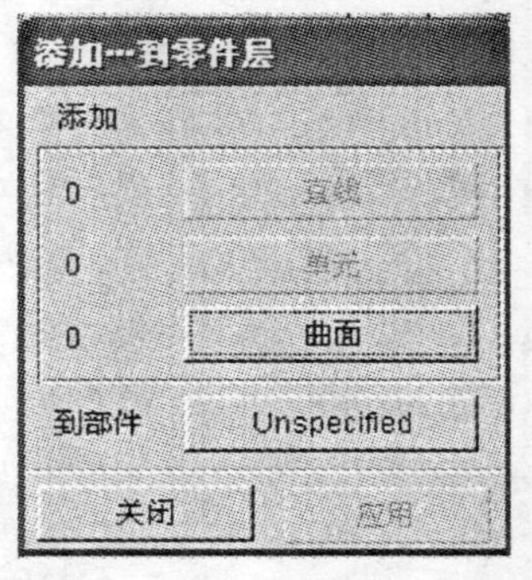

图 7.17 添加…到零件层对话框

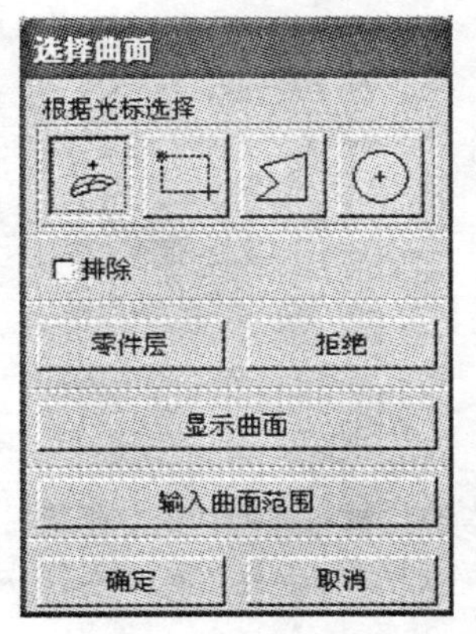

图 7.18 选择曲面对话框

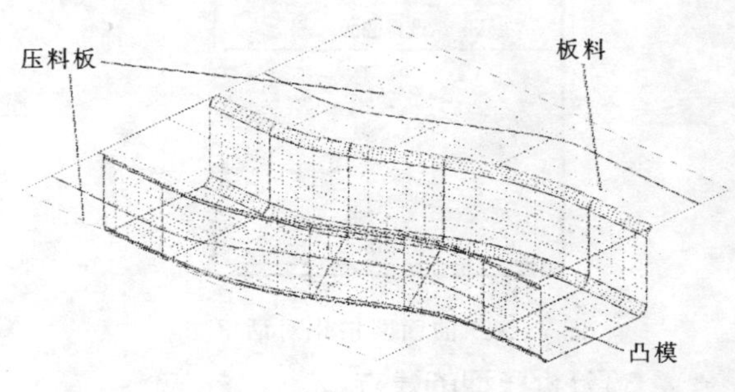

图 7.19 凸模、板料和压料板模型

2) 单元网格的划分

单元网格的划分需要将凸模、压料板、板料网格化。在进行其中某零件网格划分时，可将其他零件隐藏，以便于操作。

(1)BLANK 的网格划分

隐藏 PUNCH 和 BINDER，选择【前处理】→【单元】，弹出“单元”对话框，单击曲面网格化图标，弹出图 7.20 所示的对话框。选择“网格”为 Part Mesh，尺寸设为 5，其他保持默认设置，单击【选择曲面】，在弹出的对话框中单击【零件层】，弹出“选择零件层”对话框，在对话框中选择 BLANK 2，进入“选择曲面”对话框，单击对话框中【曲面】，进入“曲面网格化”对话框，在对话框中单击【应用】，系统提示“接受网格?”，如果对所划分的网格满意，单击【是】，将 BLANK 网格化。否则，单击【否】，重新设计网格参数并进行曲面网格划分。

按照以上步骤将PUNCH和BINDER网格化。其中:选择“网格”为Tool Mesh,最大尺寸为10,间隙公差为0.5。

(2)板料网格的显示

显示BLANK,隐藏PUNCH和BINDER,并在显示控制选项中取消 ▢曲面 选项(不显示曲面,只显示其网格),板料网格划分效果如图7.21所示。

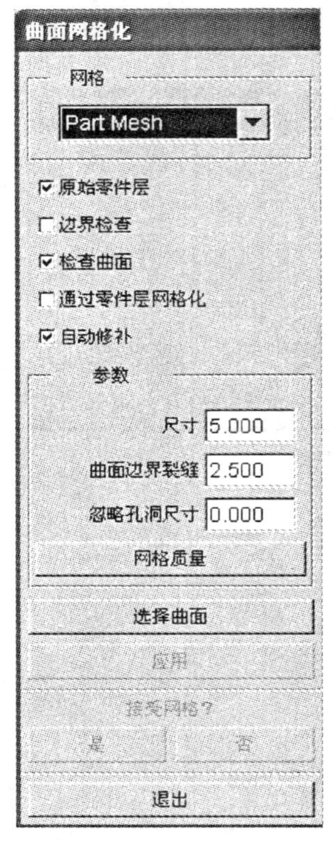

图7.20 曲面网格化对话框

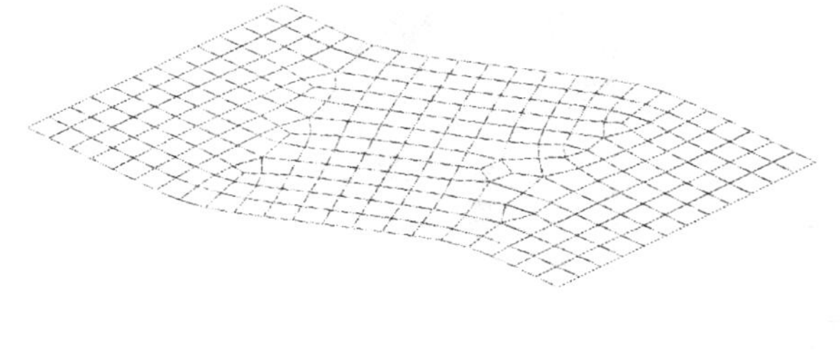

图7.21 板料曲面网格效果图

3)分析模型的建立

(1)冲压方向的调整

选择【模面设计】→【预处理】,弹出如图7.22所示的“DFE准备”对话框,单击【调整冲压方向】,弹出如图7.23所示的“翻转”对话框。单击【选择零件层】,在弹出的“选择零件层”对话框中单击【全部零件层】,系统提示“选择所有的部件?”,单击【是】,并在“选择零件层”对话框中单击【确定】,返回“翻转”对话框,选择“手动翻转”中的“旋转”,并将其值改为180,单击 V+ ,选择V轴正方向为旋转轴,单击【确定】返回“DFE准备”对话框,单击【退出】,完成冲压方向调整。

(2)快速设置拉延模

选择【设置】→【拉延模】,弹出如图7.24所示的对话框。将拉延类型设置为Single action (Inverted draw)和Lower Tool Available。

①板料的设置。单击【Blank】,弹出“定义毛坯”对话框,如图7.25所示;单击【选择零件】,在弹出的“Define Blank”对话框中单击【添加】,弹出“选择零件层”对话框;在对话框中选择

图 7.22 DFE 准备对话框

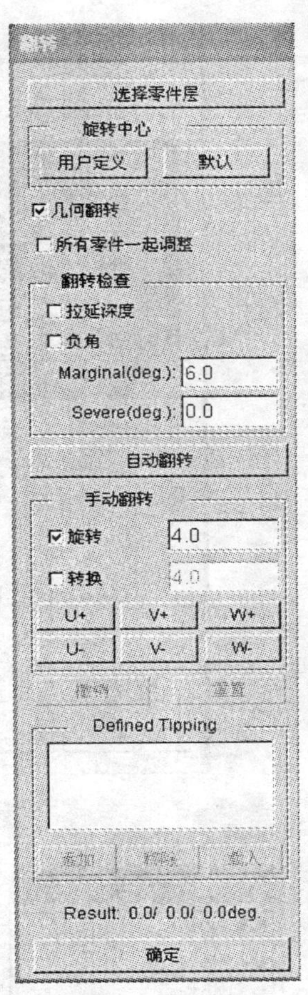

图 7.23 翻转对话框

BLANK 2，单击【确定】，回到“Define Blank”对话框；单击【确定】，返回“定义毛坯”对话框；单击【退出】，完成板料的设置。

②工具的设置。按照上述方法设置压料板，单击【Binder】，选择 BLANK 2，改为 BINDER 3。用同样的方法设置凸模，单击【Lower Tool】，选择 BLANK 2，改为 PUNCH 1。完成对毛坯和工具设置后回到“快速设置/拉延”对话框，勾选“最小压边圈行程”，将值改为 50，完成运动行程的设置。单击“材料”后的【None】，弹出“材料”对话框，在对话框中单击【材料库】，进入“Dynaform 材料库”对话框，在其中选择所需要的材料（本例选择 Type 36 下的第 4 个＋），弹出与选择材料相关的参数对话框，单击【OK】，逐步单击【确定】，直至回到“快速设置/设置”对话框，完成对毛坯材料的设置。单击【应用】，完成板料、工具的定义和板料材料的设置。单击【预览】，查看运动效果，如果对设置满意则单击【退出】，进行下一步的模拟计算。

4)模拟计算

选择【分析】→【LS_DYNA】，进入“分析”对话框，选择“分析类型”为 Full Run Dyna，单击【确定】，进入分析状态。图 7.26 所示为模拟运动停止后的效果图。

5)后处理

选择【后处理】，出现“Dynaform 问题”提示，单击【是】，进入后处理界面。单击 ，在弹

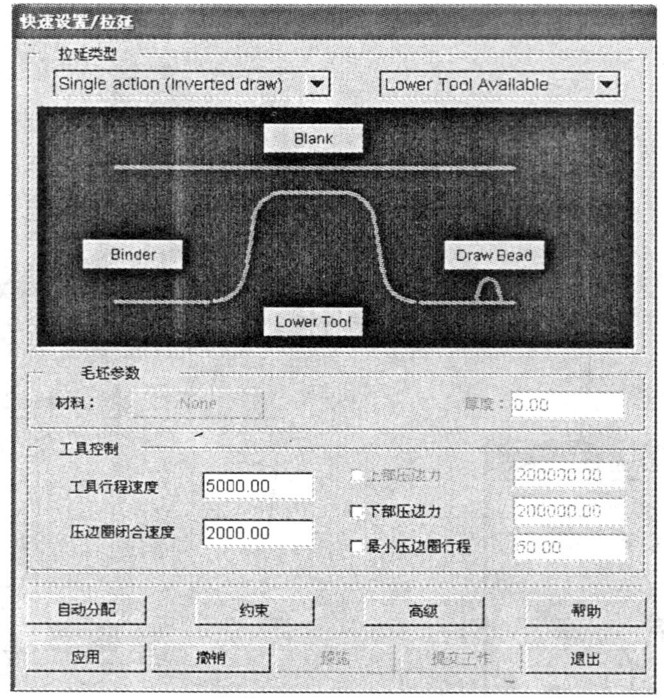

图 7.24 拉延模设置对话框

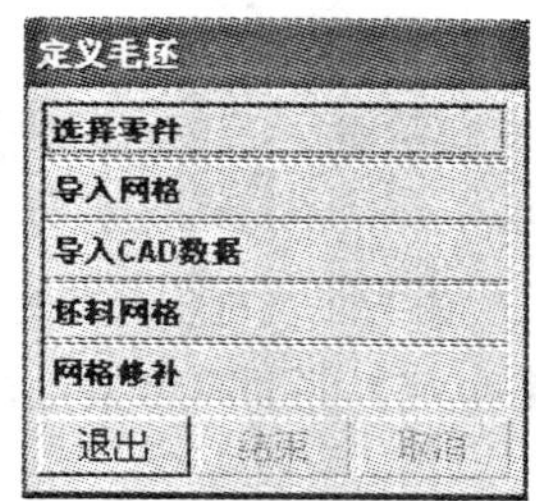

图 7.25 定义毛坯对话框

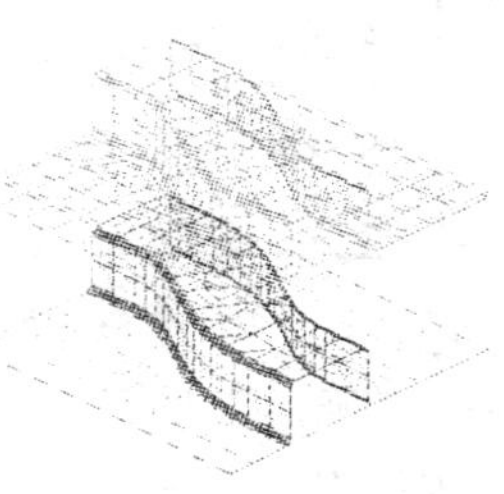

图 7.26 模拟运动停止后的效果图

出的打开文件对话框中，选择“文件类型”为 LS_DYNA Post(d3plot…)，并选择 d3plot 文件，将求解结果在后处理界面中显示。隐藏 PUNCH 和 BINDER，只显示 BLANK。单击屏幕右侧的成形极限图图标，出现如图 7.27 所示的对话框，单击播放键，可查看模拟过程。查看板料成形极限图，则将图 7.27 中的“Frames”选为 Single Frame，选择其下面的计算步，即可显示相应的成形极限图。图 7.28 所示为最后一步(本例为第 17 步)的成形极限图。

在图 7.28 中，用颜色表示成形件所处的状态。CRACK 为容易开裂的部分；RISK CRACK 为有断裂危险的部分；SAFE 为安全部分；WRINKLE 为容易起皱的部分；WRINKLE TENDENCY 为有起皱倾向的部分；SEVERE WRINKLE 为有严重起皱的部分；INSUFFICIENT STRETCH 为不充分延展的部分。从图 7.28 中可以看到：产品没有开裂危险和不充分延展，只有一小部分区域容易起皱。因此，可以根据以上分析结果适当改变产品的设计或对压边力等参数进行优化。

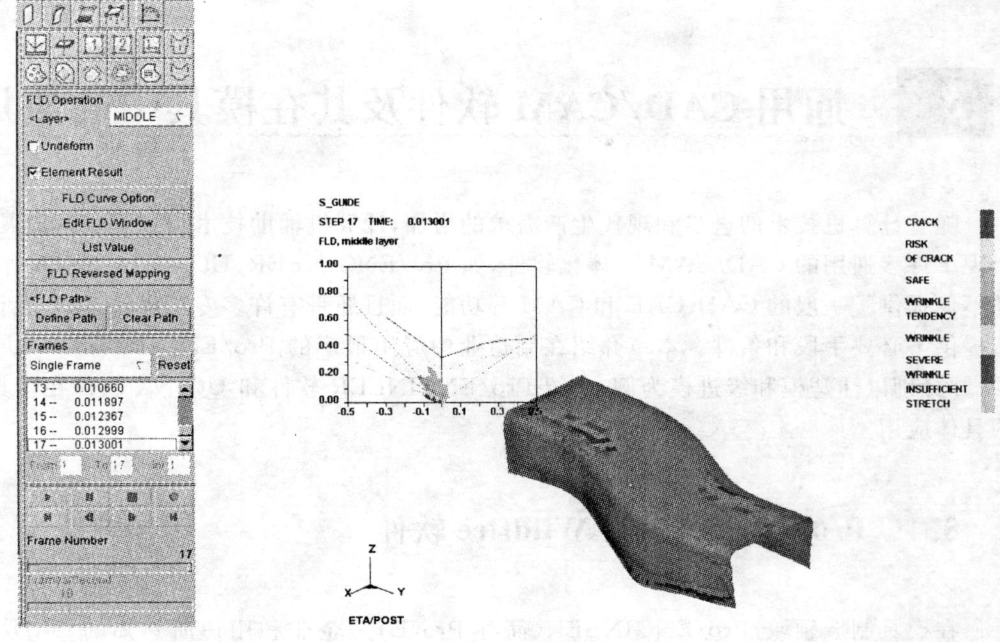

图 7.27 成形极设置对话框　　　图 7.28 板料成形极限图

复习思考题

1. 简述有限元法的概念及解题步骤。

2. 如图 7.29 所示断面呈线性变化的轴，其一端固定，另一端作用外载荷 P，其长度为 $2l$，弹性模量为 E，求轴的位移、应变和应力。

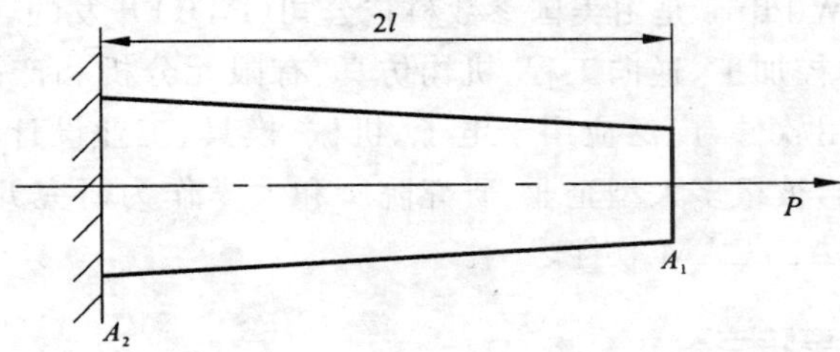

图 7.29 习题 2 图

3. 简述弹性有限元法和塑性有限元法的区别，常用的有限元分析软件及应用范围。

4. 以某一冲压件为例，利用 DYNAFORM 软件对其进行成形模拟分析。

8 通用CAD/CAM软件及其在模具中的应用

随着计算机技术的进步和现代生产需求的增加，计算机辅助技术得到了快速发展，市场上出现了许多通用的CAD/CAM一体化软件，如Pro/ENGINEER、UG NX、CATIA等，这些软件不仅提供了一般的CAD、CAE和CAM等功能，而且还带有许多专用模块，为现代设计和制造提供了必要手段和条件。本章介绍在制造业中应用最广的Pro/ENGINEER和UG NX软件，并分别以注塑模和级进模为例，介绍Pro/ENGINEER软件和UG NX软件在模具设计中的具体应用。

8.1 Pro/ENGINEER Wildfire软件

在模具制造领域，Pro/ENGINEER（简称Pro/E）是企业和用户所熟知的CAD/CAM软件。Pro/ENGINEER Wildfire（即Pro/ENGINEER野火版）于2003年4月在中国推出，和以前版本的Pro/ENGINEER相比，野火版不仅操作界面更简洁、美观，而且功能也有极大的改进。本节介绍Pro/ENGINEER Wildfire软件的功能模块及其主要特点，并通过一个实例阐述利用Pro/ENGINEER Wildfire软件进行产品及其注塑模具设计的方法。

8.1.1 Pro/ENGINEER Wildfire软件简介

Pro/ENGINEER Wildfire是由美国参数科技公司（PTC）开发的，集零件设计、钣金设计、造型设计、模具设计、数控加工、逆向工程、机构仿真、有限元分析和产品数据库管理等功能于一体的CAD/CAM通用软件，广泛应用于电子、机械、模具、工业设计、汽车、航天等行业。该软件拥有大量的客户群，被很多大型企业、研究院所和大学作为研究开发的基础软件平台，是当今世界最为流行的CAD/CAM软件之一。

1. Pro/E软件的主要特点

1）基于特征建模

特征是对具有相同属性的具体事物的抽象。在Pro/E中，特征是指组成图形的一组具有特定含义的图元。Pro/E采用特征作为产品几何模型的构造要素，一个三维实体模型就是由若干特征以“搭积木”的方式组织起来的，因此，特征是模型构造和操作的基本单位，模型的创建过程也就是按照一定顺序依次向模型添加各类型特征的过程。为了管理这些特征，系统设置了一个优秀的特征管理员——模型树。在模型树中按照特征创建的先后顺序列出组成模型各个特征的详细列表，并为每个特征分配一个标识。模型树记录下模型的创建轨迹，以方便设计者进一步修改自己的设计意图。

2)参数化设计

参数化设计是指零件和装配的物理形状由特征属性值来驱动,用户可以随时修改特征尺寸或其他属性。Pro/E配合单一数据库,所有设计过程中使用的尺寸和属性都存放在数据库中,设计者只需修改三维零件的特征尺寸和属性,就可以使零件的尺寸形状发生变化,并可以利用参数之间的关系,使相关联的特征自动进行修改。

3)单一数据库和全相关性

单一数据库是指在模型创建过程中,实体造型模块、工程图模块、模型装配模块以及数控加工模块等功能单元共享一个公共的数据库。采用公共数据库的优势在于设计者可以通过不同的渠道来获取数据库中的数据,也可以通过不同的渠道来修改数据库中的数据,系统中的数据库是唯一的。根据尺寸驱动原理,一旦修改了模型中的设计参数,也就修改了单一数据库中的资料,这个改动会驱动与模型相关的各个设计环节自动更新设计结果。因此,当多个设计单位共同开发一个产品时,所有设计单位都可以随时获取最新的设计数据。

4)模块化结构

Pro/E是一个大型的软件包,包含众多功能模块。这些功能模块分为两类:一类为基本模块,如零件编辑模块、草绘模块、工程图绘制模块、简单装配图绘图模块等;另一类为扩展模块,如电缆布线模块、参数化组装管理系统模块、钣金造型和组装模块等。除基本模块外,其他模块可根据需要选择。

2. Pro/E软件的主要模块

Pro/E是一套从设计到制造的机械自动化软件,它通过一系列完全相关的模块表述产品的外形、装配及其他功能。

1)工业设计(CAID)模块

工业设计模块主要用于对产品进行几何设计,为零件的设计创造虚拟三维造型实体,使设计者在零件未制造之前,能够对零件造型进行几何建模和动态模拟等,并且可以随时对零件造型进行评价和修改,直至达到满意的效果。该模块主要包括:Pro/3DPAINT(3D建模)、Pro/ANIMATE(动画模拟)、Pro/DESIGNER(概念设计)、Pro/NETWORK ANIMATOR(网络动画合成)、Pro/PERSPECTA-SKETCH(图片转三维模型)等子模块。

2)机械设计(CAD)模块

机械设计模块是一个高效的三维机械设计工具。Pro/E提供了丰富的曲面生成指令,可方便地生成含有各种复杂曲面的实体,绘制任意复杂形状的零件。该模块既可作为高性能系统独立使用,又能与其他实体建模模块结合使用,并支持GB、ANSI和JIS标准。该模块主要包括:Pro/ASSEMBLY(实体装配)、Pro/CABLING(电路设计)、Pro/PIPING(弯管设计)、Pro/REPORT(应用数据图形显示)、Pro/SURFACE(曲面设计)、Pro/WELDING(焊接设计)等子模块。

3)制造(CAM)模块

制造模块主要包括:Pro/CASTING(铸造模具设计)、Pro/MFG(电加工)、Pro/MOLDESIGN(塑料模具设计)、Pro/NC-CHECK(NC仿真)、Pro/NCPOST(CNC程序生成)、Pro/SHEETMETAL(钣金设计)等子模块。

4)仿真(CAE)模块

仿真模块主要进行有限元分析。该模块主要包括:Pro/FEM - POST(有限元分析)、Pro/MECHANICA CUSTOM LODAS(自定义载荷输入)、Pro/MECHANICA TIRE MODEL(车轮动力仿真)、Pro/MECHANICA VIBRATION(振动分析)、Pro/MESH(有限元网格划分)等模块。

3. Pro/E 软件的工作界面

Pro/ENGINEER 软件虽然有很多模块,但在不同的工作模式下其环境界面基本上是一致的。图 8.1 所示为 Pro/ENGINEER Wildfire 2.0 启动后出现的工作界面。

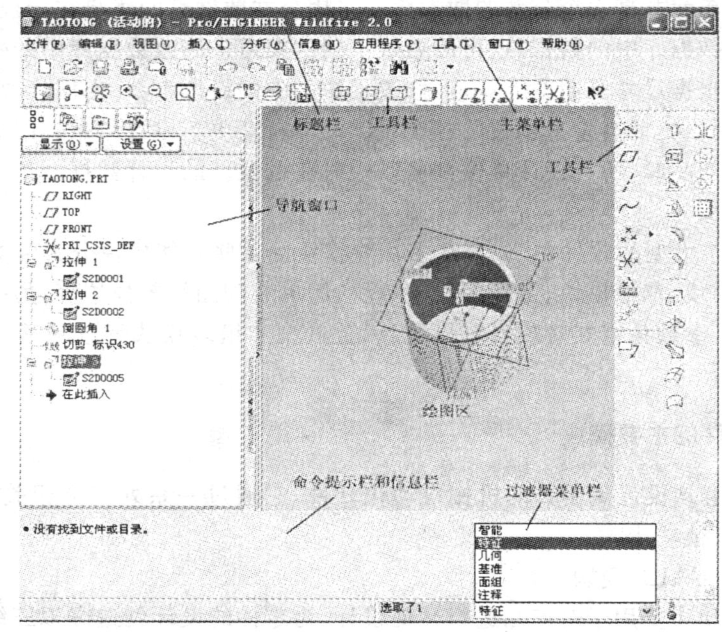

图 8.1 Pro/ENGINEER Wildfire 2.0 的工作界面

1)绘图区

绘图区是 Pro/E 的图形操作区。在绘图区,将实时产生操作者构造的模型。

2)主菜单栏

主菜单栏集合了 Pro/E 的操作命令。系统将各操作命令按其性质进行分类,放置在不同的菜单下,形成主菜单栏,以级联形式出现。通过选取菜单中的命令,可以实现各种操作。

3)工具栏

工具栏由上工具栏和右工具栏两部分组成。工具栏上有 Pro/E 最常用的工具图标。上工具栏为常用的控制功能图标,右工具栏是常用的特征操作工具图标。单击这些图标,可以快速启动相应的功能。工具栏布置可根据操作者的需要进行定制。

4)信息提示栏

信息提示栏是实现人机交互的重要界面,在进行特征的构造和操作过程中,系统会在信息提示栏中提示操作者下一步该干什么,对初学者非常有用。

5)命令说明栏

命令说明栏中的文字用来说明鼠标所在的图标或命令选项的功能,并对其进行简要描述。

6)导航窗口

导航窗口用来显示所有零部件、组件的特征模块名称、组织架构、组合顺序,以及基准面的组成结构,方便操作者在编辑时选取。

7)过滤器菜单栏

在特征操作中,当有很多对象重叠时,可通过过滤器按对象类型等进行过滤,使操作者只能选中设定类型的对象,方便选择操作。

8.1.2 Pro/E 建模实例

下面以图 8.2 所示的带螺纹零件为例,介绍用 Pro/E 软件建模的过程。由于 Pro/E 是基于特征的实体造型软件,因此其建模过程可以看做是特征的累积过程。通过该零件的结构分析,可按以下步骤创建:首先创建一个圆柱体特征;然后挖空芯部形成带底的圆筒;再创建圆角特征;最后在圆筒外表面创建螺纹。

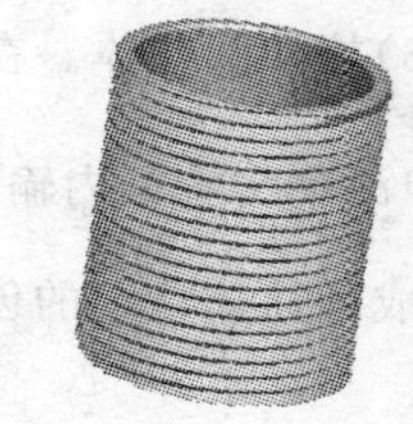

图 8.2 螺纹套筒零件

1. 创建圆柱体特征

(1)新建一个部件文件。在主菜单上选择【文件】→【新建】,或单击 ,弹出图 8.3 所示的对话框。按图 8.3 所示进行设置和输入,单击【确定】,弹出图 8.4 所示的对话框。在“模板”中选择“mmns_part_solid”,单击【确定】,进入零件设计界面。

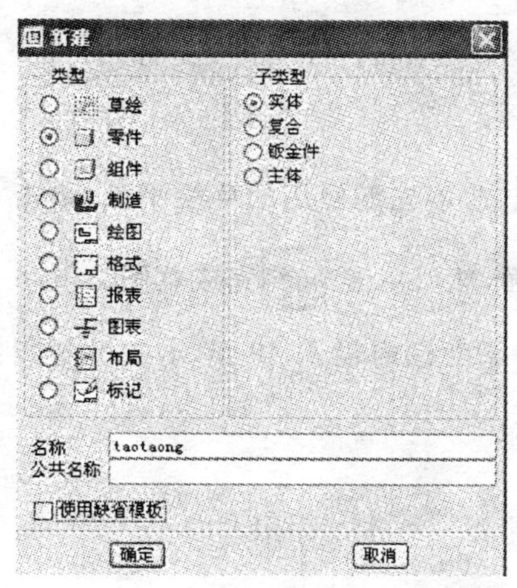

图 8.3 新建文件对话框

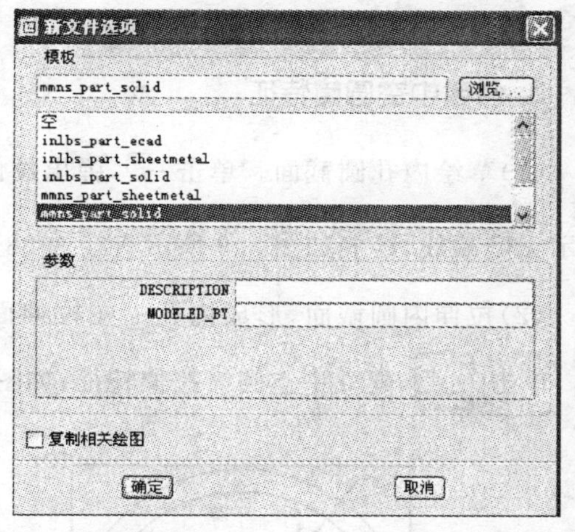

图 8.4 新文件选项对话框

(2)草绘圆柱截面。单击 ,或在主菜单上选择【插入】→【拉伸】,弹出拉伸操控面板,在操控面板内单击【放置】,系统弹出图 8.5 所示的对话框。选取 TOP 面为草绘平面,RIGHT 平面为参考平面,方向向右。单击【草绘】进入草绘环境。

单击右边工具栏的 ,绘制如图 8.6 所示的圆形截面,双击直径尺寸数值或单击 ,将直径修改为 44,然后单击 ,完成草图绘制。

图 8.5 草绘对话框

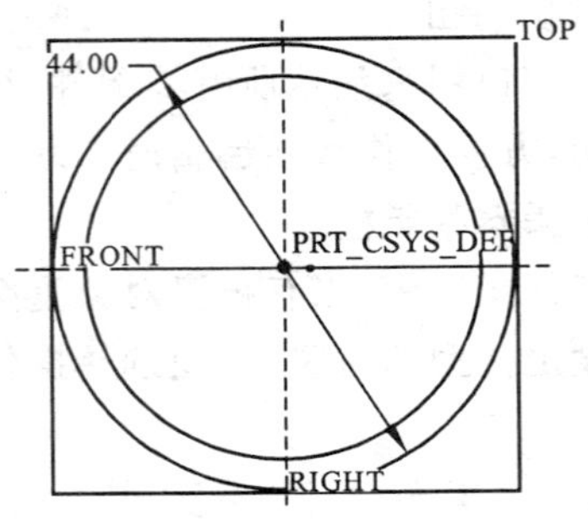

图 8.6 草绘圆形截面

(3)拉伸圆柱体。在“拉伸”操控面板内单击实体按钮 和拉伸到指定深度按钮 ,并在拉伸深度文本框内输入拉伸深度 50,如图 8.7 所示。单击拉伸操控面板 或单击鼠标中键,完成圆柱体特征的创建,如图 8.8 所示。

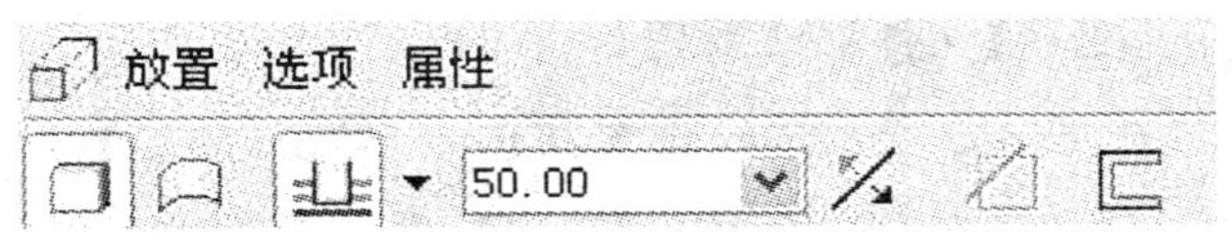

图 8.7 指定拉伸深度

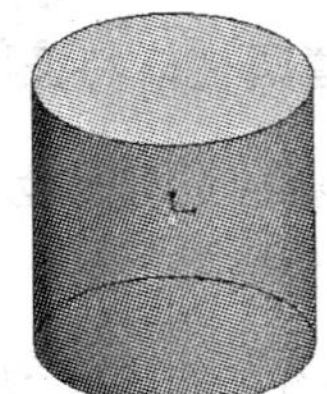

图 8.8 创建的圆柱体特征

2. 创建中空圆筒特征

(1)草绘内孔圆截面。单击 ,弹出拉伸操控面板,放置先前使用的草绘平面,单击 ,显示无隐藏线,绘制如图 8.9 所示直径为 38 的圆形截面,然后单击 完成草图。

(2)拉伸内圆截面,形成内孔。在拉伸面板的指定深度栏内输入 49,单击去除材料按钮 ,单击 ,建立中空圆筒拉伸特征,如图 8.10 所示。

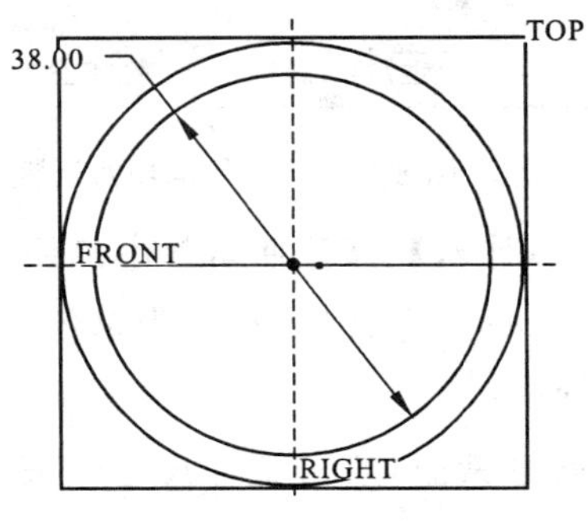

图 8.9 草绘圆形截面

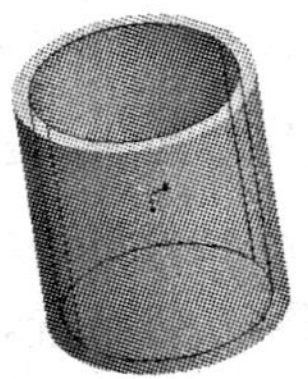

图 8.10 创建的圆筒特征

3. 创建圆角特征

单击 ,弹出倒圆角操控面板,如图8.11所示。输入圆角半径值0.8,并在绘图区单击选取倒圆角的边,单击 ,完成圆角特征的创建,如图8.12所示。

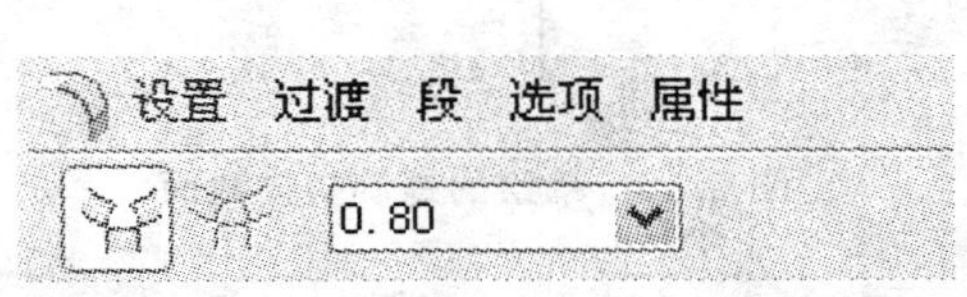

图8.11 倒圆角操控面板

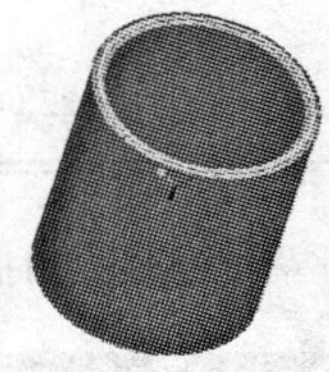

图8.12 创建的倒圆角特征

4. 创建螺纹

(1)在主菜单上选择【插入】→【螺旋扫描】→【切口】,弹出如图8.13所示的属性菜单管理器,选择【常数】→【穿过轴】→【右手定则】→【完成】,弹出设置草绘平面菜单管理器,如图8.14所示。

图8.13 属性管理菜单

图8.14 草绘平面管理菜单

(2)在绘图区选择FRONT平面为草绘平面,弹出方向菜单管理器,选择【正向】→【缺省】,系统进入草绘环境。

(3)单击 ,画一条竖直中心线,然后选择 ,自下而上画一条平行于竖直中心线、距离为22的直线,单击 ,完成草图的绘制,如图8.15所示。

(4)在弹出的输入节距对话框中输入节距值2.5,单击 。绘制用于螺旋扫描的截面,如图8.16所示。单击 ,系统弹出方向菜单管理器,指示切口的生成方向,选择【正向】。

(5)定义所需的元素,在如图8.17所示的对话框中单击【确定】,完成螺纹特征的创建,如图8.18所示。

(6)创建螺纹收尾特征。单击 ,在操控面板内单击【放置】,弹出草绘定义对话框。选取螺纹结尾面为草绘平面,如图8.19所示。在草绘对话框中选取RIGHT平面为参考平面,参考方向设置为顶,单击【草绘】进入草绘环境。

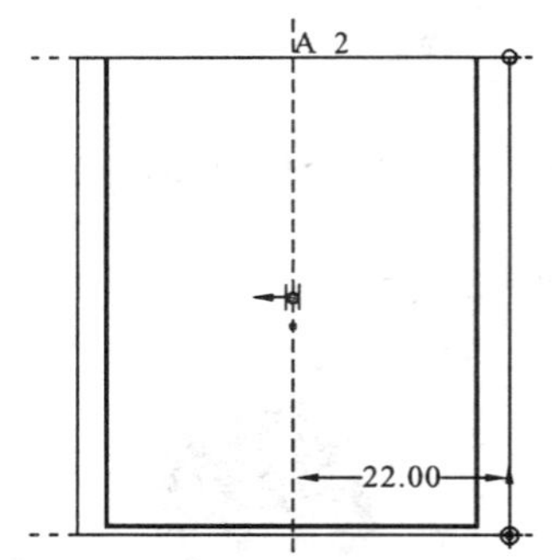

图 8.15　草绘的螺旋扫描轨迹

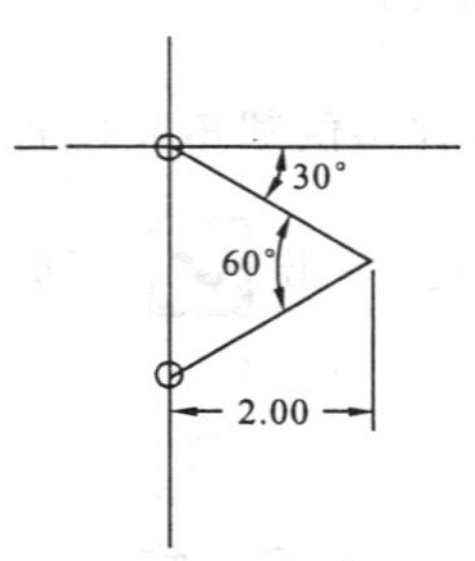

图 8.16　草绘的螺旋扫描截面

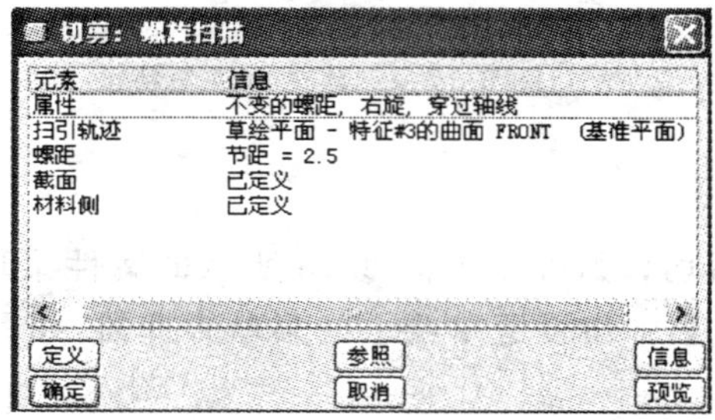

图 8.17　螺旋扫描对话框

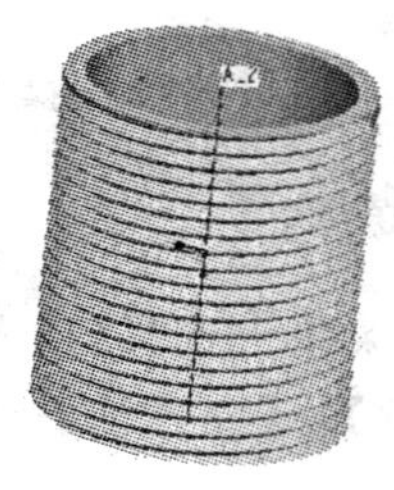

图 8.18　创建的螺纹特征

图 8.19　选取草绘平面

图 8.20　草绘螺旋收尾截面

在工具栏中单击 ，绘制如图 8.20 所示的二维截面，单击 完成草图的绘制。在拉伸操控面板内进行如图 8.21 所示的设置，单击 完成螺纹收尾特征的创建。

图 8.21　拉伸操控面板

8.1.3　塑料模具设计

用 Pro/E 软件设计塑料模具主要包括利用 Pro/MOLDESIGN 模块完成型腔、型芯、浇注系统、冷却系统等零件的创建，利用 PART 模块完成模具其他零件的创建，利用 Assembly 模块进行模具零部件的装配及模具的运动仿真，利用 NC 模块进行成型零部件的加工仿真，利用 PLASTIC/ADVISOR 模块进行充模流动模拟，从而实现从产品造型、结构设计、机构设计、装配、运动仿真、主要零部件的数控加工仿真到注射充模流动模拟全过程的计算机化。设计的基本流程为：

注塑件三维设计→模具装配模型设计→设定收缩率→模型检验(分析参考零件的拔模斜度、厚度)→定义分型面→设计浇注系统→设计冷却系统→拆模(生成模具成型零部件)→充模仿真(生成注塑零件)→流动分析及充模分析→模具其他结构设计→模具总装图设计→生成二维工程图。

下面以上述螺纹套筒零件的模具设计为例，介绍利用 Pro/E 软件进行注塑模设计的过程和方法。

1. 新建一个模具制造模型

单击  ，弹出“新建”对话框，在其中设置类型为“制造”、子类型为“模具型腔”，输入文件名 taotong_mold，取消“使用缺省模板”，单击【确定】。在弹出的“新文件选项”对话框中选择“mmns_mfg_mold”，单击【确定】，进入 Pro/MOLDESIGN 工作环境。

2. 建立模具装配模型

模具装配模型(Mold Model)的建立是将塑料制件的实体模型(参考模型)与事先已经建立的模具工件模型通过一些约束条件装配在一起。

参考模型(Reference Model)表示应成型的零件。Pro/MOLDESIGN 模块提供了 3 种方法来生成参考模型，本例采用装配的方法，将参考模型装入模具模型中。

1)用装配的方法导入参考模型

进入模具模块设计环境，选择【模具模型】→【装配】→【参考模型】，弹出“打开”对话框，选取 taotong. part 作为参考零件模型，单击【打开】，弹出“元件放置”对话框。在对话框中定义足够的约束条件，单击  ，弹出如图 8.22 所示的对话框。选择“按参照合并”，输入参考模型名称为 taotong_mold_ref_1，单击【确定】，完成参考模型的装配。

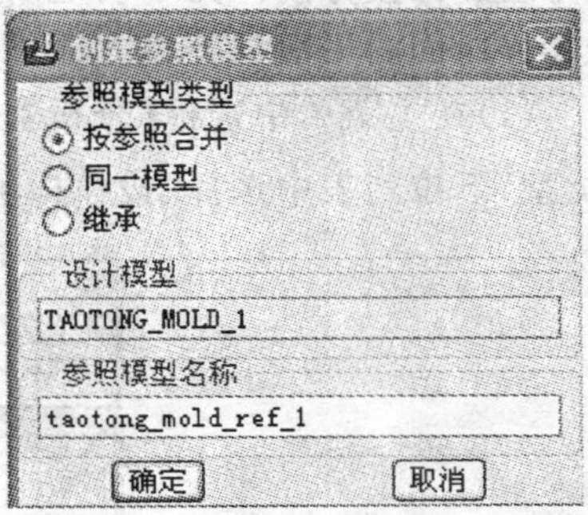

图 8.22 创建参照模型对话框

2)创建工件模型

工件模型(Workpiece)又称坯料模型。用分模面分割工件模型，就可以得到模具的型腔、型芯等元件。Pro/MOLDESIGN 模块提供了 3 种生成工件模型的方法，分别是装配方式、自动创建方式和手动方式。本例采用手动方式创建工件模型。

(1)在“菜单管理器”中选择【模具模型】→【创建】→【工件】→【手动】。

(2)在弹出的“元件创建”对话框中，将类型设为“零件”、子类型设为“实体”，输入名称 taotong_mold_workpiece，单击【确定】。

(3)在弹出的“创建选项”对话框中，选择【创建第一特征】，单击【确定】。

(4)在“菜单管理器”中选择【实体】→【加材料】，然后在弹出的“实体选项”菜单中，选择【拉伸】→【实体】。单击【完成】，则工作界面的下方出现“拉伸特征”操控面板。

(5)单击【放置】→【定义】，弹出“草绘”对话框。选择草绘平面 mold_right 和参考平面

main_parting_pln。

(6)单击【草绘】,弹出“参照”对话框,选择 MAIN_PARTING_PLN 和 MOLD_FRONT 为草绘参照平面,单击【关闭】。

(7)利用矩形命令绘制如图 8.23 所示的矩形截面,单击 ✔。

(8)在操控面板中单击 ,输入深度值 240,单击 ,单击【完成返回】,完成如图 8.24 所示的装配模型。

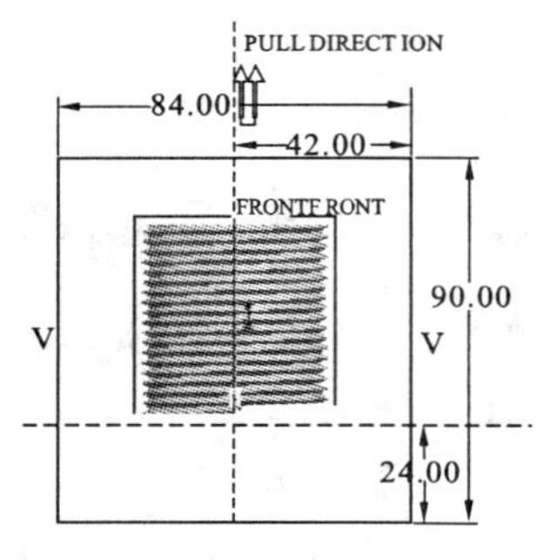

图 8.23 草绘工件二维截面

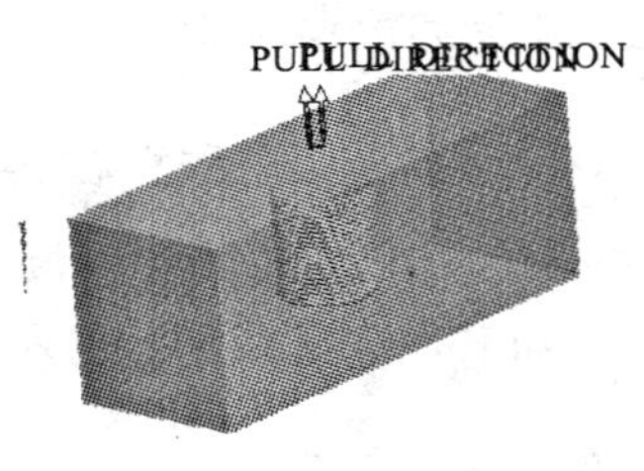

图 8.24 模具装配模型

3. 拔模检测

拔模检测是为了确定模型内部的零件能否顺利从型腔中脱模。拔模检测必须指定一个拔模角度和开模方向。为了确定所选零件的曲面是否要进行拔模斜度的设置,系统会检测垂直于零件曲面的平面与开模方向之间的角度,以确定模型内的零件是否适合拔模。

(1)在主菜单中选择【分析】→【模具分析】,弹出“模具分析”对话框,如图 8.25 所示。在“类型”下拉列表中选择“拔模检测”;在“曲面”下拉列表中选择“零件”,单击 ,选取零件;

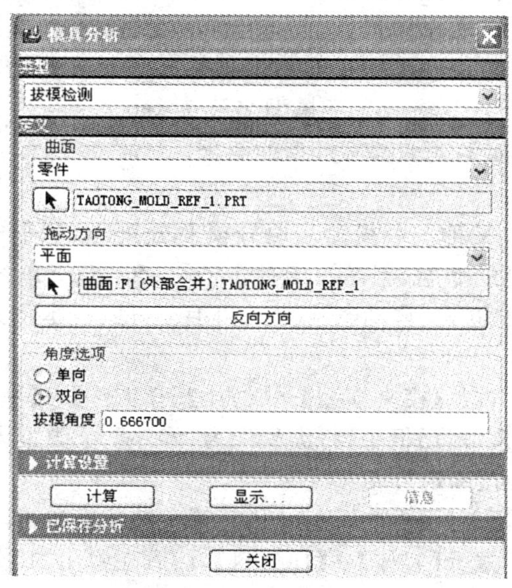

图 8.25 拔模检测的各项设置

在“拖动方向”下拉列表中选取“平面”，选取模型的最上表面；在“角度选项”中，选择“双向”，拔模角度设为0.6667°。

(2)单击“计算设置”的【显示】，选择“线性比例”，颜色数目设为10，单击【确定】完成显示设置。单击【计算】，系统便开始检测计算。拔模检测结果会以色阶分布图的形式显示，并同时出现一个颜色范围对照窗口供比较验证，如图8.26所示。

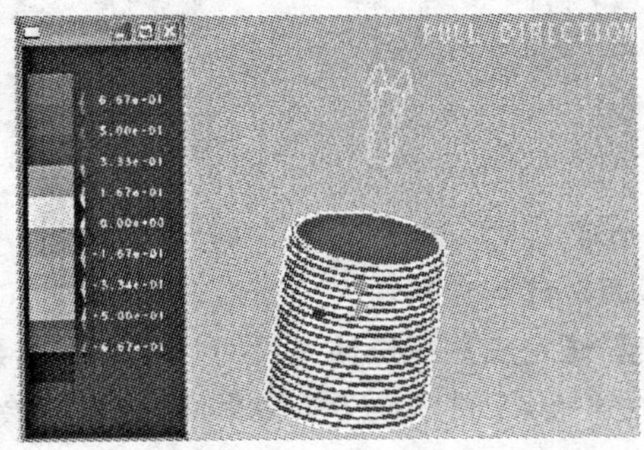

图8.26 拔模检测结果

4. 收缩率的设置

Pro/E的模具设计模块提供了两种设定收缩率的方法，即按尺寸设定和按比例设定。本例采用按尺寸设定。

在“菜单管理器”中，单击【模具模型】→【收缩】→【按尺寸】→【确认】。在弹出的“按尺寸收缩”对话框中，选择“公式”为“1＋S”，选择“所有尺寸”，“比率”设为0.0125，如图8.27所示，单击 ✔，完成收缩率的设置。

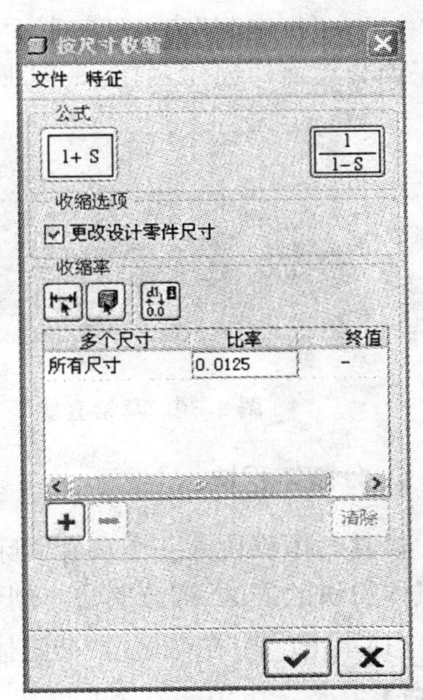

图8.27 设定尺寸收缩率

5. 创建模具分型面

分型面是指将模具的各个部分分开以便取出成型制品的界面。在Pro/E中模具分型面的创建方法很多，最常用的方法是拉伸法和复制法。本例采用拉伸法。

(1)在“菜单管理器”中，选择【模具】→【分型面】→【创建】，在弹出的对话框中输入分型面名称part_surf_1。

(2)在“曲面定义”菜单中，选择【增加】→【拉伸】→【完成】，在拉伸属性对话框中单击【单侧】→【开放终点】→【完成】。

(3)设置草绘平面、参照和方向，选取套筒内表面为草绘平面，工件侧面为参考平面，进入草绘界面。

(4)单击 □，绘制如图8.28所示圆形截面，单击 ✔，完成截面的绘制。

(5)在“指定到”菜单管理器中，单击【至曲面】→【完成】，选择套筒底面，在“曲面：拉伸”对话框中，单击【确定】，完成圆柱分型面的创建，如图 8.29 所示。

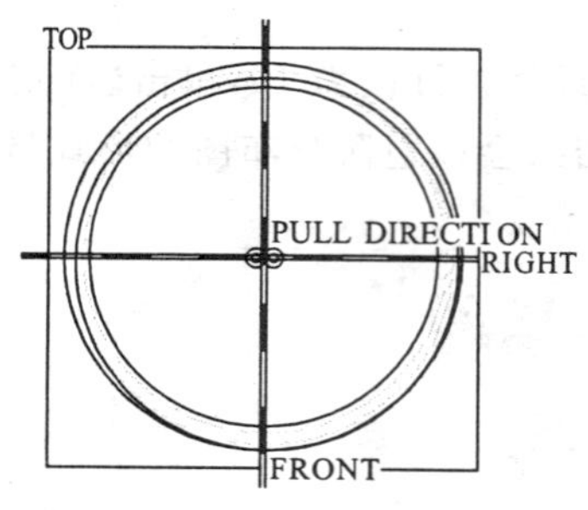

图 8.28 草绘平面

图 8.29 创建圆柱分型面

(6)选择【模具】→【分型面】→【创建】，输入分型面名称 part_surf_2。

(7)选择【增加】→【拉伸】→【完成】，在拉伸属性对话框中单击【单侧】→【开放终点】→【完成】。选取工件前表面为草绘平面，工件侧面为参考平面，进入草绘界面。

(8)单击 ╲，绘制如图 8.30 所示的直线，单击 ✔，完成截面的绘制。

(9)在"指定到"菜单管理器中，单击【至曲面】→【完成】，选择工件后表面，单击【确定】，完成平面分型面的创建，如图 8.31 所示。

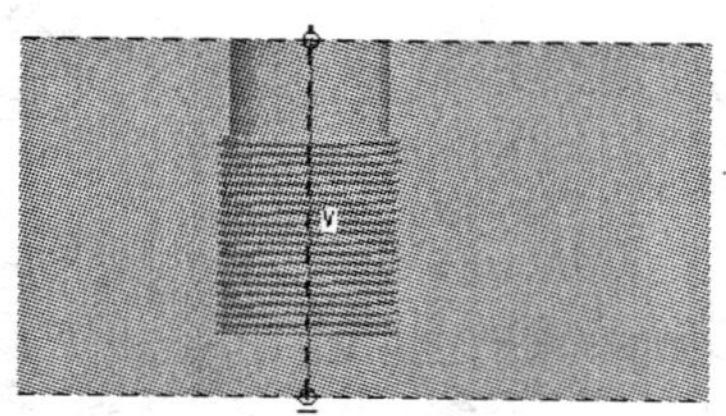

图 8.30 草绘直线

图 8.31 平面分型面的创建

6. 分割体积块

模具的体积块是一个没有实际质量，但却占有空间的三维封闭特征。Pro/E 提供了两种生成体积块的方法，即分割法与创建法。本实例采用分割法。

(1)单击 [图标]，在弹出的"分割体积块"菜单管理器中，选择【两个体积块】→【所有工件】→【完成】。

(2)选取刚创建的圆柱分型面，单击"分割"对话框中的【确定】。在弹出的"体积块名称"对话框中，输入名称 xingqiang，单击【确定】。再次在弹出的"体积块名称"对话框中，输入名称 xingxin。

(3)单击 [图标]，选择【两个体积块】→【模具体积块】→【完成】。弹出"搜索工具栏"，在"项目"中选择"面组：F10(xingqiang)"，单击 [>>]，单击【关闭】。

(4)选择平面分型面为分割平面，单击"分割"对话框中的【确定】。在弹出的"体积块名称"对话框中，分别输入名称 left - xingqiang 和 right - xingqiang。

7. 抽取模具元件

在“菜单管理器”中，单击【模具元件】→【抽取】。在弹出的“创建模具元件”对话框中，单击 ，选择所有体积块，然后单击【确定】。选择【完成/返回】，创建的型芯和瓣合式型腔如图8.32所示。

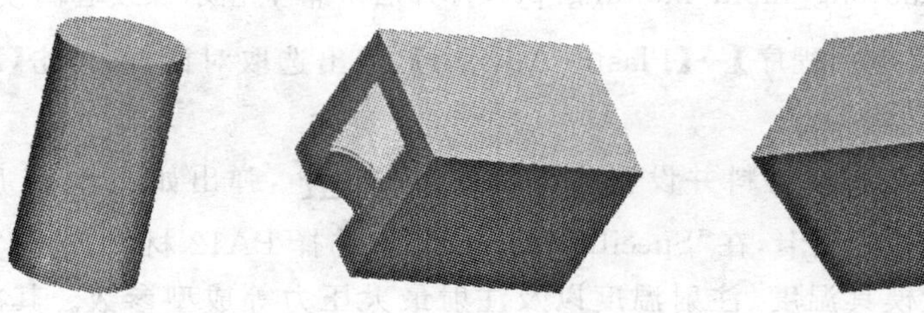

图8.32 型芯和瓣合式型腔图

8. 充模及开模仿真

通过充模仿真得到注塑件，可检查所设计的分型面是否合理，以及由此分型面所创建的模具成型零部件的结构是否符合要求。通过开模仿真可初步检查模具开模时成型零部件之间是否干涉。

(1)在“菜单管理器”中，单击【铸模】→【创建】。在弹出的“输入零件名称”对话框中，输入名称 taotong_mold_molding。

(2)单击 ，弹出“遮蔽-取消遮蔽”对话框。从中选取“taotong_mold_ref_1”、“taotong_mold_workpiece”、“part_surf_1”、“part_surf_2”，单击遮蔽，隐藏这些零件。

(3)在“菜单管理器”中，选择【模具进料孔】→【定义间距】→【定义移动】。选取要移动的零件 xingxin，单击【确定】，再选取一竖直边定义移动方向，如图8.33所示，输入位移值100，单击【完成】。移出后的型芯如图8.34所示。

(4)以相同的操作方法对两个型腔分别向左右移动。最终得到如图8.35所示的模型。

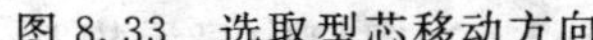

图8.33 选取型芯移动方向

图8.34 型芯移动结果

图8.35 型腔和型芯移动结果

(5)检查型芯与型腔之间的干涉。在“定义间距”菜单中选择干涉命令，系统提示选择移动进行干涉检查，选择刚刚定义的移动，在模具干涉菜单中选择【静态零件】，在屏幕上选取左右型腔，系统在信息提示区提示“没有干涉”。

9. 流动分析及充模分析

利用塑料顾问(Plastic Advisor)模块,用户可直观观测到塑料熔体流动情况、制件填充状态、注射压力变化情况、温度变化情况、冷却质量、熔接痕数量及位置等,并可得到反馈信息和建议,使制造中可能产生的问题在设计阶段得到有效的解决。

(1)单击,选择 taotong_mold_molding. prt,打开后屏幕上显示螺纹套筒模塑零件。

(2)在主菜单中选择【应用程序】→【Plastic Advisor】,弹出选取对话框,单击【取消】,即进入 Plastic Advisor 操作界面。

(3)选择注射点。首先选择材料并设置成型参数:单击,弹出如图 8.36 所示的对话框。选择“Select Material”选项卡,在“Specific Material”中选择 PA12 材料;选择“Processing Conditions”选项卡,设置模具温度、注射温度以及注射最大压力等成型参数。其次选定浇口位置:单击,弹出“Analysis Selection”对话框,选择“Gate Location Analysis”,单击【Start】,进行分析计算,分析结果在模型中以不同颜色表示浇口位置的优劣,如图 8.37 所示。最后根据分析结果确定最佳的浇口位置:单击,在模型的最佳浇口位置处指定注射点,如图 8.38 所示。

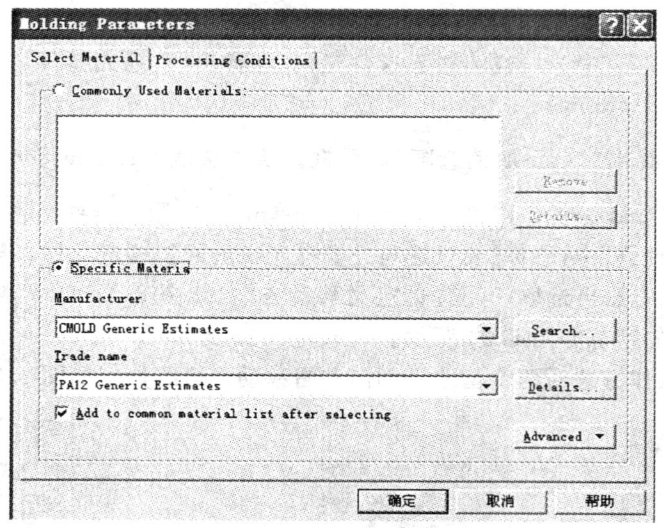

图 8.36 Molding Parameters 对话框

(4)进行塑料充模流动分析。单击,选择“Plastic Flow Analysis”,单击【Start】进行填充分析计算。分析结束后弹出对话框,显示注射成型所需的注射时间、注射压力、有无熔接痕、气穴、注射体积、注射周期、锁模力、保压力及锁模力面积等,单击【Close】。在窗口中显示模型充填后的“Confidence of fill”充填质量,如图 8.39 所示,表明该制件的充填质量良好。若在进行充填模拟时出现充填不合格的情况,可根据模拟提示对设计进行更改,重新选择制件材料或设置成型参数,再次进行分析,直至得到满意结果。

(5)预测熔接痕数量、位置及气穴位置。单击,可预测熔接痕数量及位置。单击,

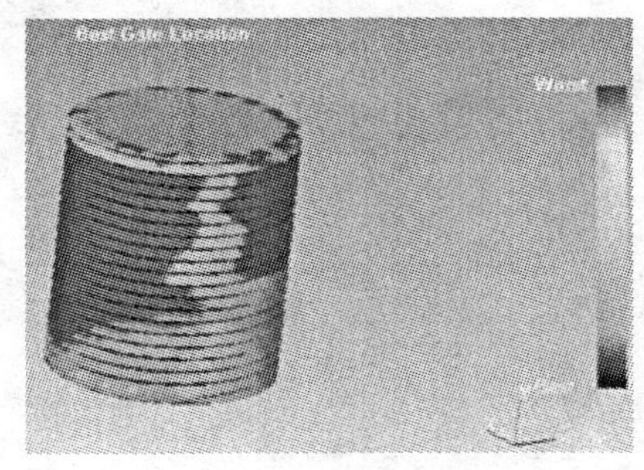

图 8.37 浇口位置分析结果

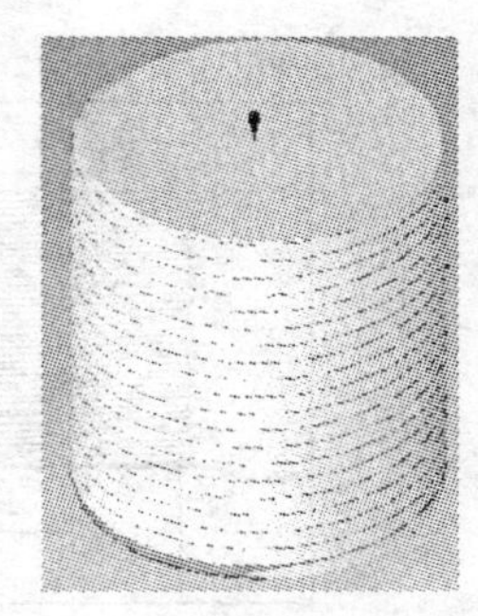

图 8.38 确定浇口位置

图 8.39 充模模拟效果

图 8.40 预测熔接痕及气穴位置

可预测气穴位置。螺纹套筒的熔接痕数量、位置及气穴位置预测如图 8.40 所示，当浇口设计在套筒底部时，熔接痕及气穴位置主要集中在套筒的两端。

10. 模具成型零部件修改

前述创建的是模具成型零部件的基本形状，设计中还需要根据模具结构和安装布置情况对成型零部件结构做出相应的修改。

1)型腔零件的修改设计

在型腔零件上，需要开通浇口、斜导柱孔、T 形滑槽等，为了与锁紧块配合，还需要切角。

(1)浇口的设计。单击，选中 left - xingqiang. prt 零件，进入零件设计界面，单击，选择草绘平面和参照，绘制如图 8.41(a)所示的截面。单击，在操控面板中输入旋转角度 180°和。单击，完成图 8.41(b)所示的浇口设计。

(2)滑槽的设计。单击，绘制滑槽草图，如图 8.42(a)所示，单击。然后单击拉伸操控板中的和，选择草绘平面的另一个面作为拉伸终止面，单击，生成右边滑槽，如图 8.42(b)所示。选中右侧滑槽拉伸特征，单击，弹出镜像操控面板，单击，选取型腔沿滑槽方向的侧平面，输入偏距值－43，单击【确定】，完成镜像基准平面的创建。单击操控面板的“选取平面项”，选择刚创建的基准面，单击，完成如图 8.42(c)所示的左侧滑槽特征。

(3)锁紧块配合面的设计。用类似方法可完成锁紧块配合面的设计，如图 8.43 所示。

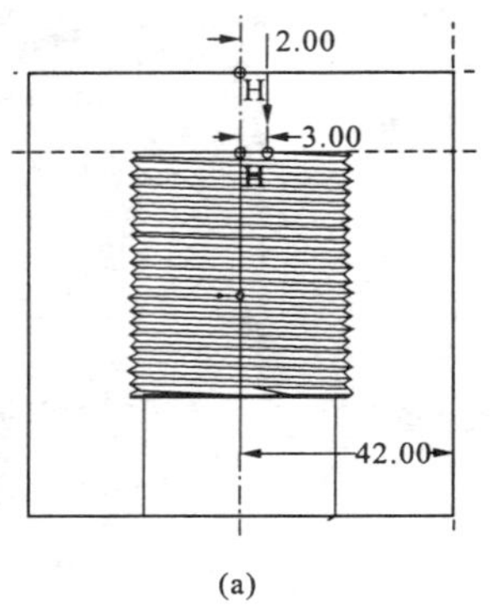

(a)

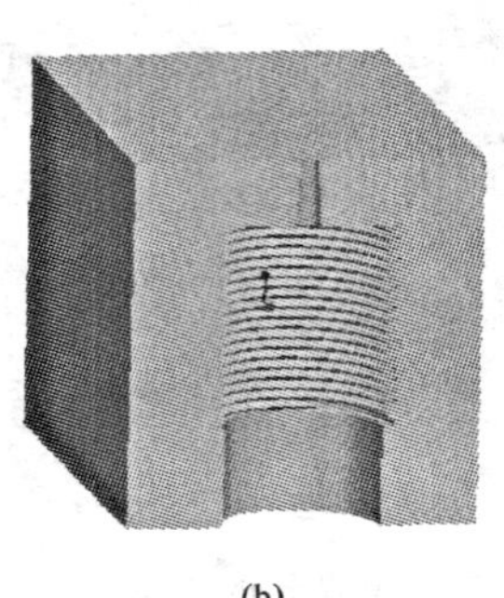

(b)

图 8.41 浇口的设计

(a)草绘截面;(b)生成的浇口

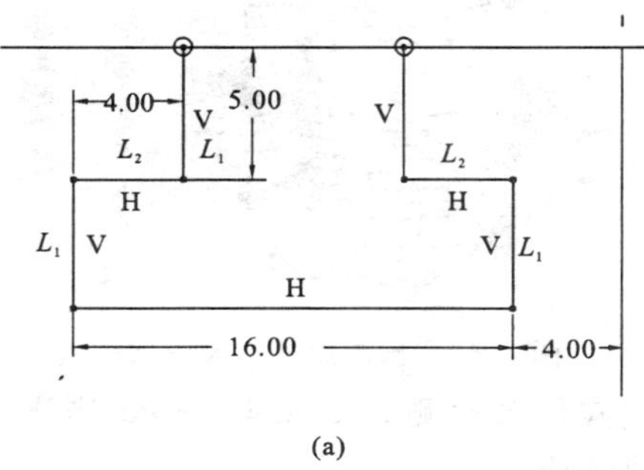

(a)

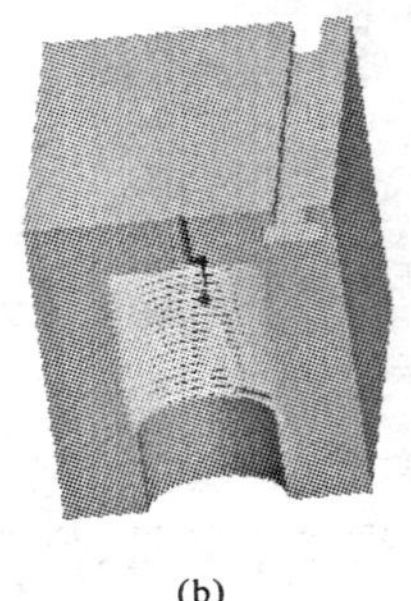

(b)

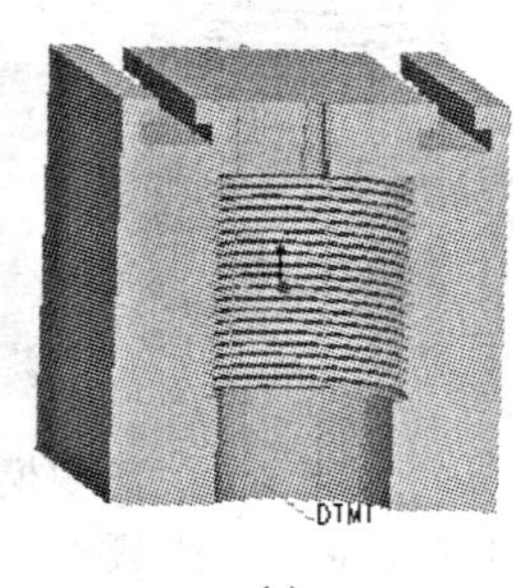

(c)

图 8.42 滑槽的设计

(a)滑槽截面草图;(b)创建右侧滑槽;(c)镜像左侧滑槽

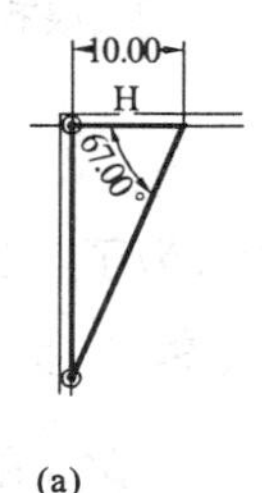

(a)

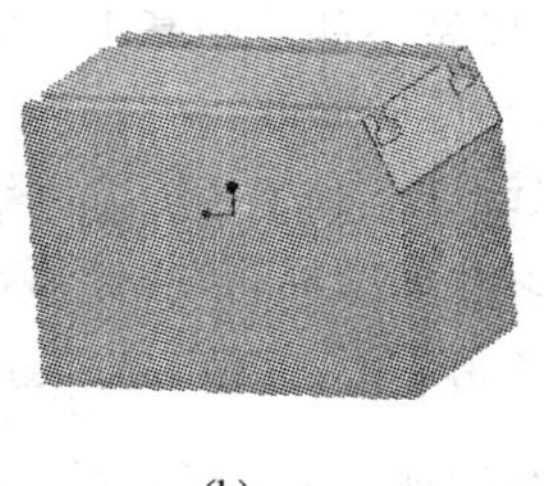

(b)

图 8.43 锁紧块配合面设计

(a)锁紧块配合面的草绘截面;(b)锁紧块配合面拉伸特征

(4)斜导柱孔的设计。单击▱,创建基准平面,绘制如图 8.44(a)、(b)所示的与型腔左平面成 20°、偏距为 90 且互相垂直的两个平面。单击拉伸图标,选取基准平面 1 为草绘平面,基准平面 2 为参考平面,绘制直径为 27 的圆形截面。单击✔后,在拉伸操控面板上单击改变方向图标(改变拉伸方向),单击去除材料图标去除材料,单击拉伸至选定图标选择型腔上端面为拉伸终止面,单击✔完成斜导柱孔的设计。修改后的型腔零件如图 8.44(c)所示。

2)型芯零件的修改设计

由于用轴肩固定型芯,因此需要对原型芯进行拉伸操作来设计轴肩。型芯的长度需要加

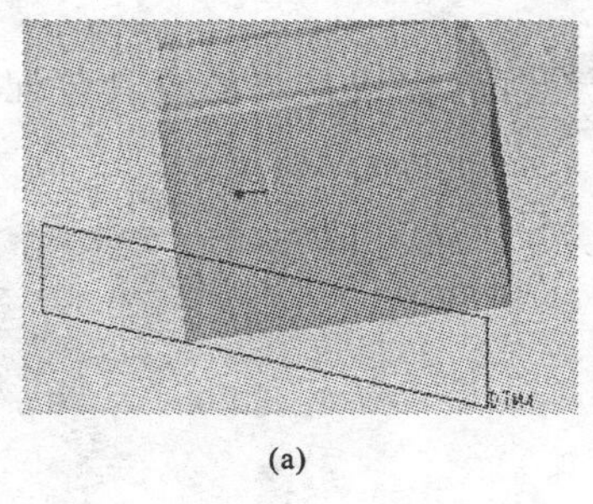
(a)

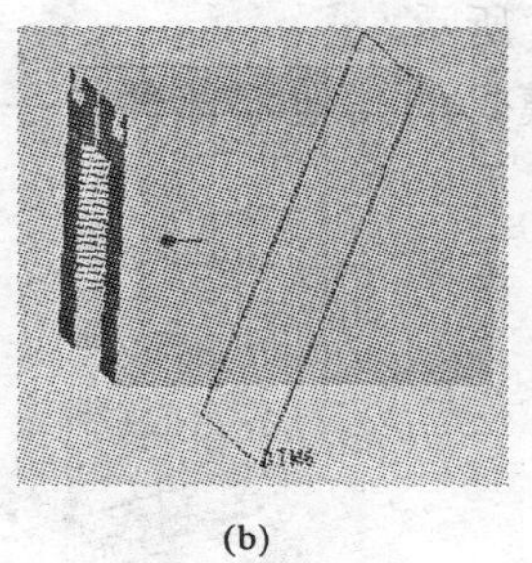
(b)

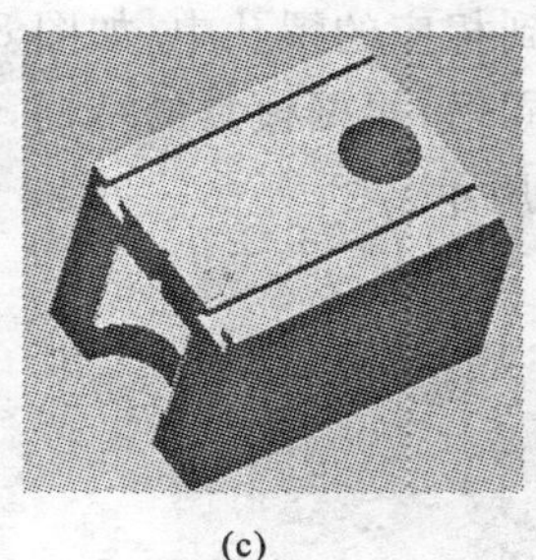
(c)

图 8.44 斜导柱孔的设计

(a)创建的基准平面1;(b)创建的基准平面2;(c)修改后的型腔零件

长,加长的长度是动模板的厚度与型芯轴肩高度之差,利用拉伸特征添加固定台肩及顶杆孔后的型芯如图 8.45 所示。

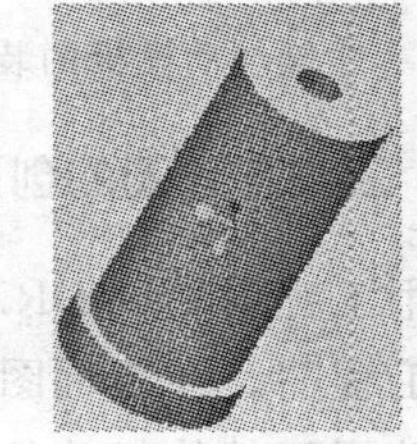
图 8.45 修改后的型芯零件

11. 模具的装配

模具的装配是利用 Assembly 模块完成的。在装配模块中,可以将生成的零件通过相互之间的定位关系装配在一起,并可进行装配检验。同时,在装配过程中还可以根据需要添加新的零件和特征。这里介绍自下而上的装配方法(逐个把需安装的零件调入装配界面进行安装),并以螺栓与动模板的装配为例,介绍装配方法。

(1)单击 ,在弹出的对话框中选择类型为"组件",输入组件名称 zhuangpei_1;并取消"使用缺省模板",单击【确定】;在弹出的对话框中,选择模板为 mmns_asm_design,单击【确定】,进入组件环境。

(2)添加新元件。单击 ,选择要装配的元件(动模板),弹出"元件放置"对话框,如图 8.46 所示,单击【放置】,选择约束类型为"缺省",单击 ,完成动模板的装配。

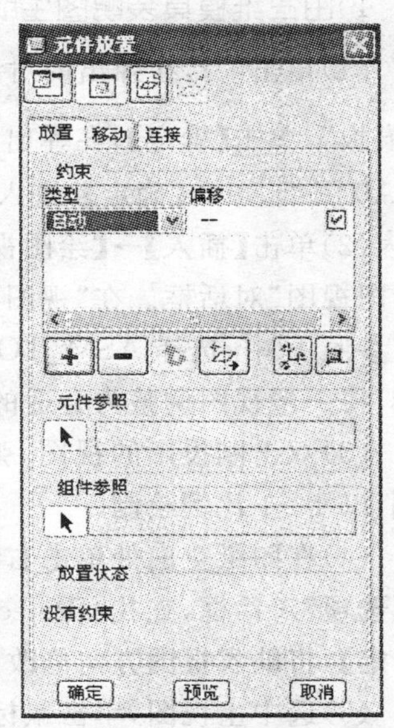

图 8.46 元件放置对话框

(3)单击 ,选择需要装配的元件(螺栓),此时在放置操控面板中显示螺栓的放置状态为没有约束。单击【放置】,选择约束类型为"插入",选择螺栓的圆柱外表面和动模板孔的内表面,此时放置状态为部分约束。单击【新建约束】,选择约束类型为"匹配",选择螺栓大端的底面和动模板的沉头孔的上表面,"偏移"选择"重合",此时放置状态为完全约束,单击 ,完成螺栓与动模板的装配,如图 8.47 所示。

(4)单击装配好的螺栓,在主菜单中选择【编辑】→【重复】,弹出"重复元件"对话框,选择"插入"选项,单击【添加】,选择需要装配螺栓的动模板上的其他螺孔内表面,将其他螺栓全部装配到相应的螺孔中，如图 8.48 所示。

同理，根据模具的结构，将模具的其他零部件一一进行装配，完成最终的模具装配，如图 8.49 所示。

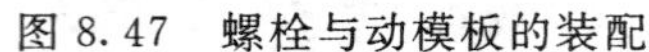

图 8.47　螺栓与动模板的装配

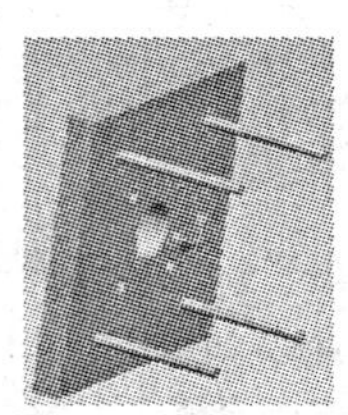

图 8.48　复制装配其他的螺栓

图 8.49　三维模具总装配图

12. 二维工程图的创建

利用工程图模块 DRAWING 可将三维零件按 ANSI/ISO/JIS/DIN 标准生成加工所需要的二维工程图。在工程图中，所有的模型视图都是相关的，即修改了某视图的一个尺寸后，系统会自动更新其他相关的视图。此外，工程图和它所依赖的模型相关，工程图中的任何修改都会在模型中自动更新。

1)由三维模具装配图生成三视图

(1)单击 ，在弹出的对话框中设置类别为“绘图”，输入名称 zhuangpeitu，取消“使用缺省模板”，单击【确定】，在弹出的对话框中，“指定模板”选择为“格式为空”，单击 浏览... ，选择 A0 图纸，单击【确定】，进入工程图环境。

(2)单击【插入】→【绘图视图】→【一般】，弹出“打开”对话框，选择模具三维装配图，弹出“绘图视图”对话框。在“视图类型”选项中，选择“视图方向”→“定向方向”中的“几何参照”。在“参照 1”中，选择 ASM_TOP：F2 为前面参照，在“参照 2”中选择底面为底部参考。单击【确定】，将一般视图调整为合适的视图方向。

(3)双击刚投影的视图，弹出“绘图视图”对话框，将“比例”选为“定制比例 1”，单击【确定】，以 1∶1 比例绘制。

(4)在图纸空白处单击右键，选择【属性】，在“文件属性”菜单管理器中选择“绘图选项”，弹出“选项”对话框，查找“Projection_type”，将“值”改为“first_angle”，单击【添加/更改】，再单击【确定】，将缺省视图方向修改为第 1 视角。

(5)选中主视图，单击鼠标右键，选择【插入投影视图】，在主视图下方合适位置单击，确定俯视图的中心点，再以相同的方法投影左视图。创建的模具三视图如图 8.50 所示。

(6)创建剖视图。双击主视图，弹出“绘图视图”对话框，在“类别”中选择“剖面”，在“剖面选项”中选择“2D 截面”，单击 ，弹出“剖截面创建”菜单管理器，选择【偏距】→【双侧】→【单一】→【完成】，输入截面名 A—A。单击 ，进入草绘界面绘制剖面线，完成后，在“绘图视图”对话框中选择俯视图，单击【确定】，剖切符号即显示在俯视图上。采用同样方法可对左视图进行剖切。创建的模具总装剖视图如图 8.51 所示。

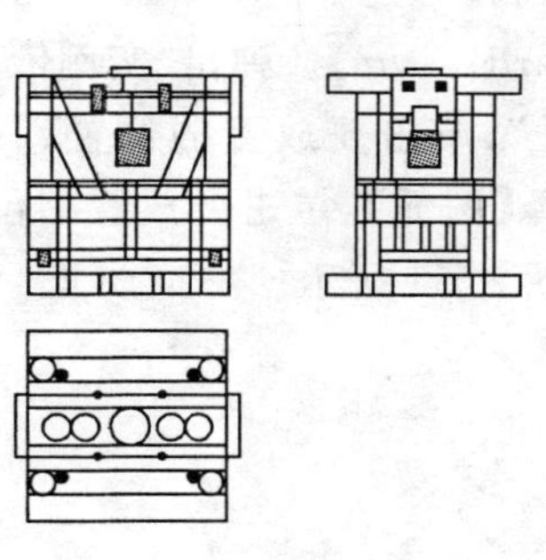
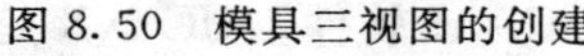

图 8.50 模具三视图的创建

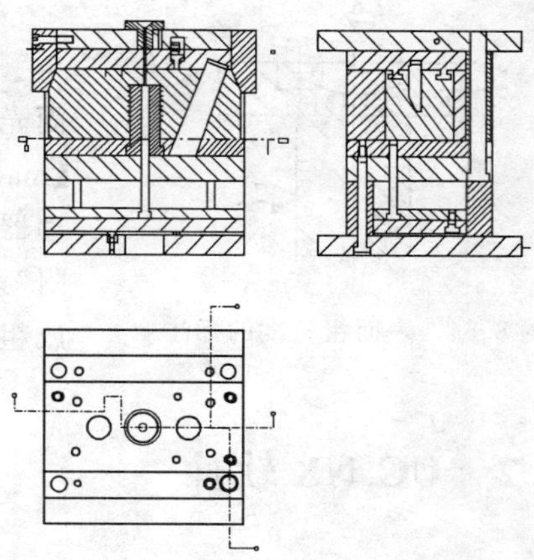

图 8.51 剖视图的创建

2)尺寸标注

以型腔零件为例,进行尺寸标注。将型腔三维视图调入绘图界面,单击 ,对视图相关特征的尺寸逐个标注。

尺寸标注后,需要对有关尺寸进行修改。如孔的标注需要加 ϕ 或 R,重要尺寸需要标注尺寸公差等。双击尺寸 27,弹出“尺寸属性”对话框,选择尺寸文本,单击“文本符号”中的 ϕ,单击【确定】,即给尺寸 27 加上直径符号 ϕ。同样双击尺寸 19,弹出“尺寸属性”对话框,选择“属性”栏“公差模式”中的“加-减”,上下偏差值分别输入 0.06 和 0,单击【确定】,即给尺寸 19 标注公差。标注尺寸后的型腔零件如图 8.52 所示。

3)几何公差标注

以斜导柱为例,进行几何公差标注。斜导柱的圆柱表面有圆柱度要求,安装台肩底面和圆柱面有垂直度要求。单击【插入】→【几何公差】,弹出“几何公差”对话框,单击 ,在“模型参照”的“参照类型”中选择“曲面”,并选择圆柱曲面,在“放置类型”中选择“带引线”,选择放置位置,设置好公差值,即完成圆柱度的标注。单击 ,单击基准平面 -A- ,单击【定义】,弹出“基准轴”菜单管理器,单击【过边界】,选择放置位置,单击【确定】,完成基准的创建。垂直度的标注方法与圆柱度标注类似。斜导柱的标注结果如图 8.53 所示。

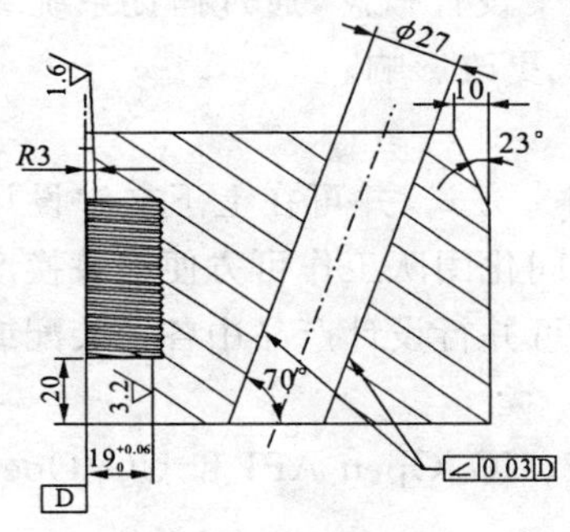

图 8.52 型腔零件尺寸的标注

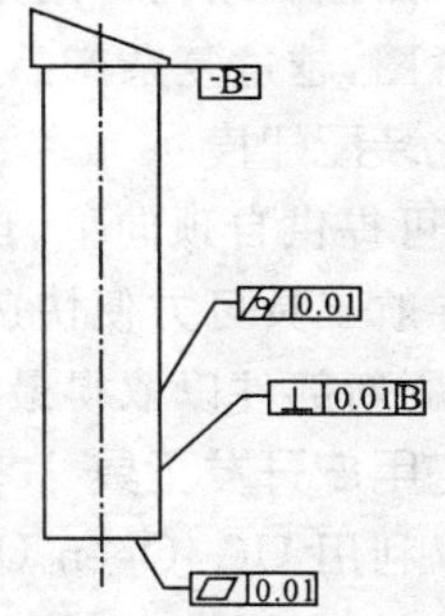

图 8.53 斜导柱几何公差的标注

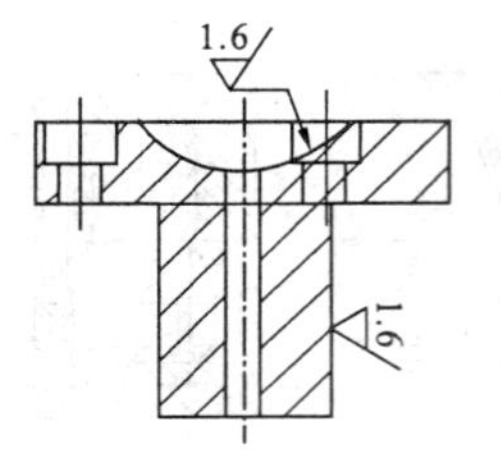

图8.54 表面粗糙度的标注

4)粗糙度标注

以浇口套为例,进行粗糙度标注。单击【插入】→【表面光洁度】,弹出“得到符号”菜单管理器,单击【检索】→【machined】→【standard1. sym】。弹出“实例依附”菜单管理器,选择“方向指引”,单击要放置的位置。在“实例依附”菜单管理器中选择【图元】,单击要放置的位置即可完成粗糙度的标注,如图8.54所示。

8.2 UG NX软件

Unigraphics(简称UG)是世界著名的通用CAD/CAE/CAM软件。UG NX是UG系列的最新版本,因其具有集成性、相关性、并行协作性、基于知识工程、客户化等技术特性而在机械、航空、航天、模具等行业有着广泛的应用。本节介绍UG NX4.0的功能模块及其主要特点,并通过一个实例具体介绍UG NX4.0软件的钣金特征创建及其级进模模块Progressive Die Wizard(简称PDW)的操作方法。

8.2.1 UG NX软件简介

Unigraphics由EDS的子公司UGS推出,主要功能包括概念设计、工程设计、性能分析和制造等。UG NX除了具有同类软件所具有的通用功能外,还具有灵活的复合建模、完备的仿真照相、细腻的动画渲染和快速的原型工具等功能。通过实施虚拟产品开发(VPD)的理念,UG NX可以为用户提供多级化的、集成的、企业级的包括软件产品与服务在内的完整的CAD解决方案。

1. UG NX软件的主要特点

1)基于系统的建模

UG NX利用WAVE技术将参数化建模延伸到系统级,使用户能够建立一个代表系统级设计方法的产品控制结构。用户可以快速建立和评估多个设计概念,通过捕捉系统级产品的知识与设计意图,越过复杂产品,重复使用工程知识,降低更改影响。

2)协同化装配建模

UG NX可提供自顶向下、自底向上两种产品结构定义方式,并可在上下文中设计/编辑。高级的装配导航工具可方便快速地确定部件的位置。协同化团队工作可方便地替换产品中任一零部件,可刷新部件以取得最新的工作版本,团队成员可并行设计产品中各子装配或零件。

3)广泛的用户开发工具

用户可以利用UG/Open UIStyler、UG/Open GRIP、UG/Open API和UG/Open++等程序开发工具,根据要求定制UG用户界面和应用程序。

4)领先的钣金件制造功能

UG NX的钣金特征可在成形或展开的情况下设计或修改产品结构,折弯工序可仿真工艺成形过程，板料展开几何形状自动与产品设计相关，可在一幅工程图中直接展示产品设计形状和板料展开几何形状。

5)Teamcenter 集成

通过加强 NX 和 Teamcenter 两者的集成，用户可以将工程数据库和其他的所有与产品生命周期有关的信息结合在一起，创建一个产品知识库，使制造者能够更简单地管理设计和制造流程。

2. UG NX 软件的主要模块

1)CAD 模块

CAD 模块包括了实体建模、特征建模、自由曲面建模、用户自定义特征建模、装配建模和制图等基本建模模块以及钣金特征等高级设计模块。用户可利用 UG NX 的复合建模技术，将实体建模、曲面建模、线框建模及参数化建模融为一体，实现复杂产品的设计。

2)工业设计和造型(CAID)模块

CAID 模块包括自由曲面建模、可视化、汽车造型、逆向工程、工程集成等模块，能激发工程设计人员的创新和创造能力，迅速而准确地把抽象概念转化为实际产品的设计。

3)CAM 模块

CAM 模块包括车削、三轴加工、高速加工、五轴加工、多功能加工、线切割、加工仿真、编程自动化、后处理知识库、NC 数据管理、零件工艺规划、车间工艺文件、制造资源管理、数据交换等基本模块。NX CAM 为机床编程提供了一套很完整的解决方案，帮助公司改善其 NC 编程和加工过程，极大地减少浪费，大幅提高生产力，使其最先进机床产出最大化。

4)CAE 模块

CAE 模块包括结构分析、注塑流动分析、有限元分析等模块。利用 UG NX 的 CAE 模块可进行线性结构静力分析、线性结构动力分析、模态分析以及有限元前后置处理等功能，从而降低与昂贵物理样机相关的直接成本，以更快的速度做出更好的决策，最后形成性能更好的产品，带来更高的利润。

5)工装和模具模块

UG NX 的 Tooling 模块包括注塑模设计、级进模设计、汽车冲压模设计、电极设计、工装夹具设计工具和高级工模具解决方案等模块，它把设计的生产力和效率扩展到了制造环节，涵盖了“从设计到生产”的全过程。这些解决方案以动态方式与产品模型连接，及时提供准确的生产工具、铸模、冲模和工装夹具。

3. UG NX 软件的工作界面

启动 UG NX4.0 软件，进入 UG 的初始界面，单击 ，输入文件名，单击【OK】进入 UG NX4.0 的用户界面，如图 8.55 所示。单击 起始▾，用户可选择相应的模块，如建模特征、钣金特征、注塑模向导、级进模向导等。

8.2.2 UG NX 钣金建模实例

钣金建模是专门为钣金及模具设计/制造而设计的模块，既具有钣金专业设计功能的建模

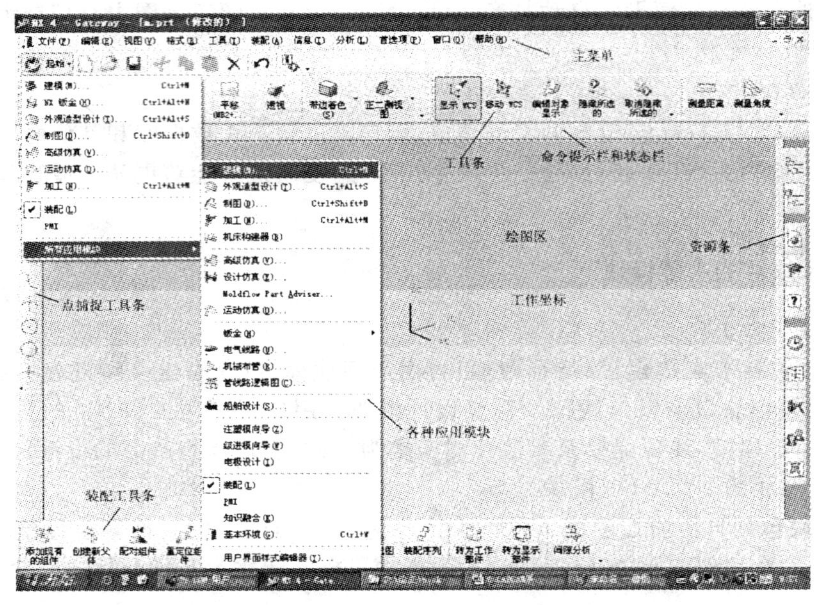

图 8.55　UG NX4.0 的用户界面

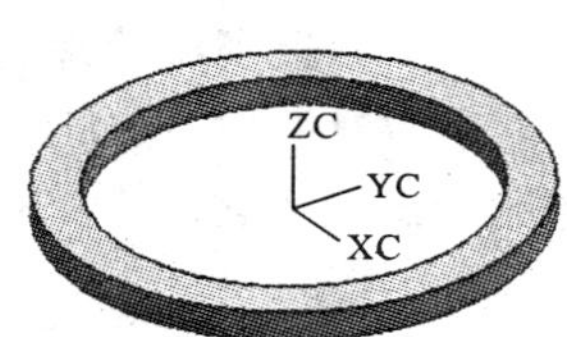

图 8.56　圆形垫片零件

特征，又涵盖了 UG NX 的实体建模特征，可有效地进行各种钣金和冲压件的设计。下面以图 8.56 所示的圆形垫片为例，介绍 UG NX4.0 的钣金建模过程。

1. 启动 UG NX 进入钣金建模环境

(1)新建一个部件文件。单击 ，弹出“新建部件文件”对话框。输入文件名 yuanxingdianpianjijinmo，设置单位为 mm，单击【OK】，进入 UG NX 用户界面。

(2)进入 UG NX 钣金建模环境。单击 起始，在弹出的下拉菜单栏中选择【建模】，在工具栏区域单击鼠标右键，在弹出的菜单中选择【钣金特征】，弹出如图 8.57 所示的“钣金特征”工具条。

图 8.57　钣金特征工具条

2. 建立圆柱体特征

在成型特征工具条上单击 ，弹出如图 8.58 所示的创建“圆柱”对话框，圆柱体参数设置见图 8.58，输入直径和高度后单击【确定】，创建的圆柱体特征如图 8.59 所示。

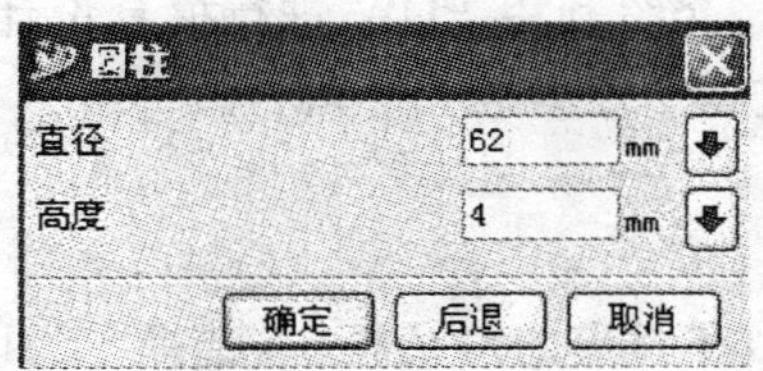

图8.58 创建圆柱体特征对话框

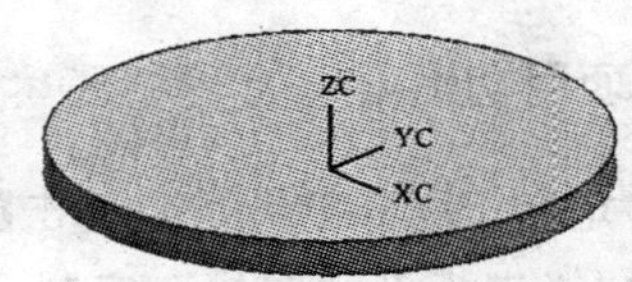

图8.59 创建的圆柱体

3. 建立钣金孔特征

(1)设置钣金孔参数。单击钣金特征工具条上的，弹出如图8.60所示的钣金孔参数设置对话框，按图8.60所示设置参数，然后根据命令提示信息选择圆柱体的上表面作为孔放置表面，单击【确定】。

(2)定位孔。在弹出的孔定位对话框中，选择（点到点定位方式），选取圆柱体为目标物体，在弹出的"设置圆弧位置"对话框中单击【圆弧中心】，创建钣金孔特征，如图8.61所示。单击，保存零件。

图8.60 钣金孔参数设置对话框

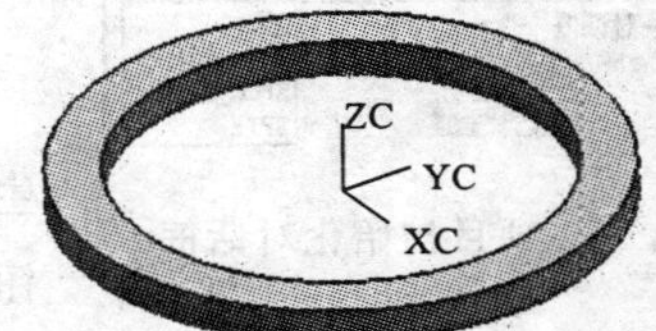

图8.61 创建钣金孔特征

8.2.3 UG NX的级进模设计

UG NX的级进模设计功能由Progressive Die Wizard(PDW)模块实现。PDW是一个独立的安装包，须先安装UG，再装PDW模块。PDW模块能直接使用UG NX所建立的部件模型中的钣金特征，也可以用导入模型重新建立参数化钣金模型。利用PDW进行模具设计的基本流程为：

项目初始化→坯料排样设计→废料设计→条料排样→冲压力计算→添加模架→工作零部件的设计→添加模柄、销钉、导料板、紧固零件等标准件→创建腔体→导出模具零件清单→创建模具工程图。

下面以上述圆形垫片钣金件的级进模设计为例，介绍利用 PDW 进行模具设计的方法。该垫片材料为 08 钢，料厚为 4mm，大批量生产。级进模工序为冲孔→落料。

1. 项目初始化

(1)定制 PDW 工具条。单击【工具】→【自定义】，在弹出的对话框中，选择“工具条”选项卡，选中“级进模设计向导”，定制 PDW 工具条，如图 8.62 所示。

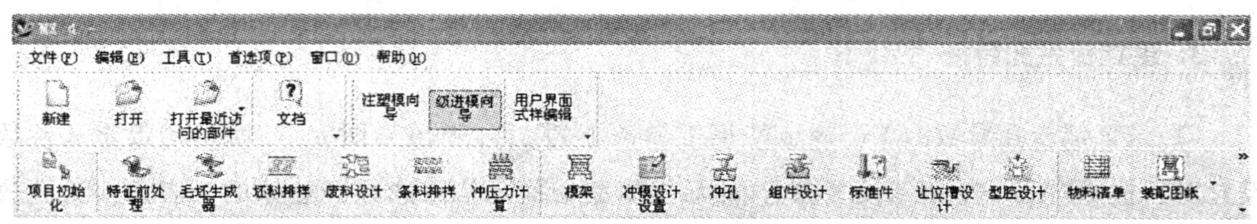

图 8.62 定制 PDW 工具条

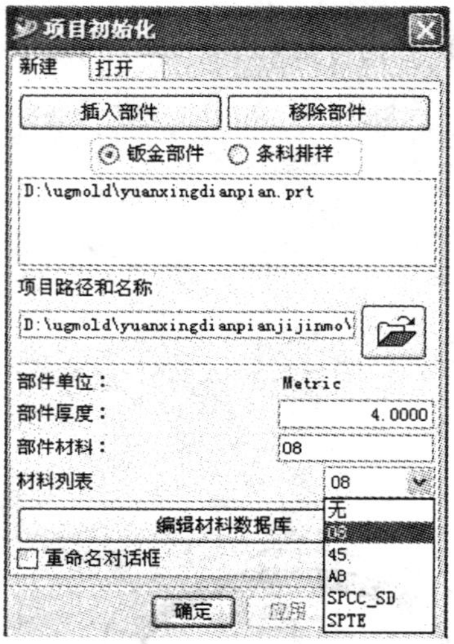

(2)钣金零件的调入。单击级进模工具条上的【项目初始化】，弹出如图 8.63 所示的对话框，单击“新建”选项卡中的 ，在弹出的“定义项目名”对话框中，单击【新建文件夹】，命名为 yuanxingdianpianjijinmo，打开该文件夹，输入项目名 jijinmo，单击【确定】，返回“项目初始化”对话框。单击【插入部件】，在弹出的“选择部件”对话框中找到并选中所创建的 yuanxingdianpian. prt，单击【OK】，将钣金零件导入 PDW。在“项目初始化”对话框的“材料列表”中选择 08，单击【确定】，完成级进模项目初始化。

图 8.63 项目初始化对话框

2. 生成毛坯

单击毛坯生成器按钮 ，弹出如图 8.64 所示的“毛坯生成器”对话框。单击“创建”选项卡中的展开钣金特征按钮 ，弹出“选择一个静止面”对话框，若系统自动找到如图 8.65 所示的平面，单击【确定】，否则单击【反向】，得到毛坯件。

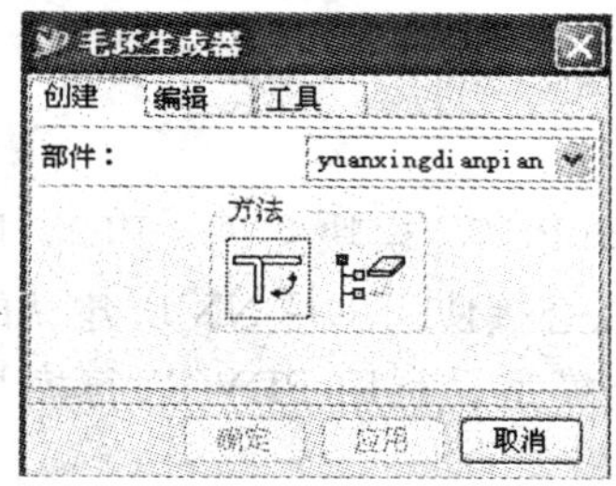

图 8.64 毛坯生成器对话框

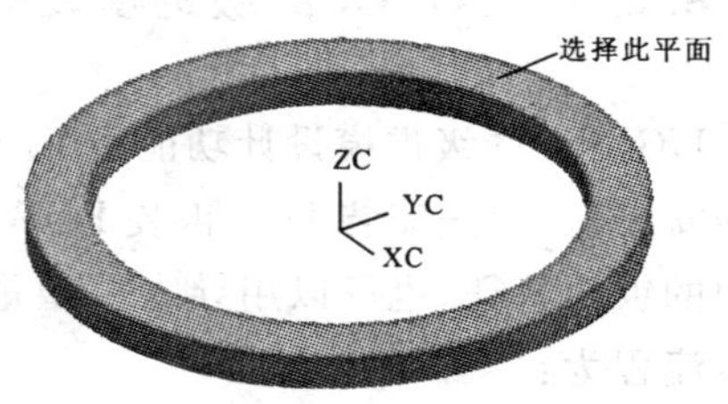

图 8.65 选择生成毛坯所用的基准面

3. 排样设计

(1)设置坯料排样参数。单击 ，弹出如图 8.66 所示的对话框。单击对话框中的插入坯料按钮 ，按图 8.66 所示分别设置坯料排样的螺(步)距和宽度值。注意每次输入值后都要按回车键,否则坯料的搭边和侧搭边不会改变。坯料排样效果如图 8.67 所示。

图 8.66 坯料排样设置对话框

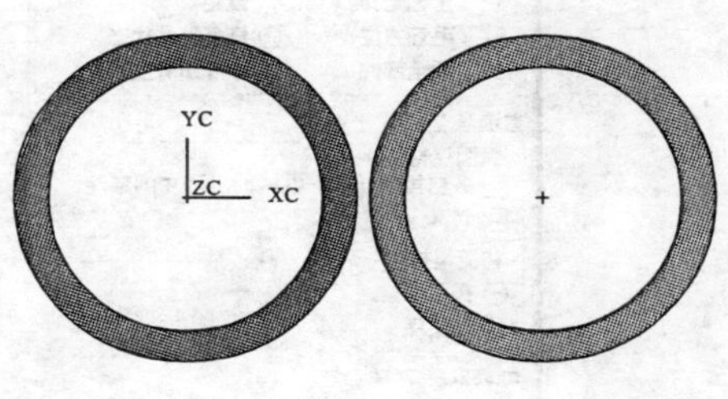

图 8.67 坯料排样效果

(2)废料设计。单击废料设计按钮 ，弹出如图 8.68 所示的对话框。单击"定义"选项卡的抽取孔按钮 ，单击【应用】,系统自动提取孔的内边界。单击按边/曲线按钮 ，选取零件的外圆轮廓曲线,单击【应用】,系统提取零件外圆轮廓曲线。定义的废料设计效果如图 8.69 所示。

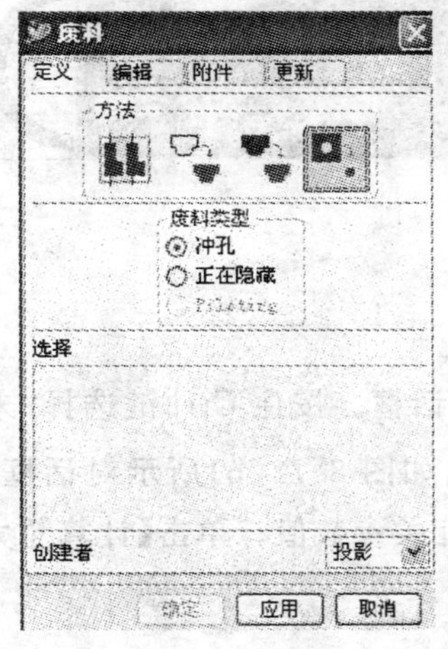

图 8.68 废料设计对话框

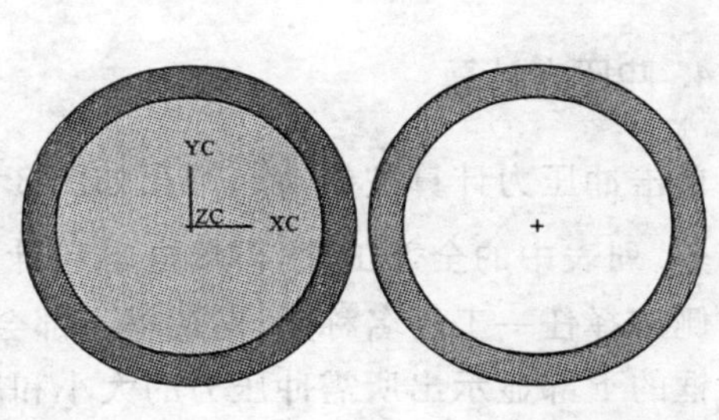

图 8.69 废料设计效果

(3)生成条料排样图。单击条料排样按钮 ，弹出如图 8.70(a)所示的对话框。单击“初始化”选项卡，选择条料进给方向为自右至左的箭头，总工位数设置为 2，然后单击【应用】；单击“工艺”选项卡，对话框切换成如图 8.70(b)所示的定义工艺排样对话框，选择“Process Feature Name”列表中的 SCRAP_0 和 SCRAP_1 两个工位，单击布局按钮 ，完成条料的工艺排样；单击“仿真”选项卡，单击【开始仿真】，完成条料排样仿真，如图 8.71 所示。

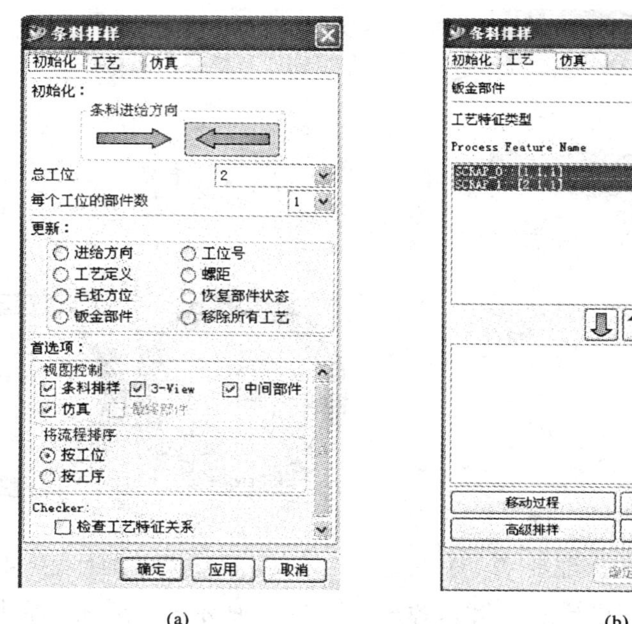

(a) (b)

图 8.70 条料排样

(a)条料排样初始对话框；(b)条料排样工艺对话框

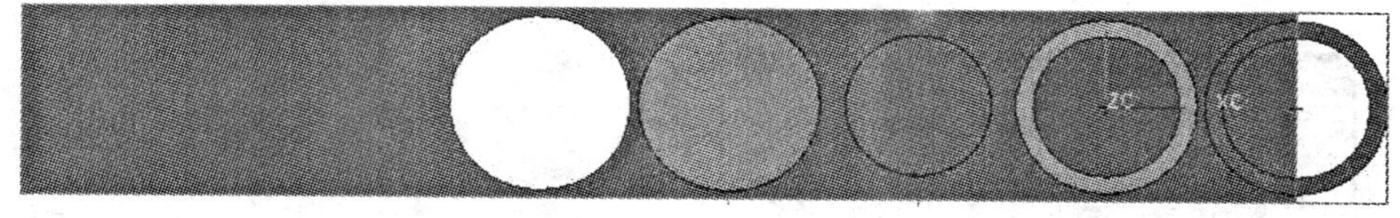

图 8.71 条料排样仿真

4. 冲压力计算

单击冲压力计算按钮 ，弹出如图 8.72(a)所示的对话框。按住 Ctrl 键选择“未处理的工序名”列表中的全部工序，再单击自动计算图标 ，弹出如图 8.72(b)所示对话框，在对话框右侧选择任一工序名称后，对话框下部会显示该工序的相关参数值。单击【计算总力】，则在对话框的下部显示出所需冲压力的大小和压力中心。

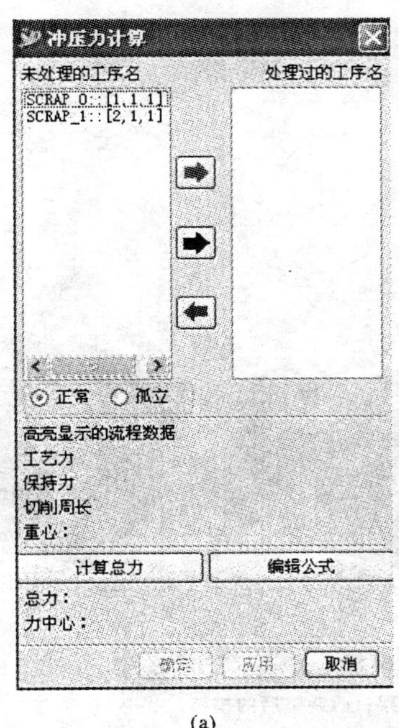

(a)

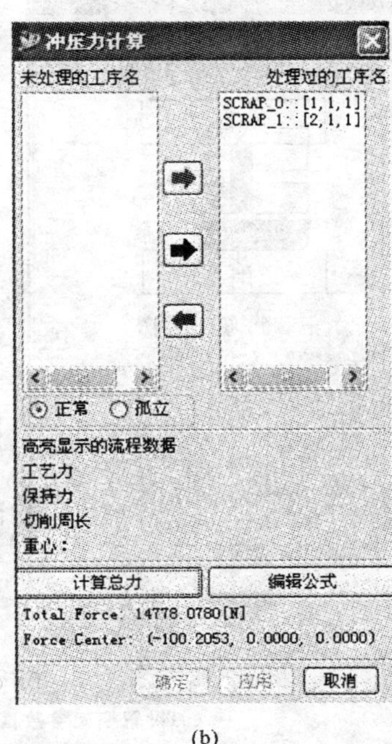

(b)

图 8.72　冲压力与压力中心的计算

(a)选择计算工序；(b)计算总冲压力和压力中心

5. 添加模架

(1)添加模架。PDW 提供了 5～12 板，从一个子模到多个子模的模架库。系统自动计算出条料的长度和宽度，作为选取模架尺寸的依据。单击 PDW 工具条的【标准件】，选中按钮，弹出“模架管理”对话框。在“标准模架”选项中选择 DB_UNIVERSAL3 系列模架，“类型”选择 5 PLATES 模具，设置 GAP2 为 5mm，如图 8.73(a)所示。调入的模架如图 8.73(b)所示。

(2)调整模架与坯料之间的关系。图 8.73(b)中，条料各工位与模架之间的位置关系不适合，需要调整条料的位置。选中条料，右键单击【重定位】，在弹出的“组件重定位”对话框中，选择平移按钮，在弹出的“变换”对话框的 DX 文本框中输入“－60mm”，将条料左移 60mm，平移后的效果如图 8.73(c)所示。

(3)更换导套。添加完模架后，通过观察发现模架中的导套与导柱不匹配，导套内径太大，需要更换。在“模架管理”对话框中单击【组件集】，然后单击添加导柱/导套按钮，弹出“标准件管理”对话框。分别选择模架中的 4 个导套，单击对话框中的移除组件按钮，删除所有导套，再添加合适导套。在“标准件管理”对话框中，设置导套型号，如图 8.74(a)所示；单击“尺寸”选项卡，设置导套尺寸，如图 8.74(b)所示。单击【应用】加载导套，然后在“标准件管理”对话框中选择重定位按钮，在弹出的对话框中，选择，弹出“点构造器”对话框，在屏幕中依次选择导套上表面的圆心及上模板上的导套安装基点，单击【确定】，然后依次单击【取

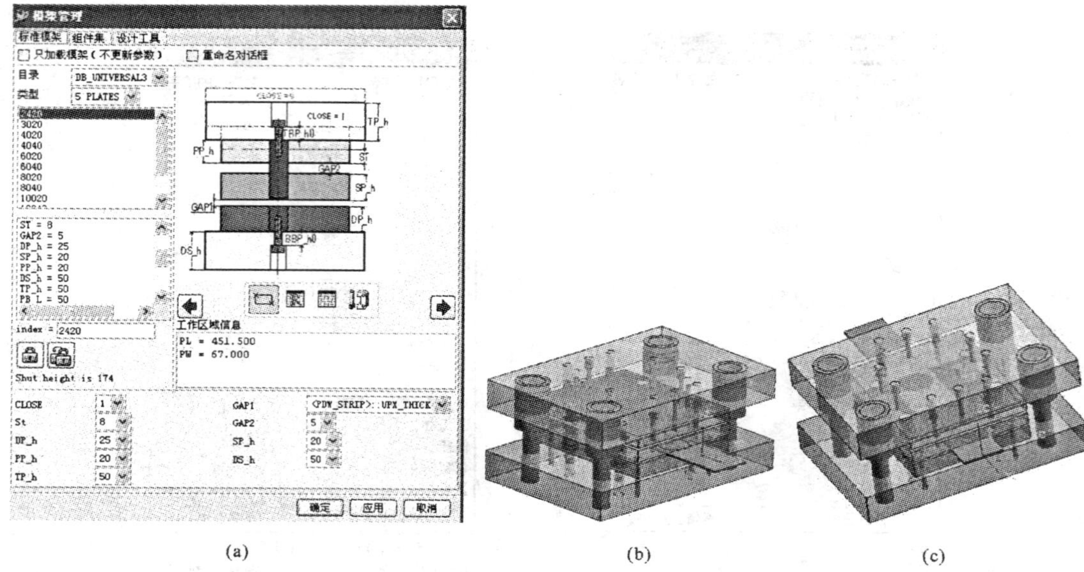

(a) (b) (c)

图 8.73 添加模架

(a)设置模架参数；(b)调入的模架；(c)调整后的模架

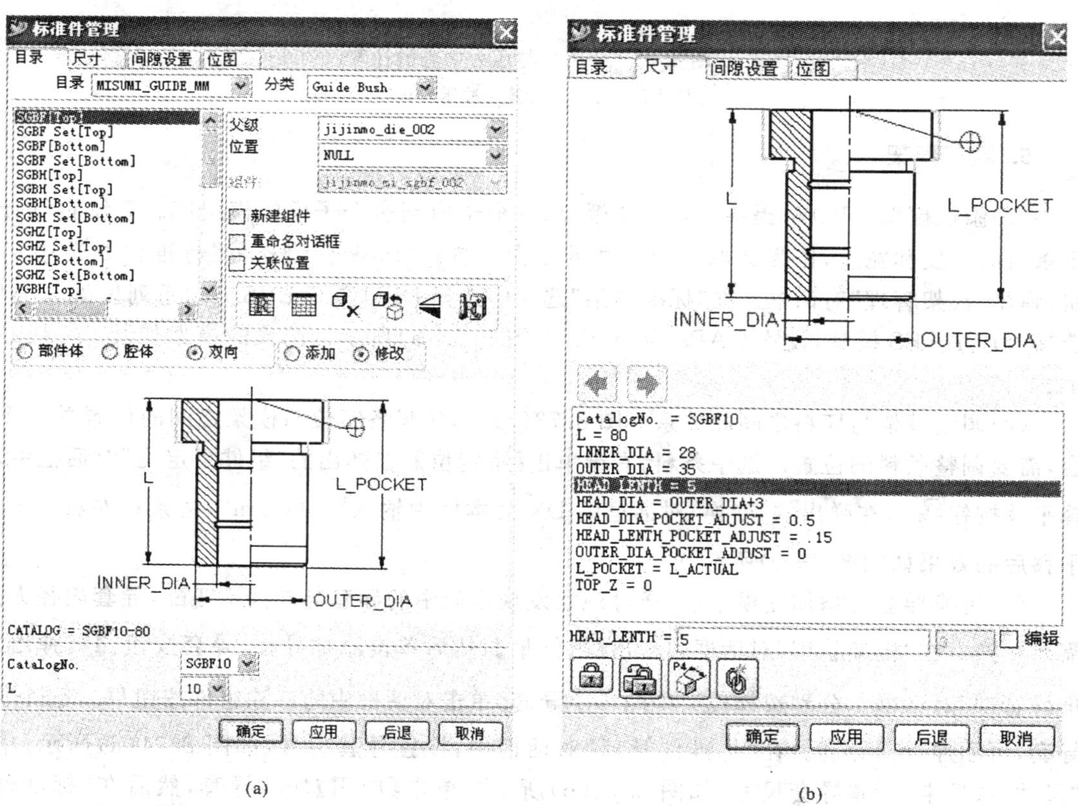

(a) (b)

图 8.74 添加导套

(a)设置导套参数；(b)设置导套的尺寸

消】,完成一个导套的更换。再按照同样的步骤完成其他导套的更换,完成后的导套如图 8.75 所示。

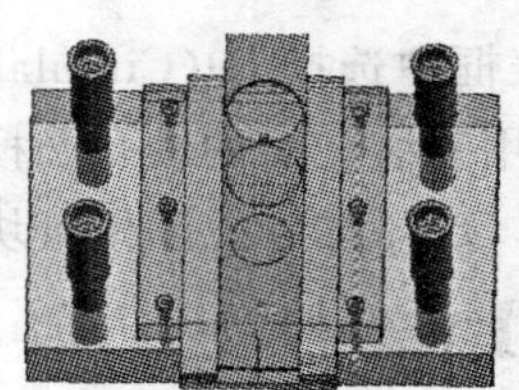

图 8.75 更换后的导套

6. 工作零部件的设计

1)添加冲孔凸模、凹模、凹模废料孔

(1)添加冲孔凸模。在“装配导航器”中,隐藏模架,只显示条料仿真部件。单击冲孔按钮,弹出如图 8.76(a)所示的“Piercing Insert Design”对话框。单击废料按钮,在绘图区

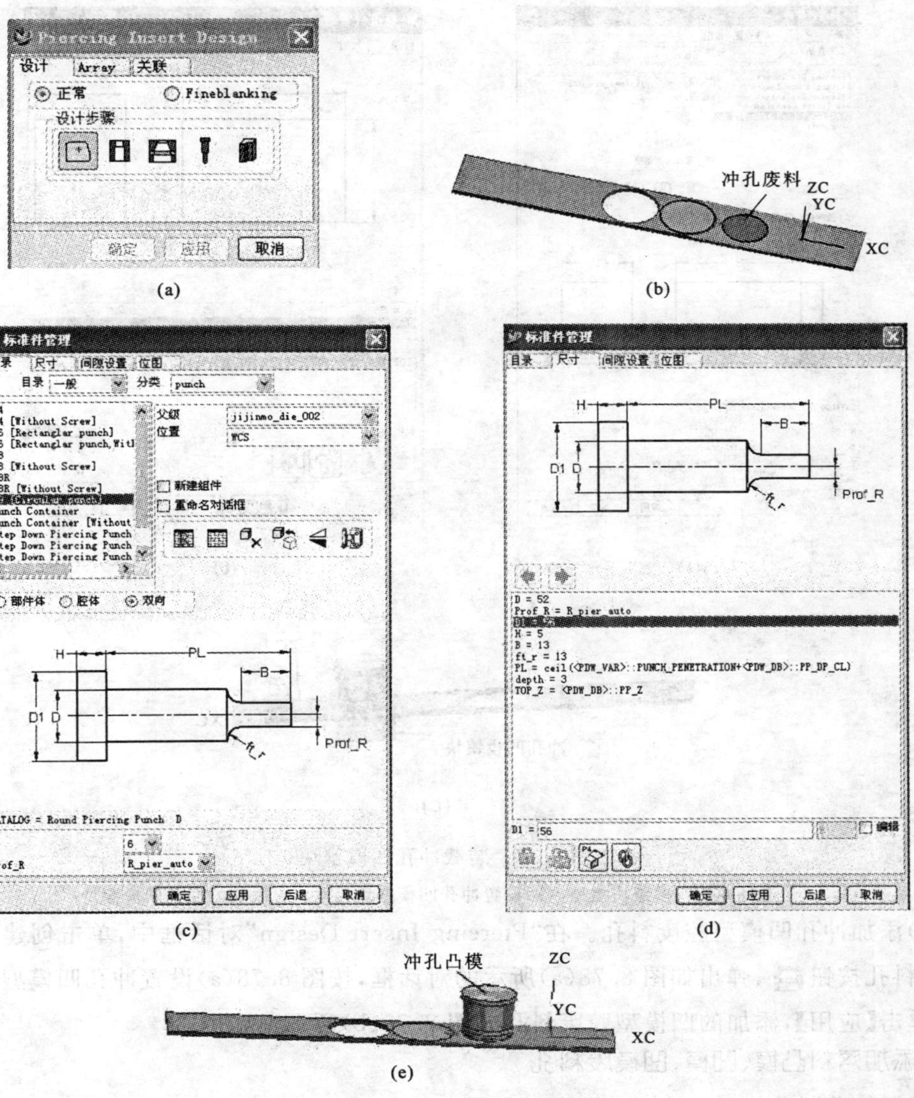

图 8.76 添加冲孔凸模

(a)Piercing Insert Design 对话框;(b)选择冲孔废料;(c)选择冲孔凸模形式;

(d)设置冲孔凸模尺寸;(e)添加的冲孔凸模

选择图 8.76(b)所示的冲孔废料，单击加载冲头按钮 ，弹出图 8.76(c)所示的对话框，在其列表框中选择 P9(Circular Punch)，单击“尺寸”选项卡，按图 8.76d 设置冲孔凸模尺寸，单击【应用】，装配后的冲孔凸模如图 8.76(e)所示。

(2)添加冲孔凹模镶块。在“Piercing Insert Design”对话框中，单击加载冲孔凹模镶块按钮 ，弹出如图 8.77(a)所示的对话框，在列表中选择“Die Insert Container(without screw)”，单击“尺寸”选项卡，按图 8.77(b)设置冲孔凹模镶块尺寸，单击【应用】，添加的冲孔凹模镶块如图 8.77(c)所示。单击【后退】，继续凹模型腔废料孔的设计。

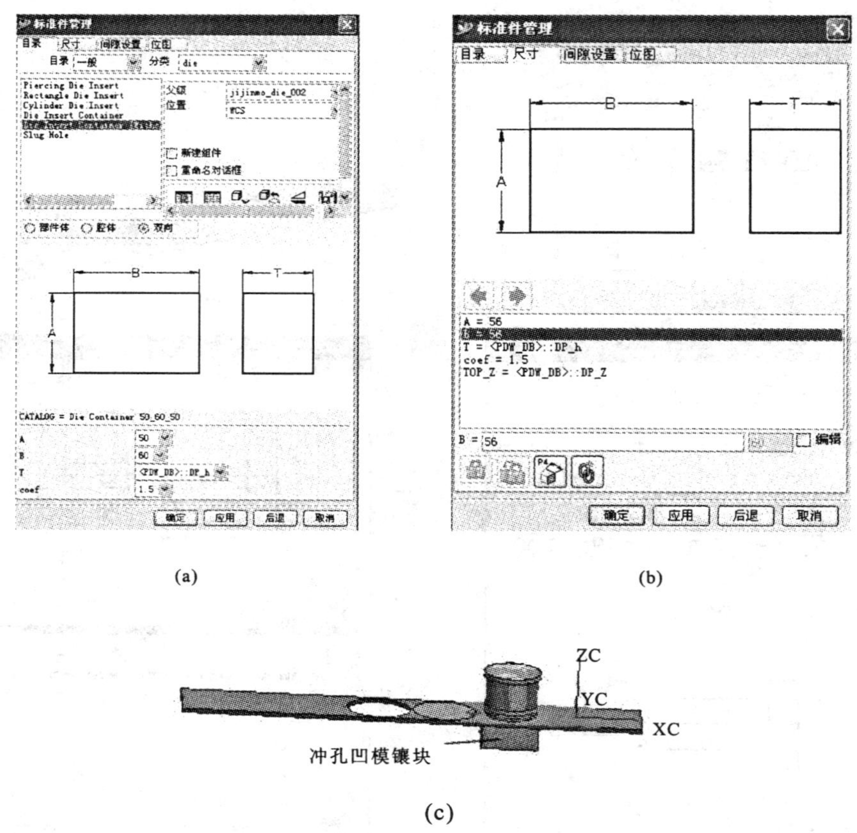

(a) (b)

(c)

图 8.77 装载冲孔凹模镶块

(a)选择冲孔凹模镶块类型；(b)设置冲孔凹模镶块尺寸；(c)添加的冲孔凹模镶块

(3)添加冲孔凹模型腔废料孔。在“Piercing Insert Design”对话框中，单击创建冲孔凹模型腔废料孔按钮 ，弹出如图 8.78(a)所示的对话框，按图 8.78(a)设置冲孔凹模型腔废料孔参数，单击【应用】，添加的凹模型腔废料孔如图 8.78(b)所示。

2)添加落料凸模、凹模、凹模废料孔

(1)添加落料凸模。单击 ，再次弹出图 8.78(a)所示的“Piercing Insert Design”对话框。单击 ，在屏幕上选择图 8.79(a)所示的落料废料，单击创建用户定义的冲头按钮 ，单击【应用】，装配后的落料凸模如图 8.79(b)所示。

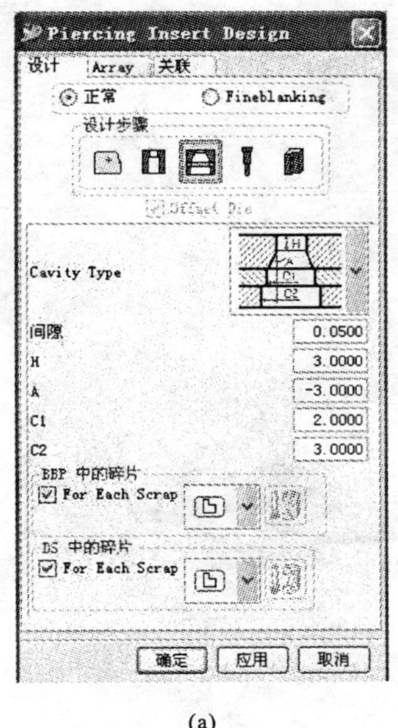

(a)

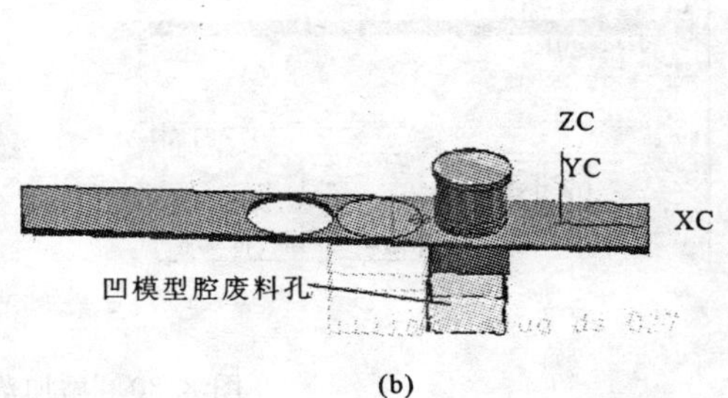

(b)

图 8.78 添加凹模型腔废料孔

(a)设置冲孔凹模型腔废料孔参数;(b)添加的凹模型腔废料孔

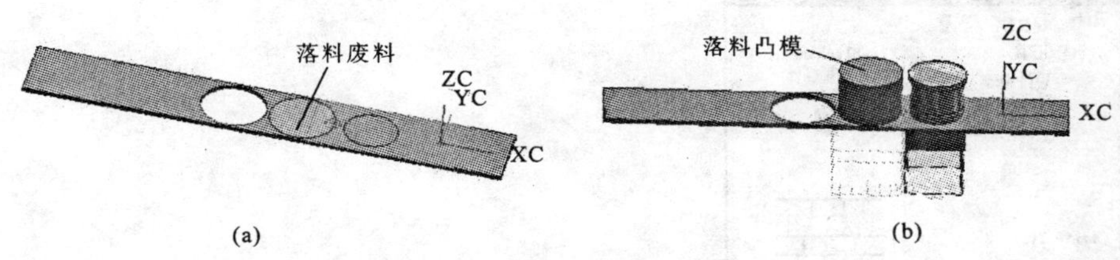

(a) (b)

图 8.79 添加落料凸模

(a)选择落料废料;(b)添加的落料凸模

(2)添加落料凹模镶块。在“Piercing Insert Design”对话框中,单击,弹出“标准件管理”对话框,在列表中选择“Die Insert Container(without screw)”,单击“尺寸”选项卡,按图 8.80(a)设置落料凹模镶块尺寸,单击【应用】,添加的落料凹模镶块如图 8.80(b)所示。单击【后退】,继续落料凹模型腔废料孔的设计。

(3)添加落料凹模型腔废料孔。在“Piercing Insert Design”对话框中,单击,按图 8.81(a)设置落料凹模型腔废料孔参数,单击【应用】,添加结果如图 8.81(b)所示。

(4)编辑修改落料凸模。选中落料凸模,单击右键,在弹出的菜单中单击【转为显示部件】,使落料凸模成为单独显示部件,以便于对其进行编辑修改。单击 起始▾,选择【建模】,进入建模环境界面。单击,进入草图绘制模块,选取落料凸模的上表面为草绘表面,单击草图操作中的投影按钮,选取落料凸模的 4 条边,并在草图操作工具条中单击偏置曲线按钮,弹出如图 8.82(a)所示的对话框。在对话框中设置偏置距离为 4mm,单击【反向】,再单

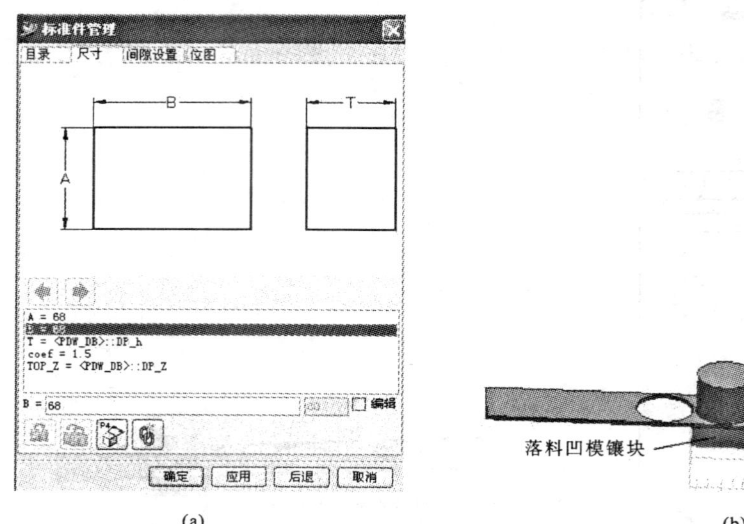

(a) (b)

图 8.80 添加落料凹模镶块

(a)设置落料凹模镶块尺寸参数;(b)添加落料凹模镶块

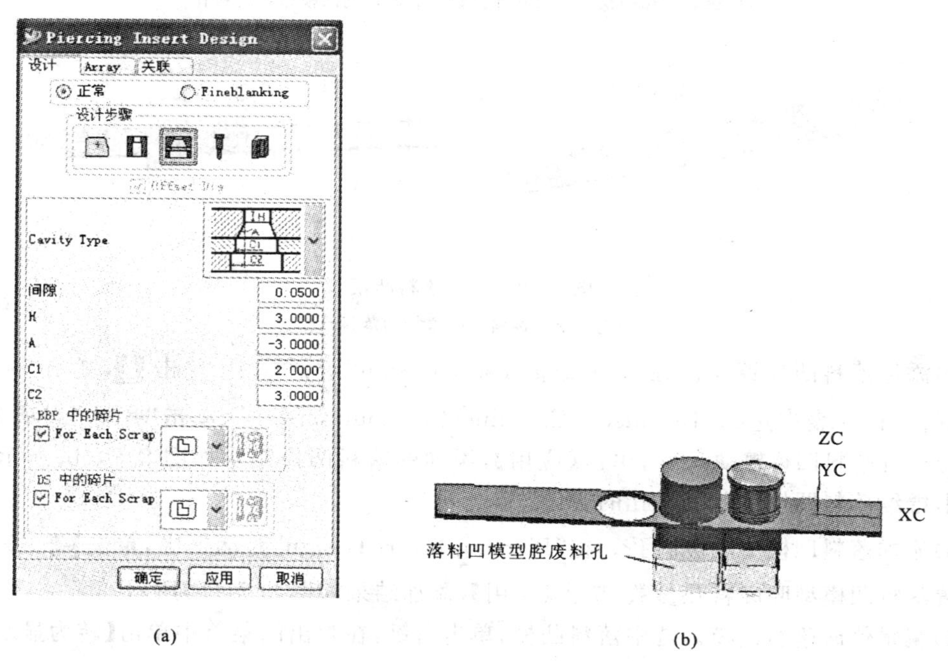

(a) (b)

图 8.81 添加落料凹模型腔废料孔

(a)设置落料凹模型腔废料孔参数;(b)添加落料凹模型腔废料孔

击【确定】,完成偏置曲线,如图 8.82(b)所示。在工具条中单击完成草图按钮,返回实体建模界面。单击,弹出如图 8.82(c)所示的“拉伸”对话框,选择刚刚创建的偏置曲线,在“拉伸”对话框的“结束”文本框中输入“-5mm”。单击布尔运算的求和按钮,选择落料凸模实体，单击【确定】，完成编辑修改工作。创建的落料凸模固定台肩如图8.82(d)所示。

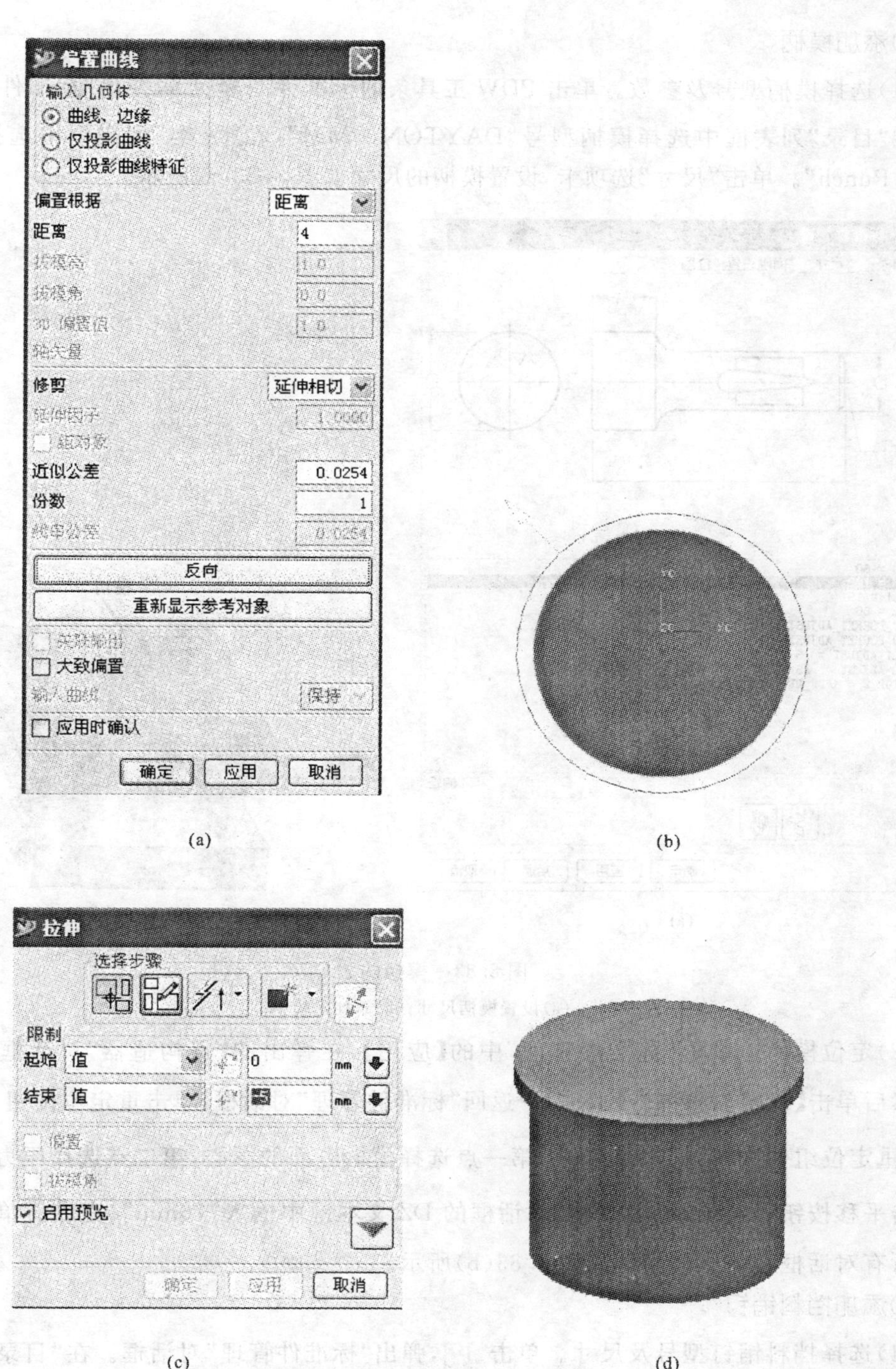

(a) (b) (c) (d)

图8.82 编辑修改落料凸模

(a)设置曲线偏置参数；(b)偏置曲线；(c)设置拉伸实体特征参数；(d)创建凸模安装固定台肩

7. 添加标准零部件

1)添加模柄

(1)选择模柄型号及参数。单击PDW工具条的标准件图标，弹出“标准件管理”对话框。在“目录”列表框中选择模柄型号“DAYTON - MM”，在“分类”列表框中选择“Regular Shank Punch”。单击“尺寸”选项卡，设置模柄的尺寸如图8.83(a)所示。

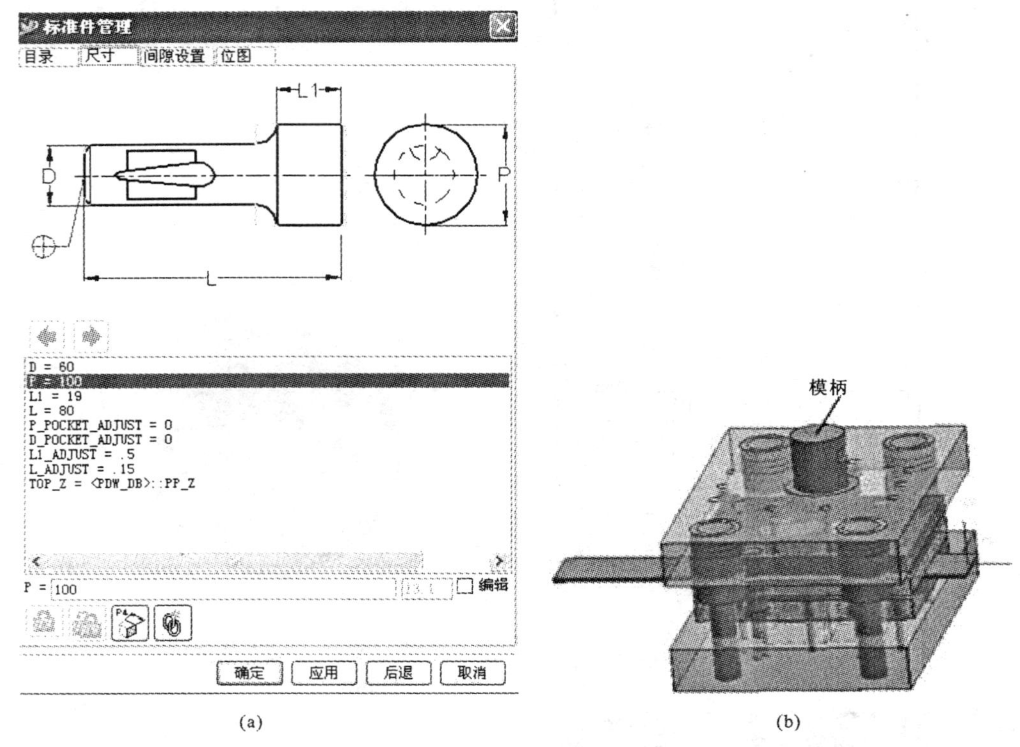

(a) (b)

图8.83 模柄的添加

(a)设置模柄尺寸;(b)添加的模柄

(2)定位模柄。单击“标准件管理”中的【应用】，在弹出的“点构造器”对话框中单击【重置】，然后单击【确定】，再单击【取消】。返回“标准件管理”对话框，单击重定位按钮。在弹出的“重定位组件”对话框中单击，第一点选择模柄底面的圆心，第二点选择压力中心点，然后单击平移按钮，在弹出“变换”对话框的DZ文本框中输入“76mm”，完成后单击【取消】，退出所有对话框。装载的模柄如图8.83(b)所示。

2)添加挡料销钉

(1)选择挡料销钉型号及尺寸。单击，弹出“标准件管理”对话框。在“目录”列表框中选择挡料销钉型号“421(Press Fit Straight Guide Post. Top)”，在“分类”列表框中选择“Guide Post”。单击“尺寸”选项卡，设置挡料销钉的尺寸如图8.84(a)所示。

(2)定位挡料销钉。单击“标准件管理”的【应用】，在弹出“选择一个平面”对话框中，选择落料凸模镶块的上表面为挡料销的定位基准平面，在弹出“点构造器”对话框中，输入坐标值(37.5,0,0)，单击【确定】，单击【取消】退出所有对话框。装载的挡料销钉如图 8.84(b)所示。

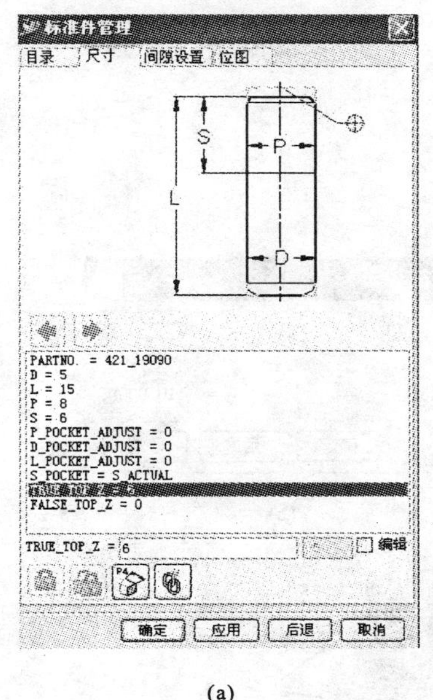

(a)

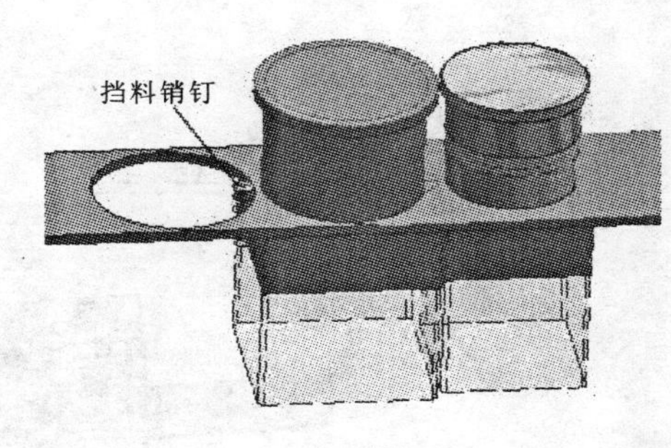

(b)

图 8.84　挡料销钉的添加

(a)设置挡料销钉尺寸；(b)添加挡料销钉

3)添加导料板

(1)选择导料板型号及尺寸。单击 ，选中模架按钮 ，弹出“模架管理”对话框。单击“组件集”选项卡中的添加/编辑冲模板按钮 ，弹出“标准件管理”对话框。在“目录”选项的列表框中选择“Stripper Plate”。单击“尺寸”选项卡，设置导料板的尺寸如图 8.85(a)所示，单击【应用】。

(2)定位导料板。在弹出的“点构造器”对话框中，单击【重置】，再单击【确定】，在弹出的“重定位组件”对话框中，单击【平移】，弹出“变换”对话框，设置平移值如图 8.85(b)所示，单击【确定】，完成一侧导料板的创建。同理，创建另一侧导料板。创建的导料板如图 8.85(c)所示。

4)添加承料板

(1)选择承料板型号及尺寸。按照导料板选择步骤，选择型号与导料板相同的承料板。在“尺寸”选项卡中设置的承料板参数如图 8.86(a)所示，单击【应用】。

(2)定位承料板。在弹出的“点构造器”对话框中，单击【重置】，再单击【确定】，然后在弹出的“重定位组件”对话框中，单击 ，依次选择承料板的一端端点以及导料板与模座的交点，再逐步单击【取消】，完成承料板的创建，如图 8.86(b)所示。

5)添加紧固零件

(1)添加导料板紧固螺钉。单击 ，弹出“标准件管理”对话框。选择螺钉型号及个数，参数设置如图 8.87(a)所示。单击【应用】，选择其中一侧导料板的上表面作为螺钉放置基准

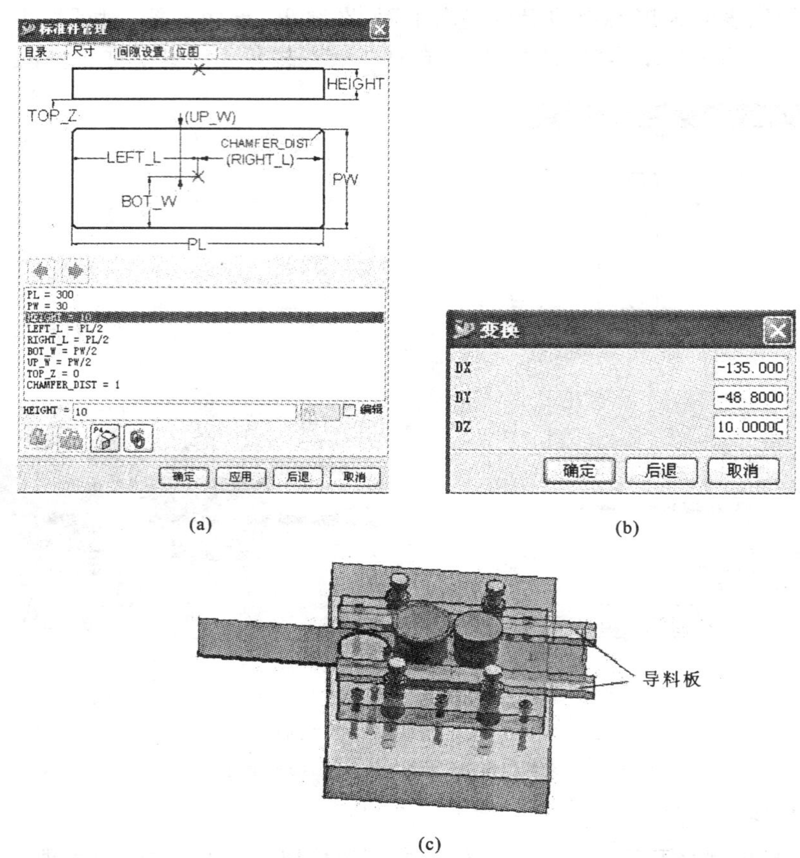

(a) (b) (c)

图 8.85 导料板的添加

(a)设置导料板尺寸;(b)导料板平移参数;(c)装载的导料板

面,在弹出的“点构造器”对话框中输入坐标值(—50,0,0),单击【确定】放置 1 个螺钉。在随后弹出的“点构造器”中分别输入坐标值(30,0,0)、(110,0,0),依次单击【取消】,完成其他 2 个螺钉的添加。用同样的操作步骤,添加另一侧导料板的紧固螺钉。添加螺钉后的导料板如图 8.87(b)所示。

(2)添加承料板螺钉。单击 ,弹出“标准件管理”对话框。选择螺钉型号,参数设置如图 8.88(a)所示。单击“尺寸”选项卡,设置 PLATE - HEIGHT 为 8mm。单击【应用】,选择承料板的下表面作为螺钉放置基准面,在弹出的“点构造器”对话框中分别输入坐标值(—5,48.8,0)、(15,48.8,0)、(—5,—48.8,0)、(15,—48.8,0),单击【确定】,放置 4 个螺钉。依次单击【取消】,完成承料板的固定,如图 8.88(b)所示。

(3)添加模柄螺钉。单击 ,弹出“标准件管理”对话框。选择螺钉型号,参数设置如图 8.89(a)所示。单击“尺寸”选项卡,设置 PLATE - HEIGHT 为 15mm。单击【应用】,选择模柄的上表面作为螺钉放置基准面,在弹出的“点构造器”对话框中分别输入坐标值(—40,0,0)、(40,0,0)、(—20,—34.64,0)、(—20,34.64,0)、(20,—34.64,0)、(20,34.64,0),单击【确定】,放置 6 个螺钉。依次单击【取消】,完成模柄的固定,如图 8.89(b)所示。

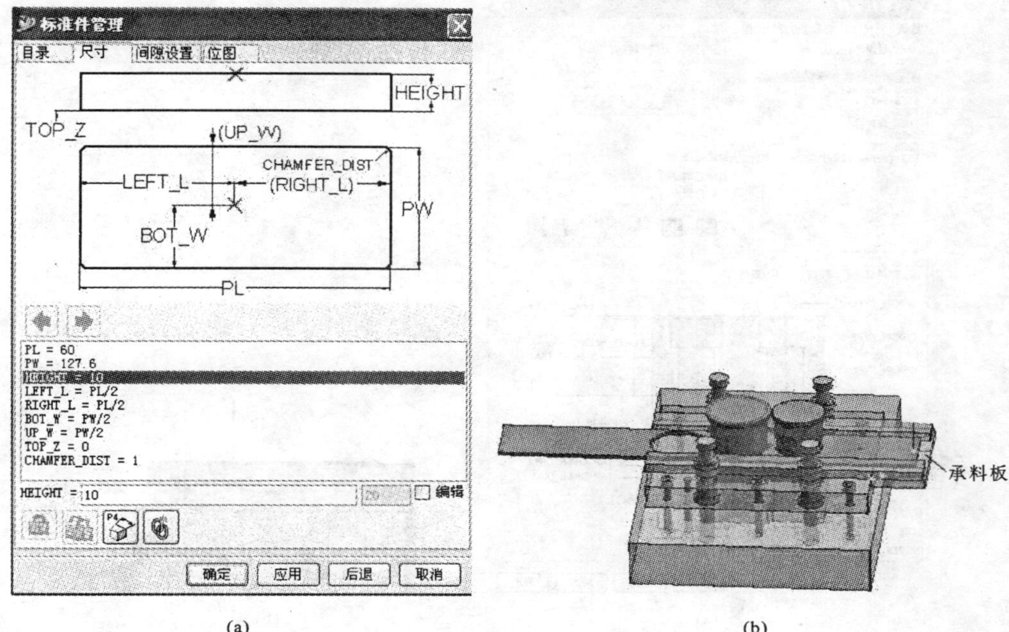

(a) (b)

图 8.86 承料板的添加

(a)设置承料板的尺寸;(b)装载的承料板

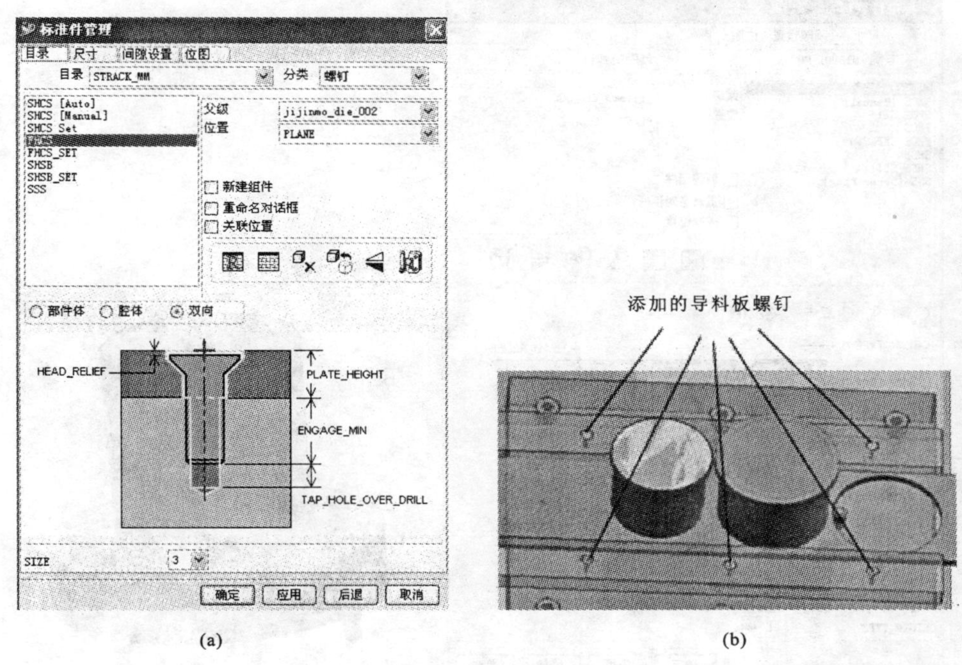

(a) (b)

图 8.87 导料板紧固螺钉的添加

(a)设置导料板的螺钉参数;(b)添加导料板螺钉

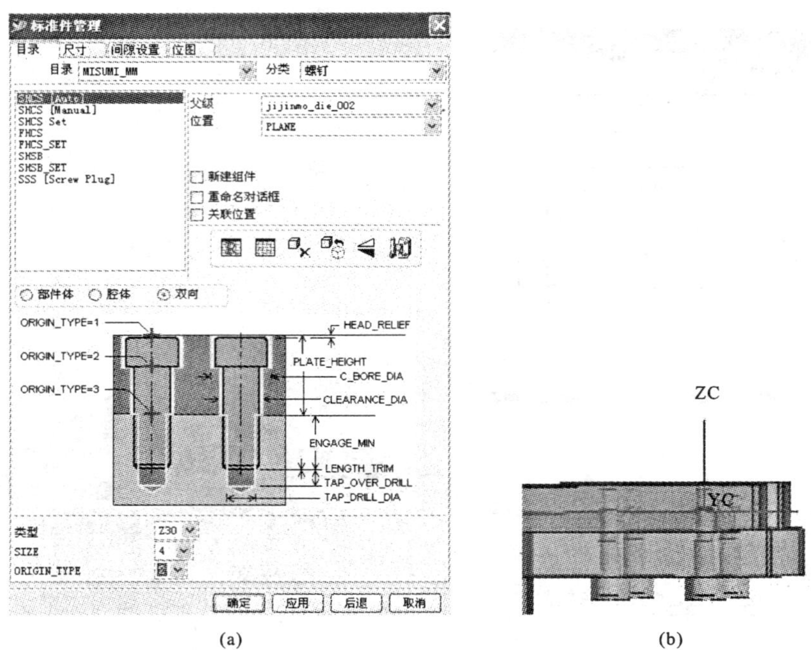

(a) (b)

图 8.88 承料板螺钉的添加

(a)设置承料板螺钉参数;(b)添加承料板螺钉

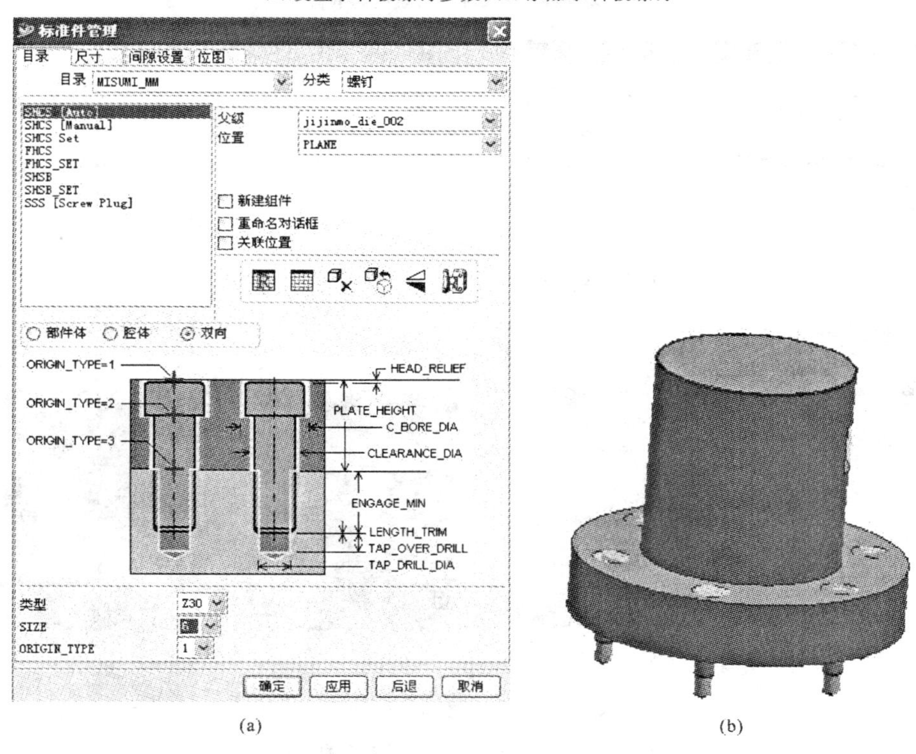

(a) (b)

图 8.89 模柄螺钉的添加

(a)设置模柄螺钉参数;(b)添加模柄螺钉

8. 创建腔体

选择好标准件和其他部件后，便可利用PDW的【型腔设计】命令设计相关或非相关的型腔。该命令主要是通过识别模板与插入的标准件或镶块的相交部分，自动建立型腔。

(1)自动创建腔体。单击型腔设计图标，弹出“腔体管理”对话框，如图8.90(a)所示。单击对话框中的腔体状态检查按钮，进行模板腔体状态检查，检查完后，单击【查找相交组件】，系统查找模板与添加的标准件及镶块之间的相交情况，查找完后，单击【应用】，系统自动完成螺钉孔、导柱、导套孔等各种腔体的切割操作，并自动更新相应零件的特征。创建的腔体如图8.90(b)所示。

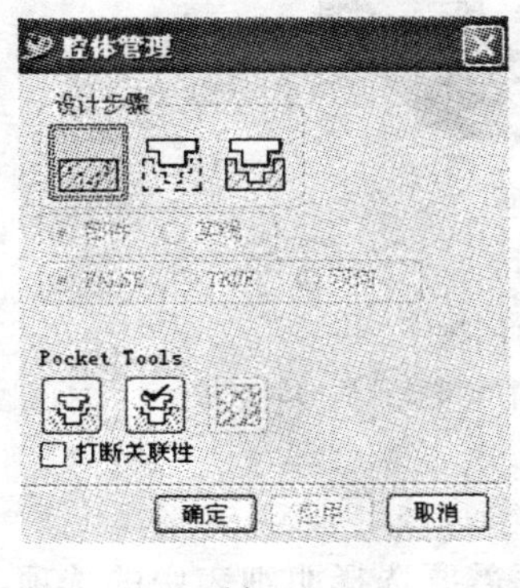

(a)

(b)

图8.90 级进模腔体的创建

(a)腔体管理对话框；(b)创建腔体后的级进模

(2)凸模腔体、凹模腔体、废料孔镶块腔体的建立。单击，弹出“腔体管理”对话框，单击目标体图标，选择凸模板为目标体，然后单击工具体图标，选择冲孔凸模为工具体，选中“腔体管理”对话框中的【部件】及【false】，完成冲孔凸模腔体的创建。创建了冲孔凸模腔体的凸模固定板如图8.91所示。按照同样的步骤可完成其他腔体的创建。

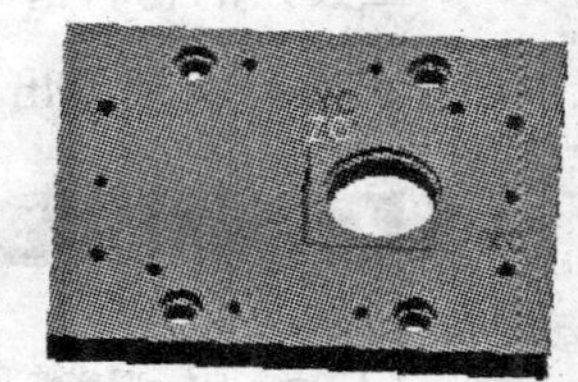
图8.91 冲孔凸模腔体的创建

9. 其他零件的修改编辑

在设计中，导料板的高度根据料厚值及零件外径大小选择为10mm，而所选模架所提供的间隙只有4mm，因此需对卸料板进行挖槽以避免导料板与卸料板发生干涉。

在模架中选中卸料板，单击屏幕下方工具条的，单独显示卸料板。单击，进入草图绘制模块，选取卸料板的前表面，如图8.92(a)所示，单击，绘制两个宽度为80mm，高度为4mm的矩形，并标注尺寸进行定位，如图8.92(b)所示。单击，返回实体建模界面。单击，弹出“拉伸”对话框，选择刚刚创建的两条矩形曲线，在“拉伸”对话框的“结束”文本框中输入－300mm，选择布尔差运算按钮 ，单击【应用】，完成卸料板的挖槽特征，如图 8.92c 所示。

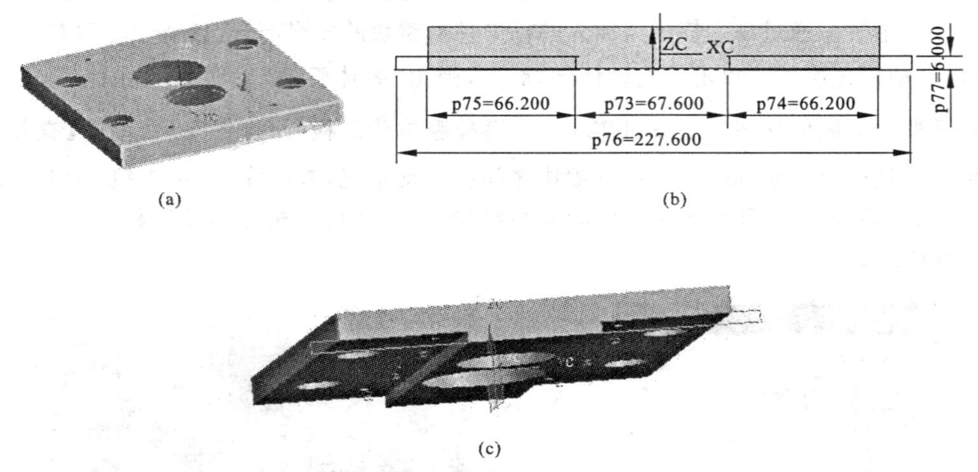

(a)　　(b)

(c)

图 8.92　卸料板挖槽特征的创建

(a)选择草图绘制平面；(b)草绘轮廓曲线；(c)创建挖槽特征后的卸料板

10. 模具零件明细表的创建

PDW 模块可以自动建立零件明细表。用户可以根据需要选择明细表中的选项，并可对明细表中的各项内容进行编辑或删除。所生成的明细表可以输出到 Excel 电子表格，供采购等部门使用。

单击 PDW 工具条的物料清单按钮 ，弹出如图 8.93 所示的对话框，单击【导出 Excel】，可将列表框的中的物料清单导出为电子表格文件。

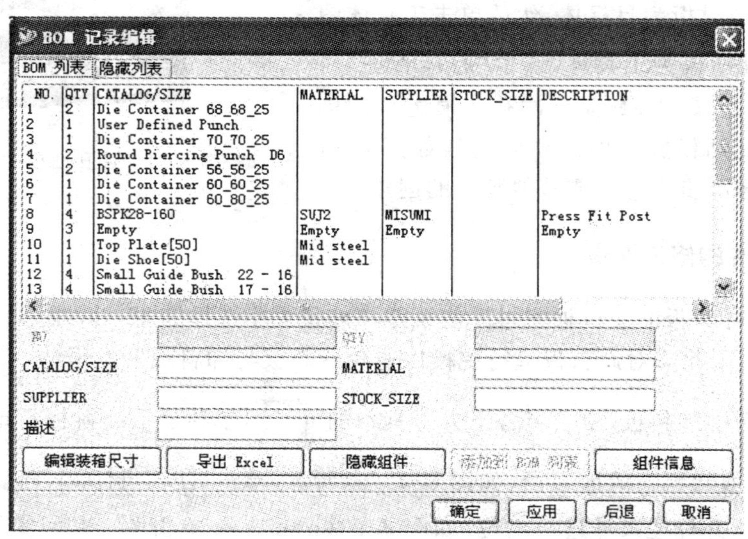

图 8.93　物料清单对话框

11. 创建模具工程图

PDW模块的【装配图纸】命令可自动创建模具装配图的工程图，也可为单独的各个模具部件创建工程图。

(1)选择绘图图纸模板。单击装配图纸按钮，弹出“创建/编辑级进模图纸”对话框，在对话框的“图纸页名称”列表框中输入要创建的工程图名字，选择“公制”A1模板，如图8.94所示。单击【应用】，A1图纸模板则出现在屏幕上。

(2)设置零件的可见性属性。单击“创建/编辑级进模图纸”对话框中的“可见性”选项卡，根据所需建立的各种视图的特点，选择模具中相应的零件为该视图可见零件。在屏幕中单击鼠标右键，在弹出的菜单中，选择【定向视图】→【前视图】，则级进模以前视图的方式出现在屏幕上。用鼠标框选整个视图，则所有模具零件全部选中，并出现在列表框中。给TOP视图、俯视图、需隐藏的零件定义可见性属性，选择完相应零件后，单击【指定属性】，即完成定义各个视图中零件可见性属性。设置过程如图8.95所示。

(3)创建俯视图。单击“创建/编辑级进模图纸”对话框中的“视图”选项卡，在列表框中选择BOTTOMHALF视图类型，设置适合的比例，然后单击【应用】，即在图纸上创建俯视图。

(4)创建剖视图。选中“视图”选项卡列表中的“FRONTSECTION”，单击【应用】，弹出“剖切线”对话框，利用“点构造器”，在刚刚创建的俯视图中确定剖切线位置，单击【确定】即可创建剖切的主视图。采用同样的方法，可创建侧视图的剖切视图。创建的级进模工程图如图8.96所示。

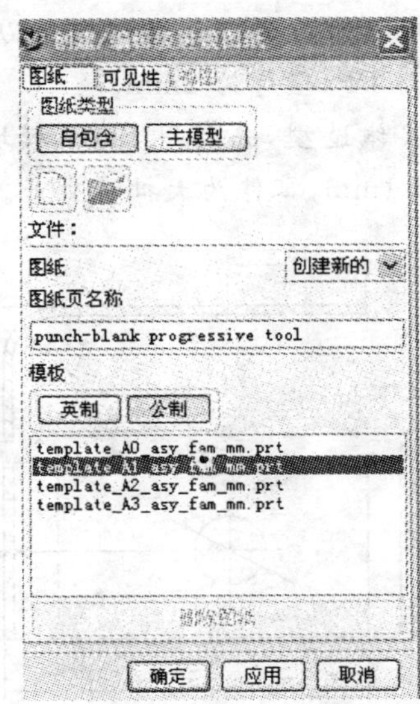

图8.94 设置图纸模板

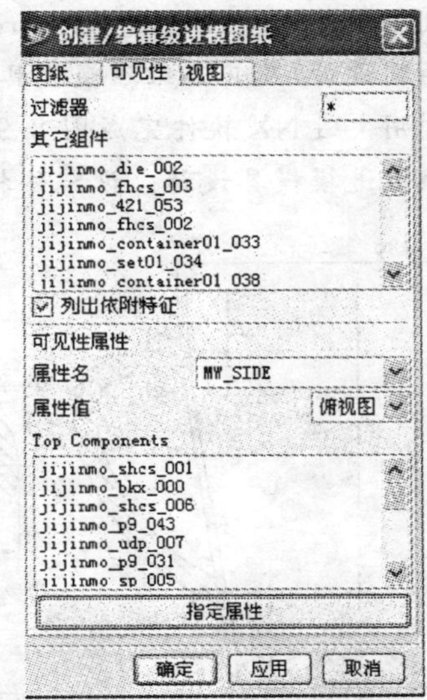

图8.95 设置视图中零件的可见属性

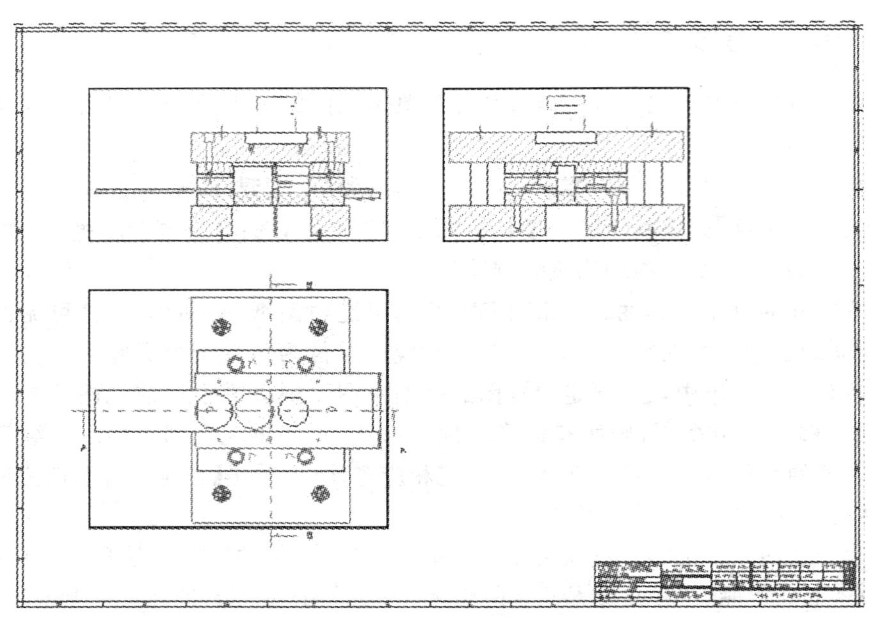

图 8.96 创建的级进模工程图

复习思考题

1. 试利用 Pro/ENGINEE Wildfire 软件完成图 8.97 所示水杯的实体造型(未注尺寸按美学和使用原则设计)及其三维注塑模具设计。设水杯材料为 PP,壁厚为 2mm。

2. 试利用 UG NX 软件完成图 8.98 所示钣金零件的实体造型,并利用 PDW 模块完成该零件的三维级进模模具设计。设零件材料为 08 钢,厚度为 1mm,零件为大批量生产。

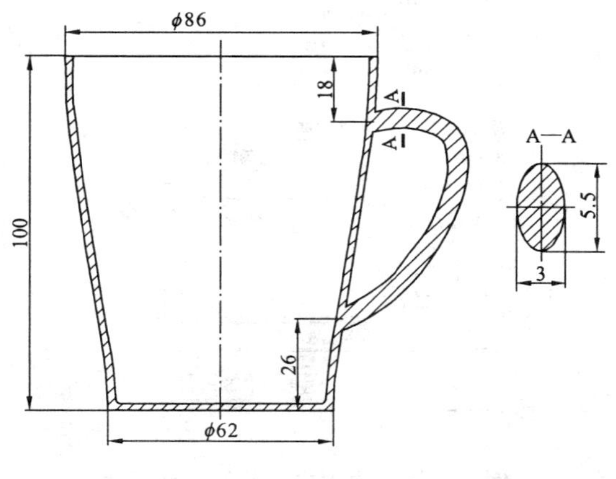

图 8.97 习题 1 图

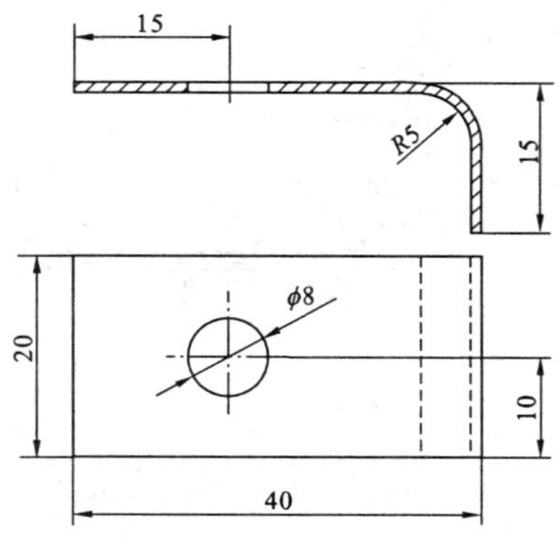

图 8.98 习题 2 图

9 专用模具CAD/CAM系统

常用的CAD/CAM系统(如UG、Pro/ENGINEER等)是一种通用软件,能够为用户提供常用的CAD、CAM、CAE功能,甚至某些通用CAD/CAM系统还提供了相关模具的设计模块,能满足企业的大部分需求,但对许多复杂的模具设计还是显得无能为力。由于模具的种类繁多,设计准则和设计方法各异,不可能也没必要在通用CAD/CAM系统中设置所有类型的模具CAD/CAM模块,而只能根据模具的类型、工艺的性质和用户的要求进行专用模具CAD/CAM系统的开发,以满足不同模具生产和使用企业的需要、减少重复劳动、提高工作效率。

本章以武汉理工大学开发的WGBD冲裁模CAD/CAM系统为例,介绍普通冲裁模CAD/CAM系统的结构、功能、流程及其实现原理与方法,并通过一个实例说明模具CAD/CAM系统的应用。

9.1 模具CAD/CAM系统的开发过程

模具CAD/CAM系统一般属于中等及以上规模的系统,为了保证系统质量,必须按照“软件工程学”的方法进行设计和开发。根据软件工程的方法,模具CAD/CAM系统的生命周期可分为系统分析、系统设计、程序设计、系统测试和系统维护5个阶段。前4个阶段为开发期,最后1个阶段为维护期,相应的系统开发过程也需要经历这5个阶段。

1. 系统分析

系统分析阶段的任务是在进行需求分析的基础上,确定系统开发的目标、功能、性能、接口和适用范围及其约束条件,建立系统的总体逻辑模型。模具种类繁多,建立模具CAD/CAM系统不可能包罗万象,只能根据用户的使用要求分门别类地建立。例如,为满足平面类零件冲压模具生产的需要,可建立冲裁模CAD/CAM系统;根据塑料模生产的需要建立注射模CAD/CAM系统等。

系统分析阶段的文档包括以下几类:

(1)系统目标。说明系统的目标,所需硬件、软件及其他方面的限制条件。

(2)信息描述。描述系统的输入信息和输出信息、系统及其他部分(硬件、其他软件、用户)之间的接口。

(3)功能描述。描述系统的功能细节、功能之间及功能与数据之间的关系。

(4)质量评审要求。规定软件功能和性能的正式确认需求和测试限值。

需要强调的是,系统开发是为用户服务的,在进行系统需求分析中,应建立和保持与用户的联系，自始至终要得到用户的支持与配合。

2. 系统设计

系统设计采用结构化设计方法。结构化的系统设计强调“自顶向下”分解，即将系统逐级向下分解成模块和子模块。在划分模块时，应尽可能降低模块之间的耦合度，增加每一模块的内聚性。模块间的耦合度越低，则模块相互依赖度越低，亦即模块的独立性越好。模块间耦合度越低，相互影响就越小，在修改某一模块时，可使修改范围控制在最小限度内；而且在维护一个模块时，不必担心其他模块是否会受到影响。模块的内聚性是其内部各部分的组合强度，而一个模块的内聚性往往决定了该模块与其他模块之间的耦合度。因此，降低模块之间的耦合度和提高模块的内聚性是两个相辅相成的设计原则。

用结构化的方法设计较复杂的模具 CAD/CAM 系统时，设计过程可分为概要设计和详细设计两个阶段。概要设计是在系统分析的基础上，确定软件系统的总体结构和模块间的关系，定义各模块间的接口，设计全局数据结构，确定系统与其他软件及用户之间界面的详细内容。详细设计主要是描述概要设计产生的功能模块，设计功能模块的内部细节，包括算法和数据结构。系统设计阶段应完成的文档是系统设计说明书。

3. 程序设计

程序设计阶段的任务主要是根据系统设计完成的系统设计说明书、利用计算机程序设计语言实现系统的功能。除此之外，程序的结构、算法以及系统的安全性、可靠性、实用性等也都需要认真考虑。

程序设计采用结构程序设计方法，即“用一组标准的准则和工具从事程序设计”，以便使编写出的程序结构清晰、易于理解和测试。这些准则和工具包括一组基本控制结构、自顶向下的扩展原则、模块化和逐步求精的方法。

自顶向下的程序设计，常将一个程序高度抽象，并看做是一个功能结构。为了完成这个功能，需要进一步分解成若干较低一层的模块，实现一些较小的功能。如此逐步扩展，直到最低一层的每一个模块都非常简单、功能最小、很容易用程序语言实现为止。

逐步求精指的是把一个模块的功能一步一步地分解成一组子功能，而这一组子功能可以通过若干个程序步骤来完成。自顶向下的程序设计过程表达了各个功能之间的关系，但不能表达模块的内部逻辑，而采用逐步求精的方法所分解出来的内部逻辑，即程序的执行步骤，能够完成预期的程序功能。

结构化程序设计理论认为，任何一种程序都可以用 3 种基本逻辑结构来编制。这 3 种结构是顺序处理结构、判断结构和循环结构。这 3 种基本结构又促使人们采用模块化思想编制程序。一个系统可分成若干个功能模块，用控制语句或内部的过程调用语句能将这些模块连接起来。

在具体开发模具 CAD/CAM 系统时，首先需要解决标准化问题。模具标准化包括设计准则标准化、模具零件标准化和模具结构标准化等，这些标准数据均应通过一定的数据结构建立相应的数据库或图形库，供程序运行时调用。

4. 系统测试

系统测试是对系统分析、系统设计和程序设计的最后审查，是保证软件质量的关键。为了保证系统的可靠性，必须对系统进行尽可能完全的测试。在进行系统测试时，应按以下原则进行：

(1)为保证系统测试质量，测试小组应与开发小组分立。

(2)设计测试例题时，要给出测试的预期结果，做到有的放矢。

(3)要设计非法输入测试，保证程序能够拒绝接受非法输入，并给出提示信息，引导用户进行正确操作。

(4)对程序进行修改后，要进行回归测试，以免由于修改程序而引起新的错误。

(5)在进行深入测试时，要集中测试容易出错的部分。

常用的测试方法有黑盒法和白盒法两种。黑盒法着眼于系统的外部特性，而不考虑程序的内部逻辑结构。测试人员将程序视为一个黑盒子，不关心其内部的结构与特点，只检查程序是否符合它的功能说明。白盒法测试须了解程序的内部结构，对程序的内部结构，对程序的所有逻辑进行测试，在不同点检查程序的运行状态。

按照软件工程的方法，测试过程可分为单元测试、整体测试和有效性测试 3 个阶段。单元测试即模块测试，是对各模块逐个进行测试，对模块的接口、数据结构、执行路径等方面进行考察。整体测试是将经过测试的模块逐个装配在一起进行测试，其目的在于考察经过单元测试的模块，是否能组装成一个符合设计要求的系统。有效性测试的目的是证实软件的功能与用户要求是否一致，一般采用黑盒法进行。

5. 系统维护

系统维护是模具 CAD/CAM 系统生命周期的最后一个阶段。系统维护的主要内容包括改正性维护、适应性维护和完善性维护 3 种。系统测试往往很难甚至不可能找出一个大型系统中所有潜在的错误，在系统使用期间仍有可能发现错误，诊断和改正这类错误的过程称为改正性维护。由于计算机技术日新月异的发展，模具 CAD/CAM 系统运行的硬件和软件条件在不断发生变化，为了适应环境的变化，需要对建立的模具 CAD/CAM 系统进行维护，这类维护称为适应性维护。当系统投入使用后，用户往往还会提出增加新功能、完善已有功能等要求，为满足或部分满足这类要求所进行的维护称为完善性维护。

为了减少维护工作量，提高维护质量，必须在系统开发过程中遵循软件工程的方法，保证文档齐全、格式规范，否则仅有源程序而缺乏文档资料，会因为软件结构、数据结构、系统接口和性能要求等方面的原因，使维护工作十分困难。

软件生命周期的划分为工程化开发模具 CAD/CAM 系统提供了原则框架，但在实际的开发工作中并不是严格按照上述顺序进行的，往往存在反复，研制人员常常需要从后面的阶段回复到前面阶段，进行再分析或再设计。此外，系统的开发仅有规范的开发方法是不够的，必须有相关的专家及用户的参与，才有可能开发出符合用户要求的模具 CAD/CAM 系统。

9.2 WGBD系统的流程与功能

WGBD冲裁模CAD/CAM系统包括零件图形输入、冲裁工艺与模具设计、模具图自动绘图和线切割加工自动编程等基本功能，能够完成普通冲裁模的计算机辅助设计与制造，设计出来的模具符合《冷冲模》国家标准(GB 2851～2875—81)。该系统的功能及工作流程如图9.1所示。

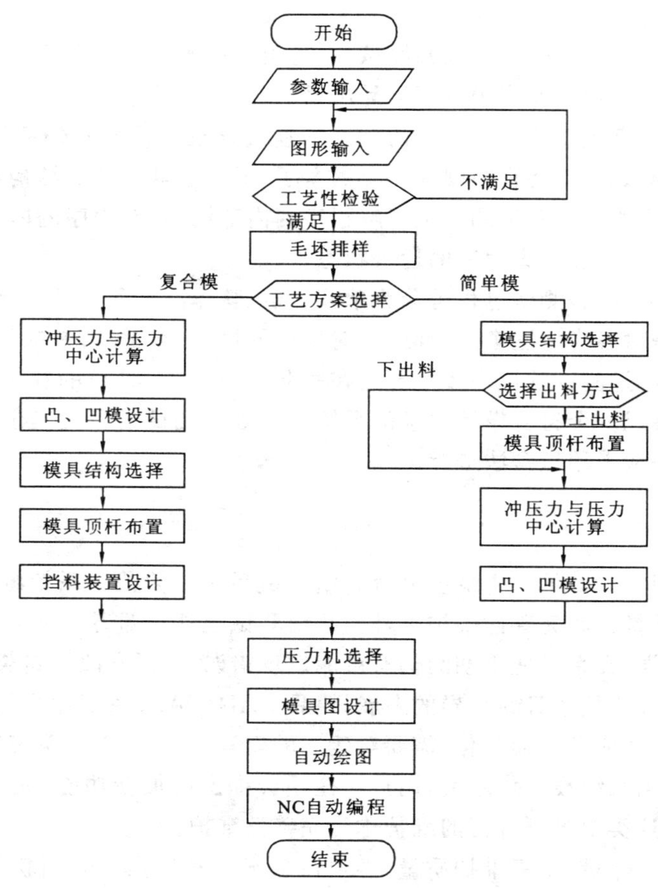

图9.1 WGBD系统的工作流程

1. 冲裁件图形输入

冲裁件图形输入由冲裁件参数输入和图形输入两部分组成。冲裁件参数包括冲压工艺类型(简单模或复合模)、材料参数(材料厚度、材料牌号)等。图形输入采用以AutoCAD软件为基础的交互输入法，最终由系统自动完成各节点坐标计算和各线素线型的确定工作，构造出冲裁件图形的几何模型。

冲裁件图形的几何模型采用表9.1所列的数据结构，后续工艺分析、设计计算、图形绘制及数控编程等模块所需的信息，均从该数据结构描述的几何模型中直接提取或经计算得到。

表9.1 冲裁件图形的数据结构

N	X	Y	Xc	Yc

表中，N为线型，规定外轮廓元素按逆时针排序，内轮廓元素按顺时针排序，各轮廓首尾相连。用±1表示水平线，其中+1代表与横轴正向同向；用±2表示竖直线，其中+2代表与纵轴正向同向；用±3表示斜线，其中+3表示线段起点的X坐标小于终点的X坐标；用±4分别表示逆、顺时针圆弧；用±5分别代表外、内轮廓圆；用88代表轮廓分界；99表示结束符；X，Y为线(弧)段的起始点坐标；Xc，Yc为圆心坐标(对于直线可省略)。

2. 冲裁工艺性检验

冲裁件的工艺性检验主要是对工件结构和尺寸的工艺性进行审核，以判断其是否适合冲裁加工。检验内容包括最小圆角半径检验、悬臂与狭槽判断、最小冲孔尺寸检验、最小孔槽边(间)距判断等。系统采用搜索法自动判断与检验工件的工艺性，若工件不符合冲裁工艺性要求，则自动指示缺乏工艺性的位置，并推荐合理的参数值，指导用户进行修改。

3. 冲裁件排样优化

冲裁件排样采用最优化技术。系统考虑了普通单排和对头单排两种常用的排样方式，并根据冲裁件几何模型和选择的排样方式，调用冲裁件有关参数和设计准则进行排样优化处理，最后输出并记录排样结果，如排样方式、材料利用率、排样角度、步距和带料宽度等，生成排样后的冲裁件几何模型，供模具设计时调用。

4. 模具结构设计

模具结构设计的主要任务是决定模具的典型组合型式及模具的导向方式等。运行时，由用户根据系统提示选择《冷冲模》国标中的模具典型组合型式及导向方式，作为模具设计和选择压力机的依据。

5. 凹模设计

系统首先根据排样模块生成的排样后的冲裁件几何模型、输入的冲裁件参数(如材料类型、料厚等)和凹模设计准则，确定相应的最小壁厚，计算出凹模周界；然后从凹模标准库中选取与设计凹模尺寸相近的标准凹模尺寸；再根据凹模尺寸和选定的模具结构，从标准库中获取相关零件的结构和尺寸信息，并由此进行模具零件的设计。

6. 压力机选择

根据选择的模具结构、冲裁件参数、冲压力、模具闭合高度等参数自动从压力机数据库中选择出合适的压力机型号与吨位。选择结果记录在数据库中，供调用或输出。

7. 优化布置模具顶杆

对于上出料模具或复合模，需要从凹模中将工件顶出，顶料杆布置优化就是解决顶料杆的合理布置问题,以便平稳地将工件从凹模中顶出。系统在可能布置顶杆的位置中寻优,获得顶料杆直径、数目及最佳布置,并提供顶料杆优化布置图的绘制功能。

8. 模具图设计与绘制

模具图的绘制以AutoCAD软件为支撑,通过接口文件与AutoCAD绘图软件的数据交换,实现模具图的自动设计与绘制。模具图的绘制包括装配图设计、零件图设计、绘制模具图、显示模具图和模具绘图输出5个子模块。装配图设计模块根据凹模周界、模具结构、导向方式等选择标准典型组合和相应参数,并设计装配图,生成装配图的AutoCAD接口文件;运行零件图设计模块,系统自动生成装配图中相应零件图的AutoCAD接口文件;绘制模具图模块的功能是生成模具装配图、零件图,供屏幕显示与绘图机输出;图形显示模块为用户提供观察和编辑图形功能;模具绘图输出模块调用绘图设备绘制模具装配图、零件图、排样图和顶料杆优化布置图等。

9. 数控自动编程

冲裁模的数控加工主要是凸模、凹模和凸凹模等工作零件的线切割数控加工。因此,数控自动编程主要完成凸模、凹模和凸凹模等零件数控线切割加工工艺处理和数控线切割加工3B语言程序的自动编制。

9.3 冲裁件图形输入

模具是根据工件的形状和尺寸设计的,因此零件图形的输入是模具CAD/CAM的基础,而且工件图形的输入精度与效率决定着系统的精度和效率。

对于冲裁件图形,可用平面内的封闭轮廓线表示(轮廓有内、外轮廓之分,而内、外轮廓又由若干线素组成)。冲裁件图形输入的任务是在计算机内建立描述工件图形的数据结构,并形成其几何模型,作为模具设计计算和分析的依据。几何模型包括工件的几何信息和拓扑关系,最终归结为对点、线、圆弧(圆)及其相互关系的定义。几何信息是描述图形几何特性的参数,如直线段的斜率和其上点的坐标,圆弧段的圆心坐标、半径、起始角和终止角等。冲裁件拓扑关系的描述比较简单,将各线素按一定的方向首尾相连即可。如规定外轮廓为逆时针方向,内轮廓为顺时针方向,则沿线素前进方向的左侧是实体,右侧为空白,这样就能唯一地描述零件图形,满足了后续设计要求。

冲裁件图形输入的方法很多,本节阐述以AutoCAD软件为支撑的冲裁件图形的交互输入法。该方法具有图形输入直观、便于编辑和修改、图形输入效率高的特点,是一种有效的图形输入方法。

1. 冲裁件图形的交互输入流程

交互输入法是通过在屏幕上交互绘图,并由程序自动处理完成冲裁件图形输入的一种方法。通常以某一软件为支撑,可对图形进行交互编辑、修改、插入和删除等操作。以AutoCAD软件为基础的冲裁件图形交互输入流程如图9.2所示。首先利用AutoCAD软件,以交互方式在屏幕上完成冲裁件图形的绘制与编辑；然后生成 DXF 图形交换文件，并利用接口程序从图形交换文件中提取各线素的节点数据；再利用后续处理程序将提取的图形信息按冲裁模 CAD/CAM 系统的要求，建立起冲裁件图形的数据结构与几何模型（见表 9.1），供后续模块调用。

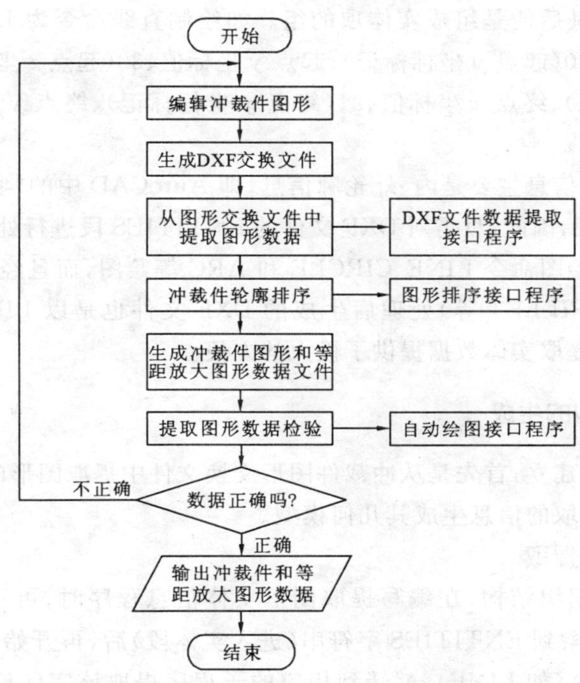

图 9.2 冲裁件图形交互输入流程

2. 冲裁件图形编辑

冲裁件图形编辑是要利用 AutoCAD 软件在屏幕上按一定要求交互绘制冲裁件图形。为区分冲裁件的不同轮廓，编辑图形时须将不同的轮廓、不同的线型分别放在不同的层上，并且规定：非轮廓线元素放在第 0 层，外轮廓放在第 1 层，各内轮廓分别放在第 2、3、…层。

3. 图形信息的输出

AutoCAD 软件的图形文件（DWG 文件）是一种压缩格式的文件，高级语言程序不便使用。不过，AutoCAD 的图形交换文件（DXF 文件）为冲裁件几何模型的建立提供了方便。DXF 文件由 DXFOUT 命令生成，它是具有特定格式的 ASCII 文件，包括了绘图过程中的完整信息，但其结构复杂、图形辅助信息较多，难以辨认所需的图形信息。因此，DXF 文件需经转化和提炼才能生成零件的几何模型。

尽管图形不同，其 DXF 文件的内容有所不同，但 DXF 文件的结构是一样的。总体结构由 HEADER 段（标题段，表明图形的总体信息，包括与图形有关的变量设置等）、TABLES 段（表段，包括设置线型、层、颜色、格式、视图大小等）、BLOCKS 段（块段，包括所有图块的定义）、ENTITIES 段（实体段，包括图形实体的全部信息及图块调用等）和 END OF FILE 段（文件结束段）5 段组成。

DXF文件的基本组成单位是组，每个组在DXF文件中占两行。组的首行为组代码(Group Code)，是一个非零的正整数；组的第二行为组值(Group Value)，采用的格式取决于组代码指定的类型。DXF文件的每一条记录都只有一个明确的信息，在ENTITIES段，每一个组代码0开头后都紧跟一个代表实体名称的一字符串(如LINE、ARC、CIRCLE等)，其后是实体所在的层名，再其后便是组成实体项的组。如绘制直线命令为LINE、10(起点x坐标标记)、起点x坐标值、20(起点y坐标标记)、起点y坐标值、30(起点z坐标标记)、起点z坐标值、11(终点x坐标标记)、终点x坐标值、21(终点y坐标标记)、终点y坐标值、31(终点z坐标标记)、终点z坐标值。

冲裁件图形的输入信息主要是内、外轮廓信息，即AutoCAD中的“实体”，内、外轮廓信息都包含在ENTITIES段，因此，只需对DXF文件的ENTITIES段进行处理。在冲裁件图形编辑中，一般用基本实体绘图命令LINE、CIRCLE和ARC等绘图，而且经编辑命令(如TRIM、BREAK、CHAMFER、FILLET等)处理后生成的DXF文件也是以LINE、CIRCLE和ARC等实体表达的，这就为提取实体数据提供了极大的方便。

4. 冲裁件几何模型的生成

冲裁件几何模型的建立，首先是从冲裁件图形交换文件中提取图形的几何信息，然后按冲裁件数据结构要求将提取的信息生成其几何模型。

1)图形实体信息的提取

根据DXF文件的组织结构，在编写提取图形实体信息程序时，可用一个字符变量C对DXF文件进行搜索，搜索到ENTITIES字符串(进入实体段)后，再开始对实体绘图命令进行判断，遇到某个绘图命令(如LINE)，就转到相应的子程序提取该实体信息，提取的图形数据按表9.2所列的结构存放，提取过程见图9.3。

表9.2 提取实体信息的存放结构

N	LT	Xs	Ys	Xe	Ye	R

表中，N为实体所在的层号；LT为线型(有别于冲裁件几何模型中的线型)；Xs、Ys为起点坐标；Xe、Ye为终点坐标；R为圆弧半径。

2)轮廓线段排序与元素类型的判定

DXF文件中的实体信息是按图形编辑的先后顺序存储的，从DXF文件中提取的数据也没有按线段的邻接关系排列，生成的数据文件只有图形的几何信息而无拓扑关系。为获得包含图形几何信息和拓扑关系的完整的冲裁件几何模型，需要将各线段重新排序，并适当调整线段的起点和终点坐标，保证同一轮廓线段首尾相连，形成一个封闭轮廓，且符合外轮廓逆时针排序、内轮廓顺时针排序的规定。

(1)轮廓线段排序。当轮廓为整圆时，由于该层只有一个实体元素，所以该轮廓无需排序。当轮廓由直线和圆弧等多段线组成时，排序从轮廓绘制的第一条线段开始，将其终点和本轮廓上其他线段的端点比较，以确定与其相邻的实体元素。如果它和某线段的始点坐标足够接近，则将该线段和原来的第二条线段换位；如果和某线段的终点坐标足够接近，则在换位的同时还要将其始点与终点对调，如此循环，直至完成该轮廓排序。用同样的方法可对其他各轮廓进行

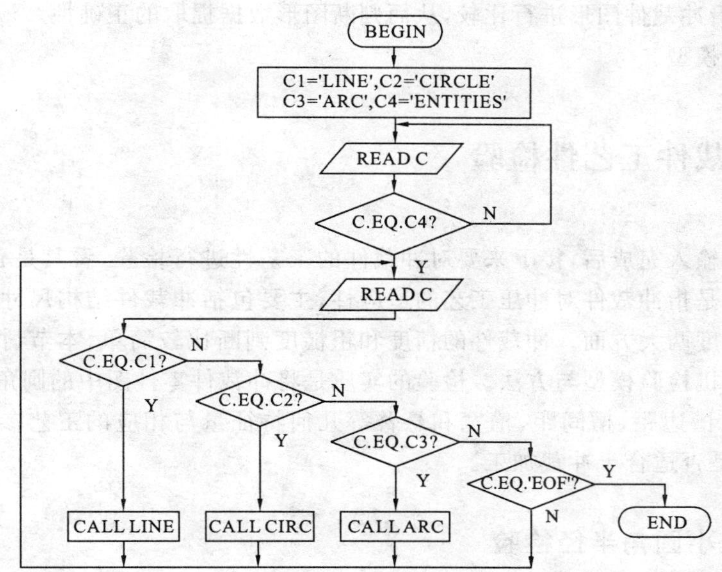

图 9.3 实体信息的提取

排序，直至完成对所有轮廓的排序。

(2)排序方向的判断。经排序后的冲裁件轮廓保证了线(弧)段的首尾相连，但其排序方向不一定满足系统要求。因此，还需要对排序方向进行判断和调整。

排序方向判断方法是：首先将排序后的轮廓线(弧)段的端点依次相连，形成一个封闭多边形，如图 9.4 所示；然后计算多边形的外角，并规定外角从第一条边逆时针旋转到第二条边为正，否则为负；再计算多边形外角的代数和并判断外角代数和的正负，若其和为＋360°，则排序为逆时针，如图 9.4(a)所示，若其和为－360°，则排序为顺时针，如图 9.4(b)所示；最后根据内外轮廓走向的规定，决定是否对排序反向。

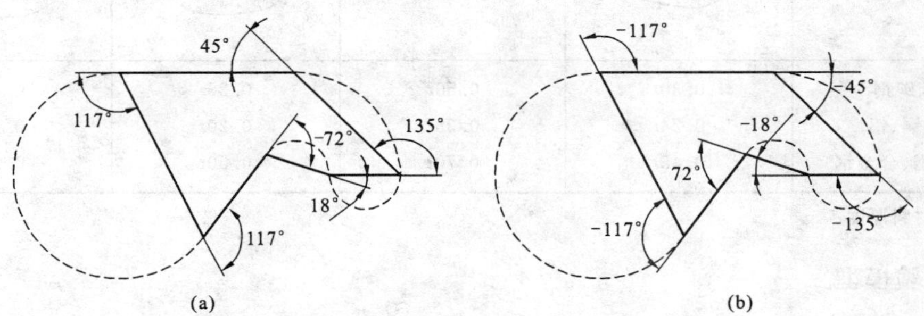

图 9.4 轮廓排序方向的判断

(a)逆时针排序；(b)顺时针排序

(3)图形各元素类型的定义和线型的确定。图形各元素的类型(圆、圆弧或直线)由表 9.2 中的 LT 确定，线型取值由各图形元素的坐标按表 9.1 的规则决定。

3)提取数据的检验

对提取的冲裁件图形数据采用绘图方式进行检验。具体方法是通过编制提取数据与 AutoCAD 绘图软件的接口程序，运行绘图接口程序则在屏幕上自动绘制出该数据文件确定的图形，通过与原编辑冲裁件图形进行比较，从而判断图形数据提取的正确性。最终建立表 9.1 所列的冲裁件几何模型。

9.4 冲裁件工艺性检验

冲裁件图形输入完成后，接下来要对冲裁件的工艺性进行检验，看其是否适宜冲裁加工。冲裁件的工艺性是指冲裁件对冲压工艺的适应性，主要包括冲裁件结构尺寸的工艺性和冲裁件的精度与粗糙度两大方面。冲裁件的精度和粗糙度判断比较简单，本节讨论冲裁件结构尺寸工艺性的计算机检验模型与方法。检验的实质是将冲裁件零件图中的圆角半径、冲孔直径、孔边距、孔间距、槽边距、槽间距、槽宽和悬臂等几何特征量与相应的工艺参数极限值进行比较，以判断零件是否适合于冲裁加工。

9.4.1 最小圆角半径检验

冲裁件圆角半径过小时，模具寿命会显著降低。因此，冲裁件的外形或内孔应避免尖锐的转角，在直线或曲线的连接处（除属于无废料冲裁或采用镶拼模结构外），应有适当的圆角过渡，其半径 R 的最小值见表 9.3。

表 9.3 冲裁件圆角半径的最小值

连接角度	$\alpha \geqslant 90°$	$\alpha \leqslant 90°$	$\alpha \geqslant 90°$	$\alpha \leqslant 90°$
简图	R α	R α	α R	α R
低碳钢	0.30t	0.50t	0.35t	0.60t
黄铜、铝	0.24t	0.35t	0.20t	0.45t
高碳钢、合金钢	0.45t	0.70t	0.50t	0.90t

注：t 为材料厚度。

1. 检验模型

冲裁件的圆角半径不应小于表 9.3 中所列的最小值，由此建立最小圆角半径检验模型

$$R < R_{\min}$$

式中，R 为冲裁件圆角半径；$R_{\min}$ 为允许的最小圆角半径（表 9.3 中的 R）。

表 9.3 将冲裁件图形中线段间的过渡圆弧归纳为 4 类（凸或凹、锐角或钝角）。最小圆角半径检验的关键是识别圆角半径的类型，并计算出几何特性参数 α 和 R。两直线间的夹角由下式计算：

$$\tan\alpha = \frac{k_2 - k_1}{1 + k_1 k_2}$$

式中，k_1、k_2 分别为两直线的斜率。

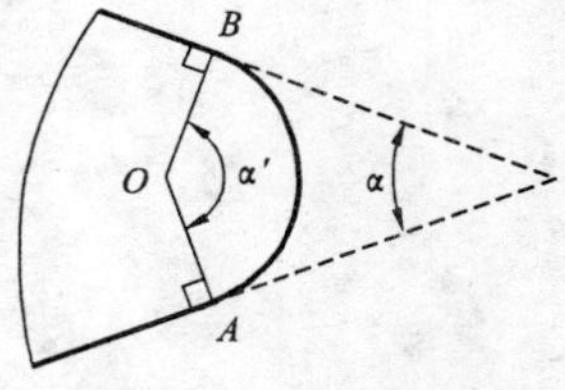

图 9.5 圆心角的计算

冲裁件几何模型(表 9.1)给出了圆弧的起点坐标和圆心坐标，并且圆弧的终点坐标可由下一几何元素的起点坐标决定。因此，我们可以先计算出圆弧所对应的圆心角 α'，然后求出 α，如图 9.5 所示。

设 k_1'、k_2' 分别为圆心线 OA 和 OB 的斜率，圆弧的圆心坐标为 (x_0, y_0)，起点 A 的坐标为 (x_1, y_1)，终点 B 的坐标为 (x_2, y_2)，则

$$k'_1 = \frac{y_1 - y_0}{x_1 - x_0} \quad (x_1 \neq x_0)$$

$$k'_2 = \frac{y_2 - y_0}{x_2 - x_0} \quad (x_2 \neq x_0)$$

由 k_1'、k_2' 可以求出圆弧所对的圆心角 α'：

(1)当 $x_1 = x_0$ 或 $x_2 = x_0$ 时，$\tan\alpha' = (-k_2')$ 或 $\tan\alpha' = (-k_1')$；

(2)若 $k_1'k_2' = -1$，即 $OA \perp OB$，故 $\alpha' = 90°$；

(3)若 $k_1'k_2' \neq -1$，$\tan\alpha' = \dfrac{k_2' - k_1'}{1 + k_1'k_2'}$。

根据对冲裁件图形输入的规定，外轮廓按逆时针方向排序，内轮廓以顺时针方向排序。因此，须对内、外轮廓分别讨论。

(1)外轮廓

当圆弧为顺时针走向时

$$\alpha' = \arctan\frac{k_2' - k_1'}{1 + k_1'k_2'} \quad (k_1'k_2' \neq -1)$$

当圆弧为逆时针走向时

$$\alpha' = \arctan\frac{k_1' - k_2'}{1 + k_1'k_2'} \quad (k_1'k_2' \neq -1)$$

(2)内轮廓

对于内轮廓，α' 的计算与外轮廓计算相反。

由于 k_1、k_2 与 k_1'、k_2' 分别互为负倒数，故所求两线段间的夹角为

$$\alpha = 180° - \alpha'$$

圆弧的类型由冲裁件几何模型中的线型决定。当 $N = +4$ 时，为凸圆弧；当 $N = -4$ 时，为凹圆弧。

圆弧半径 R 可根据冲裁件图形输入信息，由两点间距离公式得到

$$R = \sqrt{(x_1 - x_0)^2 + (y_1 - y_0)^2}$$

至此，我们解决了圆角半径、线段夹角的计算及圆弧类型判断的问题，进而可由表 9.3 确定最小圆角半径 R_{min}。将冲裁件圆角半径 R 与对应的最小圆角半径 R_{min} 进行比较，即可判断圆角半径是否符合冲裁工艺性要求。

2. 检验流程

根据上述原理设计的最小圆角半径检验程序流程如图 9.6 所示。

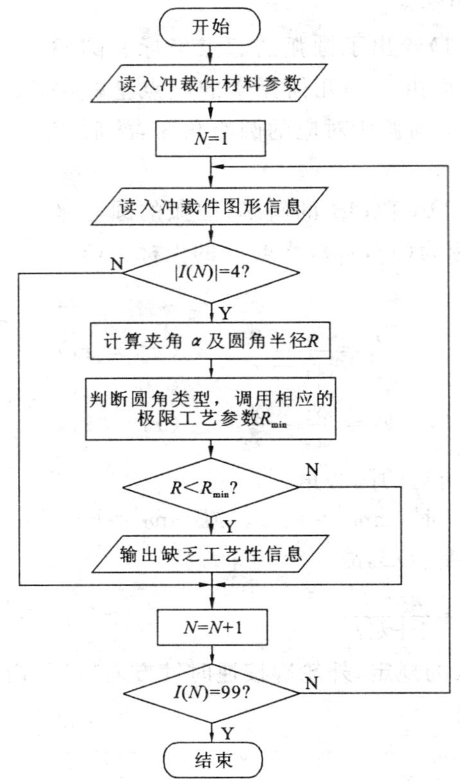

图 9.6　最小圆角半径检验流程

首先，从冲裁件数据库中读入冲裁件材料厚度和材料类型代码等参数，并从冲裁件几何模型中读取冲裁件节点和线型信息；然后选取线型为圆弧的元素计算特征值 α 和 R，并判别圆弧类型；再根据极限工艺参数 R_{min} 检验其工艺性。若 $R<R_{min}$，则圆角半径过小，不满足工艺性要求。

9.4.2　最小冲孔尺寸检验

冲孔时，孔径不宜过小，否则会影响凸模的刚度和寿命。允许的最小冲孔尺寸与孔形、材料性能、材料的厚度、凸模的结构型式有关。表 9.4 所列为自由凸模(无导向凸模)冲孔的最小冲孔尺寸。

表 9.4　无导向凸模冲孔的最小值

材料	d, t	a, t, a	a, t	a, t
硬钢	$d>1.3t$	$a>1.2t$	$a>0.9t$	$a>1.0t$
软钢、黄铜	$d>1.0t$	$a>0.9t$	$a>0.7t$	$a>0.8t$
铝、锌	$d>0.8t$	$a>0.7t$	$a>0.5t$	$a>0.6t$

注：t 为材料厚度。

1. 检验模型

冲孔尺寸应不小于规定的最小冲孔尺寸，最小冲孔尺寸检验模型为

$$D < D_{\min}$$

式中，D 为冲裁件的冲孔尺寸；$D_{\min}$ 为允许的最小冲孔尺寸（表 9.4 中的 d 和 a）。

D 值的求法如下：

对于表 9.4 中第 1 种冲圆孔情况（对应线型为±5），可直接从冲裁件几何模型中读取孔径，作为判断量值 D；

对于第 2 种情况（对应的线型为±1 和±2），$|X(N+1)-X(N)|=|Y(N+2)-Y(N+1)|$，取 $D=|X(N+1)-X(N)|$ 或 $D=|Y(N+2)-Y(N+1)|$；

对于第 3 种情况，取 $D=|Y(N+2)-Y(N+1)|$；

对于第 4 种情况，$|Y(N+2)-Y(N+1)|\neq|X(N+1)-X(N)|$，则取 $D=\mathrm{Min}\{|Y(N+2)-Y(N+1)|,|X(N+1)-X(N)|\}$。

在确定冲孔类型并求出冲孔尺寸 D 后，便可调用表 9.4 中相应的极限工艺参数值 d 或 a（检验模型和程序框图中用 $D_{\min}$ 表示），判断冲孔尺寸 D 的工艺性。

2. 检验流程

冲孔尺寸检验采用搜索法，其检验流程如图 9.7 所示。首先从冲裁件数据库中读入冲裁

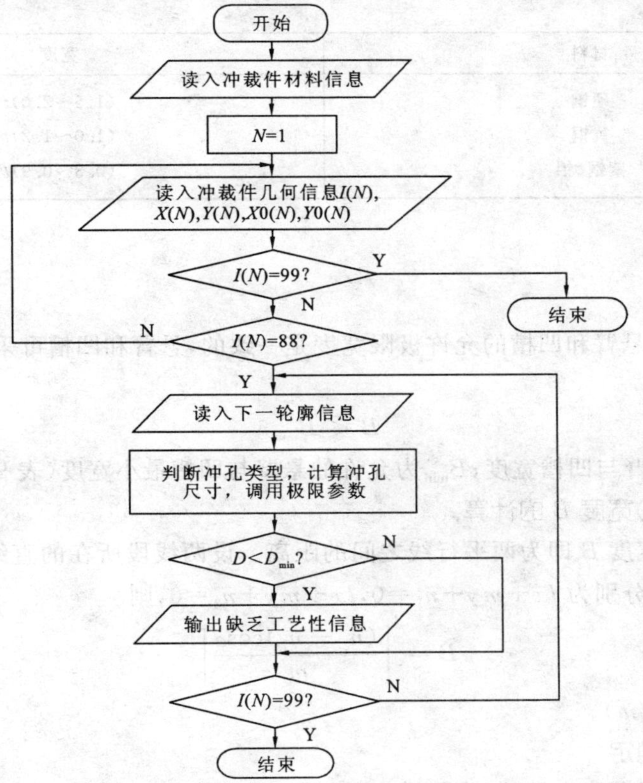

图 9.7　最小冲孔尺寸检验流程

件材料参数，随后从冲裁件几何模型中读入外轮廓信息。当 $I=88$ 时，表示已进入内轮廓，再依次读入内轮廓中各元素信息，判断冲孔类型，求出冲孔尺寸值 D，然后与极限工艺参数值 D_{min} 进行比较，若 $D \geqslant D_{min}$，则符合冲孔工艺性要求；若 $D < D_{min}$，则输出缺乏工艺信息，直到文件结束。

9.4.3 悬臂与凹槽检验

冲裁件的凸出部分（悬臂）和凹入部分（凹槽）的宽度不宜太小，否则将影响凸模（或凹模）凸出（凹入）部分的强度和刚度。因此，对悬臂和凹槽的长宽比有一定要求。冲裁件悬臂与凹槽允许的最小宽度见表 9.5。

表 9.5 冲裁件悬臂与凹槽的最小宽度 b

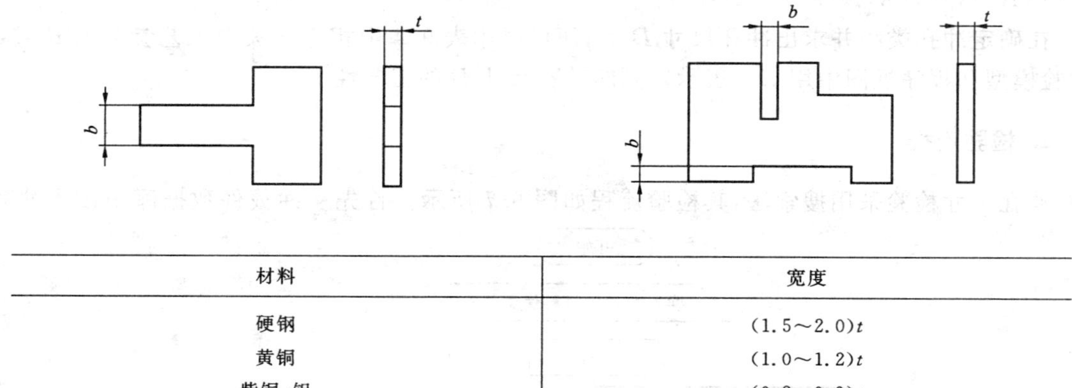

材料	宽度
硬钢	$(1.5 \sim 2.0)t$
黄铜	$(1.0 \sim 1.2)t$
紫铜、铝	$(0.8 \sim 0.9)t$

注：t 为材料厚度。

1. 检验模型

由表 9.5 可知，悬臂和凹槽的允许极限宽度是一致的，悬臂和凹槽可采用同一模型进行检验。其检验模型为

$$B < B_{min}$$

式中，B 为冲裁件悬臂与凹槽宽度；B_{min} 为允许的悬臂与凹槽最小宽度（表 9.5 中的 b）。

1）悬臂（或凹槽）宽度 B 的计算

悬臂（或凹槽）宽度 B 即为两平行线之间的距离。设两线段所在的直线方程（由冲裁模几何模型表 9.1 求得）分别为 $lx+my+n_1=0$，$lx+my+n_2=0$，则

$$B = \left| \frac{(n_2 - n_1)\cos\alpha}{m} \right|$$

式中，$\alpha = \arctan(-l/m)$。

2）包容长度的确定

两平行直线段间是否为悬臂（或凹槽）还要看两平行线段间是否存在相互包容的部分。包容长度 CL 可用通过某一线段的两端点向另一线段作垂线的方法确定，如图 9.8 所示。

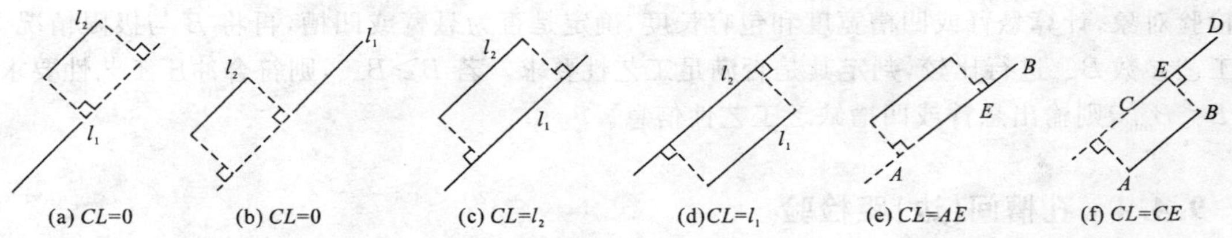

图 9.8 包容长度的确定

(1)若两垂足在另一线段的同一外侧，则两线段无包容部分，如图 9.8(a)、(b)所示，即 $CL=0$。

(2)若两垂足均在另一线段上，则 CL 为该线段长度，如图 9.8(c)、(d)所示，即 $CL=l_1$ 或 $CL=l_2$。

(3)若两垂足只有一垂足在另一线段上，则靠近无垂足一端的另一直线端点与垂足之间的距离即为 CL，如图 9.8(e)、(f)所示。

3)允许的最小宽度 B_{min}

允许的最小宽度 B_{min} 由冲裁件材料参数(材料类型和材料厚度)根据表 9.5 确定。

若包容长度 CL 小于两直线间的距离 B，则属于局部凸起或凹入，不作为悬臂与凹槽处理。当 $CL \geqslant B$ 时，则需进行悬臂与凹槽检验。将 B 与极限工艺参数值 B_{min} 比较即可得出工艺性优劣的结论。

2. 检验流程

悬臂与凹槽检验过程如图 9.9 所示。首先读入冲裁件材料参数和图形信息，然后逐个选

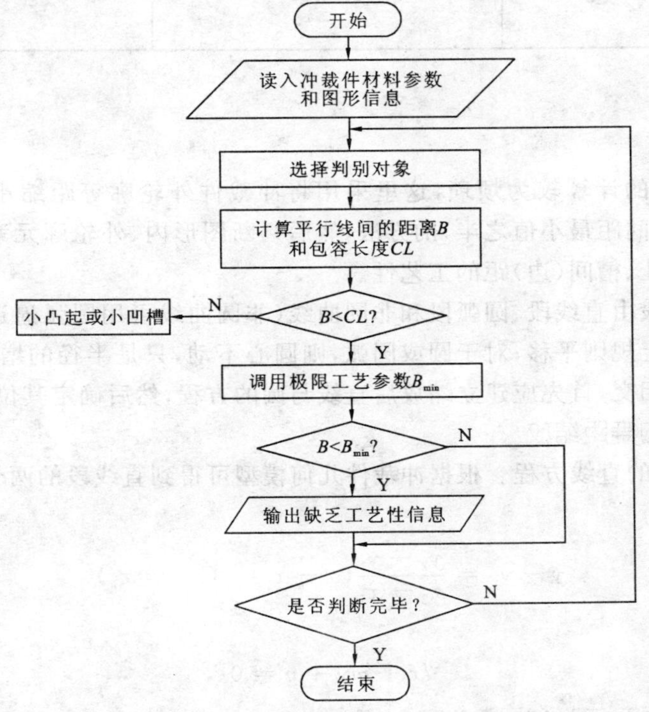

图 9.9 悬臂与凹槽检验程序流程

择检验对象，计算悬臂或凹槽宽度和包容长度，确定是否为悬臂或凹槽，再将 B 与极限情况下的工艺参数 B_{min} 进行比较，判定其是否满足工艺性要求。若 $B \geqslant B_{min}$，则符合冲压工艺性要求；若 $B < B_{min}$，则输出悬臂或凹槽缺乏工艺性信息。

9.4.4 孔槽间(边)距检验

为了保证复合模壁厚、强度及冲裁件质量，冲裁件上的孔与孔之间、孔与边缘之间、槽与槽之间、边与边之间的距离不应过小，其允许值见表 9.6。

表 9.6 冲裁件孔、槽间(边)距的最小值

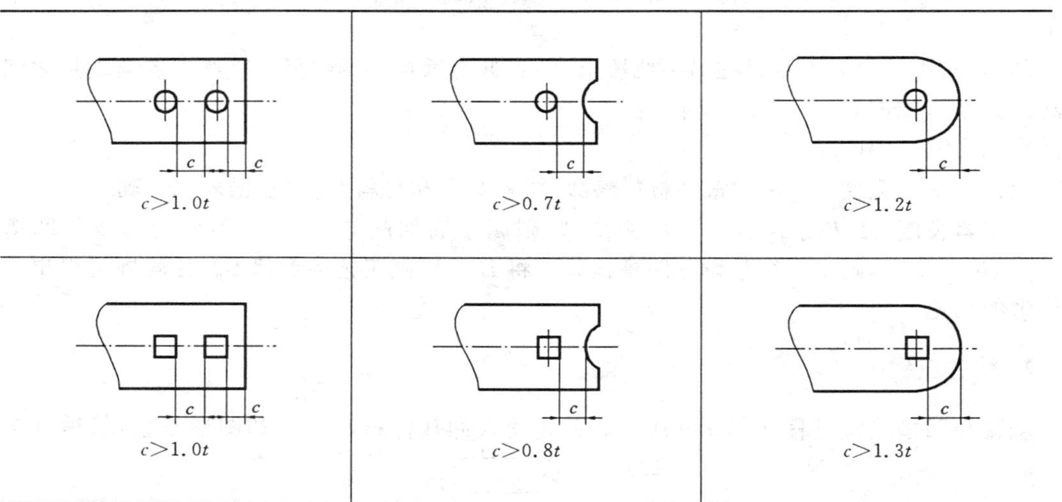

注：t 为材料厚度。

1. 检验方法

孔、槽间(边)距的计算较为烦琐，这里采用将冲裁件外轮廓等距缩小、内轮廓等距放大(缩/放距离为孔、槽间距最小值之半)的方法，然后判断图形内、外轮廓元素是否发生干涉(图形是否相交)，判定孔、槽间(边)距的工艺性。

冲裁件图形一般由直线段、圆弧段和非圆曲线(非圆曲线可用圆弧逼近)组成。缩放对于直线来说就是按一定规则平移；对于圆或圆弧，则圆心不动，只是半径的增加或减小。要判断缩放后的图形是否相交，首先应建立缩放后直线与圆的方程，然后确定其位置关系。

1)冲裁件图形的等距缩放

(1)等距缩放后的直线方程。根据冲裁件几何模型可得到直线段的两个端点坐标(x_1, y_1)和(x_2, y_2)，其方程为

$$y - y_1 = \frac{y_2 - y_1}{x_2 - x_1}(x - x_1) \quad (x_2 \neq x_1)$$

写成标准式为

$$lx + my + n = 0$$

式中，$l = y_2 - y_1$；$m = x_1 - x_2$；$n = x_2 y_1 - x_1 y_2$。

将图形等距缩放距离 $d = c_{min}/2$(c_{min} 为孔、槽间距极限值，即表 9.6 中的 c)，则直线方程变

为

$$l'x + m'y + n' = 0$$

式中，$l'=l=y_2-y_1$；$m'=m=x_1-x_2$；$n'=n\pm d\sqrt{l^2+m^2}$（“±”号的取法与线型符号相同）。

当 $x_1=x_2$（即直线与纵坐标平行时），缩放后的直线方程为

$$y = y_1 \pm d$$

式中符号的取法与线型一致，这样就可以根据冲裁件节点坐标和线型符号，求出经过缩放后的直线方程。

(2)等距缩放后的圆（弧）方程。从冲裁件模型中可直接读取圆（弧）的圆心坐标(x_0, y_0)和起点坐标(x_1, y_1)，圆（弧）方程为

$$(x-x_0)^2 + (y-y_0)^2 = R^2$$

式中，$R=\sqrt{(x-x_0)^2+(y-y_0)^2}$。

设圆（弧）缩放距离为 $d=c_{\min}/2$[$c_{\min}$为最小孔、槽间（边）距]，则缩放后圆（弧）方程为

$$(x-x_0)^2 + (y-y_0)^2 = R'^2$$

式中，$R'=R\pm d$（d 前的符号±与线型符号相同）。

2)内外轮廓元素间相互关系的判断

(1)直线与直线的位置关系。在平面图形中，直线与直线的关系有平行、相交、重合 3 种。设二直线方程分别为 $l_1x+m_1y+n_1=0$ 和 $l_2x+m_2y+n_2=0$，则当

$l_1:l_2=m_1:m_2\neq n_1:n_2$ 时，两直线平行；

$l_1:l_2\neq m_1:m_2$ 时，两直线相交；

$l_1:l_2=m_1:m_2=n_1:n_2$ 时，两直线重合。

(2)直线和圆（弧）位置关系。直线与圆（弧）的位置关系有相交、相切和相离 3 种。设圆（弧）方程为$(x-a)^2+(y-b)^2=r^2$，直线方程为 $lx+my+n=0$，那么圆心到直线的距离为

$$d = \left| \frac{la+mb+n}{\sqrt{l^2+m^2}} \right|$$

则当

$(la+mb+n)^2<r^2(l^2+m^2)$时，圆与直线相交；

$(la+mb+n)^2=r^2(l^2+m^2)$时，圆与直线相切；

$(la+mb+n)^2>r^2(l^2+m^2)$时，圆与直线相离。

(3)圆和圆的位置关系。平面上圆（弧）与圆（弧）的位置关系有相切（内切和外切）、相交、相离和相含 4 种。设两圆的方程分别为$(x-a_1)^2+(y-b_1)^2=r_1^2$ 和$(x-a_2)^2+(y-b_2)^2=r_2^2$，则两圆圆心之间的距离为

$$d = \sqrt{(a_1-a_2)^2+(b_1-b_2)^2}$$

则当

$d=r_1+r_2$ 或 $d=|r_1-r_2|$时，两圆相切，前者外切，后者内切；

$|r_1-r_2|<d<r_1+r_2$ 时，两圆相交；

$d>r_1+r_2$ 时，两圆相离；

$d<|r_1-r_2|$时，两圆相含。

根据上述直线与直线、直线与圆（弧）、圆（弧）与圆（弧）的位置关系，即可判断等距缩放后

的冲裁件图形是否相交。若不相交，则孔、槽间(边)距符合工艺性要求；若相交，则孔、槽间(边)距缺乏工艺性。

2. 检验流程

孔、槽间(边)距检验流程如图9.10所示。首先分别从冲裁件数据库和几何模型中读取冲裁件材料参数及图形几何信息，然后根据图形元素的类型，调用最小孔、槽间(边)距 C_{min}，分别将内外轮廓等距放大和缩小 $C_{min}/2$，再对等距缩放后的内外轮廓、内内轮廓进行相交性判断。若内、外轮廓间均不发生干涉，则通过孔(槽)边距检验，否则，输出孔(槽)边距缺乏工艺性信息；若内轮廓间均不发生干涉，则通过孔(槽)间距检验，否则，输出孔(槽)间距缺乏工艺性信息。

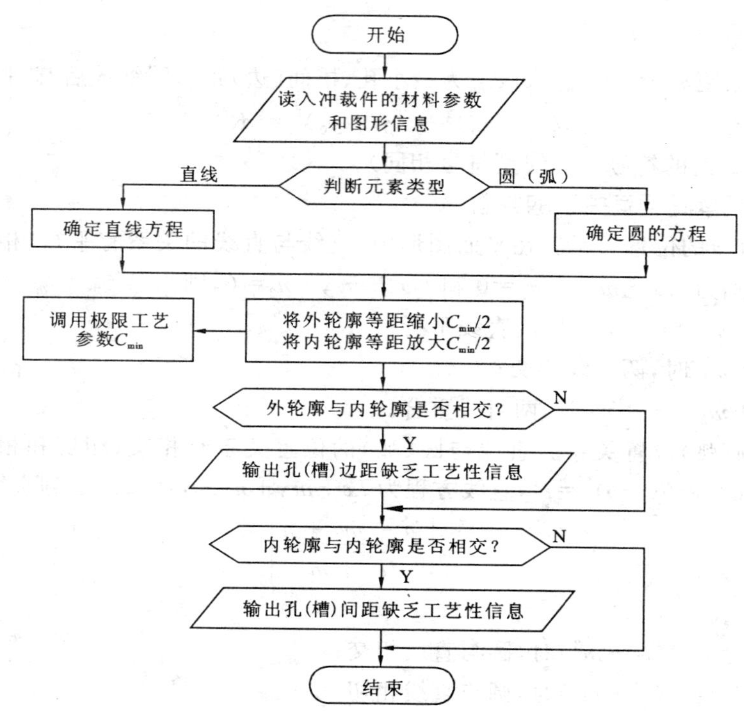

图9.10 孔、槽间(边)距检验程序框图

9.5 冲裁件排样优化设计

提高材料利用率是降低冲压生产成本的一项重要措施，而材料利用率的高低主要取决于冲裁时的排样情况。排样是指冲裁件在材料(板料、条料或带料)上的布置方式。传统的排样方法是根据经验将冲裁件按不同形状进行归类，并通过查表从常用的排样类型中确定与之对应的经济排样类型。由于冲裁件图形千变万化，不可能将每一冲裁件归为表中的某一类，因此排样很难达到最佳程度。排样优化是要从冲裁件在材料上布置的所有方案中找出最优方案。

9.5.1 冲裁件排样优化的数学模型

冲裁件排样的目标是在满足冲裁件质量的情况下，使材料消耗最小，亦即材料利用率最高。冲裁件排样的材料利用率定义为冲裁件的实际面积与消耗材料面积的百分比，即

$$\eta = \frac{A_0}{A} \times 100\%$$

式中，η 为材料利用率；A_0 为冲裁件面积；A 为实耗材料面积。

根据排样材料利用率计算，将材料利用率的倒数作为排样目标，同时考虑搭边等要求，得到冲裁件排样优化模型如下：

$$\begin{aligned} &\min \quad 1/\eta \\ &\text{s.t.} \\ &\qquad d_{\min} \geqslant \Delta \\ &\qquad B \leqslant B_0 \\ &\qquad L \leqslant L_0 \end{aligned}$$

式中，$d_{\min}$ 为两冲裁件图形外轮廓的最小距离；Δ 为最小搭边值；B_0 为给定材料宽度；L_0 为给定材料长度。

对于约束条件，应根据排样要求选取。例如采用无搭边排样，则取 $\Delta = 0$；对于卷料，则不受 $L \leqslant L_0$ 的限制。

9.5.2 冲裁件排样优化的信息处理

排样时要计算材料利用率，须首先解决冲裁件面积计算问题。另外，为方便排样中的图形处理，排样中常用包含搭边值的冲裁件的等距放大图。因此，需要进行冲裁件面积计算、等距放大图生成等信息处理工作。

1. 冲裁件图形面积计算

冲裁件图形面积的计算方法是：首先根据外轮廓节点坐标将各节点按顺序用直线段连接，构成封闭多边形和若干弓形，如图 9.11 所示；然后计算多边形面积和各段圆弧与直线段围成的各弓形面积；再求多边形与弓形面积之和。当圆弧为凸圆弧（线型 $N=4$）时，弓形面积为正（图中交叉阴影线面积）；当圆弧为凹圆弧时（线型 $N=-4$），弓形面积为负（图中单阴影线面积）。其计算式如下：

图 9.11 冲裁件图形面积计算

$$A = \frac{1}{2} \sum_{i=1}^{k} \left(\begin{vmatrix} P_i \\ P_{i+1} \end{vmatrix} + A_{ci} \right)$$

式中，k 为图形外轮廓的元素个数；P_i 为元素 i 的起始点坐标(x_i, y_i)，$P_{k+1} = P_1$；A_{ci} 为二倍弓形面积（当元素 i 为圆弧时），其表达式为

$$A_{ci}=R_i^2[\arctan(P_{i+1}-C_i)-\arctan(P_i-C_i)]+\begin{vmatrix}P_{i+1} & 1\\ P_i & 1\\ C_i & 1\end{vmatrix}$$

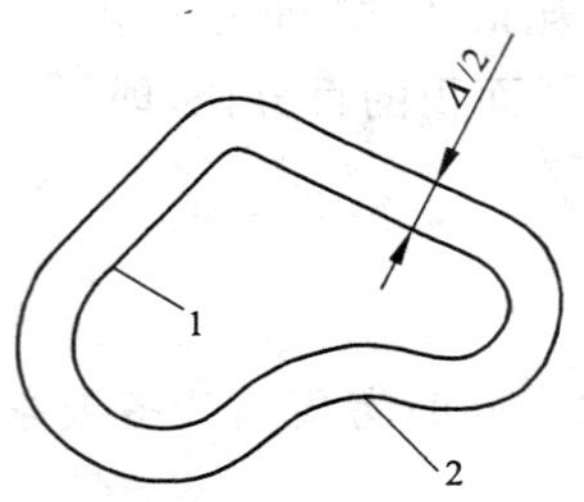

图 9.12 冲裁件等距放大图
1—冲裁件外轮廓；
2—冲裁件等距放大图

式中，R_i为圆弧半径；C_i为元素 i 的圆心坐标。

2. 冲裁件等距放大图的生成

在 WGDB 系统的排样优化中，变换和处理的是包含搭边值的冲裁件的等距放大图。设搭边值为 Δ，将冲裁件图形等距放大 Δ/2，即得到零件的等距放大图，如图 9.12 所示。排样中只要使相邻两零件的等距放大图相切，自然就保证了零件间的最小搭边值。

等距放大图由冲裁件图形输入程序建立的冲裁件几何模型和搭边值生成，其生成方法如 9.4.4 节所述。

9.5.3 冲裁件排样优化的步骤与方法

下面以对头单排为例，说明冲裁件排样优化的步骤和方法。

(1)将冲裁件的等距放大图[在原坐标系中的位置如图 9.13(a)所示]平移至第一象限，作为排样基图，如图 9.13(b)所示。其在 x 轴上的投影长度为 L_x，在 y 轴上的投影长度为 L_y。

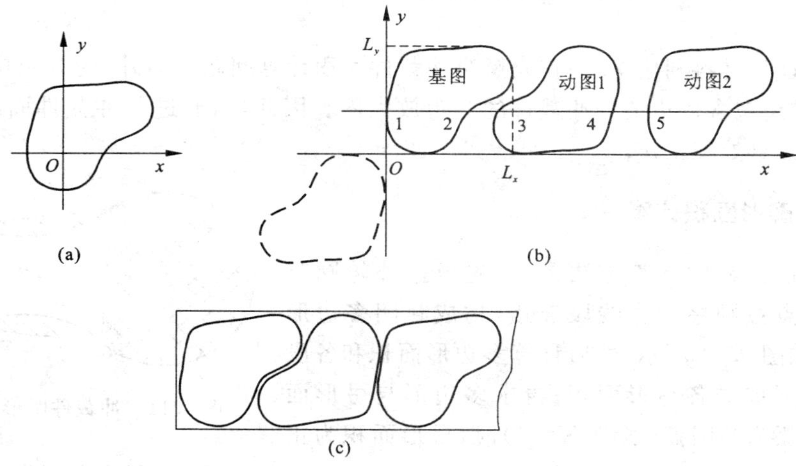

图 9.13 冲裁件排样优化过程

(2)将基图相对于坐标原点旋转 180°，如图 9.13(b)中的虚线所示。

(3)将图 9.13(b)中的虚线图形垂直向上平移距离 L_y，水平向右平移距离 $2L_x$，得到动图 1。

(4)将基图水平向右平移 $2L_x$，得到动图 2。

(5)求出基图和动图的最低点 $y_{\min}$，作水平线 $y=y_{\min}+iw$[式中，w 为水平线移动步距，移

动次数 $m=\mathrm{INT}(L_y/w)$；$i=0,1,\cdots,m$]，求出水平线与基图、动图1、动图2的交点1、2、3、4和5，其相应的 x 坐标分别记为 x_1、x_2、x_3、x_4 和 x_5，再计算出图形间距，$\Delta H=x_3-x_2+x_5-x_4$，取 m 条水平线与图形相交中的最小图距 $\Delta H_{\min}$ 计算，得到排样步距，$SETP=x_5-x_1-\Delta H_{\min}$。

(6)计算材料利用率。

(7)将基图旋转一个角度，重复上述过程，比较材料利用率，并记录材料利用率高的排样参数。

(8)重复步骤(1)～(7)，直至将基图旋转90°，得到材料利用率最高的排样参数，即最佳排样方案，排样结果如图9.13(c)所示。图9.14是其排样优化流程图。

与手工排样比较，优化排样的材料利用率可提高5%以上。

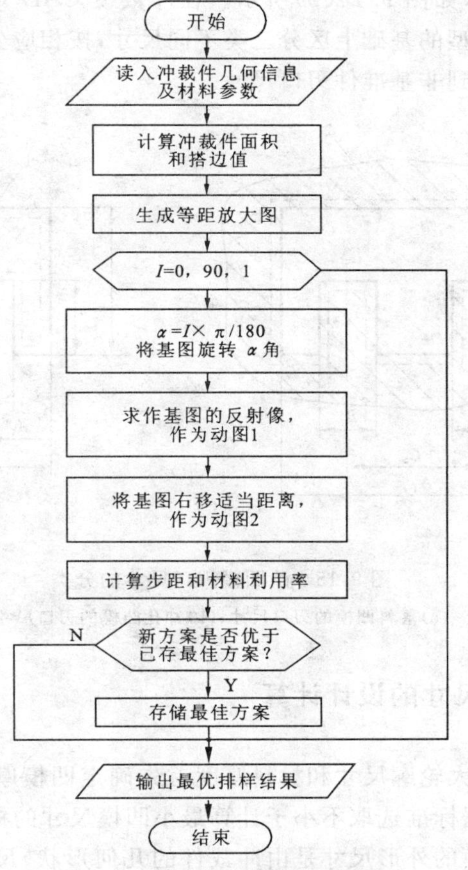

图9.14 对头单排排样优化流程图

9.6 冲裁模工作零件设计

工作零件是指直接对毛坯进行加工的零件，包括凸模、凹模和凸凹模等。按《冷冲模》国家标准(GB 2851～2875—81)设计冲裁模时，凹模尺寸是关键尺寸。一旦确定了凹模尺寸，选定了典型组合型式，则其他模具零件(如固定板、垫板和卸料板等)便可根据该标准确定其尺寸。

因此，模具刃口尺寸和凹模外形尺寸的设计计算是冲裁模工作零件设计的主要内容。

9.6.1 凸凹模刃口尺寸计算

在计算凸模和凹模刃口尺寸时，落料以凹模刃口尺寸为设计基准，而冲孔以凸模为基准，并根据基准件的刃口尺寸确定非基准件的刃口尺寸。落料凹模尺寸按工作时的磨损情况，分为磨损后尺寸变大(A类)、磨损后尺寸变小(B类)和磨损后尺寸不变(C类)三大类，如图9.15(a)所示(图中，1表示按凹模图纸制造的凹模刃口尺寸，2为凹模磨损或修模后的刃口尺寸)。冲孔件按凸模工作时的磨损情况，分为磨损后尺寸变小(A类)、磨损后尺寸变大(B类)和磨损后尺寸不变(C类)三大类，如图9.15(b)所示。在冲裁模CAD/CAM中，凸凹模刃口尺寸的计算程序在冲裁件几何模型的基础上区分三类不同尺寸，按相应公式确定刃口尺寸，并由基准件刃口尺寸经等距缩放得到非基准件刃口尺寸。

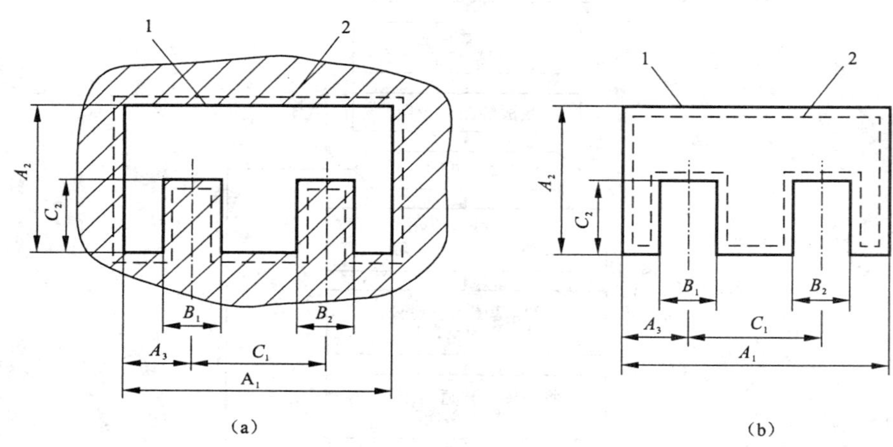

图9.15 凸凹模刃口尺寸的分类

(a)落料凹模的刃口尺寸；(b)冲孔凸模的刃口尺寸

9.6.2 凹模外形尺寸的设计计算

通常是按冲裁件的最大轮廓尺寸和材料厚度首先确定凹模厚度和最小壁厚，进而确定凹模的最小外形尺寸，再根据标准选取不小于计算最小凹模尺寸的标准凹模外形尺寸，并确定凹模的孔口形状。因此，凹模的外形尺寸是由冲裁件的几何形状、尺寸、厚度和排样角度以及条料宽度等因素决定的。

1. 凹模孔口型式选择

凹模孔口型式大体上可分为两大类，即直壁式和锥形式。图9.16(a)、(b)为直壁式，图9.16(c)、(d)、(e)为锥形式。直壁刃口型式用于形状复杂或公差等级要求较高的工件(冲裁件)；锥形刃口型式适用于形状简单、公差等级要求不高、材料较薄的工件。

凹模孔口型式采用人机交互的方式选择。凹模直壁部分及斜度视冲裁件的材料厚度及其加工方法而定。

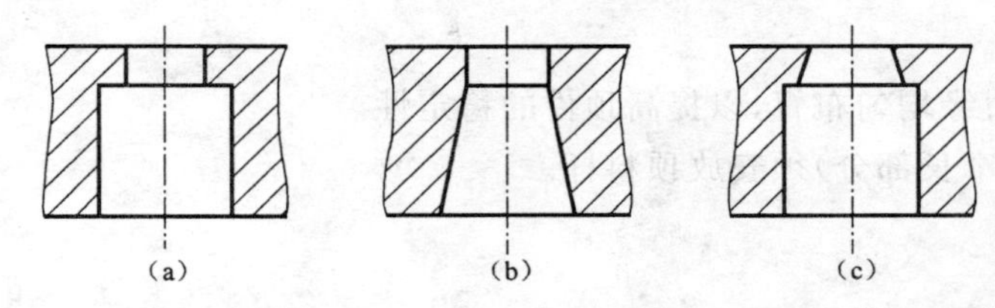

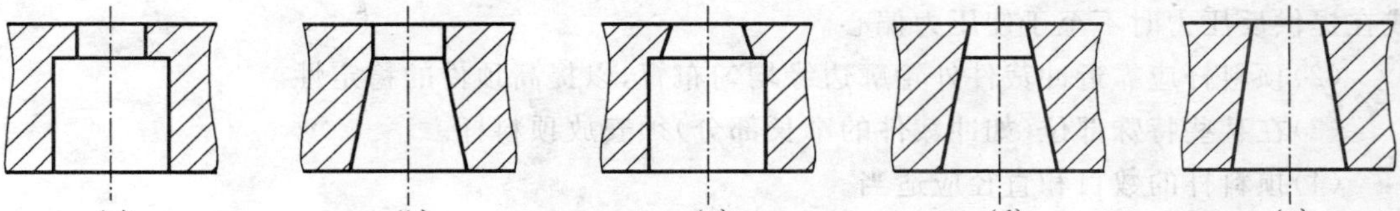

图 9.16 凹模刃口型式

2. 凹模外形尺寸的确定

凹模外形尺寸确定方法是：根据冲裁件几何模型及其排样参数求出刃口尺寸的最大值 b；再由 b 及材料厚度 t 搜索相应的数据文件，得到凹模厚度 H 和最小壁厚 c；最后按下式计算凹模的外形尺寸

$$L=b+2c, B=a+2c$$

式中，L、B 分别为凹模的长和宽尺寸的计算值，此外还应根据计算值选取标准凹模尺寸。

凹模的外形尺寸除应满足最小壁厚要求外，凹模刃口与刃口之间、刃口与边缘之间、螺(销)孔与边缘之间还应留有足够的距离，以保证凹模的安装及强度要求。

9.6.3 凹模设计程序流程

凹模设计程序流程如图 9.17 所示。

首先根据冲裁件图形输入程序建立的几何模型和排样参数，利用加密技术求出排样后冲裁件图形在 x、y 轴上的投影长度，确定最大外形尺寸 b，然后根据冲裁件最大外形尺寸 b 和材料厚度 t 确定凹模厚度 H 和最小壁厚 c 及凹模的外形尺寸，最后按照计算出的凹模外形尺寸从标准凹模尺寸系列中选取不小于计算凹模尺寸的相近标准值，并选择凹模的孔口型式及参数，作为模具设计的依据。

开始

输入冲裁件几何信息

凹模刃口尺寸计算

利用加密技术求出冲裁件的最大外形尺寸

根据最大外形尺寸和料厚确定凹模周界

根据计算凹模周界，选取标准凹模尺寸

选择凹模刃口型式及参数

根据选定的典型组合和确定的凹模尺寸，选择标准组合数据

结束

图 9.17 凹模设计流程

9.7 优化布置模具顶杆

对于上出料模具和复合模来说，往往要求将工件从凹模中顶出，这就需要设计模具顶杆(顶料杆)。本节介绍优化模具顶杆布置的方法。

9.7.1 顶料杆布置优化模型

1. 顶料杆合理布置须满足的条件

(1)顶料杆的合力中心应尽可能地接近冲裁件的压力中心，以保证将工件平稳顶出凹模，

或在提供反压力时不至于使压力偏心。

(2)顶料杆应靠近冲裁件外轮廓边缘均匀布置,以提高顶件的稳定性。

(3)在某些特殊部位(如冲裁件的窄长部分)须安放顶料杆。

(4)顶料杆的数目和直径应适当。

2. 顶料杆布置优化目标函数的建立

衡量顶料杆布置方案优劣的标准是多方面的,最优的布置方案应能同时满足多个条件,并且要求顶料杆布置在冲裁件的实体内。因此,顶料杆布置是一个带约束的多目标优化问题。

对于上述条件(3),可通过人机交互作用,指定某些特殊部位顶料杆的布置位置。而对于条件(4),可采用计算或经验确定的方法解决,不必进行优化。因此,优化时可以只考虑(1)、(2)两个条件。

根据条件(1),确定的目标函数为顶料杆的合力中心与冲裁件压力中心的距离最小。其距离按下式计算:

$$f_1(x,y)=\sqrt{\left(\frac{\sum_{i=1}^{n}x_i}{n}-X_0\right)^2+\left(\frac{\sum_{i=1}^{n}y_i}{n}-Y_0\right)^2} \tag{9-1}$$

式中,X_0、Y_0 为冲裁件压力中心坐标;n 为顶料杆数目;x_i、y_i 为第 i 根顶料杆的位置坐标。

根据条件(2),可确定目标函数为顶料杆所围成的多边形周长的倒数最小。其计算式为

$$f_2(x,y)=\left\{\sum_{i=1}^{n-1}\sqrt{(x_i-x_{i+1})^2+(y_i-y_{i+1})^2}+\sqrt{(x_1-x_n)^2+(y_1-y_n)^2}\right\}^{-1} \tag{9-2}$$

式中,符号的意义与式(9-1)相同。

多目标优化问题处理起来比较复杂。下面用建立评价函数的方法,将多目标优化问题转化为单目标问题处理,建立的单目标函数如下:

$$U(X)=\sum_{j=1}^{m}\lambda_j f_j(X)$$

式中,$f_j(X)$为第 j 个单目标函数;m 为目标数;λ_j 为权系数,权系数 λ_j 的取值反映了目标 j 的重要性,可取各单目标最优值的倒数,即 $\lambda_j=\{\min f_j(X)\}^{-1}$。

3. 约束条件的转化

顶料杆应布置在冲裁件实体内,但冲裁件图形是千变万化的,很难用一组固定的约束函数来解析表达约束条件。下面引用“可行性网格”的概念,将约束条件进行转化,以便于处理。其方法和步骤如下:

(1)利用已建立的冲裁件图形的几何模型,求出内外轮廓各元素的方程。

(2)将内外轮廓离散化,即用加密的方法将内外轮廓用一系列等距离散点表示,如图 9.18(b)所示。

(3)作冲裁件图形的外切矩形,并以顶料杆直径为边长在矩形内划分正方形网格,如图 9.18(c)所示。

(4)确定可行性网格。根据与图形轮廓的相对位置,网格可分为边界网格(通过轮廓线的网格)、外轮廓以外网格和内轮廓以内网格。可行性网格是既在外边界之内,又在内边界之外

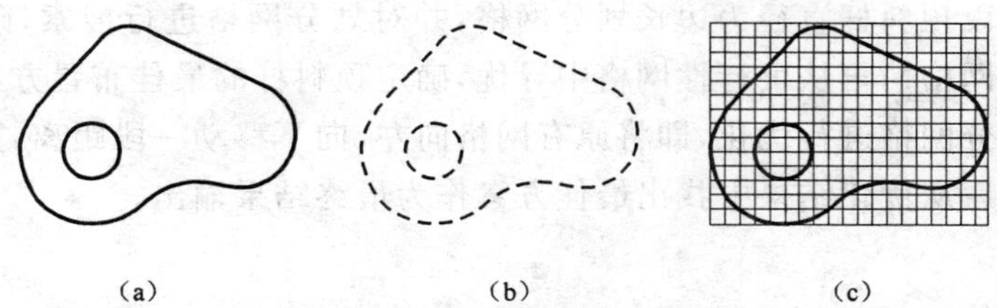

图 9.18　约束条件的转化

的网格，显然一个可行性网格对应着一个可能布置顶料杆的位置。可行性网格用下式判断：

$$a \in A \cup B \cup C$$

式中，a 为可行性网格；A 为边界网格；B 为外边界以外的网格；C 为内边界以内的网格。

这样，就将顶料杆应布置在冲裁件实体内的约束条件转化为布置在可行性网格内，从而简化了约束条件的处理。

9.7.2　顶料杆布置优化过程与方法

模具顶料杆布置优化流程如图 9.19 所示。首先从冲裁件数据库和几何模型中读取零件的有关信息，计算冲裁件的压力中心和顶件力，确定顶料杆的直径、长度和数量；然后计算冲裁

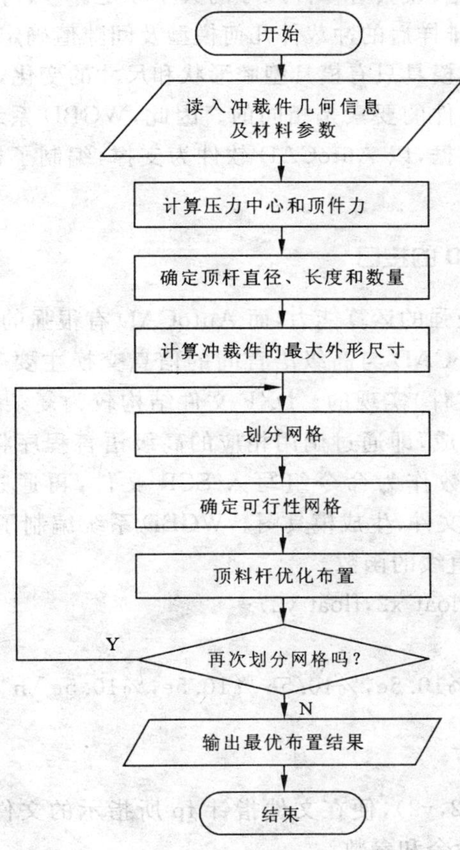

图 9.19　顶料杆布置优化流程图

件最大外形尺寸，以顶料杆直径为边长划分网格，并对划分网格进行搜索，筛选能够布置顶料杆的网格（可行性网格）；再从可行性网格中寻优，确定顶料杆的最佳布置方案。若对布置结果不满意，可再次划分网格进行优化，即将原有网格向左、向下移动一段距离，重新判定可行性网格并进行优化，最后从优化结果中找出最佳方案作为最终结果输出。

9.8 模具图的设计与绘制

《冷冲模》国家标准（GB 2851～2875—81）对模具零件、模架结构以及典型组合等标准系列数据做了具体规定，为模具图的设计与自动绘制提供了前提条件。按该标准设计模具时，只需根据凹模的外形尺寸、模架结构和典型组合，便可确定模具的结构形式及其标准零件的尺寸。WGBD 系统的模具图设计与绘制模块，将高级语言的快速运算能力、数据库系统对数据的管理功能和 AutoCAD 软件的图形绘制功能有机地结合起来，实现了模具装配图、零件图的设计与自动绘制。

模具图包括装配图和组成装配图的各零件图。装配图的结构与尺寸由设计的凹模周界（外形尺寸）和选择的模架结构、典型组合决定；也就是说模架结构、典型组合一定，模具的结构与组成即定；而凹模周界一定，模具各零件尺寸的大小亦定。零件图的外形尺寸及安装尺寸由装配图决定，其型腔尺寸由排样后的冲裁件几何模型及间隙值确定。对于不同的冲裁件，模架结构、典型组合一旦选定，其模具只有模具型腔形状和尺寸的变化，而无结构型式的差别，也就是说组成模具装配图的各零件的要素是相同的。因此，WGBD 系统以模架结构、典型组合及工艺设计分析计算结果为依据，以 AutoCAD 软件为支撑，编制了模具图设计程序，实现了模具图的自动绘制。

1. 高级语言与 AutoCAD 的接口

高级语言（如 C 等）有极强的运算能力，而 AutoCAD 有很强的绘图功能，接口程序则是将二者有机结合的纽带。AutoCAD 与高级语言间的信息交换主要是通过图形交换文件（DXF 文件）和命令组文件（SCR 文件）实现的。DXF 文件结构较为复杂，构造比较麻烦，而 SCR 文件较容易用高级语言程序生成，即通过调用相应的高级语言程序将 AutoCAD 的绘图命令和其他有关命令及其相应参数作为命令组写入 SCR 文件，再通过运行 AutoCAD 软件，用 SCRIPT 命令调用该命令组文件，生成模具图。WGBD 系统编制了绘制模具图所需的接口程序，以下是接口程序中绘制直线的函数。

```
line(float x1,float y1,float x2,float y2)
  {
    fprintf(fp,"line %10.5e,%10.5e %10.5e,%10.5e \n",x1,y1,x2,y2);
    return 0;
  }
```

调用函数 line(x1,y1,x2,y2)，便在文件指针 fp 所指示的文件上写通过（x1,y1）和（x2,y2）两点直线的 AutoCAD 命令和参数。

2. 模具图设计

模具图设计包括装配图的设计和组成装配的零件图设计两部分，通过调用接口程序生成装配图和零件图的接口文件（SCR 命令组文件）。

典型组合不同，其模具结构亦不相同。为了实现自动绘图，对于每一种典型组合需编制相应的装配图设计程序。装配图设计程序根据凹模周界，从选择的典型组合、模架结构数据库中检索出相应的标准数据，生成模具装配图的命令组文件。

零件图设计是根据装配图拆零件图，设计绘制需要进一步加工的零件。零件图设计的方法与装配图相同，不过在零件图设计中还须增加必要的加工信息，如尺寸、表面粗糙度、形位公差等。模板类零件的外形尺寸、装配尺寸由选择的标准组合决定，型腔尺寸根据冲裁件几何模型、排样及其与基准件的间隙值确定。非标零件则另行处理，编制相应的程序完成其设计与绘制。

3. 模具图绘制

模具图绘制是通过 AutoCAD 软件，利用 SCRIPT 命令调用已生成的模具图的 SCR 命令组文件绘制出模具图，生成图形文件（DWG 文件）。

4. 模具图的显示、修改和输出

模具图的显示、修改和输出都是在 AutoCAD 软件支持下进行的。图形的显示和修改实际上是在程序的控制下激活 AutoCAD 软件，将模具图从外存中调入内存，并在屏幕上显示，用户可查看模具图的细节，若对设计不满意，可做交互式修改。

模具图的输出为绘图机输出，产生模具图的硬拷贝。绘图时，系统对装配图和各零件图图幅的大小都作了相应规定。例如，刚性卸料典型组合全套图纸采用 4 张 1 号图纸绘制，装配图为 1 张 1 号图纸；其他零件占用 3 张 1 号图纸，绘图的比例由图幅和零件尺寸大小确定。系统对图幅大小、图形比例及各零件图在图纸上的位置均采用自动判断确定，从而实现模具图的自动输出。

9.9 冲裁模 CAM

冲裁模中的凸模、凹模、固定板等零件大多是二维半零件，其工作部分的形状一般采用数控线切割加工。对于冲裁模 CAD/CAM 系统，CAM 模块主要考虑工作零件的线切割加工工艺及其线切割自动编程问题。

9.9.1 电火花线切割加工的原理

电火花线切割加工是利用脉冲放电使金属熔化或气化，并把熔化或气化的金属去除掉，从而实现各种形状金属零件的加工。电火花线切割加工的原理如图 9.20 所示。

脉冲发生器由限流电阻 R 和电容器 C 组成，它的作用是利用电容器 C 的充电和放电，把

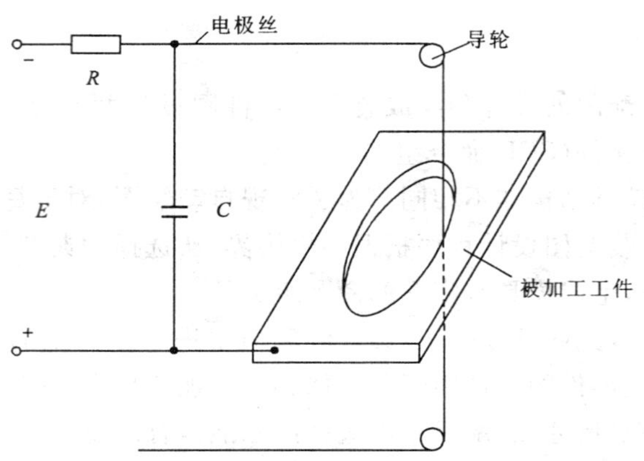

图 9.20 电火花线切割加工的原理

直流电源 E 转变为脉冲电流。当接上直流电源 E 后，通过限流电阻使电容器 C 充电，于是电容器两端的电压由零按指数曲线逐渐升高，当其达到该间隙的击穿电压时，间隙被击穿而产生电火花，电容器储存的能量瞬时在电极和工件之间放出，形成脉冲电流，由于放电时间很短，且只发生在放电区的一小点上，所以能量高度集中，放电区的电流密度很大，温度很高，引起金属材料的熔化或气化。

间隙被击穿后，电容器上的能量瞬时放完，电压降到接近于零，间隙中的介质立即恢复绝缘状态，把间隙电流切断，电容器再次充电，重复上述放电过程。

熔化或气化工件的形状是由工作台的移动来实现的，而工件的移动又是由事先编制好的程序控制的。

9.9.2 数控线切割编程的数据准备

冲裁模零件数控线切割加工编程的数据准备主要包括各切割轮廓的几何信息(如交切点坐标、圆心坐标、线型等)、拓扑关系、钼丝所处位置与被切割轮廓的位置关系、钼丝中心运动轨迹与切割轨迹之间的偏移量及辅助程序所需的信息等。

1. 各模块轮廓数据准备

冲裁模中的凸模、凹模、凸模固定板等零件的轮廓尺寸都是在基准件的基础上加间隙值得到的。对于具有间隙补偿功能的线切割机床，只需编制加工基准件的程序，再利用间隙补偿功能便可加工相关零件，不仅可减少编程工作量，而且能满足凸模和凹模等的间隙以及间隙均匀的要求。

对于不具有间隙补偿功能的机床，需编制各切割零件程序。WGBD 系统利用冲裁件图形输入模块建立的冲裁件几何模型，对基准件实行等距缩放，为各模块程序编制提供几何信息与拓扑关系。系统根据冲裁件模型和建立的数据库，自动进行检索，确定间隙值、线切割钼丝直径、放电间隙以及线切割钼丝所在位置，实现等距缩放，完成各零件节点计算，生成加工零件图形的几何模型，供数控线切割编程调用。

2. 偏移量和间隙值的确定

经过等距缩放得到各模块零件的轮廓信息，必须确定是“缩”还是“放”及缩/放多少两个问题。缩/放是通过缩/放值的符号决定的，正值表示放大，负值为收缩。缩/放值 Δ 由偏移量 f（钼丝半径与单边放电间隙之和）和零件配合单边间隙 c 确定，即 $\Delta=f+c$。f 与 c 的符号由基准件和被加工件决定。例如，落料模的凹模为基准件，加工凸模时钼丝轨迹应在凸模轮廓以外，因此，f 值为正，而凸凹模间隙 c 应取负值，由基准件（凹模）轮廓生成凸模轮廓的缩/放值应为 f 与 c 的代数和。

9.9.3 数控线切割编程方法

数字程序控制线切割机床采用逐点比较法插补的 3B 指令，其程序格式见表 9.7。

表 9.7 3B 程序格式

B	X	B	Y	B	J	G	Z
分隔符	坐标值	分隔符	坐标值	分隔符	计数长度	计数方向	插补线型

插补分为直线插补和圆弧插补两种。直线插补要求已知起点和终点坐标，圆弧插补除需要已知起点和终点坐标外，还应已知圆心坐标和半径。因此，每编一道程序，都要判断线型、确定相应的坐标值。前述冲裁件几何模型的五列表结构提供的线型和节点坐标能满足这些要求。线型 N 可区分线素的类型，当 $|N|\leqslant 3$ 时为直线，$|N|=4$ 时为圆弧，$|N|=5$ 时为圆。下面分述直线和圆弧线切割编程的原理与方法。

1. 直线编程方法

根据表 9.7，直线插补 3B 指令的程序格式表述为

$$\text{B}\ X_e\ \ \text{B}\ Y_e\ \ \text{B}\ J\ \text{G}\ \text{Z}$$

其中，B 为 3B 指令的分隔符；X_e 为直线终点 X 坐标的绝对值；Y_e 为直线终点 Y 坐标的绝对值；J 为计数长度；G 为计数方向；Z 为插补线型。

加工直线时，坐标原点取在直线的起点。编程时应将坐标系原点平移到直线的起点，在新坐标系下，直线起点坐标为(0,0)，终点坐标由直线在原坐标系下的起点坐标(X_i,Y_i)和终点坐标(X_{i+1},Y_{i+1})计算

$$X_e'=X_{i+1}-X_i$$

$$Y_e'=Y_{i+1}-Y_i$$

数控线切割编程单位为 μm，将坐标单位化为 μm，并取整和取绝对值，得到直线在新坐标系下终点坐标的绝对值（允许将坐标值按相同的比例缩小和放大）。

$$X_e=\text{ABS}[\text{INT}(X_e'\times 1000)]$$

$$Y_e=\text{ABS}[\text{INT}(Y_e'\times 1000)]$$

直线插补的计数方向 G 由终点坐标绝对值的大小决定。若 $X_e\geqslant Y_e$，则选取 X 坐标为计数方向，记为 Gx，并以 X_e 作为计数长度 $J(J=X_e)$；否则，选取 Y 坐标为计数方向，记为 Gy，

以 Y_e 作为计数长度 $J(J=Y_e)$。

直线的插补线型Z由新坐标系下的终点坐标(X'_e, Y'_e)确定，见表9.8。

表9.8 直线插补线型表

终点坐标	插补线型	说　明
$X'_e>0, Y'_e\geqslant 0$	L1	第一象限直线(包括 X 轴正向)
$X'_e\leqslant 0, Y'_e>0$	L2	第二象限直线(包括 Y 轴正向)
$X'_e<0, Y'_e\leqslant 0$	L3	第三象限直线(包括 X 轴负向)
$X'_e\geqslant 0, Y'_e<0$	L4	第四象限直线(包括 Y 轴负向)

2. 圆弧编程方法

圆弧插补3B指令程序格式为

B X_b B Y_b B J G Z

其中，X_b 为圆弧起点 X 坐标的绝对值；Y_b 为圆弧起点 Y 坐标的绝对值；其余符号的意义与直线编程相同。

加工圆弧时，坐标原点取在圆心，圆弧编程须将新坐标系原点平移到圆弧的圆心。设圆弧的圆心在原坐标系中的坐标为(X_c, Y_c)，则在新坐标系下，圆弧的起点坐标为

$$X'_b=X_i-X_c$$

$$Y'_b=Y_i-Y_c$$

终点坐标为

$$X'_e=X_{i+1}-X_c$$

$$Y'_e=Y_{i+1}-Y_c$$

再将单位化为 μm，并取整和取绝对值，得到圆弧在新坐标系下起点和终点坐标的绝对值，计算公式如下：

$$X_b=\mathrm{ABS}[\mathrm{INT}(X'_b\times 1000)]$$

$$Y_b=\mathrm{ABS}[\mathrm{INT}(Y'_b\times 1000)]$$

$$X_e=\mathrm{ABS}[\mathrm{INT}(X'_e\times 1000)]$$

$$Y_e=\mathrm{ABS}[\mathrm{INT}(Y'_e\times 1000)]$$

圆弧插补的计数方向G也由终点两坐标绝对值 X_e 和 Y_e 的大小进行判别，但其与直线插补计数方向判断相反。当 $X_e\geqslant Y_e$ 时，取 Y 坐标为计数方向；否则，取 X 坐标为计数方向，并分别记为Gy和Gx。

圆弧的插补线型由圆弧在新坐标系下起点所在的象限及圆弧的走向决定，其决定方法见表9.9。

圆弧的计数长度与计数方向、圆弧所跨象限数有关，圆弧所跨象限数由表9.10确定。根据计数方向、所跨象限数和插补线型即可由表9.11计算出圆弧的计数长度 J。

表 9.9 圆弧插补线型表

圆弧走向	起点坐标	插补线型	说 明
逆时针	$X'_b>0, Y'_b\geqslant 0$	NR1	逆时针第一象限圆弧
	$X'_b\leqslant 0, Y'_b>0$	NR2	逆时针第二象限圆弧
	$X'_b<0, Y'_b\leqslant 0$	NR3	逆时针第三象限圆弧
	$X'_b\geqslant 0, Y'_b<0$	NR4	逆时针第四象限圆弧
顺时针	$X'_b\geqslant 0, Y'_b>0$	SR1	顺时针第一象限圆弧
	$X'_b<0, Y'_b\geqslant 0$	SR2	顺时针第二象限圆弧
	$X'_b\leqslant 0, Y'_b<0$	SR3	顺时针第三象限圆弧
	$X'_b>0, Y'_b\leqslant 0$	SR4	顺时针第四象限圆弧

表 9.10 圆弧跨象限数

起 点 象 限	终 点 象 限		跨 象 限 数	
			逆 弧	顺 弧
Ⅰ	Ⅰ	$Y_b<Y_e$	0	4
		$Y_b>Y_e$	4	0
	Ⅱ		1	3
	Ⅲ		2	2
	Ⅳ		3	1
Ⅱ	Ⅰ		3	1
	Ⅱ	$Y_b<Y_e$	4	0
		$Y_b>Y_e$	0	4
	Ⅲ		1	3
	Ⅳ		2	2
Ⅲ	Ⅰ		2	2
	Ⅱ		3	1
	Ⅲ	$Y_b<Y_e$	0	4
		$Y_b>Y_e$	4	0
	Ⅳ		1	3
Ⅳ	Ⅰ		1	3
	Ⅱ		2	2
	Ⅲ		3	1
	Ⅳ	$Y_b<Y_e$	4	0
		$Y_b>Y_e$	0	4

至此，直线和圆弧编程的各项内容均已确定，根据上述方法和冲裁件的几何模型即可设计 NC 线切割编程程序，实现 NC 线切割自动编程。

表 9.11 圆弧计数长度 J 的计算

跨象限数	G \ J \ Z	SR1,SR3,NR2,NR4	SR2,SR4,NR1,NR3
0	Gx	$-X_b+X_e$	X_b-X_e
	Gy	Y_b-Y_e	$-Y_b+Y_e$
1	Gx	$-X_b-X_e+2R$	X_b+X_e
	Gy	Y_b+Y_e	$-Y_e-Y_b+2R$
2	Gx	$-X_b+X_e+2R$	X_b-X_e+2R
	Gy	Y_b-Y_e+2R	$-Y_b+Y_e+2R$
3	Gx	$-X_b-X_e+4R$	X_b+X_e+2R
	Gy	Y_b+Y_e+2R	$-Y_b-Y_e+4R$
4	Gx	$-X_b+X_e+4R$	X_b-X_e+4R
	Gy	Y_b-Y_e+4R	$-Y_b+Y_e+4R$

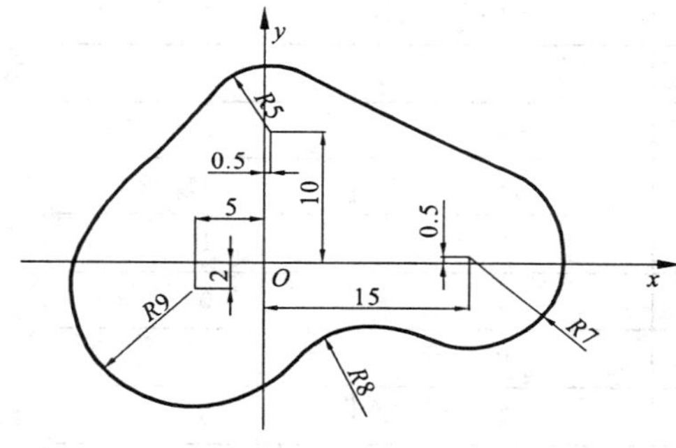

图 9.21 某零件图

9.10 模具CAD/CAM系统的应用

下面以图 9.21 所示的某零件为例，说明应用 WGBD 系统进行模具设计的过程和方法。

运行 WGBD 系统，出现图 9.22 所示的用户界面，在此界面中进行模具的设计。

1)为冲裁件命名

选择“文件管理”菜单，为冲裁件命名（如 TEST）。此后系统均以此名为前缀命名存放设计结果。

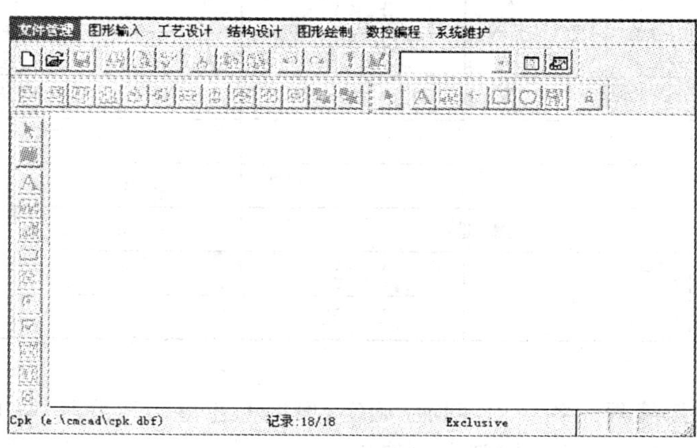

图 9.22 WGBD 系统界面

2)冲裁件图形输入

选择“图形输入”菜单，输入冲裁件参数和图形信息。选择“零件参数输入”子菜单输入冲裁件的工艺类型、材料参数(材料厚度、材料牌号)、数控加工参数等，并将此信息存入冲压件数据库；选择“图形输入”的交互输入法，再选择其子菜单项“图形编辑”进入 AutoCAD 软件交互绘制零件图，并将图形文件转换为图形交换文件(PART. DXF 文件)，然后选择“数据转换”菜单项，从 PART. DXF 文件中提取图形信息，并构造出冲裁件图形的几何模型，如图 9.23 所示。后续工艺分析、设计计算、图形绘制及数控编程所需的信息均从该数据结构描述的几何模型中提取。

TEST0 - 记事本

文件(F) 编辑(E) 格式(O) 查看(V) 帮助(H)

```
 4  11.7843  -5.7177  15.0000    .5000
-3  18.1350   6.7587
 4   2.7393  14.4705    .5000  10.0000
-3  -3.2003  13.3627
 4 -11.6606   4.0528  -5.0000  -2.0000
-4   1.9402  -7.7301   8.1092 -12.8235
99
```

图 9.23 冲裁件的几何模型

3)工艺设计

(1)冲裁工艺性检验。选择“冲裁工艺性检验”菜单下的“圆角半径检验”、“悬臂狭槽检验”、“冲孔尺寸检验”和“孔、槽间(边)距检验”对冲裁件的工艺性进行审核。本例符合冲裁工艺性要求。

(2)冲裁件排样优化。选择“冲裁件排样优化”中的“对头单排”形式，系统根据冲裁件几何模型，调用冲裁件有关参数和设计准则进行排样优化处理，最后输出并记录排样结果。排样结果如图 9.24 所示，生成的排样图如图 9.25 所示。

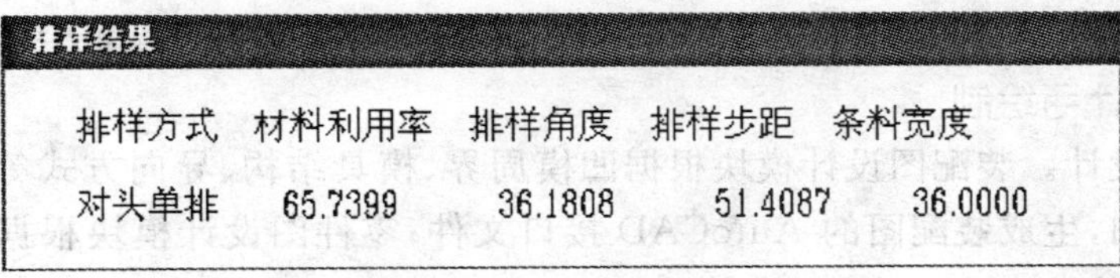

排样结果

排样方式	材料利用率	排样角度	排样步距	条料宽度
对头单排	65.7399	36.1808	51.4087	36.0000

图 9.24 冲裁件排样参数

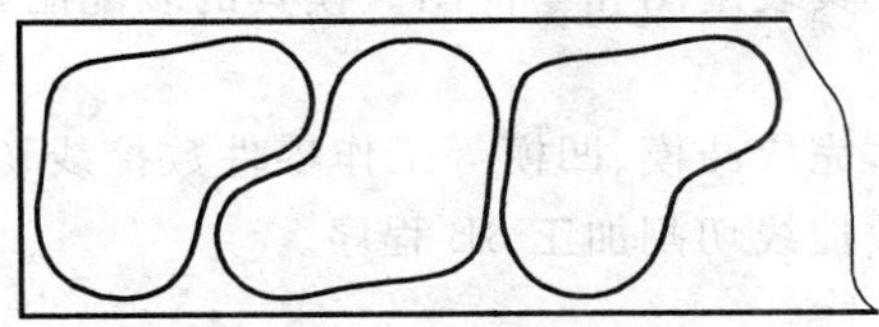

图 9.25 冲裁件排样图

(3)型腔尺寸计算。根据排样结果计算凸模、凹模的刃口尺寸，为数控加工编程作准备。

(4)压力中心计算。计算冲压力和压力中心,为模具布置和设备选择准备数据,计算结果如图 9.26 所示。

(5)凹模设计。选择该模块,系统根据排样模块生成的排样后的冲裁件几何模型、输入的冲裁件参数(材料类型、料厚等)和凹模设计准则,确定相应的最小壁厚,计算出凹模周界,然后从凹模标准库中选取与设计凹模尺寸相近的标准凹模尺寸,如图 9.27 所示。

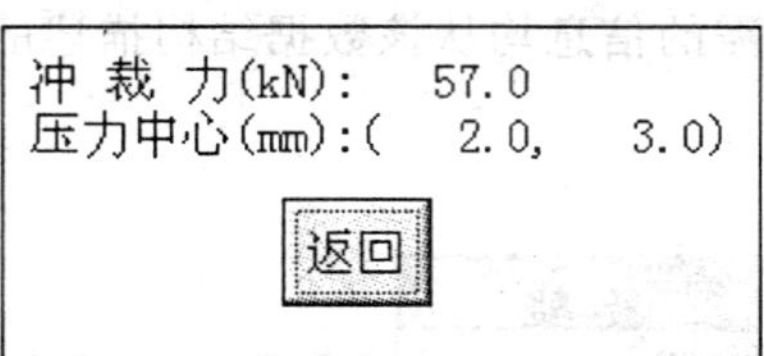

图 9.26 冲压力与压力中心计算结果

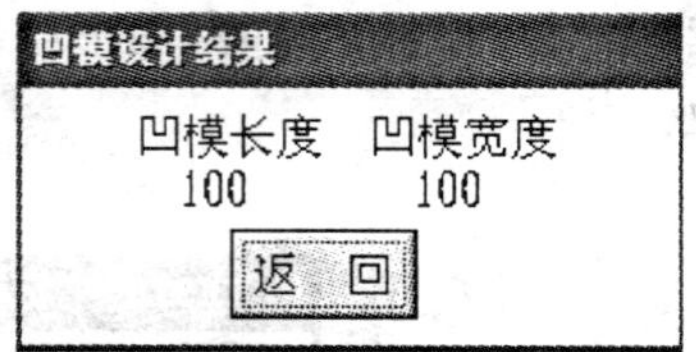

图 9.27 凹模周界

4)模具结构设计

(1)模具结构选择。运行该模块,从《冷冲模》国家标准中选择决定模具的典型组合方式及模具的导向方式等,如图 9.28 所示。选择结果存入冲裁件数据库。本例选择“刚性卸料横向送料典型组合”和“后侧导柱滑动导向方式”。

(2)压力机选择。压力机选择模块根据选择的模具结构、冲裁件参数、冲压力、模具闭合高度等参数自动从压力机数据库中选择出合适的型号与吨位,如图 9.29 所示。

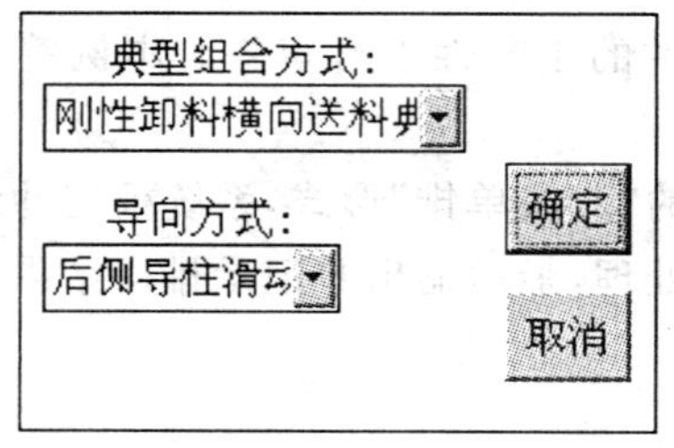

图 9.28 模具结构选择

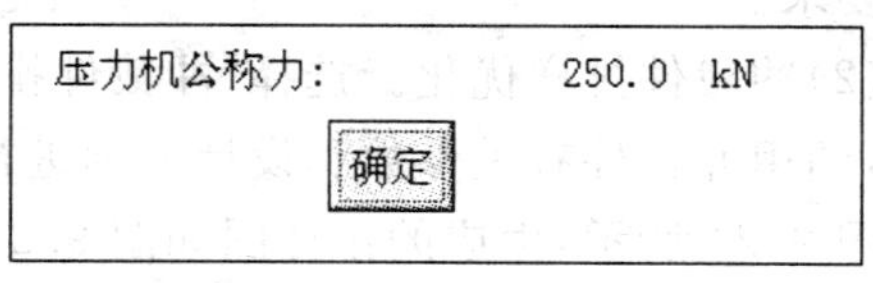

图 9.29 压力机选择

5)模具图设计与绘制

(1)模具图设计。装配图设计模块根据凹模周界、模具结构、导向方式等选择标准典型组合,并设计装配图,生成装配图的 AutoCAD 接口文件;零件图设计模块根据系统生成装配图设计相应零件图的 AutoCAD 接口文件。

(2)模具图绘制。绘制模具图模块的功能是调用模具图设计中生成的模具图与 AutoCAD 软件的接口文件,自动绘制模具装配图和零件图。模具的装配图如图 9.30 所示。

6)数控自动编程

选择数控自动编程模块,完成凸模、凹模等工作零件数控线切割加工 3B 语言程序的自动编程。图 9.31 所示为凹模数控线切割加工 3B 程序。

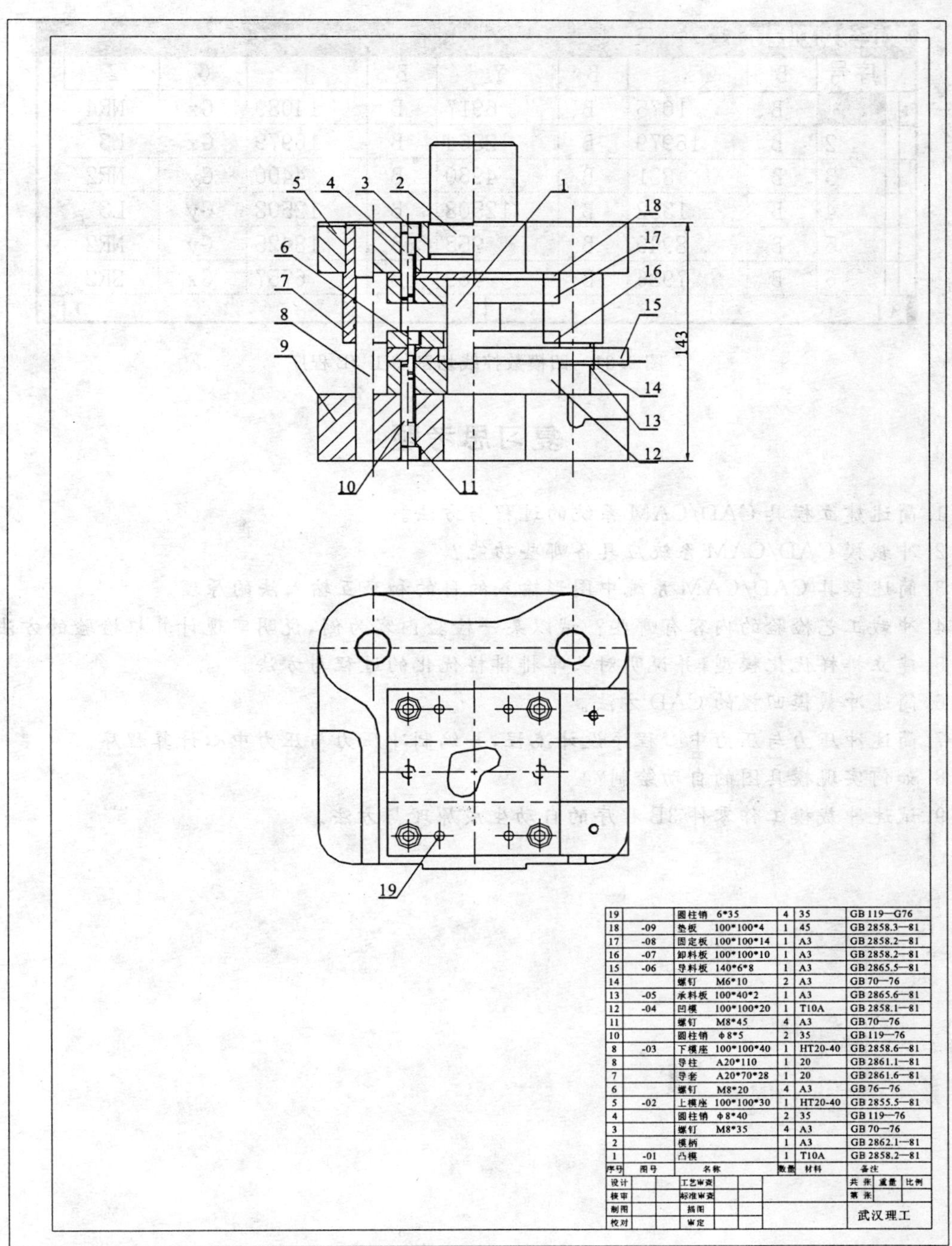

19		圆柱销　6*35	4	35	GB 119—G76
18	-09	垫板　100*100*4	1	45	GB 2858.3—81
17	-08	固定板　100*100*14	1	A3	GB 2858.2—81
16	-07	卸料板　100*100*10	1	A3	GB 2858.2—81
15	-06	导料板　140*6*8	1	A3	GB 2865.5—81
14		螺钉　M6*10	2	A3	GB 70—76
13	-05	承料板　100*40*2	1	A3	GB 2865.6—81
12	-04	凹模　100*100*20	1	T10A	GB 2858.1—81
11		螺钉　M8*45	4	A3	GB 70—76
10		圆柱销　ф8*5	2	35	GB 119—76
8	-03	下模座　100*100*40	1	HT20-40	GB 2858.6—81
8		导柱　A20*110	1	20	GB 2861.1—81
7		导套　A20*70*28	1	20	GB 2861.6—81
6		螺钉　M8*20	4	A3	GB 76—76
5	-02	上模座　100*100*30	1	HT20-40	GB 2855.5—81
4		圆柱销　ф8*40	2	35	GB 119—76
3		螺钉　M8*35	4	A3	GB 70—76
2		模柄	1	A3	GB 2862.1—81
1	-01	凸模	1	T10A	GB 2858.2—81
序号	图号	名称	数量	材料	备注

设计			工艺审查				共　张	重量	比例
核审			标准审查				第　张		
制图			描图				武汉理工		
校对			审定						

图 9.30　模具装配图

数控线切割程序

序号	B	X	B	Y	B	J	G	Z
1	B	1075	B	6917	B	14089	Gx	NR4
2	B	16979	B	2864	B	16979	Gx	L3
3	B	831	B	4930	B	4400	Gy	NR2
4	B	1332	B	12508	B	12508	Gy	L3
5	B	8949	B	953	B	18425	Gy	NR2
6	B	7986	B	469	B	6757	Gx	SR2

图 9.31 凹模数控线切割加工 3B 程序

复习思考题

1. 简述建立模具 CAD/CAM 系统的过程与方法。
2. 冲裁模 CAD/CAM 系统应具备哪些功能?
3. 简述模具 CAD/CAM 系统中图形输入的目的和交互输入法的原理。
4. 冲裁工艺检验的内容有哪些? 试以某一检验内容为例,说明实现计算机检验的方法。
5. 建立排样优化模型,并说明对头单排排样优化的过程与方法。
6. 简述冲裁模凹模的 CAD 方法。
7. 简述冲压力与压力中心程序设计流程,并编制冲压力与压力中心计算程序。
8. 如何实现模具图的自动绘制?
9. 试述冲裁模工作零件 3B 程序的自动生成原理与方法。

参 考 文 献

1 高军,郝滨海,李辉平等.模具设计及CAD[M].北京:化学工业出版社,2006
2 余世浩,朱春东.材料成形CAD/CAE/CAM基础[M].北京:北京大学出版社,2008
3 余世浩,华林,黄尚宇.CAD/CAM基础[M].北京:国防工业出版社,2007
4 李志刚.中国模具工程大典(第Ⅰ卷现代模具设计方法)[M].北京:电子工业出版社,2007
5 肖祥芷,王义林.模具CAD/CAE/CAM[M].北京:电子工业出版社,2004
6 孙立镌.计算机图形学[M].哈尔滨:哈尔滨工业大学出版社,2000
7 ZhiGang Xiang, Roy Plastock. Computer Graphics Second Edition[M]. McGraw - Hill Companies, Inc., 2002
8 Bernhard Bettig Vikram Bapat. Integrating multiple information representations in a single CAD/CAM/CAE environment[J]. Engineering with Computers, 2006, 22: 11～23
9 崔洪斌,方忆湘,张嘉钰.计算机辅助设计基础及其应用[M].北京:清华大学出版社,2004
10 朱心雄.自由曲线曲面造型技术[M].北京:科学出版社,2000
11 李建军,李德群.模具设计基础及模具CAD.北京:机械工业出版社,2005
12 唐荣锡.计算机辅助飞机制造.北京:国防工业出版社,1993
13 吴永明,沈建华,赵慧等.计算机辅助设计基础[M].北京:高等教育出版社,2000
14 迟毅林,杨建明,刘康.计算机辅助设计技术基础[M].重庆:重庆大学出版社,2000
15 王霄.逆向工程技术及其应用.北京:化学工业出版社,2004
16 金涛,童水光.逆向工程技术.北京:机械工业出版社,2003
17 许智钦.3D逆向工程技术.北京:中国计量出版社,2002
18 吴永强.精通UG NX 5+Imageware逆向工程设计.北京:电子工业出版社,2008
19 吕丽萍.有限元法及其在锻压工程中的应用[M].西安:西北工业大学出版社,1989
20 李名尧.模具CAD/CAM[M].北京:机械工业出版社,2004
21 《塑料模设计手册》编写组.塑料模设计手册[M].北京:机械工业出版社,2002
22 葛正浩.Pro/ENGINEE Wildfire塑料模具设计入门与实践[M].北京:机械工业出版社,2007
23 王高潮.模具CAD——UG NX应用[M].北京:机械工业出版社,2007
24 杨占尧.UG NX 3.0注塑与冲压级进模具设计案例精解[M].北京:化学工业出版社,2006
25 余世浩,李熙亚.冲裁模CAD/CAM系统[M].北京:机械工业出版社,1996

参考文献

内容提要

本书系统地介绍了CAD的基本知识、技术、方法及其在模具设计与制造中的应用。内容包括：模具的分类与应用特点、现代模具设计与制造方法、模具CAD系统的组成与分类、模具CAD中设计数据的处理方法、模具CAD中的图形处理技术、模具CAD中的几何建模、逆向工程技术与应用、塑性成形过程数值模拟方法与软件、通用CAD/CAM软件及在模具设计中的应用、专用模具CAD/CAM系统的原理及其实现方法等。

本书结构清晰严谨、内容丰富翔实、选材深度和广度适当，既可作为材料成形及控制工程专业和相关专业的教材，亦可作为从事模具CAD技术研究和应用开发人员的参考书。

图书在版编目(CIP)数据

模具CAD基础/余世浩，黄尚宇主编. —武汉：武汉理工大学出版社，2009.5(2017.6重印)
ISBN 978-7-5629-2904-8

Ⅰ.模…
Ⅱ.①余… ②黄…
Ⅲ.模具-计算机辅助设计-应用软件，AutoCAD、Solidworks、Pro/ENGINEER
Ⅳ.TG76-39

中国版本图书馆CIP数据核字(2009)第055262号

出　版：武汉理工大学出版社(武汉市洪山区珞狮路122号　邮编：430070)
发　行：武汉理工大学出版社发行部
印　刷：武汉中远印务有限公司
开　本：787×1092　1/16
印　张：18.75
字　数：468千字
版　次：2009年5月第1版　2017年6月第2次印刷
印　数：3001～4000册
定　价：32.00元